Freund · Die Literatur Westfalens

Winfried Freund

Die Literatur Westfalens

Von ihren Anfängen bis zur Gegenwart

1993

Ferdinand Schöningh

Bildnachweis:

Archiv Westfalenspiegel (G. Weerth, A. Stramm, P. P. Althaus) – Archiv F. Kienecker
(P. Hille) – Stadt- und Landesbibliothek Dortmund (H. und J. Hart) – Nationalgalerie Berlin
(F. Freiligrath) – Archiv für Kunst und Geschichte (L. v. Strauß und Torney) – Verlag
G. Fischer (F. W. Weber) – Wallraf-Richartz-Museum (Chr. D. Grabbe) – Westfälisches Amt
für Denkmalpflege (A. v. Droste-Hülshoff) – Westfälisches Landesmuseum für Kunst- und
Kulturgeschichte (J. Möser, E. Meister).

Die Deutsche Bibliothek – CIP-Einheitsaufnahme

Freund, Winfried:
Die Literatur Westfalens: von ihren Anfängen bis zur
Gegenwart / Winfried Freund. – Paderborn: Schöningh, 1993
   ISBN 3-506-72719-2

Gedruckt auf umweltfreundlichem, chlorfrei gebleichtem Papier

© 1993 Ferdinand Schöningh, Paderborn
(Verlag Ferdinand Schöningh GmbH, Jühenplatz 1, 33098 Paderborn)

Printed in Germany. Herstellung: Ferdinand Schöningh, Paderborn

ISBN 3-506-72719-2

Inhalt

Meiner Westfälin

„. . . ich bin kein Heimatdichter geworden, ich habe nie die Schönheit der Stadt Münster besungen, nie die Reize des Aasees, nie den damals lindenbestandenen Domplatz. Aus all dem ging viel in mein Kinderherz hinein. Es wurde sozusagen hineingepflanzt. Es war eine Ahnung des Begriffs Schönheit."

Peter Paul Althaus

„Mösers Darstellung, so dem Inhalt als dem Sinne nach, muß einem jeden Deutschen höchst interessant sein. Wenn man sonst dem Deutschen Reiche Zersplitterung, Anarchie und Ohnmacht vorwarf, so erschien aus dem Möserischen Standpunkte gerade die Menge kleiner Staaten als höchst erwünscht zu Ausbreitung der Kultur im einzelnen, nach den Bedürfnissen, welche aus der Lage und Beschaffenheit der verschiedensten Provinzen hervorgehn; . . ."

Goethe zu *Mösers* „Patriotischen Phantasien"

Vorwort

Ziel des Buchs ist, aufbauend auf langjährigen Vorarbeiten, die Darstellung der repräsentativen dichterischen Literatur, die von Westfalen, in Westfalen und über Westfalen geschrieben worden ist. Sie beschränkt sich im wesentlichen auf die Werke in hochdeutscher Sprache. Eine werkorientierte Darstellung der westfälischen Literatur von den Anfängen bis zur Gegenwart liegt bisher nicht vor. Vorausgegangene Versuche leiden allgemein an der unzulässigen Verengung auf wenige Autoren und Werke und an der Willkür der Auswahl.

Die Literaturgeschichte Westfalens möchte neben der Betrachtung des Bekannten im regionalen Kontext auch Unbekanntes und Vergessenes neu- bzw. wiederentdecken. Sie begreift sich daher auch als ergänzender Beitrag zur nationalen Literaturgeschichtsschreibung.

Der Stil der Darstellung ist allgemein verständlich, frei von akademischer Pedanterie und wissenschaftlichem Jargon. Auf Anmerkungen wird ganz verzichtet. Namen erscheinen auch in Zitaten durchweg kursiv. Literaturhinweise ermöglichen Erweiterung und Vertiefung. Namen- und Ortsregister dienen einer schnellen Orientierung und der Nutzung des Bandes als Nachschlagewerk.

Vor allem aber möchte die Darstellung der westfälischen Literatur einladen zu einer ebenso informativen wie spannenden Lektüre, zu einer möglichst umfassenden Entdeckung des literarischen Westfalen.

Danken möchte ich an dieser Stelle Herrn Detlev Hellfaier, Direktor der Lippischen Landesbibliothek in Detmold, und Herrn Ernst Fleischhack, Bibliotheksamtsrat a. D. Beide haben mir in der Beschaffung schwer erreichbarer Bücher und in der Beratung unermüdlich zur Seite gestanden.

Mein besonderer Dank aber gilt meiner Frau, Walburga Freund-Spork, die nicht nur in mühevoller und zeitaufwendiger Arbeit das Typoskript und die Register erstellte, sondern kritisch, kompetent und konstruktiv das Projekt von Anfang an begleitete, mich in zahllosen Gesprächen zu wichtigen Einsichten anregte und mich auf Unstimmigkeiten und Schwächen in der Darstellung und der Gedankenführung aufmerksam machte.

Einleitung

Nach der deutschen Wiedervereinigung und vor der europäischen Integration mag die Literaturgeschichte einer kleinen, geschichtlich und politisch eher unauffälligen Region etwas altmodisch, ja überflüssig wirken. Angesichts immenser Integrationsprobleme scheint es geradezu eine Verschwendung von Zeit und Arbeitskraft, sich um Dichtung aus dem Krähwinkel zu kümmern. Sie befriedigt keins der aktuellen Bedürfnisse, keiner hat nach ihr verlangt. Zur Einigung Europas und zur Stabilisierung deutscher Einheit jedenfalls trägt sie scheinbar nichts bei. Eher erweckt solch unzeitgemäßes Unterfangen den Eindruck bornierter Verengung, ein Zeugnis unbelehrbarer Heimattümelei. Wir haben gelernt, uns an großen Zusammenhängen zu orientieren, Räume mit unseren Verkehrsmitteln und unseren Medien rasch zu überbrücken. Abwegig scheint es, sich in die Provinz zu begeben, da die Welt offensteht und das bisher weit Auseinanderliegende zusammenrückt.

Unübersehbar machen sich jedoch, nicht zuletzt ausgelöst durch die Einheitsbewegungen, auch partikularistische Bestrebungen bemerkbar. Verstärkt reklamieren regionale Orientierungen den Eigenwert kleinerer individueller Lebenseinheiten. Gerade in Deutschland hat der Partikularismus durch die stammesgeschichtliche Struktur und die späteren territorialen Landesherrschaften Tradition. Aus ihnen erwuchs der deutsche Föderalismus als politische Einheit des Mannigfaltigen bei weitgehend kultureller Souveränität der einzelnen Glieder.

Kulturgeschichtliche Darstellungen im allgemeinen und Darstellungen deutscher Kultur im besonderen müssen die zentrifugalen Kräfte ernstnehmen, wenn sie nicht der Gefahr vorschneller Verallgemeinerung erliegen wollen. Keinesfalls darf die reale Vielfalt kultureller Ausprägungen in eine verordnete oder erdachte Gleichförmigkeit überführt werden, vielmehr müssen die in der Einheit wirkenden Mannigfaltigkeiten sichtbar und vital hervortreten. „Die ganze Schöpfung ist gewiß zur Einheit gestimmt," sagt *Justus Möser* einmal, „und doch scheinet sie uns hie und da sehr wild und noch wilder, als ein englischer Garten zu sein."

Regionale Literaturgeschichtsschreibung, wie sie in der vorliegenden Darstellung für den westfälischen Raum versucht wird, möchte aus der nationalen Literaturlandschaft beispielhaft einen Ausschnitt herausgreifen, um das Bewußtsein zu wecken für den individuellen Reichtum deutscher

Literatur. Erst aus der Fülle des Mannigfaltigen erwächst die wahrhaft lebendige Einheit. Der individualisierenden Betrachtungsweise angemessen ist die interpretierende Darstellung. Charakteristische Einzelwerke sollen ausführlicher als in herkömmlichen Literaturgeschichten zur Sprache kommen. Eingefügte Textzitate sollen dabei einen Eindruck von den jeweiligen Stilausprägungen vermitteln. Im Vordergrund stehen die Werke selbst. Nur in ihnen gewinnen individuelle Strukturen Gestalt.

Insofern distanziert sich die vorliegende Darstellung ausdrücklich von *Josef Nadlers* mehr kollektivistischer „Literaturgeschichte der Stämme und Landschaften" (1912–18), insbesondere von der vierten Auflage, die zwischen 1938 und 1942 unter dem Titel „Literaturgeschichte des deutschen Volkes" erschien. Die Ausgangsthese von der Verbindung des Stammescharakters mit der literarischen Gestalt führt notwendig zur Dominanz kollektiver Orientierungsmuster und damit zur Entindividualisierung von Autor und Werk, eine Tendenz, die sich nahtlos mit völkischem Denken verband.

Rückschlüsse auf regionale Eigenarten läßt nur die individuelle Werkbetrachtung zu. Die literaturgeschichtliche Darstellung der Dichter und Dichtungen aus Westfalen bildet die Grundlage, auf der eine Diskussion über regional Verbindendes einsetzen könnte. Sie liefert die Befunde für allgemeine Überlegungen und setzt diese zugleich immer wieder der Kontrolle durch die individuellen Erscheinungsformen aus, so daß ein lebendiger Austausch zwischen dem Einzelbefund und den Versuchen seiner allgemeinen Einordnung stattfindet.

Die Literaturgeschichte Westfalens will und kann kein endgültiges Bild aller Erscheinungen und Ausprägungen entwerfen. Nicht die Archivierung toten Wissens ist ihr Ziel, sondern der Anstoß zur Begegnung mit der Vielfalt literarischer Werke und Autoren innerhalb eines abgrenzbaren Raums.

Behandelt werden die in Westfalen geborenen und von der Region geprägten Autoren, aber auch solche, die zwar nicht in Westfalen geboren, doch hier gelebt oder doch zumindest wichtige literarische Anregungen erfahren haben. Schließlich dürfen auch die Werke nicht vergessen werden, in denen Westfalen als Motiv und Hintergrund Gestalt gewonnen hat. Aus den genannten Erscheinungen insgesamt setzt sich das literarische Profil einer Region zusammen.

Der zu untersuchende Raum umfaßt die traditionell westfälischen Bereiche des Münsterlandes, Ostwestfalens einschließlich Lippe, das Ravensberger Land mit dem Osnabrückschen, Minden-Lübbecke mit Bückeburg sowie das Sauerland und den Hellweg- und Haarstrangraum. Das Schwergewicht liegt dabei auf den literarisch anspruchsvolleren Leistungen, um nicht im unübersichtlich Heimatliterarischen die Orientierung zu verlieren.

Es versteht sich von selbst, daß die meisten der behandelten Autoren und Werke nicht in der Region aufgehen. Sie haben teil an den allgemeinen Ideen und Stilen der jeweiligen Zeit und beeinflussen diese in dem einen oder anderen Fall. Eine regionale Literaturgeschichte ist daher nicht notwendig auf die dargestellte Region beschränkt. In der Spiegelung überregionaler Positionen und Prozesse im begrenzten Raum gewinnen diese selbst schärfere Konturen und werden so besser erkennbar. Regionale Literaturgeschichtsschreibung ist im Grunde auch ein notwendiger Beitrag zur nationalen Literaturgeschichte.

Die plattdeutschen Dichtungen Westfalens kommen nur in wenigen, besonders exponierten Fällen zur Sprache (u. a. *Wibbelt, Wagenfeld*). Eine breitere Einbeziehung würde den Rahmen der vorliegenden Literaturgeschichte sprengen.

Regionale Literaturgeschichtsschreibung, wie sie hier versucht wird, versteht sich als kulturgeschichtlicher Beitrag zur Stabilisierung nationaler und internationaler Integration. Größere politische Komplexe haben auf die Dauer nur dann eine Überlebenschance, wenn sie die einzelnen regionalen Kulturen im eigenen Interesse nicht auslöschen, sondern sie durch verantwortungsbewußte Förderung aus der Achtung vor tradierter Eigenart am Leben erhalten. Die Vitalität größerer Einheiten hängt von den Lebensmöglichkeiten ihrer Glieder ab. Verordnete Gleichförmigkeit führt notwendig zur Aushöhlung und Erstarrung.

Die Literaturgeschichte Westfalens ist nur ein bescheidener Beitrag zur Würdigung einer bestimmten regionalen Kulturleistung, wenn es ihr indes gelingt, die Einsicht in die Notwendigkeit der Pflege und des Weiterbestehens kleiner und kleinster kultureller Einheiten mitzufördern, so hat sie ihr Ziel erreicht.

I. Westfalen als literarischer Schauplatz

Westfalen tritt literarisch zunächst nicht als Herkunftsland bedeutender Dichter hervor, sondern als literarischer Schauplatz und Wirkungsfeld nichtwestfälischer Autoren und solcher Autoren, deren westfälische Herkunft wie im Falle der Verfasser des „Heliand" und der „Gemeinen Bicht" unbewiesen ist.

Bedeutungslos, ohne Resonanz geblieben sind Gestalten wie *Reinolt von der Lippe* und *Bernhard von Gest* aus staufischer Zeit. Das gleiche gilt für humanistische Autoren wie *Rudolf von Langen, Ludwig Dringenberg, Gerhard von Minden* und *Hermann von dem Busche*. Ganz und gar höfischer Epigone war jener *Johann von Soest*, der um 1480 als Singermeister in *Heidelberg* den niederländischen Helden- und Liebesroman „Margaretha von Limburg" für den Pfalzgrafen Philipp ins Hochdeutsche übersetzte.

Zwar hob der aus dem Münsterland stammende Kartäusermönch *Werner Rolevinck* in Entgegnung auf Aeneas Sylvius, der in Westfalen wenig mehr als Bier und Schwarzbrot entdeckt zu haben schien, in seiner Schrift „De laude veteris Saxoniae nunc Westphaliae dictae" von 1478 die Verdienste und Tugenden des alten Sachsenstammes ganz allgemein hervor, einen sächsischen Dichter jedoch, über den sich zu reden lohnte, vermochte er nicht zu nennen. Westfalen, das seinen Bewohnern mehr Mühen als Freuden biete, das viele tüchtige Männer hervorbringe, sei eben kein „Rebenland, sondern ein Reckenland" („non vinifera, sed virifera").

Verbunden mit bedeutender Literatur erscheint der niederdeutsche Sprachraum einschließlich Westfalen erstmals in der zwischen 822 und 840 entstandenen altsächsischen Bibeldichtung des „Heliand", der es unternahm, die heiligen Lehren auch für die Ungebildeten zu erschließen. Sprachlich ist das Werk zwischen *Corvey* und *Magdeburg* beheimatet, während als Entstehungsort wohl das Kloster *Fulda* in Frage kommt, sofern man davon ausgeht, daß der unbekannte Verfasser den Kommentar zum Matthäusevangelium (820/21) von *Hrabanus Maurus*, dem *Fuldaer* Abt, benutzt hat.

Nach dem „Heliand" tritt Westfalen literarisch erst wieder im Zeitalter der Reformation ins Blickfeld. Wieder bildet die Auseinandersetzung um Religion und den rechten Glauben den Anstoß. Unmittelbarer Anlaß sind die Mißstände bei der Einführung der Reformation in *Soest*, an einem konkreten, authentischen Schauplatz also. „Eine gemeine Bicht", entstanden 1534, erschien 1539 in *Köln*. Ungeklärt ist bis heute, wer sich hinter dem Pseudonym *Daniel von Soest* verbirgt. Ob es sich bei ihm wirklich um den westfälischen Guardian im Konvent zu *Soest Gerwin Haverland* oder um den Scholastikus und späteren *Kölner* Erzbischof und Kardinal *Johannes Gropper,* Sohn des *Soester* Bürgermeisters, handelt, konnte bis heute nicht zweifelsfrei nachgewiesen werden. Sicher ist, daß hier ein intimer Kenner der *Soester* Szene wirkliche Ereignisse und Vorgänge verarbeitet.

In der dramatisierten, aus 3520 gereimten Versen bestehenden Satire will der Prädikant Kelberg, gestützt auf die *Soester* Schützengilde und den Teufel, direkt von *Luther* aus *Wittenberg* nach *Soest* gekommen, die Stadt reformieren. Intrigant provozierte Aufstände und künstlich geschürter Aufruhr verhelfen dem Protestantismus schließlich zum Sieg, wobei die Niedertracht, der Egoismus und die Unsittlichkeit der Reformatoren in burlesken Szenen immer wieder grell zutage treten. Beim vorehelichen Beilager richtet die Braut des Superintendenten ihr Gebet, eine Parodie auf das Vaterunser, an Gott:

Leive hemelsche vader unse,
Ik bid di oitmodigen (demütig) to disser stunde!
Du hefst uns nicht gevocht tosamen,
Dar dorch geschendet wert din namen!
Sterke minen leven man,
Dat he lang dantze, als he wol kan!

Ausdruck der allgemeinen Sittenlosigkeit bildet vor allem das vom Organisten bei der Hochzeit vorgetragene Tanzlied:

Des avends spad, des morgens fro
Wi friet der borger wiven,
Nochtans geft se uns gelt dar to,
Dat wi dar mogen bi bliven!
De armen gecke, de groten narren,
Warumb latet se uns nicht varen?
Wi kondes en nicht genoch gedoen,
Wi gat dar mit tom dantze!

Se schenkt uns win und dar to brot,
Dat konne wi wol liden!
Se helpt uns ok ut unser not,
Se lent uns ere wiven!
Wi singt se dof, wi prekt se blint,
Wi vriet en af beid magt und kint!
Ja riven und wriven (reiben) is unse art!
Wi gat dar mit tom dantze!

Die „Gemeine Bicht" gehört zu den schärfsten und bissigsten Reformationssatiren aus katholischer Sicht. In überzeugender Weise schöpft sie aus authentischem Fundus, zeichnet markant das Lokalkolorit nach und gewinnt ihre Schlagkraft gerade durch die Bindung an einen lokalisierbaren Geschichtsraum. In *Daniel von Soests* Werk debütiert Westfalen auf der literarischen Szene keineswegs unsicher, nach Ausdruck ringend, sondern selbstbewußt, mit unverwechselbar eigenem Stil. Sinnenhafte Anschaulichkeit und ein ausgesprochener Sinn für Burleskes und Drastisches verbinden sich mit der Skepsis allem Verstiegenen und Doktrinären gegenüber. Hervorstechend ist ein betont konservativer Grundzug. In der „Gemeinen Bicht" gewinnt die westfälische Literatur in der Begegnung mit dem authentischen Geschichtsraum und ästhetisch herausfordernden Bedingungen auf Anhieb Anschluß an die anspruchsvolle Dichtung im Zeitalter der Reformation.

Auch in der Folgezeit gehen die geistigen und künstlerischen Strömungen keineswegs spurlos an Westfalen vorüber, auch wenn zunächst keine namhaften Werke aus westfälischer Feder mehr entstehen. Wie geläufig den geistig aufgeschlossenen Westfalen aber die zeitgenössischen Stilrichtungen waren, belegen beispielsweise zwei von dem Forschungsreisenden *Engelbert Kaempfer* aus *Lemgo* überlieferte Gedichte.

Sowohl die Arie „Ich gedenke meiner Pflicht", die *Kaempfer* am 29. März 1681 bei der Audienz beim Kaiser in *Tokio* vortrug, als auch das Gedicht „Der Kürbis einverleibet", das den jungen Frauen der *Moskauer* Vorstadt *Slawoda* gewidmet ist, sind Verse in unverwechselbar barockem Stil:

> Ihr schonsten dieses Orts Vergönnt mir anzúschreiben
> Wo Zú Uns, so ihrs glaubt, die bittere Wehmút fürt:
> Der himmel läst beÿ Eúch Unß länger nicht Verhleiben,
> O Abschied deßen schmertz der Hertzen Staal geührt!

> Dennoch, Wir bleiben Eúch mit lieb und Treú Verschrieben
> Und Eúr Bedächtnis soll bey Uns nicht untergehn
> Wer únter Unß Zú erst ermüdet Euch Zú lieben
> Der múß Slaboda nicht aúff Ewig wiedersehn.

> Wolan, Ihr bleibet hier in eürem paradeise
> Und lebet unterdeß in sicherheit und Rúh
> Ein honig-süßer schertz bezuckert Eure Speise
> Die Sterne blasen Euch Zibeth únd Ambar Zu.

Der mustergültig ausgeführte Alexandriner, der rhetorische Gestus mit seiner übersteigerten Metaphorik, seinen Häufungen und Superlativen sowie die antithetische Gedankenführung zeigen, wie vertraut dem westfälischen Zeitgenossen die barocke Art des Stilisierens war.

Im Vorfeld des Barock bewegen sich die vier überlieferten Lieder *Philipp Nicolais,* der 1556 im Waldecker Land geboren wurde und Pfarrstellen in *Herdecke* und *Unna* innehatte. Angesichts einer verheerenden Seuche in der Stadt *Unna* verfaßte er wider die Ängste und Schrecken zur Erbauung und zum Trost seinen „Freudenspiegel des ewigen Lebens" (1599). Auf den letzten Seiten stehen die erwähnten Gedichte, unter ihnen die bis heute bekannten, mystisch geprägten Lieder „Wie schön leuchtet der Morgenstern", Verse, denen *Grimmelshausens* „Nachtigallen-Lied" formal verpflichtet ist, und „Wachet auf, ruft uns die Stimme".

Westfalen bleibt in den folgenden Jahrzehnten literarisch weiterhin greifbar als Schauplatz geschichtlich bedeutender Ereignisse. Als beherrschend erweist sich dabei die Auseinandersetzung mit religiösen und konfessionellen Fragen und Problemen im Spannungsfeld von Reformation und Gegenreformation.

Ende 1623, im sechsten Jahr des Dreißigjährigen Kriegs, kommt ein Jesuitenpater in das westfälische *Paderborn,* der hier entscheidende Anstöße zu einem der wichtigsten Bücher der Literatur dieser Epoche erhalten sollte. *Friedrich Spee,* von seinen Kirchenoberen zur Unterstützung gegenreformatorischer Maßnahmen in die traditionsreiche Bischofsstadt geschickt, übernimmt einen Lehrauftrag an der 1614 gegründeten Jesuitenuniversität und zugleich das Amt eines Katecheten von St. Pankraz am Marienplatz.

Man ging hier nicht zimperlich um mit Andersgläubigen und „Ketzern". Unter dem 1618 verstorbenen Fürstbischof *Dietrich von Fürstenberg* nahm man maßgeblich an den Hexenverfolgungen teil, die wohl auch bei *Spees* Ankunft weiterhin an der Tagesordnung gewesen sein dürften. Überliefert ist aus dieser Zeit der Hinweis auf eine Diskussion *Spees* im Drostenschloß zu *Neuhaus* über die Fragwürdigkeit der in der Folter erpreßten Geständnisse.

Denkwürdig ist das Jahr 1630, in das der zweite Aufenthalt *Spees* in *Paderborn* fällt. In diesem Jahr, so berichten die Annalen der niederrheinischen Ordensprovinz, sollen im Paderbornischen allein 500 Hexen verbrannt worden sein. Der Hexenbeichtiger *Spee* sah sich einem Inferno von Aberglauben, Haß und Gewalt gegenüber. Hier im Westfälischen reifte in ihm der Plan zu einer großangelegten Warnschrift gegen den Hexenwahn seiner Zeit. Wiederum entsteht aus der hautnahen Berührung mit einem authentischen Geschichtsraum Literatur von hohem Rang. Die lateinisch geschriebene „Cautio Criminalis" erschien 1631 anonym in *Rinteln,* nachdem das Paderborner Jesuiten-Rektorat den unbequemen Mahner schon vorher eigenmächtig aus seinem Lehramt entfernt hatte.

„Persönlich kann ich unter Eid bezeugen", bekennt der Verfasser freimütig, „daß ich jedenfalls bis jetzt noch keine verurteilte Hexe zum Scheiterhaufen geleitet habe, von der ich unter Berücksichtigung aller Gesichtspunkte aus Überzeugung hätte sagen können, sie sei wirklich schuldig gewesen." „Wehe dem", so heißt es in aller wünschenswerten Klarheit, „der einmal den Fuß in die Folterkammer gesetzt hat; er wird ihn niemals zurückziehen können, ohne alles zu gestehen, was man sich nur ausdenken kann." *Spee* weiß, wovon er spricht. Bei Verhören, in den Kerkern, beim Anblick der lodernden Scheiterhaufen und bei den Todesschreien der gequälten Kreatur stand ihm der fortgesetzte Verrat an der christlichen Liebesbotschaft bestürzend und aufrüttelnd vor Augen. „Ehrabschneiderei und Verleumdung nehmen überall zu sehr überhand, und die christliche Nächstenliebe wird so sehr wie nur möglich verletzt."

Westfalen erlangt im Zeitalter der Hexenverfolgungen die traurige Berühmtheit, Anstoß zu einem der mutigsten und bedeutendsten Werke der Weltliteratur gegeben zu haben, einem Werk, das Zeugnis ablegt von der bedrängenden Kraft des Raums, in dem sich Ungeheuerliches, weit über die Grenzen hinaus Bedeutsames ereignet. In seinem zu großen Teilen auf dem Stiftsgut *Falkenhagen* nahe *Corvey* entstandenen „Güldenen Tugendbuch" (1649) kommt *Spee* noch einmal auf seine Begegnungen mit dem Hexenwahn seiner Zeit zurück, wenn er seinem Beichtkind vorstellt: „Bilde dir für, wie durch die ganze Welt [. . .] unzählbar viele arme gefangene Sünder und Sünderinnen, Schuldige und Unschuldige, bei Christen und Unchristen, in schweren Banden und Kerkern liegen. Gar viele, ja unzählbar viele, werden unschuldig gefoltert, gepeinigt, gereckt, gegeißelt, geschraubt, und mit neuer grausamer Marter übernommen, müssen für unleidliche Größe der Pein auf sich und andere bekennen, das sie nie gedacht haben [. . .]".

Schauplatz menschlicher Verrohung und geschichtlicher Wirren in aufgewühlter Zeit ist Westfalen auch im zweiten und dritten Buch von *Grimmelshausens* „Der abenteuerliche Simplicissimus", neben *Spees* „Cautio Criminalis" wohl das wichtigste Buch im Deutschland des 17. Jahrhunderts. Die erste Gesamtausgabe lag 1683/84 vor, nachdem bereits 1668 eine stark mundartlich gefärbte Fassung erschienen war.

Westfalen, auf Grund seiner mittleren geographischen Lage von den kriegerischen Begleiterscheinungen in katastrophalem Ausmaß betroffen und seit dem Westfälischen Frieden in *Osnabrück* und *Münster* mit dem verheerenden Krieg in besonderer Weise verknüpft, gewinnt erneut Gestalt als eine Region in der Krise. Westfälische Orte: *Soest, Werl, Lippstadt, Recklinghausen, Dorsten* und *Münster,* ausdrücklich genannt, vereinigen sich zum lokalen Panorama eines Krieges, der ziel- und planlos das Land in Unsicherheit und Chaos stürzt.

Die Taten des Jägers von *Soest* sind bei allem schwankhaften Witz weniger komisch als satirisch, kritisch entlarvender Handlungsspiegel bis auf den Grund korrupter Zustände. Ob in der Anekdote vom Speckdiebstahl, in der Gespenstergeschichte um einen Schatzfund oder bei listigen Überfällen und hinterhältigen Anschlägen, stets geht es um hemmungslose persönliche Bereicherung, um bedenkenlose Schädigung der anderen, stets bleibt dem Leser angesichts der menschenverachtenden Machenschaften das Lachen im Halse stecken. In den einzelnen Schwänken spiegelt sich der schier unerschöpfliche Einfallsreichtum des Menschen, wenn es darum geht, seinen eigenen Vorteil auf Kosten des Mitmenschen zu befördern. Der Krieg selbst bereitet das Feld, auf dem sich die Schlechtigkeit beliebig entfalten und austoben kann. Entwürfe einer besseren Welt, in der der Kriegshetze ein Ende gesetzt wird und die christlichen Kirchen sich letztlich vereinigen, verkommen zu bloßen Phantastereien im Munde des närrischen Gottes Jupiter, eines verrückten Schulmeisters.

Westfalen ist der exemplarische Ort einer verkehrten Welt, Schauplatz schäbigster Korruption, Spiegel äußerster menschlicher Verwahrlosung in der Umklammerung durch den Krieg. Die Literatur im Zeitalter von Reformation und Gegenreformation reflektiert Westfalen als eine Region in der Krise, geschüttelt vom Streit der Konfessionen, gebeutelt von endloser Ausplünderung und Verwüstung, eine Region, in der unter den Trümmern einer verheerenden Geschichte keine geistige Kultur gedeihen zu können scheint.

Noch 1759 trifft der beißende Spott *Voltaires* das kulturell offenbar hoffnungslos zurückgebliebene Westfalen. Gleich zu Anfang seines berühmten Romans „Candide" ist beispielhaft die Rede von einem westfälischen Gutsherren, dem Baron von Thunder ten Tronckh. „Der Herr Baron war einer der mächtigsten Gutsherren Westfalens, hatte sein Schloß doch eine Tür und Fenster . . . Die Frau Baronin, die so etwa dreihundertfünfzig Pfund wog, verschaffte sich dadurch ein überaus großes Ansehen . . . Ihre Tochter Kundigunde war siebzehn Jahre alt, von lebhafter Gesichtsfarbe, frisch, dick, zum Anbeißen . . . ". An die Stelle geschmackvoller Gestaltung tritt die Befriedigung primitivster Bedürfnisse, Gewicht muß den Geist ersetzen. Westfalen erscheint auf der internationalen literarischen Bühne als das Land finstersten Hinterwäldlertums. Für den aufgeklärten Geist hat es weder Anspruch noch Stil und Witz, eine dumpfe Zone inmitten zivilisierter Welt, wo ebenso dumpfe Menschen dahinvegetieren. *Voltaires* Spott hat den Westfalen, insbesondere den westfälischen Autoren, noch lange zu schaffen gemacht und sie, wie noch zu zeigen sein wird, wiederholt zu Rechtfertigungen herausgefordert. Einer Meinung mit seinem Freund *Voltaire* scheint *Friedrich II. von Preußen* gewesen zu sein. Von ihm soll das Wort stammen: „Die Westfalen haben kein Genie."

Zehn Jahre nach dem „Candide" und fast hundert Jahre nach dem „Simplicissimus" taucht Westfalen an exponierter Stelle erneut als literarischer Schauplatz auf. Gründlich geändert hat sich jedoch inzwischen die Perspektive, die nicht länger Krisenhaftes oder Spottwürdiges hervorhebt, sondern Vorbildliches, das, auf eine große Vergangenheit gestützt, in die Zukunft weist.

1769 erscheint *Friedrich Gottlieb Klopstocks* „Hermanns Schlacht", ein Bardiet für die Schaubühne. Es folgen 1784 „Hermann und die Fürsten" und 1787 „Hermanns Tod". Auffällig ist die akzentuierte Bedeutung des Raums als Ausgang und Ziel der Handlung. Von einem Felsengipfel, einer alten Kultstätte aus, werden durch Mauerschau und Botenbericht der Fortgang der Schlacht im Teutoburger Wald und der Triumph der Germanen unter dem Cheruskerfürsten *Arminius* über das Römerheer geschildert. In *Klop-*

stocks Hermannsdichtung gipfelt literarisch die seit dem 17. Jahrhundert hervortretende nationale Selbstreflexion, die die Befreiung von der Fremdherrschaft politisch wie kulturell als geschichtliche Schlüsselerfahrung begreift.

Ort dieses exemplarischen historischen Akts ist Westfalen, Heimat der gefeierten germanischen Freiheitshelden. Starke Resonanz ruft die neue Sprache *Klopstocks* hervor, ein von der Begeisterung getragenes, Begeisterung auslösendes Sprechen, das den urban abgeklärten, weltmännischen Ton der rationalistischen Kultur überwindet und weithin als unverwechselbarer Ausdruck nationaler Eigenart empfunden wird. In der Bewunderung, die *Klopstock* findet, spiegelt sich das Bedürfnis nach deutscher Identität, geortet in Westfalen, das fortan zusehends die großen Geister der Zeit anzieht.

Die *Fürstin Gallitzin* versammelt in *Münster* einen bedeutenden katholischen Kreis um sich. *Goethe, Hamann,* der in *Münster* stirbt, kommen zu Besuch. *Friedrich Leopold Graf von Stolberg* tritt in der Hauskapelle der Fürstin zum katholischen Glauben über und nimmt innerhalb der damaligen Grenzen Westfalens auf dem Dominialgut *Sondermühlen* vor den Toren *Melles* seine Wohnung. Auch bei der jüngeren Generation hält die Anziehungskraft Westfalens unvermindert an. *Clemens Brentano,* als Gast von den *Stolbergs* in *Sondermühlen* begrüßt, reist zu der stigmatisierten Nonne *Anna Katharina Emmerick* in *Dülmen* und zeichnet dort die Visionen der Augustinerin von dem „bitteren Leiden unseres Herrn Jesu Christi" auf. Ihm folgt *Luise Hensel,* der Westfalen zur zweiten Heimat wird.

Die bedeutendste Begegnung eines großen Dichters mit Westfalen aber, bisher kaum ausreichend gewürdigt, ereignet sich in *Bad Driburg.* Im August 1796 trifft *Friedrich Hölderlin,* Hauslehrer der Frankfurter Bankiersfamilie *Gontard, mit Susette,* der Frau des Bankiers, den Kindern und *Wilhelm Heinse,* dem Autor des vielbeachteten, im westfälischen *Lemgo* erschienenen Künstlerromans „Ardinghello", in der Badestadt ein. Im Banne von *Klopstocks* „Hermanns Schlacht" glaubt man auf geschichtlich bedeutsamem Boden zu stehen, nahe dem Ort, wo die Germanen erfolgreich ihre Selbstbefreiung betrieben. „Was Dich besonders freuen wird" schreibt *Hölderlin* seinem Bruder, „ist, daß ich sagen kann, daß wir wahrscheinlich nur eine halbe Stunde von dem Tale wohnten, wo *Hermann* die Legionen des Varus schlug." Anders als *Kleist* in seinem 1808 entstandenen Drama „Die Hermannsschlacht", betont *Hölderlin* nicht den äußeren Feind – bei *Kleist* sind es die Franzosen –, sondern den inneren Feind, den Absolutismus. Hermann erscheint *Hölderlin* als ein Vorkämpfer republikanischer Freiheit.

O! Bruder! der Gedanke soll uns lohnen,
In Hermann brauste kein Tyrannenblut.

19

Am Fuße des Knochen nahe *Driburg* siegte für *Hölderlin* symbolisch die Freiheit des Menschen über Fürstenwillkür. Wichtig ist dabei nicht so sehr die geschichtliche Treue, die Gewißheit über den genauen Schlachtort, wichtig ist vor allem die Bedeutung, die der Dichter dem Ort gibt, der dadurch zur Anschauung einer geistigen Bedeutung wird. In der Landschaft bilden sich für ihn geschichtliche Kernerfahrungen ab.

Westfalen, das „deutsche Böotien", wie *Hölderlin* es nennt, erscheint ihm als archaische Naturlandschaft, als ein Stück idyllischer Wildnis fern von zivilisatorischer Verderbtheit. Es ist das Land, wo inmitten natürlich freiwachsender Entfaltung die Freien das drohende Joch widernatürlicher Tyrannei abwehrten.

In zwei späteren hymnischen Entwürfen kommt *Hölderlin* auf Westfalen zurück. In der rätselhaften „Vatikanhymne" ist von den Vatikanpalästen in *Rom* die Rede, in denen „viel Irrsal" und „Julius Geist" umgehen. Gemeint ist Julius Cäsar, denn gleich danach heißt es erläuternd: „welcher Kalender gemachet". In verschlüsselter Form wird das Problem der Zeit angesprochen. Die Kirche, Vertreterin des ewigen Glaubens, ist längst tief verstrickt in Zeit und Geschichte, in die Kämpfe um Einfluß und Macht. Doppeldeutig ist in diesem Zusammenhang, daß die Christen den Julianischen Kalender übernahmen. Dem Dichter erscheint die Kirche ebenso machtlüstern wie jener römische Politiker, das Vorbild aller folgenden Cäsaren. Nach diesem Eingang fährt die Hymne scheinbar unvermittelt fort: „. . . und dort drüben in Westfalen, / Mein ehrlich Meister." In kühner Entgegensetzung stehen sich der geschichts- und zeitverfallene Vatikan und Westfalen als der ehrliche Meister gegenüber. Dort ist man offenbar noch imstande, „Gott rein mit Unterscheidung" zu bewahren. Gott ist immer nur gegenwärtig und anschaubar jenseits von Zeit und Macht. Westfalen, nicht der Vatikan, ist die Stätte der Begegnung mit dem Göttlichen, dort hat sich die Schöpfung, so wie sie aus der Hand des Schöpfers gekommen ist, noch erhalten.

In einem zweiten hymnischen Entwurf „An die Madonna" besingt *Hölderlin* erneut die Schönheit ursprünglicher Natur:

> Vor allem, daß man schone
> Der Wildnis, göttlichgebaut . . .

Geortet wird die göttliche Wildnis, in der weiterhin die „reinen Gesetze" gelten, in Westfalen: „An den Grenzen aber, wo stehet / Der Knochenberg . . . " In Westfalen ist für *Hölderlin* die Idylle Wirklichkeit geworden. Hier, in der urwüchsigen Wildnis, an dem Ort, wo sich nach dem Verständnis *Hölderlins* die Freiheit gegen die römische Fremdherrschaft behauptete, erfährt der Mensch in poetischer Verklärung der ursprünglichen Naturlandschaft seine tiefste Erfüllung.

Eng verknüpft erscheinen unbeschnittenes Wachstum und die freie Entfaltung des Menschen. Nach dem Spott, den noch *Voltaire* über die Region ausgegossen hatte, erfährt Westfalen bei *Hölderlin* eine nachdrückliche Aufwertung. In dem Maße, wie die klassizistischen Ideale, die artifizielle Kultur der Aufklärung und ihre Orientierung an der kollektiv regulierenden Vernunft zurücktreten, wächst das Interesse an dem individuellen Charakter der Landschaft und an der archaischen Schönheit der Wildnis. Empfindsames Bewußtsein artikuliert sich bei *Hölderlin* ähnlich wie bei seinem Zeitgenossen *Möser* im Wandel ästhetischer Wahrnehmung.

Im Sommer 1799 in *Homburg vor der Höhe* verarbeitete *Hölderlin* in der Versidylle „Emilie vor ihrem Brauttag" sein Westfalenerlebnis noch einmal, indem er es nun verband mit seiner Liebesbegegnung mit *Susette Gontard,* seiner Diotima. In der urwüchsigen Naturlandschaft erfüllt sich eine tiefe Liebe. Idyllisch getönt ist die Erinnerung an das Paradies im Medium der Poesie, an die göttliche Wildnis jenseits von Zeit und gesellschaftlichem Zwang.

Westfalen, wo in der ursprünglichen Natur Freiheit und Liebe gedeihen, erscheint noch einmal im verklärenden Licht der Poesie. Eingebettet ist die Landschaft in den kosmischen Frieden des Mondes und der Sterne jenseits zeitlicher Erschütterungen und geschichtlicher Umwälzungen, eine Stätte heiteren Einsseins mit allem, was aus dem Ursprung lebt:

> Erheitert war
> Die Nacht, und auf den Wellen leuchtet'
> Und Hütten, wo der fromme Landmann schlief,
> Aus blauer Luft das stille Mondlicht nieder;
> Und alles dünkte friedlich mir und sorglos,
> In Schlaf gesungen von des Himmels Sternen.

Hölderlins Westfalendarstellung hat in der Region keinen Nachhall gefunden, daher auch nicht unmittelbar gewirkt. Seine poetische Annäherung an den Raum aber offenbart beispielhaft die gewandelten literarischen Sichtweisen, die mehr als bisher ihren Ausgang nehmen von der sensualistischen Empfindung und dem individuell Sinnenhaften.

Erst die Öffnung zum konkreten Raum im Zuge des Vordringens sensualistischer und empfindsamer Orientierungen führte zur intensiveren Wahrnehmung des Individuellen und damit auch des Regionalen, zur Begegnung mit dem Allgemeinen in besonderer Gestalt, mit der Ganzheit in der Brechung des Mannigfaltigen. Der Wandel ästhetischer Wahrnehmung, wie er bei *Hölderlin,* bezogen auf die westfälische Szene, beispielhaft Gestalt gewinnt, leitete auch in Westfalen ein neues kulturelles Selbstbewußtsein ein.

II. Die Literatur Westfalens im Aufbruch

„In der Pflege der Dichtung und Kunst", schreibt *Justus Möser* noch am 14.April 1784 an *Matthias Claudius,* „stehen wir Westfälinger hinter den anderen deutschen Volksstämmen weit zurück; die freundliche Gottheit des Liedes liebt leichtentzündliche und fröhliche Naturen, wir aber sind zu ernst, zu gründlich, zu schwerfällig."

Die Klage des bekannten Verfassers der „Patriotischen Phantasien", Justitiar des Domkapitels und Referendar der Regierung des seinerzeit noch westfälischen Hochstifts *Osnabrück,* scheint bei genauerer Betrachtung übertrieben. Schon 1750 hatte *Charlotte Wilhelmine Amalie von Donop,* 1723 in *Altendonop* bei *Lemgo* geboren, vier längere gereimte Alexandrinergedichte unter dem Titel „Die Schönheiten *Pyrmonts*" vorgelegt. Noch im gleichen Jahr folgte im Zuge des überraschenden Erfolgs die zweite Auflage in einem *Göttinger* Verlag.

Die frühe poetische Veröffentlichung aus einer westfälischen Feder lehnt sich eng an *Albrecht von Hallers* berühmtes, 1732 erstmals erschienenes Lehrgedicht „Die Alpen" an. Offen bekennt sich die Verfasserin zu ihrem Vorbild:

> Kann Hallern dort durch euch der Alpen Bild gelingen,
> So laßt, ob schwächer zwar, auch mich Pyrmont besingen!

In der Tat erreicht die westfälische Dichterin in Mußestunden an keiner Stelle die gedankliche Tiefe *Hallers,* immerhin aber lassen ihre Verse etwas von der empfindsamen Naturbetrachtung ahnen, die den Schweizer Lyriker zu einem der Anreger und Vorläufer *Klopstocks* machte. An die Stelle von Nutzen und Brauchbarkeit treten Schönheit und Genuß. Das Herz beginnt den Kopf zu verdrängen, die sinnliche Empfindung die vernunftgeleitete Betrachtung. Die kühle Distanz weicht dem subjektiven Ergriffensein:

> Die Flur durchglänzt ein Grün, und süßer Ambraduft,
> Der Herz und Haupt erfrischt, durchzieht die klare Luft.
> Es läßt, als ob das Feld, dort Wiesen, hier die Fläche
> Durch Schönheit von der Hand des milden Schöpfers spreche.
> Mir schwindelt für der Pracht. Sie reizet mich zu sehr.

Westfälische Dichtung setzt dort ein, wo die kollektiv regulierende Vernunft an Einfluß verliert und die sinnenhaft empfindsame Bindung des einzelnen an den Raum zunimmt. Das Subjekt, überwältigt von der sinnlichen Fülle, erfährt seine Umwelt nicht mehr in erster Linie als anschauliches Exempel des immer und überall gleichen Vernunftgesetzes, sondern als individuell einmalige Erscheinung, als unwiederholbares Wunder der Schöpfung, das dem emotional Ergriffenen spontan aufgeht.

An dem frühen Beispiel der *Pyrmont*-Dichtung wird deutlich, wie die subjektive Begegnung mit dem konkreten Lebensraum im Zuge einsetzender Empfindsamkeit auch den Westfalen die Zunge zu lösen beginnt, zumindest aber die Bedingungen offenbar werden läßt, unter denen westfälische Dichtung möglich erscheint. Nicht zu übersehen ist allerdings der noch weitgehend unselbständige, fast noch dem Rokoko nahestehende stilistische Ausdruck.

Die Dichtungen der westfälischen Aristokratin machten Eindruck. Schon ein Jahr nach ihrem Erscheinen schreibt der 1729 in *Bielefeld* geborene ravensbergische Landessyndikus *Florens Arnold Consbruch:*

> Jetzt da sich allgemach das Vorurteil verliert,
> Und sie Geschmack und Witz, wie ihre Schönheit ziert,
> So sieht man Schönen schon von diesem Vorzug ringen
> Und hört die Donopin mit Ruhm und Beifall singen;
> Und macht ihr Beispiel erst die muntern Schönen kühn
> So wird Westphalens Lob in mehrern Liedern blühn.

Consbruchs Lob erwächst aus der Auseinandersetzung mit der harschen Kritik, der Westfalen und die westfälische Kultur ausgesetzt waren, insbesondere mit den herabsetzenden Äußerungen des Freiherrn *Georg Ludwig von Bar* aus dem *Osnabrück*schen, in dessen 1740 erschienenen „Epîtres diverses sur des sujets differens".

In französischer Sprache, in der Attitüde weltmännischer Überlegenheit, wie sie in Frankreich als Ausweis höherer Bildung gelten mochte, hatte der Freiherr die Westfalen als dumm und faul beschimpft, die westfälischen Frauen plump und reizlos genannt und die Eßkultur mit ihrem ewigen Schwarzbrot und Bier als barbarisch abgetan. Vermutlich haben die satirischen Attacken *Bars Voltaires* spätere Darstellung Westfalens nicht unwesentlich beeinflußt.

Consbruch setzt gegen die globale Kritik des französisierenden Freiherrn die Freiheit und die ungezwungene Natürlichkeit Westfalens. Seine „Versuche in Westphälischen Gedichten", 1751 und 1756 erschienen, fanden selbst die Anerkennung *Lessings.* Selbstbewußt führt *Consbruch* in dem programmatischen Gedicht „An mein Vaterland", aus dem bereits oben zitiert wurde, aus:

> Uns mangelt nicht der Witz, der fremden Dichtern eigen!
> Es fehlt nur der Versuch, ihn so wie Bar zu zeigen.

Consbruch will mit seiner frühen Veröffentlichung beweisen, daß auch westfälische Autoren im Stil der aufgeklärten Dichtung zu schreiben verstehen.
Der Zusatz „westphälisch" verweist für ihn dabei lediglich auf die Herkunft
des Dichters. Ein spezifisches Westfalenbewußtsein wird nicht erwogen.
Ähnlich wie die *Freifrau von Donop* versucht auch der einer angesehenen
patrizischen Familie entstammende *Consbruch,* westfälische Dichtung durch
den Anschluß an überregionale Stilkonvention zu etablieren.

Dabei ist er sich der Problematik seines Versuchs durchaus bewußt. Im
Vorwort zum ersten Teil seiner Gedichte zitiert er aus der Zuschrift eines
ungenannten Freundes: „Glauben Sie denn, daß die Einwohner der anderen
teutschen Provinzen Gedichte von einem Westphälinger kaufen werden, da
man noch nicht die geringste Spur hat, daß die schönen Wissenschaften in
Ihren rauhen Gegenden einen Zutritt gefunden?" Gerade Vorwürfe dieser
Art legten es indes nahe zu beweisen, daß westfälische Autoren allen Herab-
setzungen zum Trotz in der Lage waren, im Stil der Zeit zu schreiben.

Auch wenn dabei das Problem einer genuin regionalen Dichtung noch gar
nicht berührt wird, so sind *Consbruchs* poetische Versuche dennoch Lebenszei-
chen einer aufkeimenden literarischen Kultur in einer vielgeschmähten Region. Wie für die *Freifrau von Donop* und *Consbruch* gelten auch für den 1716 in
Minden geborenen *August Rudolph Jesaias Bünemann* ausschließlich die Maßstäbe überregionaler Stiltradition. Nach einem Band „Gedichte und Reden"
aus dem Jahr 1742 legte er zwanzig Jahre später anonym einen Band „Saty-
ren" vor. Die 24 Satiren folgen in Stil und Themenwahl im wesentlichen dem
Muster der Prosasatiren von *Liscow* und *Rabener,* wobei die Schärfe mancher
Stücke eher auf den erstgenannten verweist.

Titel wie „Eines treufleißigen Schulsorgers deutlicher Beweis, daß das
Einschränken der Trauer zum Atheismo führet" oder „Versuch in einem
Dutzend Vorschlägen zur Verbesserung des gemeinen Wesens unter denen
denkenden Tieren" lassen typische Themen des aufgeklärten Zeitalters
erkennen. Orientierung der Moral an vernünftiger Selbsteinsicht und gestiegenes bürgerliches Selbstbewußtsein prägen die satirische Argumentation der nicht selten elegant stilisierten Stücke. *Bünemanns* Satiren, auf der
Höhe zeitgenössischen kritischen Schreibens, bisher allerdings überhaupt
nicht gewürdigt, stellen die erste wirklich beachtenswerte literarische Leistung eines Westfalen in der Neuzeit dar.

„In Westphalen liegt ein Kirchsprengel", leitet *Johann Heinrich Jung-Stilling*
(eigentlich *Jung*) seine bekannte Lebensgeschichte mit dem Verweis auf
seinen westfälischen Geburtsort *Hilchenbach bei Siegen* ein, wo er 1740 zur
Welt kam. Was er beschreibt, ist jedoch weniger ein typischer westfälischer
Lebenslauf als die beispielhafte Entfaltung einer einmaligen Individualität
unter der Führung Gottes. „Ich bin ein Kind der Vorsehung." Unverkennbar
ist das pietistische Lebensgefühl.

Aus alter, aber mittelloser Bauernfamilie stammend, übte *Jung-Stilling,* der sich vornehmlich autodidaktisch bildete, als Schneider, Landwirt und Hauslehrer zunächst die unterschiedlichsten Berufe aus, bis er durch einen Gönner die Möglichkeit zu einem Medizinstudium in *Straßburg* erhielt. Dort lernte er zwischen 1769 und 1772 *Herder* und *Goethe* kennen, auf dessen Veranlassung der erste Band der Lebensgeschichte 1777 gedruckt wurde.

Aus seiner Zeit als Arzt und Augenarzt in *Elberfeld* stammt die Beschreibung seiner ersten erfolgreichen Staroperation, Beispiel für die lebendige Art seiner Darstellung. Auffällig ist die Perspektive, durch die eine gewisse Objektivierung erreicht wird und das Autobiographische romanhafte Züge erhält. „. . . mit Zittern nahm er das Starmesser und drückte es am gehörigen Ort ins Auge; als aber die Patientin dabei, wie natürlich ist, etwas mit dem Odem zuckte, so zuckte *Stilling* auch das Messer wieder heraus . . . *Stilling* nahm also die krumme Schere . . . und nun schnitt er ordentlich unten herum, den halben Zirkel, wie gewöhnlich, als er aber recht zusah, so fand er, daß er den Stern oder die Regenbogenhaut mit zerschnitten hatte . . . er schwieg still und seufzte. In dem Augenblick fiel die Starlinse durch die Wunde über den Backen herunter und die Frau rief in höchster Entzückung der Freude: O Herr Doktor, ich sehe Ihr Gesicht, ich sehe Ihnen das Schwarze in den Augen!"

In *Elberfeld* erreichte *Jung-Stilling* der Ruf auf den Lehrstuhl für Staats- und Finanzwissenschaften in *Kaiserslautern,* für den er vor allem durch praktische Erfahrungen in der Land- und Forstwirtschaft und als langjähriger Gutsverwalter ausgewiesen war. Nach erfolgreicher Lehrtätigkeit folgten Professuren in *Heidelberg* und *Marburg,* bis er sich im Alter von 63 Jahren in *Karlsruhe* als freier Schriftsteller niederließ und sich der Aufgabe widmen konnte, in der er seinen eigentlichen gottgewollten Beruf sah. Dieses wechselvolle Leben, wiedergegeben im Stil eines abenteuerlichen Entwicklungsromans, fand in seiner Zeit breite Resonanz. Die ersten drei aus dem Geist der Geniezeit und der Empfindsamkeit geschriebenen Teile erschienen in rascher Folge zwischen 1777 und 1778. An die Stelle literarischer Stilisierung treten im vierten und fünften Teil (1789, 1804) eine mehr chronikartig aufreihende Darstellung und ein durchgehend erbaulicher Ton, der vor allem den Aspekt göttlicher Vorsehung hervorhebt. Faszinierend wirkte vor allem die Einheit von Wahrheit und Dichtung, die literarische Überhöhung einer authentischen Selbstdarstellung in einer Phase zunehmender Bewußtwerdung der autonomen Persönlichkeitswerte des einzelnen.

Mit einer Lebensbeschreibung ganz anderer Art begründete der 1745 in *Mühlheim* an der Ruhr geborene, spätere *Bochumer* Arzt *Karl Arnold Kortum* seinen literarischen Ruhm. 1784 erschien in *Hamm* und *Münster* mit Illustrationen des Autors „Leben und Meinungen und Taten von Hieronimus Jobs, dem Kandidaten". Der Titel klingt an *Sternes* berühmten „Tristram Shandy" an.

> Vorn, hinten und in der Mitten
> Geziert mit schönen Holzschnitten.
> Eine Historia lustig und fein
> in neumodischen Knittelverselein.

1799 folgte wegen des durchschlagenden Erfolgs eine Fortsetzung der „Jobsiade", die *Wilhelm Busch* zu seiner komischen Bildergeschichte anregte (1874). In der Nachbarschaft von *Thümmels* „Wilhelmine", *Blumauers* „Aeneis" und *Wielands* komischen Erzählungen parodiert *Kortum* beliebte empfindsame Lebensläufe, indem er den erwarteten erfolgreichen Helden durch einen liederlichen Kleinbürger ersetzt. Bereits als Student zeigt Hieronimus wenig Neigung zu geistiger Arbeit:

> Im Raufen und Schlagen fand er Vergnügen,
> Täglich tat er in der Schenke liegen,
> Ging aber auch, alle zwei Monat einmal
> Zur Abwechselung in den Kollegiensaal.

Kortums Held folgt nicht der göttlichen Vorsehung, sondern allein seinem Verlangen nach flachem Lebensgenuß. Seine materielle Natur durchkreuzt realistisch jede idealistische Überhöhung.

Von der sittlichen Besserung des Menschen durch eigene Einsicht überzeugt war der 1768 in *Tecklenburg* geborene *Friedrich Adolf Krummacher*, evangelischer Theologe, Superintendent in *Bernburg* Kreis *Halle/Saale* und Hauptpastor in *Bremen*. Seine zwischen 1805 und 1817 erschienenen Parabeln, von *Goethe* hochgeschätzt, fanden bald Eingang in Kinder- und Schulbücher.

Gegen den flachen Nützlichkeitsstandpunkt der Aufklärung tritt *Krummacher* in empfindsamer Weise für das Streben nach dem Schönen und Guten ein. Einen nur am Ertrag interessierten Bauern weist der Pfarrer in der Parabel vom Kornfeld auf die rotglühenden Mohnblumen und die jubilierend aufsteigende Lerche hin: „Denn nicht umsonst blühen jene und schwebet diese zwischen und über den einförmigen Halmen empor. Sie sollen den Herrn des Feldes erinnern, daß es noch etwas anderes gibt als den Staub der Furche, und die Ähre, die aus ihr emporwächst, damit er in dem Streben nach dem Nützlichen auch des Schönen und Guten gedenke, und von dem niedern Boden zu dem höhern sich erhebe."

Aber weder die *Donopin* noch *Consbruch* und *Bünemann*, weder *Jung-Stilling* noch *Kortum* und *Krummacher* weisen in die Zukunft einer spezifischen literarischen Kultur in Westfalen. Alle sind mehr oder weniger herausragende Vertreter allgemeiner Geisteshaltungen und Stilrichtungen zwischen Aufklärung und Empfindsamkeit. *Mösers* Urteil in dem zitierten Brief an *Claudius* muß daher verstanden werden als die berechtigte Klage darüber, daß es an westfälischen Autoren, die sich bewußt an die Kultur Westfalens binden, in der Tat weiterhin fehlt.

In seinen Schriften wird *Möser* jedoch nicht müde, westfälische Eigenart auch im literarischen Leben zu fordern. „Allein, Westfalen ist groß genug, und das Leben eines Westfälingers kann wenigstens alle seine Landsleute interessieren", schreibt er und ruft seinen Landsleuten zu: „Meiner Meinung nach müssen wir also durchaus mehr aus uns selbst und aus unserm Boden ziehen, als wir bisher getan haben und die Kunst unserer Nachbarn höchstens in soweit nutzen, als sie zur Verbesserung unserer eigentümlichen Güter und ihrer Kultur dienet." Nicht zufällig ist es ein Westfale, der die Dinge nicht länger nur allgemein und weltbürgerlich, vom erhöhten Standpunkt nivellierender Vernunft aus betrachtet, so wie es die europäische Aufklärung getan hatte, sondern höchst individuell und regional.

Für *Möser* setzt sich die nationale Kultur aus ihren einzelnen regionalen Facetten zusammen. Nur das Studium des Individuellen vermag Zugänge zum Kollektiven zu eröffnen, nicht umgekehrt. Es gilt, Abschied zu nehmen von der Herrschaft abstrakter Regeln und Systeme und die Selbsterfahrung, das eigene unverwechselbare Denken und Empfinden, als allein schöpferisch zu begrüßen. Im Zuge der neuen Empfindsamkeit in der zweiten Hälfte des 18. Jahrhunderts, die das Recht des einzelnen auf Selbsterkenntnis jenseits fremdbestimmender Vernunft betonte, ermutigte *Möser* seine Landsleute, ihre Eigentümlichkeit zu entdecken, sich zu ihr zu bekennen und auf ihrem Grund schöpferisch zu gestalten. Um seinen Standpunkt zu verdeutlichen, vergleicht *Möser* den französischen mit dem englischen Garten. Dort „alles so regelmäßig geordnet, daß man beim Auf- und Niedergehen sogleich alle Einteilungen mit wenigen Linien abzeichnen kann", hier hingegen findet man „unendliche Mannigfaltigkeiten, wie in Gottes Schöpfung durcheinander vermischt", stets mit der Neigung, „zur Wildnis" überzugehen.

Literatur- und Kulturgeschichte können für *Möser* nur dem englischen Garten vergleichbar sein, wenn man nicht durch normative Bindung der Gefahr erliegen will, das Mannigfaltige auf ein ödes Einheitsmaß zurückzustutzen. „Denn es bleibt doch wohl eine unstreitige Wahrheit", so *Möser* noch einmal, „daß tausend Mannigfaltigkeiten zur Einheit gestimmt mehr Wirkung tun, als eine Einheit, worin nur fünf versammelt sind."

Mösers Anregungen fielen auf fruchtbaren Boden, auch wenn sich unmittelbare Auswirkungen zunächst nur zögernd bemerkbar machten. Begeistert nahm der 1758 in *Bielefeld* geborene und dort seit 1781 als Gymnasiallehrer tätige *Peter Florens Weddigen Mösers* Gedanken auf. In seinem „Westfälischen Magazin", erstmals 1784 erschienen, veröffentlichte er Beiträge zur Regionalgeschichte und Volkskunde, setzte sich nachdrücklich für die Mundart ein und kündigte an, unter der Sparte „Westfälische Bibliothek" regelmäßig regional herausragende literarische Neuerscheinungen anzuzeigen. Doch bereits der vierte Jahrgang bedeutete das Ende des verdienstvollen Unternehmens. Selbst ein so bekannter Fürsprecher und Abonnent wie der Freiherr und Minister *von Fürstenberg* in *Münster* vermochte dem Magazin keinen zufriedenstellenden Absatz zu sichern.

Ähnlich erging es allen weiteren Veröffentlichungen *Weddigens,* so dem „Neuen Westfälischen Magazin", in *Bückeburg* gedruckt und in *Lemgo* verlegt, und dem „Westfälischen Nationalkalender", in dem *Weddigen* an die Stelle der üblichen Heiligennamen die Namen berühmter Westfalen rückte. Das gleiche Schicksal traf das in *Paderborn* verlegte „Westfälische Jahrbuch". Als *Weddigen* 1809 starb, mußten seine vielfältigen Bemühungen um die Region als gescheitert angesehen werden. Kein Zweifel besteht jedoch weiterhin, daß seine Magazine, Kalender und Jahrbücher eine Fülle geschichtlicher und kultureller Informationen aus der Region enthalten, die zur Wiederentdeckung anstehen.

Daneben veröffentlichte *Weddigen* eigene Dichtungen, so „Die Morgenstunden der Grazie" (1795) und 1798 „Geistliche Oden und Lieder für Christen". Seine gelegentlich in den *Göttinger* Musenalmanach eingerückten Gedichte verraten beachtliche satirische Schärfe. In dem Gedicht „Der leere Titel" von 1793 läßt *Weddigen* die Dummheit auf dem Olymp Klage führen über ihr fehlendes Ansehen unter den Menschen. Den Schluß bildet die bissige, das geistlose Beamten- und Kastenwesen im absolutistischen Staat entlarvende Reaktion der Patronin der Künste und der Weisheit:

> Minerva sprach: „Das beste Mittel,
> O Vater Zeus, ist wohl ein leerer Titel.
> Denn heutzutage will durch Schein
> Das Publikum getäuschet sein.
> Ein Weiser trägt den Stern nur in der Brust,
> Doch diese Fratze
> Wird nur bemerkt,wenn sie ihn zeigt am Latze."

Während es *Weddigen* versagt war, im Ravensbergischen literarisch anregend zu wirken, gingen von dem *Münsteraner* Hofrat und Rechtsprofessor *Anton Matthias Sprickmann,* wie *Weddigen* ein Verehrer *Mösers* und persönlich mit ihm bekannt, entscheidende Impulse für eine literarische Kultur im nordwestlichen Westfalen aus. In seinem Wirken, das im Zusammenhang mit dem Kreis von *Münster* näher gewürdigt wird, setzen sich die vielfältigen Anregungen *Mösers* in besonders fruchtbarer Weise fort.

Von *Möser* angeregt ist der wohl erste westfälische Autor, der in seinen Dichtungen versuchte, unmittelbar an das geschichtliche und kulturelle Erbe Westfalens anzuknüpfen. *Theobald Wilhelm Broxtermann,* 1771 in *Osnabrück* geboren, begann bereits als Sechzehnjähriger, größere epische Gedichte mit deutlich regionalgeschichtlichem Hintergrund zu schreiben. Im Jahr 1787 entstand das Epos „Graf Dietrich von der Mark". Gegenstand ist eine aus dem 14. Jahrhundert überlieferte Fehde *Osnabrücks* mit dem

Grafen von *Tecklenburg* und dem Bischof von *Minden*. Im Zentrum stehen das engagierte Eintreten für den Anspruch der Region auf freiheitliche Entfaltung und die Kritik an fremder Autorität.

Noch im gleichen Jahr setzt *Broxtermann* diese Thematik in dem breit angelegten epischen Gedicht „Benno, Bischof von Osnabrück" fort. Behandelt wird in den Gestalten des Kaisers Heinrich IV. und des ihm treu ergebenen Benno II. der Konflikt von deutschem Königtum und der zentralistischen katholischen Kirche. Auch hier geht es *Broxtermann* um das Recht auf nationale Selbstbestimmung und das Abweisen aller absolutistischen Machteinmischungen. Das Epos, im kritisch-pathetischen Stil der Sturm-und-Drang-Dichtung zwei Jahre vor dem Ausbruch der Französischen Revolution geschrieben, erschien, von *Wieland* freundlich aufgenommen, im renommierten „Teutschen Merkur". Erstaunlich früh hatte *Broxtermann* mit seinen beiden Erstlingen zu seinem Thema regionaler und nationaler Emanzipation gefunden, ein Thema, das ihn auch in seinen folgenden Dichtungen nicht mehr losließ.

An zentraler Stelle in seinen folgenden Werken steht die Gestalt Wittekinds oder Widukinds, des Führers der Sachsen im Kampf gegen *Karl den Großen*, 777 anläßlich des *Paderborner* Reichstags erstmals erwähnt. Allein drei längere epische Gedichte sind dem Sachsenfürsten gewidmet, der für die Eigenart seiner Landsleute unerschrocken eintrat.

Im ersten *Wittekind*-Gedicht, das programmatisch nur den Namen des sächsischen Adeligen trägt, führt der Dichter seinen Helden an das Grab *Armins*, wo er als der würdigste Vertreter deutschen Freiheitsstrebens dessen Waffe erhält. Deutlich tritt gerade hier die Tendenz zur Heraushebung der Region zutage, die einen *Arminius und einen Wittekind* hervorgebracht hat. Eine Region mit solch überregionaler historischer Bedeutung ist in besonderem Maße der literarischen Beachtung und Gestaltung wert.

Im zweiten Gedicht „Wittekind, Feldherr der Sachsen", entstanden 1792, stellt *Broxtermann* eine sinnbildhafte Situation in den Mittelpunkt. Aus Dänemark heimkehrend, findet *Wittekind* das Volk unter der Führung des sächsischen Fürsten Balder versammelt, zwei gefangene Franken dem Opfertod zu übergeben. Als *Wittekind* in einem der Gefangenen den Mann erkennt, der ihm einmal selbst das Leben gerettet hat, setzt er sich für die Befreiung und Verschonung der Franken ein, was ihm nach harten Auseinandersetzungen schließlich gelingt. Nicht Kampf, Vergeltung und Gewalt dürfen weiterhin das Handeln bestimmen, sondern Versöhnung und Menschenliebe. Es gilt, die alten Feindbilder zu revidieren, nicht hier die Sachsen und dort die Franken zu sehen, sondern beide als Brüder aufeinander zuzuführen.

Ein Jahr vor seinem frühzeitigen Tod greift *Broxtermann*, inzwischen Archivar des Herzogs von Pfalz-Zweibrücken in *Landshut,* den *Wittekind-*

Stoff zum drittenmal auf. Ein Bruchstück des epischen Gedichts „Wittekind bei den Normannen" wurde erst gegen Ende des vorigen Jahrhunderts in der Universitätsbibliothek in *München* entdeckt, wo *Broxtermann* 1800 nicht einmal dreißigjährig verstarb. Das Fragment schildert den fränkischen Triumph und die Ohnmacht der Sachsen, die wehmütig an ihre offenbar für immer verlorene Freiheit zurückdenken. Endgültig vorbei ist die Geschichtsphase der „friedlich wirksamen Sachsen", wo jeder

> Auf sein väterlich Erbe von seinem Hügel umhersah,
> Über das Tal und die wallende Saat zum bläulichen Berg hin
> Und der weidenden Herd' am Berge, jeder ein König.

Gesiegt hat wieder einmal die überlegene zentrale Macht. Den straff geführten Frankenheeren hatten die friedlichen Sachsen nichts entgegenzusetzen. Im Jahr, als *Broxtermann* seinen Schwanengesang niederschrieb, hatte *Napoleon* in Frankreich die Alleinherrschaft an sich gerissen und damit, was sich seit langem abzeichnete, dem revolutionären Aufbruch ein Ende gesetzt. Ausgeträumt war der Traum von republikanischer Freiheit, von der königlichen Würde des einzelnen. In der menschlichen Geschichte triumphiert stets aufs neue der Totalitarismus der Macht über das Streben nach partikularer Selbständigkeit, brutal dringt die kollektive Gewalt in den Frieden individueller Lebensräume ein.

In empfindsamer Kritik entsagt *Wittekind* am Ende allen Versuchen, durch kriegerische Auseinandersetzungen grundsätzliche Änderungen herbeizuführen. Im Herzen muß er dem Urteil des Normannenkönigs zustimmen:

> „Denn die Freiheit erhälst Du, allein die Männer der Freiheit
> Sind verschwunden; ein blutig Geschlecht, nach Raub nur lüstern,
> Staunet Dich an und spottet des unwillkommnen Geschenks."

Krieg verdirbt den Charakter, verwandelt die Menschen in Bestien und entfesselt ihre niedrigsten Instinkte. Am Ende eines Lebens trotzigen Widerstands steht für *Wittekind* die Einsicht in die letztliche Fruchtlosigkeit revolutionärer Gewalt. Beachtenswert ist die psychologisch begründete Kritik im Zuge der allgemeinen empfindsamen Orientierung. In diesem Sinne sind auch *Broxtermanns* epische Gedichte weniger bestimmt von der gattungsüblichen Dominanz geschichtlich-heroischen Handelns als von empfindsam getönter Reflexion. *Klopstocks* „Messias" übte gerade auf westfälische Autoren einen nachhaltigen Einfluß aus. Neben *Broxtermann* ist hier vor allem der *Münsteraner Franz von Sonnenberg* zu nennen, auf den noch eingegangen wird.

Verglichen mit seinen epischen Dichtungen ist *Broxtermanns* Lyrik eher unbedeutend. Immerhin stammt aus seiner Feder das wohl erste Westfalenlied, 1791 aus einem Gelage seiner Landsleute hervorgegangen und als

„Vaterlandslied" der westfälischen Landsmannschaft in *Göttingen* gewidmet. In deutlicher Anlehnung an das Rheinweinlied (1776) von *Matthias Claudius* setzen die etwas ungelenken Verse ein:

> Mit Eichenlaub umkränzt die Scheitel, krönet
> Die Becher ringsumher!
> Denn wir sind deutsch, und, was noch süßer tönet,
> Wir sind Westfälinger.

Auffällig ist auch hier das regionale Engagement. Die Region wird in steigernder Akzentuierung über die Nation gesetzt, deren Teil sie zwar ist, in der sie aber in ihrer unverwechselbaren Eigenart keineswegs einfach aufgeht. In diesem Sinne gilt es, die allgemeine Bedeutung Westfalens nachzuweisen:

> Wer lähmte dort, sein Deutschland frei zu ringen,
> In Winfelds blutgem Tal
> Dem Adler Roms die königlichen Schwingen?
> Ein Deutscher, ein Westfal.

Auch wenn man *Arminius* wohl schwerlich unter die Westfalen rechnen kann, so ist doch unbestreitbar, daß die Befreiung vom römischen Joch auf westfälischem Boden stattfand. Westfalen wird zum Land und zum Symbol individueller Freiheit, wo sich die Freien durchsetzten gegen den Totalitarismus der Macht.

Broxtermann nimmt als erster westfälischer Autor *Mösers* Aufruf ernst, mehr aus dem eigenen Boden zu ziehen. Im Jahr von *Mösers* Tod 1794 erscheinen *Broxtermanns* Gedichte in einem *Münsteraner* Verlag. Einer der letzten der dort aufgenommenen Texte trägt die Überschrift „Empfindungen bei *Mösers* Tode". *Broxtermann* wußte, was er dem Verstorbenen zu verdanken hatte. In der ersten größeren Werkausgabe eines Autors, der bewußt aus westfälischem Kulturerbe dichtete, schienen im Todesjahr *Mösers* dessen vielfältige Anregungen endlich Früchte zu tragen.

> O ihr Bessern, die ihr tief im Busen
> Faßt und fühlt, was der Verklärte war,
> Trocknet eurer Wehmut heiße Zähren!
> Bringt zum Opfer, würdig ihn zu ehren,
> Dank und Preis dem großen Schatten dar!

Die eigentlich literarischen Aktivitäten bleiben in den folgenden Jahren im wesentlichen beschränkt auf die nördlichen Landesteile. Dies gilt auch für die geistig-literarische Kultur in *Münster* im letzten Viertel des Jahrhunderts, die noch zu behandeln sein wird. Im Jahre 1801 erschien in *Minden* in Anlehnung an *Boies* deutschen Musenalmanach von 1769, wie dieser ebenfalls im Sedezformat, der erste westfälische Literaturalmanach, herausgegeben von dem Bückeburger Superintendenten *Karl Gottlieb Horstig* und *Christian Ulrich Freiherr von Ulmenstein*. Die Herausgeber des „Westfälischen Taschenbuchs", so der genaue Titel, gehörten dem Bückeburger Hofkreis um die *Gräfin Juliane von Schaumburg-Lippe* an.

Dort, in der kleinen lippischen Residenz, hatte sich, *Voltaires* Urteil Lügen strafend, seit Mitte des 18. Jahrhunderts ein reges geistiges Leben entfaltet und die Sonderstellung *Bückeburgs* unter den westfälischen Adelshöfen begründet. Vor allem *Graf Wilhelm*, der mit *Moses Mendelssohn* im Briefwechsel stand, rief nach seinem Regierungsantritt 1748 bedeutende Geister nach *Bückeburg*, so 1750 *Johann Christoph Friedrich Bach*, den ältesten Sohn des berühmten Thomaskantors, 1765 den philosophischen Schriftsteller und Professor in *Rinteln Thomas Abbt* als Konsistorialrat und nach dessen Tod 1771 *Johann Gottfried Herder*, der 1775, ein Jahr vor seinem Weggang nach *Weimar*, zum Superintendenten ernannt wurde. *Herder* schrieb während seiner fünf *Bückeburger* Jahre einige seiner bekanntesten Werke, u. a. „Von deutscher Art und Kunst" (1773), „Auch eine Philosophie der Geschichte zur Bildung der Menschheit" (1774) und „Älteste Urkunde zur Geschichte des Menschengeschlechts" (1774–76). 1774 gab er „Alte Volkslieder" heraus.

Nach dem Tode des geistig äußerst regsamen, aufgeklärten Regenten trat sein Neffe *Philipp Ernst* die Nachfolge an. Sein früher Tod im Jahre 1787 legte die Regierung in die Hände seiner Witwe, der *Gräfin Juliane*. Bis zu ihrem Tode 1799 erlebte der *Bückeburger Hof* einen beachtlichen gesellschaftlichen und geistigen Aufschwung. Insbesondere das Theater, auf dem vorzugsweise französische Stücke aufgeführt wurden, in denen die Gräfin selbst nicht selten Rollen übernahm, tat sich hervor. In diesem Kreis entstand auch der Plan zu einem westfälischen Literaturalmanach, der den Anspruch auf eine eigenständige Literaturentwicklung in Westfalen erheben sollte.

Ein großer Raum ist der *Gräfin Juliane* selbst gewidmet. Neben einer ausführlichen Lebensbeschreibung trägt ein dramatisches Gedicht mit Trauermusik der Begeisterung der Verstorbenen für das Theater Rechnung. Die „Vermischten Gedichte" am Schluß des Bandes zeigen eine durchaus sichere Beherrschung der Form, sind aber in der Sujetwahl und in der Durchführung eher konventionell. Überschriften wie „Sympathie", „Wiegenlied für eine teutsche Mutter" und Charaden mit Auflösungen wie „Sanftmut" und „Freundschaft" verraten in der Nachfolge der *Göttinger* gesteigerte Empfindsamkeit, die überhaupt charakteristisch ist für die Anfänge westfälischer Dichtung. Eine besondere Zuwendung zu westfälischen Stoffen, wie sie *Möser* vorschwebte und *Broxtermann* versuchte, findet sich jedoch an keiner Stelle.

Dennoch stellt das Taschenbuch eine eigenständige Reaktion auf die zum

Teil polemisch geführte Kritik an westfälischer Kultur dar, wobei die dichterischen Zeugnisse allerdings weniger überzeugen als die einleitenden programmatischen Einlassungen. Hier artikuliert sich vergleichbar mit den *Osnabrückern* ein gestiegenes westfälisches Kulturbewußtsein. In ironisch gespielter Devotionshaltung heißt es zunächst:

> Aus Westfalen kommst du, dem Lande der Schinken und Würste?
> Armes Taschenbuch, du! wie wird es dir wohl ergehn?
> Kann aus Westfalen, dem feisten und wohlernährenden Lande,
> Etwas kommen, was noch mehr als Körper verspricht?

Aufgenommen wird vor allem die verbreitete satirische Darstellung *Voltaires,* seine Verhöhnung der plumpen, übergewichtigen Westfalen, ihre angeblich barbarische Lebensweise. *Voltaire,* aber auch *Bar* finden ausdrücklich Erwähnung, *Voltaire* vor allem in Anspielung auf jenen in Westfalen verbreiteten Schwank, der erzählt, wie *Friedrich der Große* in Begleitung des Franzosen bei *Brackwede* einmal die Pferde wechseln läßt und ein Witzbold die Umstehenden vor des „Königs Affen" – gemeint ist natürlich *Voltaire* – warnt, den man auf keinen Fall aus der Kutsche entkommen lassen dürfte. Noch 1817 hat der aus *Münster* gebürtige *Ferdinand Zumbrook* das schwankhafte Ereignis in plattdeutsche Verse gekleidet, die hier auszugsweise in hochdeutscher Nachdichtung wiedergegeben werden:

> Nicht lange brauchten sie zu schau'n,
> Da fummelten die Affenklau'n
> Schon an der Kutschentür wie toll.
> Und patsch! und warnend: „Willst Du wohl!"
> Hat Waterbör soeben grad
> 'nen deft'gen Peitschenstiel parat.
> Kaum sind des Biestes Klauen weg,
> Erscheint die Schnauze, lang und keck.
> Und diesmal tut ein Grepenstiel
> Des Guten wohl genauso viel.

Auf die geschliffene Satire des Franzosen antworten die Westfalen in der ihnen eigentümlichen schwankhaften Drastik und erreichen damit eine durchaus vergleichbare Wirkung. Nach der Anspielung auf den Affenschwank gehen die Herausgeber des Taschenbuchs näher auf die Vorwürfe *Bars* ein, indem sie sie im einzelnen durch gedrängte Wiedergabe in ihrer Einseitigkeit als haltlos entlarven. Dann erst, nach der Abrechnung mit den Kritikern, setzt das Lob Westfalens ein. *Hermann* und *Wittekind* werden beschworen, die geschichtliche Bedeutung der Region herauszuheben. Dialektisch gewendet erscheint der oft vorgebrachte Einwand, die Westfalen äßen zuviel und zu gut. Gerade die reichliche Nahrung fördere die Entfaltung des Geistes. Asketische Ideale scheinen den Westfalen in der Tat fremd. In der selbstverständlichen, unverkrampften Verknüpfung von

Körper und Geist kündigt sich ein durchaus bodenständiger Realismus an.

Auch der Vorwurf, die Westfalen seien hinter der Zeit zurückgeblieben, entpuppt sich bei näherem Hinsehen eher als Vorzug. Die Zeit mit ihren verderblichen Einflüssen hat der alten Sitte nichts anhaben können. In Westfalen herrschen weiterhin Treue und Verläßlichkeit. Spürbar wird in solcher Argumentation der Einfluß *Rousseauscher* Zivilisationskritik. Zu den betont realistischen tritt ein ebenso akzentuierter konservativer Grundzug. Weder das Überfeinerte noch das Fortschrittliche um seiner selbst willen vermögen hier zu verfangen.

Aus diesem Geist haben bedeutende Männer in Westfalen gelebt und geschaffen. Im einzelnen genannt werden *Möser* und *Fürstenberg* sowie die Zugereisten *Abbt* und *Herder*. Ausdrücklich verweisen die Herausgeber auf die Bedeutung regionalen Bewußtseins. Erst aus ihm kann sich eine wahrhaft fruchtbare Kultur in der Region entfalten, die aber immer noch nicht Gegenwart, sondern Zukunft ist:

> Jeder bildet für sich seine beglückende Welt.
> Dreimal seliges Land, schon jetzt beglückt und gesegnet,
> Doch beglückter dereinst, wenn du das Glück recht erkennst.

III. *Anton Matthias Sprickmann* und die Anfänge einer literarischen Kultur in Münster

Im Geburtsjahr *Goethes,* 1749, kam *Anton Matthias Sprickmann* als Sohn eines aus einem *Osnabrücker* Patriziergeschlecht stammenden fürstbischöflichen Arztes in *Münster* zur Welt. Schon als Schüler des Paulinums von Musik und Theater fasziniert, fühlte er sich auch während seiner Studienjahre 1766–1769, vornehmlich in *Göttingen,* mehr den Künsten als dem Studium der Rechte verbunden.

Nach *Münster* zurückgekehrt, ernannte ihn Minister *Franz von Fürstenberg* zum Hofrat mit dem Auftrag, das Theaterleben *Münsters* zu fördern und ihm frische Impulse zu verleihen. *Sprickmann* begann, heute zum größten Teil verschollene Stücke für die Bühne zu verfassen. Sein dramatischer Erstling „Der neue Menschenfeind, ein Lustspiel" kam am 6. Oktober 1773 in *Münster* zur Aufführung. Im Druck erhalten ist *Sprickmanns* programmatisches Vorspiel „Der Tempel der Dankbarkeit", gegeben am 12. Oktober 1775 bei der Eröffnung der *Münsterschen* Bühne am Roggenmarkt in Gegenwart des Kurfürsten. In allegorischer Verkörperung treten Unwissenheit und Aberglauben auf, um sich dem allgemeinen Vordringen der Vernunft in den Weg zu stellen. Religion und Glaube werden mißbraucht, der finstersten Reaktion zum Sieg zu verhelfen. Als die Unwissenheit sich anschickt, selbst die Schauspielkunst zu verdrängen, reißt diese ihr die Maske vom Gesicht, so daß sie in ihrer ganzen Dummheit offenbar wird. „Der Tempel der Dankbarkeit", ein allegorisches Lehrstück im Geschmack der Aufklärung, bildet das unter den Schutz des Landesherrn gestellte Theater ab, das sich fortan zum Ziel setzt, gegen Heuchelei und Obskurantismus zu Felde zu ziehen, einzig der Wahrheit und der Menschenliebe verschrieben.

Dem „Tempel der Dankbarkeit" unmittelbar vorausgegangen waren Operettenlibretti aus *Sprickmanns* Feder, Zugeständnisse an das Publikum, das sich im Theater vor allem vergnügen wollte. Erhalten ist lediglich das Libretto zu den „Wilddieben", Zeugnis der beachtlichen Begabung *Sprickmanns* für die Bühne.

Doch *Fürstenberg* verfolgte weiterreichende Pläne mit ihm. 1773 hatte er in *Münster* eine Universität gegründet, an der vor allem Westfalen lehren sollten. Dabei ging es ihm nicht in erster Linie um die Förderung der Wissenschaften, sondern um „die Verbesserung der Menschen". Um *Sprickmann* auf die Übernahme einer Rechtsprofessur vorzubereiten, schickte ihn *Fürstenberg* 1775 zu weiteren Studien nach *Göttingen,* wo er bis zum Dezember des folgenden Jahres blieb. Dort lernte er *Heinrich Christian Boie,* den

Initiator des „Göttinger Hains" und Herausgeber des ersten deutschen Musenalmanachs (1769) und später des „Deutschen Museums", persönlich kennen. Bereits vorher war er bei einem Besuch *Klopstocks* in *Hamburg* mit *Voß* und *Claudius* zusammengetroffen. Mit *Hölty* aus *Mariensee bei Hannover* stand er im Briefwechsel.

Als Beiträger hatte *Sprickmann* früh Kontakte zum „Hain" geknüpft, dem er sich in der poetischen Auffassung eng verbunden fühlte. Im September 1776 erschien *Sprickmanns* erster Beitrag im „Deutschen Museum", dem wichtigsten Organ der Hainbündler. „Das Neujahrsgeschenk – eine Klosteranekdote" erzählt die Geschichte eines Mädchens, das ins Kloster geht, weil sein Geliebter eine andere heiratet. Bereits drei Jahre nach ihrem Eintritt stirbt die junge Nonne aus Liebesleid. Auch die im Dezember des gleichen Jahres veröffentlichte Szene „Das Strumpfband" spielt in einem Kloster. Vor den Augen ihrer erschütterten Eltern erhängt sich eine junge Nonne an dem Strumpfband, das ihr einst ihr inzwischen erschossener Geliebter geschenkt hatte. Klostergeschichten waren im Zeitalter der Empfindsamkeit, insbesondere bei den Hainbündlern, äußerst beliebt. Die größte Resonanz fand zweifellos *Johann Martin Millers* Roman „Siegwart, eine Klostergeschichte" (1776), der ein regelrechtes Siegwart-Fieber auslöste.

Das aus den Fesseln des Rationalismus befreite Gefühl suchte mit Vorliebe solche Situationen auf, in denen sich emotionales Unerfülltsein spiegeln ließ und Tränen rührender Anteilnahme hervorlockte. Alles kam darauf an, möglichst ergreifende Anlässe zu finden, Gefühl zu zeigen. Daß dabei die Grenzen des guten Geschmacks mitunter überschritten wurden, war nach der langen Phase emotionaler Enthaltsamkeit nur allzu verständlich.

Ein eklatantes Beispiel dafür ist *Sprickmanns* Beitrag „Mariens Reden bei ihrer Trauung" im September 1778. Maria, Mutter eines unehelichen Kindes, nimmt Gift und läßt sich auf dem Sterbebett mit dem Vater trauen, um die Frucht der Liebe ehrlich zu machen, so daß das Kind in geordneten Familienverhältnissen aufwachsen kann. Der Dramatiker *Sprickmann* liebt die grellen Effekte, die affektive Erschütterung seiner Leser. Dabei läßt er gelegentlich seine brillante sprachliche Gestaltungskraft durchblicken. In seinem Beitrag „Die Untreu aus Zärtlichkeit" vom Januar 1777 läßt er einen jungen Mann durchaus auf der Höhe des Werther-Stils seine Liebe schildern:

„Das war eine goldene Zeit, die Zeit der ersten Liebe! Wenn ich mir so einen Tag zu ihr hinaus machen konnte, früh vor Tagesanbruch war ich auf dem Wege, und wenn ich dann, da auf dem kleinen Berge die Gegend überschaute in allmählicher Aufdämmerung, dann die Sonne kommen sah und all das Erwachen zur Liebe um mich her! wie ich da stand, liebender als das Alles und das Bild der Einzigen überall in dem Strahlenmeer der Morgenröte mich umschwamm!"

38

Sprickmanns Nähe zu den Hainbündlern machte ihn zum entscheidenden Vermittler der Empfindsamkeit in Westfalen, wo man weder den rationalistischen noch den idealistischen Konzepten viel abzugewinnen vermochte. Vernunft und Sittengesetz unterwarfen den einzelnen, ungeachtet seiner Eigenart, kollektiv regulierenden Normen. Nur der empfindsame Mensch, seiner unverwechselbaren Sichtweise folgend, war imstande, sich selbst und die Welt in ihrer individuellen Differenziertheit zu entdecken. In *Sprickmanns* Orientierung verbinden sich die individualisierende Betrachtungsweise *Mösers,* mit dessen Tochter *Jenny von Voigts* er im Briefwechsel stand, und die empfindsame Dichtung des Hains. Nur dem selbstempfindenden Menschen, befreit von überindividuellen Setzungen, bot sich die Chance, sich als Subjekt in Gemeinschaft mit anderen Subjekten zu entdecken. Individuelle und regionale Orientierung gehen hier eine fruchtbare Verbindung ein.

Inwiefern *Sprickmann* diese neue Sicht des Menschen auch in seinen Theaterstücken nach seiner Rückkehr nach *Münster* im Dezember 1776 verwirklicht hat, ist nicht leicht zu sagen, zumal viele seiner Bühnentexte als verschollen gelten müssen. Zu den verschollenen Stücken gehören u.a. das dreiaktige Lustspiel „Die Genies", 1776 in *Münster* aufgeführt, und der Einakter „Das Avancement" (1776/77). Großen Erfolg hatten das fünfaktige Trauerspiel „Eulalia", entstanden 1776 und anonym in *Leipzig* bei Weygandt, dem Verleger des „Werther" und des „Deutschen Museums", erschienen, sowie das ebenfalls fünfaktige Lustspiel „Der Schmuck" (1779). Auch dieses Stück ist im Druck überliefert. Mit beiden Dramen stellt sich *Sprickmann* deutlich in die Nachfolge *Lessings* und des lehrhaft rührenden Tendenzstücks im Stil *Gellerts.*

In der Auffassung von der dramatischen Katharsis, im Mitleiden mit den Helden und in der Furcht des Zuschauers für sich selbst mit dem Ziel der Umwandlung der Affekte in Tugenden steht *Sprickmann* insbesondere *Lessing* nahe. Zeigt schon die „Eulalia" unübersehbare Parallelen zur „Emilia Galotti", so stellt die Verwechslungs- und Wiedererkennungskomödie „Der Schmuck" fast eine Reprise der „Minna von Barnhelm" dar. Hier mag der große Erfolg des *Sprickmannschen* Lustspiels begründet liegen. Das Stück wurde von der kaiserlichen Theaterintendanz in *Wien* preisgekrönt und 1779, allerdings in einer von der Zensur beschnittenen Fassung, aufgeführt. Am 12. Februar 1780 brachte das Theater in *Münster* das Original auf die Bühne. Es folgten Aufführungen in *Weimar,* wo *Goethe* das Lustspiel auf den Spielplan setzen ließ, in *Hamburg, Mannheim, Berlin* und *München* – praktisch also an allen bedeutenden Bühnen der Zeit.

Sprickmann indes zog sich auf der Höhe seines Ruhms von allen literarischen Aktivitäten zurück und widmete sich vorzüglich seiner Rechtsprofessur an der Universität in *Münster.* Trotz seiner unbestreitbaren Erfolge konnte es ihm nicht verborgen geblieben sein, daß er im besten Fall ein begabter Epigone mit einem untrüglichen Instinkt für die Bühne war, ohne allerdings über eine wirklich eigenschöpferische Konzeption zu verfügen. Seine Bedeutung für das Theater in *Münster* jedoch, das sich ohne ihn schwerlich entfaltet hätte, ist unbestritten. Wenn er auch selbst nicht mehr als poetischer Autor hervortrat, so blieb er weiterhin als Anreger und Förderer wirksam.

In dem sich seit 1779 um die *Fürstin Gallitzin* bildenden sogenannten „Kreis von *Münster*" war *Sprickmann* zweifellos die literarisch herausragende Figur, zumal sich dieser Kreis weniger literarisch als geistlich-religiös verstand. *Franz Freiherrn von Fürstenberg,* dem Philosophen *Hemsterhuis, Franz Kaspar Buchholz,* dem Herrn auf *Schloß Welbergen,* und dem Priester *Overberg,* um nur diese Namen zu nennen, ging es vornehmlich um eine geistige und geistliche Veredlung der eigenen Person auf dem Wege unablässigen Reflektierens im Rahmen eines empfindsamen Dialogs mit sich selbst und den andern, zu denen man nur durch eine innere Entscheidung in Beziehung zu treten vermochte. In privaten Briefen und intimen Tagebuchnotizen versuchte man sich Rechenschaft zu geben über die eigenen Konflikte und Krisen.

Im Zentrum stand das subjektive Ringen um den Glauben, das Suchen des empfindsamen Individuums nach dem Weg zu Gott. Aufklärerisches Tugendethos, platonisierende Gefühlsphilosophie, vor allem durch *Hemsterhuis* vertreten, und katholische Frömmigkeit, die sich dem protestantischen Pietismus jedoch durchaus nahe fühlte, verbanden sich zu einem geistlichen Profil besonderer Art. Konfessionelle Spannungen bestanden zunächst nicht. Ungezwungen pflegte man Kontakte zu bedeutenden Protestanten wie *Klopstock, Claudius, Lavater* und *Friedrich Heinrich Jacobi.* Sie stellten die Verbindung zu dem *Königsberger Johann Georg Hamann,* dem „Magus des Nordens" und Lehrer *Herders,* her.

Am 16. Juni 1787 kam *Hamann* nach *Münster* und übte dort bis zu seinem Tode am 21. Juni des nächsten Jahres, in erstaunlich kurzer Zeit also, einen nachhaltigen Einfluß auf den Kreis aus. Man hat *Hamanns* Wirken in *Münster* ein „ökumenisches Ereignis" genannt. Er, der Lutheraner, war es, der die katholische *Fürstin Gallitzin* überzeugte, daß nicht die private Empfindsamkeit zum Glauben führe, sondern vielmehr die Bindung an die Tradition und an den institutionellen Vollzug, ungeachtet der Zugehörigkeit zum protestantischen oder zum katholischen Bekenntnis. Von solch ökumenischem Geist getragen sind dann auch die freundschaftlichen Reaktionen von *Claudius* und *Lavater* auf die Konversion des Grafen *Leopold Friedrich Stolberg* zum katholischen Glauben in der Hauskapelle der Fürstin. Auf der anderen Seite jedoch bedeutet gerade *Stolbergs* Übertritt den Beginn der romantischen Restauration, wie sie in Westfalen literarisch insbesondere von *Luise Hensel* vertreten wird, die 1819, dreizehn Jahre nach dem Tod der Fürstin, nach *Münster* kam. Ihr vorausgegangen war *Clemens Brentano*. Nach einem Besuch bei *Stolberg* in *Sondermühlen* sammelte er am Bett der stigmatisierten Augustinerin *Anna Katharina Emmerick* in *Dülmen* das Material für die Aufzeichnungen der Visionen der Nonne.

Im geistig-religiösen Bereich bildet der Kreis von *Münster* den Übergang von der aufgeklärten Humanität über die subjektive Empfindsamkeit bis hin zur romantischen Restauration. Im Zuge der Entwicklung einer empfindsamen Kultur in Westfalen kommt ihm erhebliche Bedeutung zu. Wenn auch literarische Autoren nicht unmittelbar aus dem Kreis hervorgingen, so knüpfte er doch wichtige Beziehungen zu führenden Dichterpersönlichkeiten der Zeit. Von *Claudius* war bereits die Rede, den die *Fürstin Gallitzin* in *Wandsbeck* persönlich besuchte. Noch wichtiger schien den *Münsteranern* der Kontakt mit *Klopstock*. *Sprickmann* warb in *Münster* unermüdlich um Subskribenten für die „Deutsche Gelehrtenrepublik" (1774), die Fürstin besuchte den berühmten Dichter in *Hamburg,* und *Fürstenberg* setzte sich, allerdings vergeblich, in einem Briefwechsel für einen Besuch *Klopstocks* in *Münster* ein.

In einem anderen Fall war man erfolgreicher. Im September 1785 hatten die *Fürstin Gallitzin, Franz von Fürstenberg* und der Philosoph *Hemsterhuis Goethe* in *Weimar* aufgesucht. Im November 1792 erwiderte *Goethe* den Besuch auf seiner Rückreise aus Frankreich. Nach einer auf einem Stuhl recht ungemütlich verbrachten Nacht, da *Goethe* erst spät in *Münster* eingetroffen war und kein Zimmer mehr gefunden hatte, kam es zu einer freundschaftlichen Begegnung mit der Fürstin und mit *Fürstenberg*. Ausdrücklich gedenkt *Goethe* beim Besuch der Fürstin in ihrer Wohnung in der „Grünen Gasse," *Hamanns,* „dessen Grab, in der Ecke des entlaubten Gartens mir bald in die Augen schien." Anerkennend äußert er sich über die Fürstin selbst und erfaßt mit ihrer Würdigung zugleich Wesentliches von dem Geist, der den ganzen Kreis beherrschte: „ ... sie kam früh zum Gefühl, daß die Welt uns nichts gebe, daß man sich in sich selbst zurückziehen, daß man in einem innern, beschränkten Kreise um Zeit und Ewigkeit besorgt sein müsse. Beides hatte sie erfaßt; das höchste Zeitliche fand sie im Natürlichen,..."

In der Phase der Empfindsamkeit beginnt Westfalen, zu sich selbst zu finden, und die großen Geister der Zeit fangen an, die lang geschmähte Region zu entdecken. Nicht unwesentlich ist der Einfluß, den die von *Sprickmann* redigierte neue Schulordnung *Fürstenbergs* auf das literarische Leben ausübte. Stärker als bisher sollten Texte zeitgenössischer deutscher Literatur in den Unterricht miteinbezogen werden. *Kaspar Zumkley,* ein Gelehrter aus dem Jesuitenorden, wurde damit beauftragt, Lesebücher, sogenannte „Chrestomathien", für den Deutschunterricht zusammenzustellen. Dabei dürften sowohl *Fürstenberg* als auch vor allem *Sprickmann* Einfluß auf die Auswahl genommen haben. Neben Fabeln von *Gellert, Gleim, Hage-dorn* und *Lessing* standen Idyllen und Naturschilderungen von *Geßner* und *Ewald von Kleist* sowie Auszüge aus *Klopstocks* „Messias", dem „Ossian" und eine Reihe von *Klopstocks* Oden. Fern vom sozialkritischen Geist der „Sturm--und-Drang"-Bewegung fühlte man sich in *Münster* allein der empfindsamen Kultur verbunden. Es galt, Herz und Gemüt für das Schöne empfänglich zu machen; nur auf diesem Weg, so war man mit *Klopstock, Claudius* u.a. überzeugt, gelangte der Mensch zur Einsicht in das Gute. Literatur, der man zutraute, den Menschen empfindsam und tugendhaft zu machen, gewann einen hohen didaktischen Wert.

Konsequent war es daher, auch an der neu gegründeten Universität in *Münster* das Studium der deutschen Literatur zu ermöglichen. Im Jahr 1801 übernahm der in *Münster* geborene, von *Fürstenberg* geförderte *Johann Christoph Schlüter* den ersten Lehrstuhl in Deutschland für „deutschen Stil und deutsche Literatur". Neben vollständigen Übertragungen von Sallust und Tacitus sowie der Lustspiele von Terenz ins Deutsche verfaßte er in der Nachfolge *Lavaters* über 50 eigene „Physiognomische Skizzen". Bekannt und geschätzt waren vor allem seine brillanten Theaterkritiken im „Westfälischen Anzeiger" seit 1799.

Innerhalb eines Vierteljahrhunderts war es *Fürstenberg* und *Sprickmann* gelungen, in *Münster* eine literarische Kultur ins Leben zu rufen, die in ihrer Vielfalt und Konsequenz einzigartig in Westfalen war. Schmerzlich mangelte es nur an bodenständigen Autoren, zumal *Sprickmann* seit 1780 allen literarischen Aktivitäten entsagt hatte und von dem Kreis um die *Fürstin Gallitzin* keine unmittelbaren poetischen Impulse ausgingen.

Ein Talent war der 1771 in *Wolbeck bei Münster* geborene *Bernhard Gottfried Bueren*, der später Richter in *Papenburg* wurde, nachdem er vier Jahre an der Universität *Münster* die Rechte studiert hatte und dabei auch *Sprickmann* begegnet war. Eine größere Auswahl seiner Gedichte besorgte jedoch erst sein Sohn 1868 in *Münster*. *Bueren* besingt die Schönheit und Bedeutungsfülle westfälischer Landschaften und Stätten, so z.B. die Umgebungen *Driburgs* in einem 1797 entstandenen Gedicht. Das Gedicht „Die Hexen", erschienen 1821 in dem von *Friedrich Raßmann* herausgegebenen „Rheinisch-Westfälischen Musen-Almanach", zog die Aufmerksamkeit *Heinrich Heines* auf sich. In seiner Besprechung nennt er das „Nachtgemälde" „sehr anziehend". Lange vor der *Droste* gestaltet *Bueren* das Motiv des Moors und verbindet es mit dem phantastischen Bild der Walpurgisnacht:

> Wenn das Käuzlein in der Urnacht
> Mit dem Leichhuhn ein Duett heult,
> Wenn der Roßfuß seine Cour macht
> An die Nachtmähr und ihr Bett teilt:
> Dann erhebt sich die Hexe vom schnarchenden Mann

Auf dem Besen in sausende Lüfte,
Und reitet der grausige Jäger voran
Über Trümmer und modernde Grüfte,
Umflimmert vom Schein des verirrenden Lichts
Und umhuscht von Gestalten des Vorgesichts.

Die Häufung unheimlicher Motive, bekannt aus Sage und Aberglauben, groteske Fügungen, komische Umschreibungen und Bilder sowie das Spiel mit künstlich aufgebauter Spannung in überakzentuierten spondeischen Reimen und übertrieben grausiger Lösung parodieren die Schreckensarsenale romantischer Schauerliteratur. In dem heiter ironischen Ton, in souveränem Umgang mit überkommener Motivik spiegeln sich das wachsende Selbstbewußtsein westfälischer Literatur und zugleich das Abrücken vom romantischen Stil.

Acht Jahre jünger als *Bueren* ist der 1779 in *Münster* geborene *Franz von Sonnenberg*, Sohn eines Offiziers im *Münsterschen* Regiment. Heute vergessen, muß er dennoch als der erste bedeutende westfälische Dichter angesehen werden, dessen früher Tod allerdings eine Entwicklung abschnitt, die wohl noch lange nicht ihren Höhepunkt erreicht hatte. *Sonnenberg* besuchte das Paulinum, das unter der Leitung *Zumkleys* ein beachtliches Niveau erreicht hatte. Es folgten juristische Studien an der Universität *Münster*, wo der begeisterungsfähige junge Mann *Sprickmann* begegnete und vom ersten Augenblick an von ihm fasziniert war, während der Ältere, irritiert von dem jugendlichen Ansturm, sich zunächst eher reserviert verhielt. Dennoch regte er ihn an zur Lektüre der Klassiker, insbesondere aber *Klopstocks* und der Hainbündler. *Sonnenbergs* erste dichterische Versuche zeigen denn auch unverkennbar die Einflüsse *Klopstocks* und neben ihm vor allem *Höltys*, dessen elegischen Ton er nachahmt.

Erst auf seiner Reise, die ihn nach *Wien*, dann über die Schweiz bis nach *Paris* führt, findet er allmählich zu seinem eigenen Dichten. In *Paris* entsteht die Ode „Frankreich und Teutschland". Die Begegnung mit der französischen Nation rückt ihm schmerzlich die territoriale Zerrissenheit Deutschlands vor Augen. In einem visionär utopischen Aufschwung sehnt er die deutsche Nation unter Preußens Führung herbei, dem er zutraut, fern von aller Protektionswirtschaft, die wahren Talente eines jeden zu fördern. *Sonnenberg* schöpft nicht im Sinn *Mösers* aus dem eigenen Boden, sondern hängt vielmehr den großen Ideen und den bedeutenden Dichtern der Zeit nach. Große Dichtung ist für ihn immer zugleich auch nationale Dichtung, im Dienste der einen gemeinsamen Sache. Mit *Sonnenberg* meldet ein Autor aus Westfalen zum erstenmal den Anspruch auf einen Platz in der Literatur jenseits regionaler Grenzen an, auch dies ein Beweis für das gestiegene kulturelle Selbstbewußtsein Westfalens und der Westfalen.

Bereits als Fünfzehnjähriger faßte *Sonnenberg* den Plan, ein Epos zu schreiben, das sich von der Schöpfung über Paradies und Sündenfall bis hin zum Weltuntergang und zur Rückkehr des Geschaffenen zu Gott spannen sollte. Anders aber als *Milton* und *Klopstock* fühlte er sich bei den ersten Ausführungsversuchen mehr und mehr fasziniert von der Darstellung des Weltuntergangs. Hatte die große Revolution die Fundamente des ançien régime erschüttert, so sollte sein Werk den Untergang der in Schlechtigkeit erstarrten Welt visionär vorwegnehmen und ein neues Reich der Freiheit ahnen lassen. Das 1801 in *Wien* erschienene Epos „Weltende" blieb jedoch nur ein fragmentarischer Vorentwurf.

Bei *Sonnenbergs* Rückkehr nach *Münster* entspann sich nun eine aufrichtige Freundschaft mit *Sprickmann,* der die hohe dichterische Begabung des Jüngeren erkannt hatte und ihn zu fördern versuchte. Zugleich erlebte *Sonnenberg* die erste große Liebesenttäuschung seines Lebens. Die Geliebte, eine Tante *Levin Schückings,* wie dieser später selbst enthüllte, vermochte sich nicht aus dem Bannkreis der Familie zu lösen und sich für ihn zu entscheiden. Dichterisches Zeugnis der gescheiterten Liebe ist die Ode „An die Erwählte", *Sonnenbergs* Fanny bzw. Lida, so der Rufname von *Helena Arnoldina Schücking.*

Nach dieser Enttäuschung setzte *Sonnenberg* seine Studien in *Göttingen* fort. Dort erschien 1804 anonym seine Ode „Teutschlands Auferstehungstag", eine Fortsetzung seiner schwärmerischen nationalen Freiheitsdichtung.

Sonnenbergs letzte Lebensspanne zwischen dem Sommer 1804 und dem Spätherbst 1805 ist geprägt von hektischem Ortswechsel. Über *Gotha* und *Weimar* fand er in *Jena* einen vorläufigen Ruhepunkt. Er sprach bei *Wieland, Schiller* und *Goethe* vor und speiste mit *Voß.* An die *Fürstin Gallitzin* schreibt er am 4. August 1804: „Ich habe mit *Schiller* und *Goethe* einige Stunden, gewiß einige der schönsten meines Lebens, und mit *Wieland* einige romantische Tage gelebt, und mit *Voß* einen Pfannkuchen mit Salat verzehrt." Eine wirklich ersprießliche Verbindung stellte sich indes zu keinem der Genannten her. Zu exzentrisch erschien der junge Dichter den inzwischen gereiften und gestandenen Autoren. *Wieland* warf ihm vor, er spreche nur in Superlativen, und *Goethe* meinte, der junge Mann ergehe sich ausschließlich in „hohlen Räumen".

Erst in *Johann Gottfried Gruber* dem späteren *Wieland*-Herausgeber, der auch *Sonnenbergs* Werke herausgab und eine Lebensskizze schrieb, fand er einen aufgeschlossenen Freund. In *Grubers* Wohnung verbrachte er seine letzten Lebensmonate.

Neben *Sonnenbergs* Lebenswerk, dem großen Weltuntergangsepos „Donatoa", entstanden in der Zeit zwischen *Göttingen* und *Jena,* stehen einige der gelungensten Oden, u.a. „Der Abend", „Natur und Schönheit", „Elegie" und „Idas Wiegenlied". In der Ode „Natur und Schönheit" ist die Rede von der

Natur, die ein Selbstbildnis im Herzen des Dichters aufhängt und sich zum
Schluß erläuternd an ihn selbst wendet:

> „In diesem Bilde siehst Du mich wieder ganz,
> Umarmst Du dies, umarmst Du mich wieder selbst,
> Nichts ist in ihm, was nicht in mir ist,
> Hieran erkenne mich und die Mutter.
>
> So bin ich bei Dir, wenn Du mich auch nicht siehst,
> Ich bin Dir näher, wie ich es andern bin,
> Und wenn Du selbst mich nicht erblickest,
> Siehst Du mich immerdar doch im Bilde.“

Der Dichter schafft nach dem mit dem Urbild identischen Abbild der
Natur. Schönheit ist nur im Einklang mit ihr. Aus solcher Schönheit erst
entspringen idyllische Harmonie und friedliche Eintracht. Das Bild im Herzen des Dichters, in der Wahrhaftigkeit und Untrüglichkeit des Gefühls, gibt
den Maßstab ab für alles, was Geltung beansprucht. Gemessen an diesem
Bild, erscheint die Häßlichkeit einer Welt, die sich von der Freiheit wie von
dem Frieden der Natur gleichermaßen entfernt hat. *Sonnenbergs* Hymne
beschwört das ideale Urbild und macht dabei zugleich die Entfremdung der
Welt von ihm bewußt. Insofern hängen die Gestaltung des Ideals und die
dichterische Vision des Weltuntergangs aufs engste zusammen.

Alle Linien von *Sonnenbergs* Dichtungen laufen wie in einem Brenn-
punkt in dem fast 20.000 Verse umfassenden Epos „Donatoa“ zusammen.
Donatoa ist der apokalyptische Engel des Zorns, der oberste der Todesengel, dem Gott die Zerstörung einer häßlich gewordenen Welt auferlegt.
Im Ringen der göttlich geleiteten Verkörperungen der Liebe mit den
satanischen Verkörperungen der Herrsch-, Hab- und Selbstsucht scheint
sich zunächst noch Hoffnung einzustellen, bis schließlich auch sie beim
Triumph der höllischen Machenschaften zerbricht. Die Welt, verstrickt in
verheerende Kriege, entartet durch brutale Machtkämpfe, gespiegelt in
den Kriegen *Napoleons* und seinem unersättlichen Machthunger, ist nicht
mehr zu retten. Donatoa überwindet Satan und verwandelt die durch
menschliche Schuld in den Untergang treibende Schöpfung in ein riesiges
Grab. *Sonnenberg,* der Generation *Hölderlins* und *Kleists* angehörend, teilt
deren tragisches Lebensgefühl, das Bewußtsein des Scheiterns und Zer-
brechens der alten Welt.

In der Darstellung der gigantischen Katastrophe mischen sich die Visionen der Apokalypse mit den altnordischen Vorstellungen vom Welten-
brand, den Ragnarök. *Sonnenbergs* Epos ist ein monumentales Gemälde der
Vernichtung, eine Beschwörung des Chaos von barocken Ausmaßen, die
den ästhetischen Schein der Klassik unerbittlich desillusioniert. Während
man in *Weimar* in der zeitlosen Schönheit der Kunst die ideale Ordnung der
Welt spiegelte, entwarf ein junger, unbekannter Dichter im benachbarten

Jena das Inferno brutaler Zerstörung. Der ästhetische Kosmos versank im Chaos apokalyptischen Grauens,

Doch der Untergang der Welt im Strudel von Macht und Egoismus bedeutet nicht Ende, sondern Neuanfang. Endlichkeit wird nach christlichem wie nach heidnischem Glauben zur Bedingung für den Aufbruch zu neuer Vollendung. Nur durch den Tod des Depravierten führt der Weg zu neuem Leben. Gott selbst erhebt seine Stimme:

> „Ich wohne
> In dem Grab der Natur!"
> Da wars enthüllt: wo Gott wohnt
> Ist kein Grab! und die Vaterallmacht wohnte, war hier,
> Breitete aus, ums Unendliche aus die Arme, und Jehovah,
> Gott Jehovah ist allgegenwärtig und ruft:
> „Werde!!!'

Unsterblich sind der Schöpfer und seine Schöpferkraft, unaufhörlich schafft er immer bessere und schönere Welten. In die neue Schöpfung tritt der Todesengel Donatoa, der in der alten schließlich selbst dem Tod anheimgefallen war, als Engel der Liebe ein. Insofern ist die Bedeutung des Gesamttitels ambivalent. Sie meint das Absterben des Alten wie die Neuschöpfung aus dem Geist der Liebe.

Sonnenbergs Epos wurde im Todesjahr *Schillers* vollendet. Im gleichen Jahr nahm sich der Dichter des „Donatoa" in geistiger Umnachtung das Leben. Im Kirchenbuch der Stadtkirche in *Jena* steht Ende November die Eintragung: „Am 22. November, abends halb 10 Uhr, hat sich Herr *Franz Anton von Sonnenberg,* gebürtig aus *Münster* und candidatus iuris, 26 Jahre alt, im Oppermannischen Hause aufm Saalgraben im Anfall von Wahnsinn aus dem Fenster des obersten Stockwerks heruntergestürzt und ist auf der Stelle tot geblieben." Seinem Sarg folgten auch zwei Frauen, eine ältere und eine junge, die Witwe *Herders* und ihre *Tochter Luise, Sonnenbergs* Meta, die er in seiner letzten Lebensphase vergeblich umworben hatte.

Das Grab des ersten genialen Dichters aus Westfalen ist verschollen, sein Name und sein Werk sind vergessen. Die von *Gruber* besorgten Ausgaben des „Donatoa" 1806/07 in *Halle* und der Gedichte 1808 in *Rudolstadt* blieben praktisch unbeachtet. Im Jahre nach *Sonnenbergs* Tod schreibt *Sprickmann,* der väterliche Freund des Dichters und der Initiator einer literarischen Kultur in *Münster,* an *Jenny von Voigts:* „Hast Du *Sonnenbergs* Donatoa schon gelesen? Es ist doch wahrlich ein herrliches Werk, weit selbst über seine Erwartung, so groß ich *Sonnenberg* von Seiten der Dichtkraft auch kannte und fühlte."

Auch von *Münster* aus erfolgten über poetische Almanache und Taschenbücher literarische Impulse. Bereits 1810 gab der in *Münster* ansässige Schriftsteller *Friedrich Raßmann* das poetische Taschenbuch „Mimigardia" heraus, an dem u.a. *Moritz Bachmann* aus *Paderborn* mitarbeitete. Rheinische Autoren bezog *Raßmann* in den zwischen 1821-23 in drei Jahrgängen in *Hamm* erschienenen „Rheinisch-Westfälischen Musen-Almanach" ein. In *Heines* schon erwähnter Besprechung werden insbesondere die Gedichte des mit *Goethe* befreundeten *Mindener* Arztes *Nikolaus Meyer* hervorgehoben („Liebesweben" u.a.). Freundliche Erwähnung finden daneben *Raßmanns* eigene Gedichte („Einzwängung des Frühlings", „Der Töpfer nach der Heirat", „Armer Heinrich").

Der 1772 in Wernigerode geborene *Raßmann* ist vor allem ein beachtlicher Organisator des literarischen Lebens in Westfalen, während seine eigenen poetischen Versuche eher unbedeutend sind. Wertvoll ist weiterhin sein „Münsterländisches Schriftsteller-Lexicon, ein Beitrag zur Geschichte der westfälischen Lieteratur" aus dem Jahr 1814.

IV. Literarisches Leben im Paderborner Land

Ähnlich wie im *Bückeburger* Hofkreis gingen auch im südlichen Ostwestfalen die Anregungen zu einer literarischen Kultur vom Adel aus. Im Mittelpunkt stand zunächst die alteingesessene Familie derer von *Haxthausen* mit ihrem Sitz auf der *Abbenburg bei Brakel. Werner Adolf von Haxthausen,* kurpfälzischer Kammerherr und Droste zu *Lichtenau,* begann 1772, im Todesjahr seiner ersten Frau, ein neues Schloß, den *Bökerhof,* im benachbarten *Bökendorf* zu bauen. Mit seiner zweiten Frau *Anna Maria von Wendt-Papenhausen* bezog er 1784 den inzwischen fertiggestellten Neubau. Während aus der ersten Ehe nur die Tochter Therese, die Mutter *Annette von Droste-Hülshoffs,* hervorgegangen war, wurden in der zweiten Ehe über zehn Kinder geboren, unter ihnen der 1780 geborene *Werner* und der 1792 geborene *August.* Beide trugen entscheidend dazu bei, daß der *Bökerhof* bald zu einem Zentrum des geistigen Lebens im Paderborner Land wurde.

Werner von Haxthausen, mit engen Beziehungen zum Hause *Friedrich Leopold von Stolbergs,* ausgestattet mit einer herausragenden Sprachbegabung, lernte spätestens 1809 *Wilhelm Grimm* in *Halle* kennen. Es entwickelte sich bald eine enge Freundschaft, die auch die anderen Mitglieder der Familie miteinbezog und zu gegenseitigen Besuchen in *Bökendorf* und *Kassel* führte.

In *Wien* traf *Werner* mit *Ernst Moritz Arndt* zusammen. Bald danach trat er in *Köln* als Regierungsrat in den preußischen Staatsdienst ein. Von hier aus unterhielt er Kontakte zu *Görres,* den Brüdern *Grimm,* zu *Brentano* und *Friedrich Schlegel.* Selbst *Goethe* nahm von ihm Notiz, insbesondere von seiner Übersetzung griechischer Matrosenlieder, die *Werner* während seines *Londoner* Aufenthalts gesammelt hatte. *Goethe* riet zur Veröffentlichung. Sie kam jedoch nicht zustande. Wichtig für diese Phase war vor allem die Verbindung der großen Geister der Zeit mit der engen ostwestfälischen Region.

Von 1825 bis 1833 hielt sich *Werner von Haxthausen* vornehmlich wieder in *Bökendorf* auf, bis ihn eine gegen den Beamtenstaat gerichtete Schrift in Preußen zu einer persona non grata machte. Er entschloß sich, nach Bayern überzusiedeln, wo er 1842 in *Würzburg* verstarb. *Werner von Haxthausen* war politisch ein Vertreter der Freiheitskriege und der nationalen Bewegung. Literarisch fühlte er sich weitgehend der volkstümlichen Romantik verbunden. Obwohl er selbst literarisch nicht nennenswert hervorgetreten ist, knüpfte er wichtige Verbindungen mit herausragenden Persönlichkeiten seiner Zeit. Für eine kurze Frist öffnete sich der Horizont des abgelegenen Ländchens für die bewegenden geistigen Strömungen der Epoche.

Der zweite Anreger, nicht weniger fruchtbar, war der jüngere Bruder *August*. Während seiner Studienzeit in *Göttingen* gründete er zusammen mit *Heinrich Straube, August von Arnswaldt,* seinem späteren Biographen *Ludwig von der Osten* u.a. die „Poetische Schustergilde", deren Organ „Die Wünschelruthe" im Gefolge der romantischen „Zeitung für Einsiedler" war. Während ihres kurzen Bestehens gelang es, hochkarätige Beiträger wie *Achim von Arnim, Clemens Brentano, Ernst Moritz Arndt* und die *Brüder Grimm* zu gewinnen. Von *August von Haxthausen* selbst stammt die „Geschichte eines Algierer Sklaven", die er 1818 in der „Wünschelruthe" veröffentlichte und die zur Hauptquelle der *Drosteschen* „Judenbuche" werden sollte.

Daneben wandte er sich vor allem dem Volkslied zu. Über vierhundert Titel umfaßt seine Sammlung westfälischer Volkslieder, von denen jedoch zu Lebzeiten *Haxthausens* nur die „Geistlichen Lieder" 1850 erschienen. Erst zwölf Jahre nach seinem Tode gab *Alexander Reifferscheid* die „Westfälischen Volkslieder in Wort und Weise" 1879 heraus. Zunehmend verdrängten in den folgenden Jahren die Verwaltung der Güter und landwirtschaftliche Fragen die literarischen Interessen. „*Haxthausen* ist ganz versauert", bedauert *Heine* in einem Brief vom 26. Mai 1823. Immerhin zogen *Haxthausens* agrarwissenschaftliche Arbeiten die Aufmerksamkeit des späteren preußischen Königs *Friedrich Wilhelm IV.* und des Zaren auf sich, der ihn nach Rußland einlud.

Werner und August von Haxthausen waren die eigentlichen Initiatoren des „*Bökendorfer* Kreises". Bereits 1811 besuchte *Wilhelm Grimm* seinen Freund *Werner* in *Bökendorf* zum erstenmal. Weitere Besuche folgten. 1818 reisten *Jenny* und *Annette von Droste-Hülshoff,* die sich wiederholt bei den Großeltern aufhielten, nach *Kassel,* wo man auch *Jacob Grimm,* seine Schwester *Lotte,* die mit dem kurhessischen Minister *Hassenpflug* verheiratet war, und dessen Schwester *Amalie* kennenlernte.

Im gleichen Jahr kam der „Malerbruder" *Ludwig Emil Grimm* zum erstenmal nach *Bökendorf.* Seine zahlreichen Porträtzeichnungen und seine erst 1911 erschienenen „Erinnerungen" vermitteln noch heute ein lebendiges Bild vom damaligen *Bökendorfer* Leben. „Die Lage von *Bökendorf* ist nicht so schön wie die von der *Hinnenburg,* aber ich war doch gern dort. Die *Schwestern von Haxthausen* waren angenehm und liebenswürdig, natürlich und gebildet; der Bruder *Werner* hatte schöne Gemälde und Kupferstiche, überhaupt viel Altes und Interessantes gesammelt."

Eine anschauliche Darstellung stammt überdies aus der Feder des bereits erwähnten *Ludwig von der Osten:* „Das stille heimliche *Bökendorf,* in einer fast verschrienen Ecke des deutschen Vaterlandes am Waldes-Saume belegen, wurde, wie es die Wiege des Volksgesanges gewesen war, nun ein

Mittelpunkt für die romantische Schule in ihrer Aufgabe, Leben und Poesie zu verschmelzen. Von *Kassel* verkehrten dort vielfach die *Gebrüder Grimm,* die für ihre, damals schon lebhaft begonnenen, Bestrebungen und Studien daselbst den ergiebigsten Boden finden mußten. Auch ein dritter Bruder, der geniale Maler *Louis Grimm* ward ein stets willkommener Gast des Hauses, während *Werner* von *Köln* aus ... die hervorragendsten Geister der damaligen Zeit, einen *Görres,* einen *Ernst Moritz Arndt,* einen *Clemens Brentano* u.a. mit seiner Heimat und seiner Familie in fortwährende, geistig befruchtende Verbindung setzte. Überhaupt entspann sich auf diese Weise zwischen *Kassel, Köln* und *Münster* der regste geistige Verkehr von hüben und drüben."

An der rege sich entfaltenden Sammlertätigkeit auf dem Felde volkstümlicher Dichtungen beteiligten sich vor allem die *Haxthauser* Töchter *Anna* und *Ludowine* sowie die Schwestern *Jenny* und *Annette von Droste-Hülshoff.* Bei seinem zweiten Besuch in *Bökendorf* schreibt *Wilhelm Grimm* in einem Brief vom 28.Juli 1813 an seinen Bruder *Jacob:* „Ich habe die Zeit angenehm zugebracht. Märchen, Lieder und Sagen, Sprüche usw., wissen sie die Menge; ich habe eine ganz gute Partie aufgeschrieben ... Die Fräulein aus dem Münsterland wußten am meisten, besonders die jüngste (*Annette*)." Während er *Jenny* im folgenden als sanft und still beschreibt, empfindet er *Annettes* Wesen als vordringlich und unangenehm: „. . . es war nicht gut mit ihr fertig zu werden..."

Jenny teilte die Sympathie *Wilhelms* durchaus. In ihrem Tagebuch vom Sommer 1813 nennt sie ihn einen „der hübschesten, interessantesten Menschen." Eine ernsthafte Verbindung scheiterte indes an Standes- und Konfessionsunterschieden. *Wilhelm Grimm* bekannte sich zum reformierten Glauben. Beim Abschied verehrte er *Jenny* ein Gedicht, dessen letzte Strophe lautet:

> Und glaub mir auch, ich welke nicht,
> Die Wurzeln stehn im Herzen,
> Vergiß mein, vergiß mein nicht!
> Sonst muß es mich ja schmerzen!

In ihrem Tagebuch berichtet *Jenny* über häufiges gemeinsames Musizieren, über den Vortrag von Volksliedern zur Gitarre und über den Gesang *Wilhelm Grimms.* Poesie und Freundschaft gingen einen romantischen Bund ein. Ohne selbst wirklich schöpferisch hervorzutreten, begeisterte man sich für die ebenso schlichten wie empfindsamen Töne, in denen man die Seele des Volkes wahrzunehmen glaubte.

Noch am 28. März 1824 wendet sich *Jacob Grimm* in einem Brief an *Ludowine und Anna von Haxthausen:* „Das schöne freundliche Verhältnis, das zwischen uns besteht, möcht' ich ja nicht aufgeben, sondern will es immer zu erhalten suchen, soviel von mir abhängt. Mit Ihren Brüdern sind wir zuerst bekannt geworden, die haben aber, nach und nach, an dem, was uns zusammenbrachte, die rechte Lust verloren und sich anderen Neigungen hingegeben. Sie aber halten Farbe und freuen sich noch immer an Märchen, Liedern und Sprüchen und teilen uns mit, was Ihnen zukommt, weil Sie wissen, daß wir's noch ebensogern wie sonst haben und ordentlich brauchen können." *Jacob Grimm* hat *Bökendorf* übrigens erst im Juli 1846 besucht, nachdem die entscheidende frühe Zeit längst vorüber war.

Insbesondere in der Vermittlung von Sagen und Märchen kommt dem *Bökendorfer* Kreis einige Bedeutung zu. Nicht unerheblich ist der Anteil der *Haxthauser Töchter* und der *Droste-Hülshoff* am zweiten Band der Kinder- und Hausmärchen (1815). Im einzelnen sind u.a. zu nennen: „Die Bremer Stadtmusikanten", „Die drei Glückskinder", „Die beiden Künigeskinner", „Dat Mäken von Brakel", „Die zertanzten Schuhe". Dazu tritt eine Reihe von im Münsterland, um *Paderborn* und um *Höxter* herum verbreiteter Sagen, unter ihnen „Jungfer Eli", „Grinkenschmidt", „Die fünf Kreuze", „Der wilde Jäger und der Schneider", „Geisterkirche" und „Das Fräulein von Willberg". Das Märchen vom „Hans im Glück" schließlich wurde 1818 von *August Wernicke* nach mündlicher Überlieferung in der vom *Haxthausenschen* Freundeskreis herausgegebenen Zeitschrift „Wünschelruthe" mitgeteilt. Im Nachlaß der *Brüder Grimm* fanden sich überdies einige Texte, die ebenfalls aus dem *Haxthauser* Kreis stammen. Die Märchen vom „Königssohn, der sich nicht fürchtet" und „Von dem Schloß Saza aus der Afrikanischen Hohle" werden dabei von *Jacob Grimm* im wesentlichen als erfunden eingestuft. Insbesondere das erstgenannte Märchen, das *Anna von Haxthausen* zugeschrieben wird, zeigt, wie einfühlsam man sich in die Welt volkstümlichen Erzählens hineinzuversetzen vermochte. Hier liegen zweifellos Ansätze zu einem kreativen Schreiben bei den *Bökendorfern*.

Im ganzen sind die Einflüsse der sogenannten *Heidelberger Romantik* kaum zu leugnen, von deren Geist ja auch die *Brüder Grimm* getragen waren. Nicht die philosophischen Interessen standen länger im Vordergrund, sondern die Fragen nach der Vergangenheit des eigenen Volkes und seinen kulturellen Leistungen. In *Heidelberg* wie in *Bökendorf* war man gleichermaßen dem Ursprünglichen und Unmittelbaren, dem Ungekünstelten, aus dem Volk Herausgewachsenen zugetan. Man suchte nach dem allem gemeinsamen Seelen- und Herzensklang, „auf daß ein Ton in vielen nachhalle und alle verbinde", wie *Achim von Arnim* in seinem Beitrag „Von Volksliedern" sagt. Poesie sollte vor allem verbinden, Freundschaften stiften und Geselligkeit fördern. Zugleich sah man gerade in der Volkspoesie das gemeinsame nationale Erbe, das notwendig auf eine Vereinigung aller Deutschen hindrängte. In *Bökendorf* hat die Romantik, vermittelt über die *Brüder Grimm*, Spuren in Westfalen hinterlassen, einige der wenigen in dieser Region, die zu ihrer eigentlichen literarischen Identität erst in der Restaurationszeit finden sollte. Eigenschöpferische Leistungen hat der *Bökendorfer* Kreis jedoch kaum hervorgebracht, zumal *Annette von Droste-Hülshoff* durchaus eigene Wege ging und in ihrem Dichten den *Bökendorfern* wohl nicht zugerechnet werden kann. Eine Ausstrahlung auf andere westfälische Regionen ist nicht erfolgt, dafür war der Kreis allzu exklusiv, eingeschränkt im wesentlichen auf das enge Spektrum des Landadels.

Ein romantisches Nachspiel fand in der sogenannten „*Thienhäuser* Tafelrunde" statt. *August von Haxthausen* hatte das Wasserschloß *Thienhausen bei Steinheim* bereits 1843 von den beiden letzten lebenden Mitgliedern der dänischen *Haxthausenschen* Linie erstanden. Hier versammelte der „Tyrann", wie sich *August* scherzhaft nannte, bis zu seinem Tode jeden Sommer eine bunt gemischte Gesellschaft. Zu ihr gehörten die *Brüder Grimm, Viktor von Strauß und Torney,* der Historiograph des Kreises, *Luise von Stolberg, Levin Schücking,* der *Freiherr von Laßberg,* der Entdecker des Nibelungenliedes und Ehemann der *Jenny von Droste-Hülshoff, Ludwig von der Osten* und das *Münsteraner* Original *Alexander Heimbürger.* Man improvisierte ein zeitenthobenes romantisches Leben mit Poesie und Musik, ausgelassenen Spielen, Gelagen und einer theatralisch inszenierten Hofhaltung. *Viktor von Strauß und Torney* schreibt in seinem Huldigungsgedicht „Der Fremde von *Thienhausen*":

> Was wir am Alten lieben,
> Wodurch Vergangenheit zum Geiste spricht,
> Ist ungestört, ist unverletzt geblieben;
> Wir blicken in ihr freundlich ernst Gesicht.
> Was ihm die edle Vorzeit eingeschrieben,
> Uns heimelt's an, nein, uns befremdet's nicht.
> Im Streben selbst nach dem, was ihr mißlungen,
> Erkennen wir den Geist, der sie durchdrungen.
>
> Und du, in harter Zeit uns fast entschwunden,
> Der Phantasie verzognes Kind, Humor,
> Hier gaukelst du noch frei und ungebunden,
> Und Jeder leiht dir lachelnd Aug und Ohr.
> In deinem Sturzbad fühlt sich hier gesunden,
> Wer draußen Lust und Heiterkeit verlor.
> Du nimmst ihm Gram und Bitterkeit vom Herzen,
> Hier lernt er wieder lächeln, lachen, scherzen.

Aus dem spielerischen Geist der Runde entsprang ein gelungener literarischer Schwank. *Christian Reuters* 1696 erstmals erschienener Schelmenroman „Schelmuffsky" stand bei den Romantikern seit seiner Wiederentdeckung durch *Brentano* wegen seines tiefgründigen Witzes hoch im Kurs. Ein Exemplar befand sich im Besitz *August Haxthausens.* Man ahmte die Sprache Schelmuffskys nach und schlüpfte selbst gern in das Kostüm des Erzschelms. *Lulu von Strauß und Torney,* die Enkelin *Viktors,* erzählt:

„Im Einverständnis mit dem lustigen Rat und ein paar anderen guten

Freunden des Tyrannen nun setzte mein Großvater sich hin und schrieb zu den vorhandenen zwei Bänden einen dritten Teil des Schelmuffsky, täuschend genau in der Sprache des Originals, inhaltlich aber eine geistreiche Persiflage der Tyrannei *Thienhausen* und des Tyrannen, der sich bis auf den Stock mit dem goldenen Knopf darin erkennen konnte. In größter Heimlichkeit wurde das Bändchen dann mit Hilfe des alten Danz genau nach dem Original gedruckt und gebunden, so daß es völlig den Eindruck einer alten Schwarte aus dem vorvorigen Jahrhundert machte, und dann mußte der in das Komplott eingeweihte Antiquar, bei dem *Haxthausen* zu kaufen pflegte, es ihm als aufsehenerregenden literarischen Fund in die Hände spielen. Der alte Herr biß auch sofort an, war Feuer und Flamme für den Kauf und ließ sich diese Seltenheit etwas kosten. Man kann sich seine Gefühle vorstellen, als er nun bei näherem Betrachten zunächst stutzig wurde, schließlich sein eigenes literarisches Porträt in der Verkleidung entdeckte und erkannte, daß er ungeheuerlich genasführt war."

Das *Thienhauser* Treiben ist ein zwar geistreicher, aber auch weltflüchtig unwirklicher Nachklang der Romantik, nicht ganz unähnlich den Unternehmungen des Bayernkönigs Ludwigs II. Die romantischen Inhalte und Ausdrucksformen sind zu beliebig austauschbaren Requisiten in einem übermütigen Gesellschaftsspiel geworden, das sich der Adel, unbekümmert um die wirklichen sozialen Probleme und die finanzielle Fragwürdigkeit, leistet. Die Resonanz auf die Tyrannei und den Tyrannen war durchaus gemischt. *Levin Schücking* hebt in seiner „Herberge der Gerechtigkeit" (1879) in der fiktiven Gestalt des Barons von Bellersheim die hochherzige und ideale Gesinnung des Gastgebers von *Thienhausen* hervor, während *Karl Gutzkow,* der *Haxthausen* 1857 in *Münster* kennengelernt hatte, den Baron in seinem Roman „Der Zauberer von Rom" (1858) in der Gestalt des Onkel Levinus als „alten Narren" verspottet.

Überhaupt zeigte der literarisch ambitionierte Landadel in Ostwestfalen ausgesprochen epigonale Züge. Dies gilt insbesondere für die klassischen Elegien und Sonette *Friedrich von Oeynhausens* (1795–1871) und für den sogenannten „Dichtergrafen des Nethegaus" *Joseph Bruno von Mengersen,* in dessen Haus *Viktor von Strauß und Torney August von Haxthausen* kennenlernte. *Mengersens* 1855 vorgelegte gesammelte Gedichte schöpfen ungeniert aus dem verstaubten Fundus einer längst verblichenen Romantik, die ähnlich wie in *Thienhausen* zum bloßen Kostüm heruntergekommen war. Nicht zufällig beauftragte *August von Haxthausen* den Maler *Ludwig Emil Grimm* mit dem Entwurf altdeutscher Trachten und Szenarien.

Die Anfänge einer bürgerlichen literarischen Kultur in *Paderborn* sind eng mit dem Namen *Moritz Bachmann* verknüpft. Der 1783 in *Paderborn* geborene und dort 1872 hochbetagt verstorbene Oberlandesgerichtsrat trat als Autor und Herausgeber hervor. Das „Sommertaschenbuch Gunloda", 1832 erschienen, enthält ausschließlich Versdichtungen, die meisten aus *Bach-manns* eigener Feder. Empfindsame Naturschilderungen, romantisierende Verklärung altdeutscher Vergangenheit und betont regionale Motivwahl verbinden sich zu einem Ausdrucksmuster, das bewußt auf rhetorische Schmuckelemente und ästhetische Stilisierung verzichtet. Angestrebt ist ein volkstümlicher, lesernaher Stil, eine Poesie, die den heimatlichen Raum als literarisch ergiebig und menschlich bedeutungsvoll erweisen möchte. Noch immer fühlt man sich angesichts der allgemeinen Geringschätzung Westfalens zur Rechtfertigung des Regionalcharakters herausgefordert:

Frage
In Westphalen gedruckt! In dem finstersten Lande Westphalens!
Büchelchen, sage mir doch, kamst du wirklich an's Licht?

Antwort
Fremdling, welcher so fragt, du scheinst sehr wenig gewandert
In Westphalen zu seyn; komm und erleuchte dich hier.

Die Anklänge an den apologetischen Ton von *Horstigs* erstem westfälischen Taschenbuch sind unüberhörbar. Nicht nur Westfalen allgemein gilt es vor dem Vorwurf des Unaufgeklärten in Schutz zu nehmen, sondern insbesondere auch den östlichen Landesteil, der als der finsterste in Verruf stand. Während sich literarisches Leben in anderen Teilregionen bereits geregt hatte, war es hier, sieht man einmal von dem *Bökendorfer* Kreis ab, in der Tat still geblieben. Verantwortlich gemacht wird vor allem das Fehlen einfluß-reicher und finanzstarker Unterstützung:

Schaffende Gelster genug giebt's hier auch; nur die Mäzene
Fehlen . . .

Gerade diese schaffenden Geister möchte der Herausgeber in seinem Ta-schenbuch versammeln und wird nicht müde, zur poetischen Mitarbeit aufzurufen. Aber die rührig zusammengetragenen Lieder, Elegien, Balla-den, Fabeln und Satiren erreichen in der Regel nicht einmal Mittelmaß. Von der Aussage, weniger von der Gestaltung her nicht ohne Bedeutung sind die Arbeiten *Bachmanns* selbst. In dem längeren idyllischen Gedicht „Heerwart und Hilda oder Gunloda's Meth" erklärt er den zunächst be-fremdlichen Titel des Taschenbuchs. Gunloda ist in der germanischen My-thologie die Bewahrerin des Skaldenmets, der Begeisterung erweckt und göttliche Weisheit vermittelt. Ein Schüler Gunlodas, ein betagter Kämpfer und Sänger, tritt in *Bachmanns* Werk als Lehrer der germanischen Jugend auf. Räumlicher Hintergrund ist die Heidelandschaft der Senne. Sein Ge-sang zur Harfe erfüllt die sandige Landschaft am Südrand des Teutoburger Waldes, allgemein als unfruchtbar und öde verschrien, mit Bedeutung.

Unverkennbar sind die Bezüge zur Entstehungszeit unmittelbar nach der Julirevolution von 1830. In Erinnerung an die Befreiungstat *Hermanns* verweist der greise Sänger auf Freiheit und Recht, Sitte und Sprache der souveränen Territorien als die höchsten zu verteidigenden Güter. Visionär sieht er die *napoleonische* Fremdherrschaft und die Freiheitskriege voraus, die mit der Befreiung auch die ersehnte Freiheit bringen werden. Der freie Bürger wird am Thron des Fürsten sitzen und die Geschicke des Staates mitlenken. Ähnlich wie *Ludwig Uhland* steht *Bachmann* auf der Seite der liberalkonservativen bürgerlichen Opposition, die für einen konstitutionell gezügelten Absolutismus eintritt. Dichtung wird zum Instrument der Zeitkritik und der politischen Hoffnungen, getragen von der Begeisterung und der Weisheit, die der Trank Gunlodas verleihen.

Auch im östlichen Landesteil regt sich der jungdeutsche vormärzliche Geist, der dann, vor allem bei den drei bedeutenden *Detmolder* Dichtern, zu dem führen sollte, was man mit einigem Recht die Klassik der westfälischen Literatur nennen könnte. Beziehungen zwischen *Paderborn* und *Detmold* bestanden durchaus. So veröffentlicht *Moritz Bachmann* sowohl im zweiten Band der „Gunloda" mit dem Untertitel „Westphälisches Taschenbuch für 1833" als auch in den „Kränzen" von 1834 insgesamt 26 Gedichte *Ferdinand Freiligraths* im Erstdruck, unter ihnen so bekannte Stücke wie „Die Auswandrer", „Prinz Eugen, der edle Ritter" und „Barbarossa's erstes Erwachen". Daneben stechen die exotischen Gedichte des *Detmolders* hervor, die hier vor der Aufsehen erregenden Ausgabe der Gedichte 1838 bei Cotta vorgelegt wurden. Zu nennen sind u.a. „An Afrika", „Piratenromanze", „Der Schlittschuh laufende Neger" und „Der Scheik am Sinai". *Freiligraths* exotische Dichtungen, oftmals mißgedeutet als Fluchtpoesie, signalisieren den ersehnten Aufbruch aus der Stickluft der Restauration, die in zunehmendem Maße auch die Liberalkonservativen enttäuschte.

Hatte *Bachmann* selbst zunächst noch auf eine Beteiligung des Bürgers an der Regierung vertraut, so sah auch er sich bald ernüchtert mit dem ganzen Umfang absolutistischer Reaktion konfrontiert.

> Leibhaftig treibt nicht mehr der Teufel,
> Der Fürst der Finsterniß sein Spiel.- Das ist gewiß;-
> Doch vieles Unheil kommt durch ihn jetzt ohne Zweifel
> Noch aus der Fürsten Finsterniß. („Kränze",1834)

Unermüdlich fährt *Bachmann* jedoch sowohl im zweiten Band der „Gunloda" als auch in den „Kränzen" fort, Westfalen, insbesondere die ostwestfälische Region, literarisch aufzuwerten. Im Einleitungsgedicht „Frau Sage" beschwört *Bachmann* die Weite und Größe angesichts der geschichtlichen Realität des Engen und Kleinen:

> Und, was sie in Ländern der Ferne sah.
> Und was in der Vorzeit Großes geschah,
>
> Das führt sie, durch's lüstern horchende Ohr,
> In lebendigen Bildern der Seele vor.

Historisch bedeutende Stätten und denkwürdige Plätze Ostwestfalens treten in Erscheinung: *Aliso (Elsen), Lügde, die Senne*, die *Wewelsburg* und die neu eröffneten Bäder in *Lippspringe*.

In dem Gedicht „Der ästhetische Thee oder *Göthe's* Geburtstag" („Kränze") setzt man sich polemisch gegen den Kulturrummel und das affektierte Kunstgetue *Weimars* ab. Auch hier gibt sich eine betont antiklassische Haltung zu erkennen, die für die Literatur Westfalens überhaupt charakteristisch sein dürfte. Die *Heidelberger Romantik* demgegenüber mit ihrem Bekenntnis zum Volkstümlichen hat in den Taschenbüchern *Bachmanns* ähnlich wie im Wirken des *Bökendorfer* Kreises ihre Spuren hinterlassen. War sie dort jedoch geistreich geselliges Spiel der Adelsgesellschaft, so ist sie hier indirekte Kritik an der weiterhin praktizierten Unterdrückung weiter Teile des Volkes. Die Entdeckung des Volkstümlichen im Kreis von *Bachmann* zielt ab auf die Stärkung des bürgerlichen wie des regionalen Bewußtseins.

Bachmanns Aufruf in der Nachrede zum ersten Band der „Gunloda", ihm verstärkt auch „prosaische Aufsätze" zur Verfügung zu stellen, folgten nur wenige Beiträger. Die Prosa, bei den jungdeutschen Autoren in der Auseinandersetzung mit der eigenen Zeit hochgeschätzt, galt wohl gerade in Westfalen im Vergleich mit dem Vers noch nicht als ebenbürtiges poetisches Medium. *Bachmann* greift daher verstärkt selbst zur Feder und steuert zum zweiten Band der „Gunloda" u.a. die Vision „Die Bäder zu Lippspringe" bei. Die bedeutendste Prosaarbeit aber dürfte „Bertrade - Eine Erzählung aus den Zeiten der Hexenverfolgung" im gleichen Band sein.

Vieles spricht dafür, daß sich unter dem Pseudonym „Peregrin" *Bachmann* selbst verbirgt, um seinen tatsächlichen Eigenanteil zu verschleiern und Autorenvielfalt vorzutäuschen. In einer Anmerkung nennt er als Intention der Erzählung, dem Pater *Friedrich von Spee* ein Denkmal zu setzen, ein Hinweis, den im Grunde nur der Verfasser selbst geben kann. Darüber hinaus berichtet *Bachmann* von ungedruckten Liedern *Spees*, die in seine Hand gelangt seien. Tatsächlich sind einige lyrische Texte nach romantischem Stil in die Erzählung eingestreut, Gedichte, die im Licht der Anmerkung offenbar als authentisch erscheinen sollen, in Wirklichkeit aber wohl lediglich Gedichte im Stile *Spees* sind. Auch dies würde auf *Bachmann* als Autor zurückweisen. Auffällig ist schließlich die Wahl des Pseudonyms. Während die meisten Mitarbeiter, die anonym bleiben wollten, die Beiträge mit ihren Initialen unterzeichnen, wird hier ein fiktiver Name gewählt, der auf die römische Rechtspflege zurückweist. Peregrinus war in *Rom* der rechtlose Bürger. Vielleicht wollte der Jurist *Bachmann* auf diese Weise auf die Entrechtung des Bürgers im absolutistischen Staat hinweisen.

Im Mittelpunkt der Erzählung steht die junge Adlige Bertrade, die früh ihre Eltern verliert, bei Verwandten aufwächst, sich dort in den Sohn des Hauses verliebt und nach dessen angeblichem Tod in das Augustinerinnenkloster *Störmede bei Geseke* eintritt. Mit dem wider Erwarten zurückkehrenden Geliebten erlebt Bertrade ihre erste Liebesnacht in der Klosterzelle. Der Teufelsbuhlschaft bezichtigt, wird ihr daraufhin der Prozeß gemacht. *Friedrich von Spee,* ihr Beichtvater, dem sie sich rückhaltlos anvertraut, ergreift am Prozeßtag glühend für das Recht der Liebe Partei und führt schließlich Bertrade in die Arme ihres Bräutigams, nachdem ein Lösungsbrief aus *Rom* eingetroffen ist.

In dem bisher weitgehend unbekannt gebliebenen Rezeptionszeugnis tritt der Autor der „Trutznachtigall" als Anwalt der Liebe auf, die von den Romantikern in ihrer weltlichen wie in ihrer geistlichen Ausdrucksform als göttliches Erbe gefeiert wurde. Im Plädoyer *Spees* erscheint die weltliche als ein Abbild der göttlichen Liebe. In ihrem Licht werden abergläubische Verleumdung, inquisitorische Verfolgung und die Unterdrückung der ganzen Menschennatur als Rüstzeug einer zutiefst unchristlichen Reaktion diffamiert. *Bachmanns* Erzählung säkularisiert die Liebesbotschaft *Spees* und weist in nachromantischer Zeit den Weg in eine human erfüllte Gemeinschaft, frei von dogmatischer und institutioneller Autorität.

Bachmann zeigt sich auch in den folgenden Jahren unermüdlich um das literarische Profil Ostwestfalens bemüht. Im Jahr 1836 gibt er in dem *Paderborner* Verlag Crüwell & Rempel die Wochenschrift „Das Nordlicht" heraus, wo u.a. Jugendgedichte *Friedrich Wilhelm Webers* erscheinen. Noch 1857 stellt er zur Feier des 25 jährigen Bestehens der Bäder an der *Lippspringer Arminiusquelle* das Taschenbuch „Arminia" zusammen, in das er u.a. die *Weber*-Gedichte „Eisenbahnphantasie", „Herbstabend" und „Schon Winter" aufnimmt.

Moritz Bachmann ist im Bereich des bürgerlichen Kulturbetriebs im östlichen Landesteil der erste, äußerst fruchtbare Organisator eines literarischen Lebens. Seine Taschenbücher stellen in Ostwestfalen den Versuch dar, Anschluß zu gewinnen an die geistigen Strömungen der volkstümlichen Romantik und der kritischen Literatur des Vormärz. Gerade seine vielfältigen Bemühungen widersprechen dem verbreiteten Vorurteil von einem unaufgeklärten, zurückgebliebenen Westfalen in der Umklammerung der katholischen und feudalagrarischen Reaktion. *Bachmann* ist einer der Entdecker *Freiligraths* und *Webers* und einer der frühen wichtigen Repräsentanten der Poesie im *Paderborner* Land.

V. Annette von Droste-Hülshoff

Fast hundert Jahre, nachdem sich mit der „*Donopin*" eine frühe westfälische Stimme in der deutschen Literatur erhoben hatte, erlebte Westfalen die klassische Phase seiner Literatur, sofern man unter Klassik nichts anderes als die jeweilige literarische Höchstleistung versteht. Gleichzeitig und unabhängig voneinander entstanden bis zur Mitte des 19. Jahrhunderts und darüber hinaus in *Münster* und in *Detmold* Werke von überregionaler Bedeutung, mit denen Westfalen Einzug hielt in die nationale Literaturgeschichte. *Annette von Droste-Hülshoff, Christian Dietrich Grabbe, Ferdinand Freiligrath* und *Georg Weerth* gestalteten Dichtungen von unverwechselbarer Eigenart und innovativer Originalität, Zeugnisse literarischen Selbstbewußtseins und künstlerischer Reife.

Gesellschaftlich und geschichtlich fallen diese Dichtungen in die Zeit der Restauration, in die nachrevolutionäre Phase zunehmender Kollektivierung und persönlicher Enttäuschungen angesichts einer reaktionären Politik. Die Freiheitshoffnungen waren betrogen, die Romantik mit ihren Aufbrüchen ins Unendliche der Phantasie hatte abgedankt und das Vertrauen in die verwandelnde Kraft der Poesie war geschwunden. Man fand sich wieder in der Enge, die man hinter sich hatte lassen wollen, in der „Stickluft", wie *Freiligrath* später sagte, die sich beklemmend auf die Brust legte.

Bedrückender als zuvor rückten die realen Lebensbedingungen erneut ins Blickfeld, die äußerste Begrenztheit und Beschränktheit der Verhältnisse. Mit ihnen galt es sich auseinanderzusetzen, sowohl kritisch und entlarvend als auch aus dem Blickwinkel des betroffenen und beschädigten Subjekts, bezogen auf die Urheber der Unterdrückung wie auf die leidenden Opfer selbst. Schärfer und illusionsloser traten die regionalen Konturen, die determinierenden Kräfte des Staates, der Gesellschaft, der Heimat und der Familie sowie die Gefährdung und Hinfälligkeit menschlicher Existenz überhaupt ins Bewußtsein. Aller Freiheitshoffnungen beraubt, ohne den Zauber romantisch entgrenzender Phantasie, erschien das Dasein wieder in seiner angstvollen Enge, die den einzelnen, den Bestimmungen von außen ohnmächtig ausgesetzt, zu ersticken drohte.

In dieser Phase der Unterdrückung und Entmündigung des Individuums schlug der westfälischen Literatur die große Stunde. Sich aufbäumend gegen Entrechtung und Beschädigungen, gegen restaurative Herrschaft und deformierende Autorität, gewann sie ihr kritisches Profil zwischen offener Kritik an den desolaten Zuständen und deren Spiegelung im Schicksal der Leidenden, nicht selten verbunden mit der dichterischen Anstrengung, Wege aus dem Desaster zu weisen und die menschliche Existenz trotz allem als Sinnentwurf zu begreifen. Zunehmend wurde Literatur zum Medium subjektiver Selbstbehauptung in einer sinnlos scheinenden Welt. Bei aller Unterschiedlichkeit der Stile und Temperamente zeigen sich in diesem Zusammenhang überraschende Parallelen zwischen der großen Dichterin aus dem Münsterland und den drei herausragenden *Detmolder* Autoren.

Annette von Droste-Hülshoff, am 10. Januar 1797 auf dem Wasserschloß *Hülshoff* bei *Münster* geboren, mütterlicherseits mit den *Haxthausens* in Ostwestfalen verwandt, ist die erste wirklich bedeutende Dichterpersönlichkeit Westfalens und die bedeutendste Dichterin deutscher Sprache bis heute. Erste Gedichte stammen bereits aus den Jahren zwischen 1804 und 1808, Kindergedichte, in denen sich scharfe Beobachtungsgabe und Freude am realistischen Detail verbinden. Die Besuche der *Fürstin Gallitzin* 1805 und Annettes erster Aufenthalt bei den Großeltern in *Bökendorf* im darauffolgenden Jahr formten erste Eindrücke. Vor allem aber waren es der *Graf Stolberg* und *Anton Matthias Sprickmann,* die auf die junge *Annette* entscheidende Einflüsse ausübten. Durch sie kam sie in Berührung mit der empfindsamen Dichtung des *Göttinger* Hains, dem beide Männer angehörten. Der empfindsame, nicht der klassische Stil übte auf sie eine starke Anziehungskraft aus. Sinnenhaftes Erleben noch der feinsten Verästelungen in der Natur, vertieft durch geistig-seelisches Verstehen, und die gefühlvolle Annäherung an den anderen und an das eigene Selbst, begründeten bei der heranwachsenden Dichterin eine subtile Kultur der Selbst- und Welterfahrung.

Die Intensivierung subjektiver Empfindsamkeit aber machte auch empfindlicher für die vielfachen Verletzungen des Subjekts angesichts zunehmender Kollektivierungszwänge. Schon früh beklagte die *Droste* die Entmündigung der Frau in einer von männlicher Autorität beherrschten Gesellschaft. Mit sechzehn Jahren schrieb sie ein Fragment gebliebenes Trauerspiel. In der Titelheldin Berta gestaltete sie eigene krisenhafte Erfahrungen. Der an *Goethes* „Tasso" und *Schillers* „Wallenstein" angelehnte Stoff sowie die Form des Intrigenspiels bilden nur die Einkleidungen für die tragisch erlebten Auseinandersetzungen des weiblichen Ichs mit einer autoritär erstarrten Umwelt.

Auch mit der 1818 entstandenen Verserzählung „Walter" griff die *Droste* auf eine renommierte literarische Gattung zurück, um persönlich erlebte Krisen künstlerisch zu überformen. Das Motiv des Mannes zwischen zwei Frauen bildet die Grundlage für eine Handlung, die dem Mann schließlich die Geliebte entreißt, ihn selbst in Unfreiheit stürzt und als Einsiedler enden läßt. Liebeserfüllung scheint ebenso ausgeschlossen wie weibliche Selbstbestimmung in einer Gesellschaft, die nicht nur die Rechte der Frau beschneidet, sondern auch den menschlichen Glücksanspruch mißachtet. Am Ende der Verserzählung stehen Weltabkehr und Entsagung. In „Berta" wie in „Walter" begegnet der tragisch verwickelte einzelne, betrogen um seine Identität und sein Glück.

Der 1819 begonnene, unvollendet gebliebene Roman „Ledwina" stellt das dritte der größeren Jugendwerke dar. Die Heldin, von Anfang an von Schwindsucht und Tod gezeichnet, sieht sich in ihrer unmittelbaren Umgebung der weitgehend erstarrten Restaurationsgesellschaft ausgesetzt. Ein erfülltes Leben ist ihr versagt. Ständig das eigene Ende vor Augen, wird sie wie im Kirchhofstraum von grauenvollen Visionen heimgesucht, in denen sich ihre Isolations- und Verletzungsängste spiegeln. Das Ich erfährt sich zurückgeworfen auf sich selbst, ohne Chance, als selbständiges Individuum integriert zu werden. Beschädigung der personalen Identität wird zur Bedingung der Eingliederung. Das Romanfragment, ursprünglich und wohl auch zutreffender als Novelle geplant, gestaltet in fataler Konsequenz die unausweichliche Auslöschung des Ichs. Künstlerisch zweifellos noch nicht ausgereift, bilden die drei Jugenddichtungen thematisch die Ouvertüre zu einem Gesamtwerk, das sich in empfindsamer Perspektivik des gefährdeten, stets vom Scheitern bedrohten einzelnen in einer Geschichtswelt kollektiver Autorität und seiner Existenzkrisen annimmt.

Verfolgt man zunächst die Linie der umfangreicheren Werke, so treten vor allem die Versepen ins Blickfeld. Zwischen den Jugenddichtungen und der nun einsetzenden reiferen Schaffensphase, in der drei größere epische Werke entstanden, liegen entscheidende Lebenserfahrungen der *Droste*. Während ihres Aufenthalts in *Bad Driburg* und *Bökendorf* 1818–1820 erlebte sie das, was man mit einigem Recht ihre „Jugendkatastrophe" genannt hat. In *Bökendorf* wurde sie Opfer einer plumpen Intrige, die ihr Liebesverhältnis zu *Heinrich Straube* zerstörte. So nachhaltig waren die inneren Folgen, daß *die Droste* achtzehn Jahre lang dem Ort ihrer persönlichen Demütigung fernblieb, wo man den nicht akzeptablen bürgerlichen Geliebten skrupellos ausschaltete und wo die *Haxthauser Onkel,* von der *Droste* die „Löwen" genannt, die Nichte gnadenlosen Korrekturen unterwarfen, so daß sie je nach Gefallen oder Mißfallen den Himmel oder die Hölle hatte. Ihr Gesundheitszustand – erste Anzeichen einer schweren Erkrankung machten sich bereits 1815 bemerkbar – führten sie nach ärztlichem Rat zur Luftveränderung an den Rhein. An die erste Reise 1825 schlossen sich 1828 und 1830 weitere an. Reisen bedeutete der *Droste* wie vielen ihrer Zeitgenossen die Möglichkeit des Ausbruchs aus der Enge.

Persönlich etwas unabhängiger wurde sie, als sie nach dem Tode ihres Vaters 1826 zusammen mit ihrer Mutter und ihrer älteren Schwester *Jenny* das *Rüschhaus*, den ehemaligen Landsitz *Schlauns*, bezog. Im *Rüschhaus*, das die *Droste* in einem Gedicht einmal ihr „Indien" nennt, fühlte sie sich dem unmittelbaren Zugriff des Clans entzogen. Hier begegnete sie 1831 zum erstenmal dem über sechzehn Jahre jüngeren *Levin Schücking,* Sohn der *Ahlener* Dichterin *Katharina Busch.* Hier empfing sie auch den blinden Philosophieprofessor *Christoph Bernhard Schlüter* aus *Münster,* mit dem sie seit 1834 freundschaftlich verbunden war.

Im *Rüschhaus* schließlich schrieb sie zwischen 1828 und 1834 an ihrem zweiten großen Versepos „Das Hospiz auf dem großen St. Bernhard". Es ist die Geschichte des alten Senners Benoit, der am Abend in der Paßregion mit seinem kleinen Enkelsohn Zuflucht in einer Totengruft findet. Doch die Anstrengungen des strapaziösen, gefahrvollen Wegs und der grausige Ort übersteigen die Kräfte des alten Mannes. Er stirbt, während sein Enkel von dem Bernhardiner Barry gerettet und zum Hospiz gebracht wird. Im zweiten Gesang bergen die Mönche unter großen Gefahren die Leiche Benoits. Eine glückliche Wendung gestaltet der allerdings von der *Droste* später verworfene dritte Gesang, in dem Benoit aus einem todesähnlichen Erschöpfungsschlaf wieder erwacht.

In den beiden in die Werkausgaben von 1838 und 1844 aufgenommenen Gesängen stehen sich die unbarmherzige Natur des Hochgebirges und die samaritanische Welt des Hospizes schroff gegenüber. Tödlich ist die Gefahr für den Menschen, der sich den zerstörerischen Kräften einer ungezähmten, anarchischen Natur aussetzt. Bewußt verlegt die *Droste* den Handlungsschauplatz in einen unwirtlichen, menschenfeindlichen Raum, der sich konsequent zur Totengruft verengt. In ihm spiegeln sich gesellschaftliche wie existentielle Grunderfahrungen, die Beschneidung menschlicher Bewegungsfreiheit ebenso wie das unausweichliche Todesbewußtsein. In der restaurativen Perspektive scheint der Mensch am Ende, in einer Grenzsituation zwischen Leben und Tod. Sein Lebensweg mündet in die angstvolle Enge. Aus dieser Sackgasse führt allein das Vertrauen auf die Erlösungskraft christlichen Glaubens, der im Hospiz tröstliche Gestalt angenommen hat. Wo alle Hoffnung zerbrochen ist, Leben wie Sterben gleichermaßen sinnlos geworden sind, bleibt allein die gläubige Zuversicht.

Noch im Abschlußjahr des „Hospizes" entstand mit „Des Arztes Vermächtnis" das dritte Epos der *Droste,* eng mit dem zweiten verknüpft. Die Aussage ist jedoch hoffnungsloser, düsterer geworden. Ein Arzt wird irgendwo an der böhmischen Grenze, wiederum im unwirtlichen Gebirge, mitten in der Nacht zu einem Sterbenden gerufen.

> Dann Schatten seh ich vor der Scheibe schwanken,
> Ein langer Arm, ein dunkler Finger steigt;
> Ich war noch jung; . . .

In grausiger Realistik bricht in das Bewußtsein des jungen Menschen der Tod ein, scheinbar verkörpert in der schattenhaft unheimlichen Erscheinung vor dem Fenster. Bedrückend ist seine mimische und gestische Gegenwart. Ein gefährlicher Gang steht bevor, in stockfinsterer Nacht, über schmale, steile Pfade, stets in der Furcht abzustürzen. Der Weg führt den Arzt schließlich in eine verfallene Räuberhöhle, der Totengruft im „Hospiz" vergleichbar. Ein Mann, von einem Messerstich tödlich durchbohrt, liegt auf dem Boden, eine Frau, dem Arzt von einem Aufenthalt in *Wien* bekannt, taucht auf, alles wie in einem Fiebertraum, ohne daß der Leser über die Hintergründe aufgeklärt wird. Aber der *Droste* geht es auch weniger um eine konsquent aufgebaute Spannungshandlung als um die symbolische Abbildung menschlicher Grunderfahrungen aus dem Blickwinkel des Subjekts in einer tiefen Krise. Der einzelne, aus der Unbeschwertheit seiner Jugend wie aus der Geborgenheit seines Hauses heraustretend, sieht sich einer gefahrvollen, heillosen Welt ausgesetzt

Wo die Zeit Schranken aufgerichtet und den einzelnen zurückgestoßen hat in die äußerste Beschränktheit, münden alle Wege in Ausweglosigkeit. Totengruft und Räuberhöhle sind gleichermaßen existentielle Sackgassen. Zwar entkommt der Arzt, aber seinem Bewußtsein eingeprägt bleibt ein Leben lang die schreckliche Erfahrung, die Konfrontation mit einem hoffnungslosen Ende, das das Leben wie einen bösen Traum erscheinen läßt. In einer Fortsetzung aus dem Nachlaß legt die *Droste* dem sterbenden Arzt die an seinen Sohn gerichteten Worte in den Mund:

> Die letzte Stund ist schwerer, als ihr denkt.
> O betet, betet, Kinder! Hin ist hin!
> Und meine Kraft ist hin! 's ist schrecklich! Ewig!

In äußerster Radikalität spricht der Arzt sein Vermächtnis aus. Das Grauen der Todesstunde vermögen kein Glaube und keine Hoffnung hinwegzunehmen. Der Weg führt ins Dunkle. Ewig scheint der Schrecken und endgültig der Tod. Ohne Trost ist das Leben des Menschen, vor dem die Zeit alle Perspektiven verschlossen hat.

Das 1837 vollendete Epos „Die Schlacht am Loener Bruch" gibt vor, eine Art literarischer Dokumentation eines bekannten geschichtlichen Ereignisses im Westfalen des 17. Jahrhunderts zu sein. Doch die Einbettung ins Regionale und die Bindung an die Geschichte, Ausweise eines betont realistischen Erzählens, schaffen bei näherem Hinsehen lediglich den authentischen Hintergrund für ein kritisches Geschichtsbild. *Christian von Braunschweig* ist der skrupellose Vertreter des Machtprinzips. Nicht die protestantische Sache verfolgt er, sondern allein sein eigennütziges Interesse. Er ist der Prototyp des korrupten Aristokraten, der bedenkenlos Tausende ins Unglück stürzt, sofern er sich persönlichen Gewinn ausrechnet. In der Kritik an aristokratischer Machtentfaltung nähert sich die *Droste* der entlarvenden Darstellung der Macht in *Grabbes* Geschichtsdramen. Überraschend zeigen sich Parallelen zu jungdeutschen Haltungen. Für die *Droste* eher untypisch, rücken die Geschichtstäter selbst in den Vordergrund.

Die drei großen erzählenden Dichtungen mit ihrer obsolet werdenden Versbindung nehmen in der Rezeption eine Randstellung ein. Poetische Literatur bedeutete für die *Droste* in erster Linie Versdichtung, während sich im literarischen Umfeld die Prosa mehr und mehr durchgesetzt hatte. So ist es kaum verwunderlich, daß die *Droste* noch während ihrer Arbeiten an dem Epos um den *tollen Christian* in einem Brief an *Junkmann* zum erstenmal die Kriminalgeschichte „Friedrich Mergel" erwähnt. Doch bis zur endgültigen literarischen Gestaltung des Stoffs sollten noch fast fünf Jahre vergehen.

Einen Einschnitt im Leben der *Droste* bildete die Heirat ihrer Schwester *Jenny* mit dem wesentlich älteren *Freiherrn von Laßberg,* dem Germanisten und Entdecker des „Nibelungenlieds". Bereits 1835, ein Jahr nach der Heirat, besuchte die *Droste* das Paar in *Eppishausen im Thurgau.* Denkwürdig verlief das Jahr 1838. Nach 18 Jahren hielt sich die *Droste* zum erstenmal wieder in *Bökendorf* auf, am Ort ihrer Jugendkatastrophe. Alte Erinnerungen stiegen auf, die sich poetisch in Lyrik und Ballade niederschlugen. Im gleichen Jahr lag auf Drängen der Freunde *Schlüter* und *Junkmann* in *Münster* die erste Ausgabe ihrer Dichtungen vor. Das Buch wurde ein Mißerfolg. Schlecht gewählt schien der Ort der Veröffentlichung, wie denn überhaupt das westfälische Verlagswesen jener Tage gänzlich unterentwickelt war und weder auf regionale noch überregionale Resonanz stieß. Die Jahre bis zum Erscheinen der „Judenbuche" waren ausgefüllt mit Arbeiten am „Geistlichen Jahr", mit der Gestaltung von Balladen, von denen einige Aufnahme fanden in *Freiligraths* und *Schückings* Westfalenwerk, und natürlich mit der Arbeit an der Novelle selbst.

Ein größeres Werk stellt das 1840 vollendete Lustspiel in einem Akt „Perdu!" dar. Anlaß und Inhalt dieser nicht übermäßig witzigen Literaturkomödie sind die Querelen des Verlegers *Langewiesche* (Speth) mit seinem Autor *Freiligrath* (Sonderrath), der, die Freuden der Liebe und des Weins vorziehend, vertragsbrüchig wird. Das bereits vorabonnierte Werk bleibt Projekt. Perdu sind Geld und vorbereitende Mühen. Konkret geht es um „Das malerische und romantische Westfalen", von *Freiligrath* mit großer Begeisterung entworfen, aber im wesentlichen von *Schücking* verfaßt.

Das Werk, das den Ruhm der *Droste* begründet und bis heute erhalten hat, erschien vom 22. April bis zum 10. Mai 1842 in 16 Fortsetzungen im Cottaschen „Morgenblatt für gebildete Leser". „Die Judenbuche" greift die authentische Geschichte von dem Judenmörder Johannes Winckelhahne aus *Bellersen* auf, die *August von Haxthausen* unter dem Titel „Geschichte eines Algierer Sklaven" 1818 in „Die Wünschelrute" hatte einrücken lassen.

Aus den Verwicklungen in Elend, kriminelle Machenschaften, in Totschlag und türkische Gefangenschaft vor konkreter regionaler Kulisse entstand bei der *Droste* nach einer Reihe von Vorarbeiten die fiktive Dokumentation eines an der heimatlichen Enge tödlich scheiternden Lebensentwurfs. Heimat wird zum Alptraum, der alle freie Selbstentfaltung am Ende erstickt. Der einzelne ist weniger Täter als Opfer, keiner, der selber bestimmt, sondern einer, der bestimmt wird.

Friedrich Mergel, als Sohn eines Säufers und Liederjans, in schäbigen Verhältnissen vegetierend, ist in den Augen der Dorfgemeinschaft ein Nichts. Selbstverwirklichung ist ihm versagt, weil er nicht ins gesellschaftliche Erwartungsmuster paßt. Menschliche Entfaltung, und das ist eine entscheidende Einsicht der *Droste* und ihrer Generation, ist nicht möglich in künstlich geschaffenen Paradiesen der Poesie, im Elfenbeinturm der Idealisten, sondern einzig und allein in der Realgesellschaft. Ihren Maßstäben und Erwartungen sieht sich der einzelne unterworfen. Selbstachtung besitzt er nur in dem Maße, wie er von anderen geachtet wird.

Insofern bemüht sich Friedrich Mergel mit allen Mitteln, sich in die soziale Achtung hineinzustehlen. Da ihm die Gesellschaft den legalen Weg versagt, wird er zum Kriminellen, und da er die Machenschaften zunächst zu tarnen versteht, gelingt es ihm vorübergehend, in den Augen seiner Umwelt zu steigen.

Bitter ist die Kritik der *Droste* an der Enge und Starrheit der Gesellschaft, die ihre Pflichten dem einzelnen gegenüber sträflich vernachlässigt und ihn schließlich ins Abseits drängt. Für die *Droste* ist das Sozialwesen keine selbstherrliche Institution. Es ist der Bereich, der sich jedem einzelnen gegenüber zu öffnen hat, ihm die Chance bieten muß, sich in ihm zu entfalten und Geborgenheit zu erfahren. Die Dorfgemeinschaft in der Novelle aber schafft Außenseiter und büßt ihre ebenso sittlich verpflichtende wie lebensnotwendige Integrationskraft ein, indem sie sich selbstherrlich absolut setzt.

Friedrich Mergels scheinbarer Aufstieg steht auf tönernen Füßen. Schließlich bricht sein ganzes mühsam errichtetes Ansehen wie ein Kartenhaus zusammen. Ein bißchen gestohlene Butter – der Dieb ist sein schattenhafter Begleiter Johannes – und eine Renommieruhr, die noch nicht bezahlt ist, reichen aus, sein Ansehen nachhaltig zu erschüttern und ihn in den Verdacht zu bringen, den Juden erschlagen zu haben. Friedrich ist vogelfrei.

Nach fast dreißig Jahren kehrt er aus türkischer Gefangenschaft heim. Ein gebrochener Mann, keiner erkennt ihn, eins geworden mit seinem Schatten Johannes Niemand. Endgültig gescheitert sind alle Pläne, sich selbst zu verwirklichen. Die Dorfgemeinschaft hat ihn zerstört. Was ihm bleibt, ist die Selbstvernichtung. Erbarmungslos zeichnet die *Droste* den abschüssigen Weg eines Außenseiters, an dem die Gesellschaft zur Frevlerin wird. Für die Dichterin kann es aus solchem Dilemma nur einen Ausweg geben: die Besinnung auf den zentralen christlichen Wert der Nächstenliebe. Dies ist der Sinn der Eingangsverse und des alten Weihnachtslieds, das dem innerlich gebrochenen Heimkehrer entgegenklingt. Aber man beläßt es beim Singen, niemand handelt nach der weihnachtlichen Botschaft.

„Die Judenbuche" ist eine kritische Dorfgeschichte, vielleicht die erste von Rang innerhalb der deutschen Dichtung. Mit ihr schrieb sich die *Droste* in die Weltliteratur. Heimat, das bedeutet auch Enge und Borniertheit. Heimatliche Anmaßung verkehrt das, was ein wirkliches Heim sein sollte, in den unheimlichen Ort der Bedrohung und Vernichtung.

In der Novelle gewinnt die Bindung der Aussage an den authentischen Raum beispielhaft Gestalt. Mit ihrem ersten vollendeten Prosawerk schaffte die *Droste* den endgültigen Durchbruch zum realistischen Schreiben. Regionalisierung wird bei ihr wie bei den nachfolgenden bedeutenden Realisten zum Stilprinzip. In dem Maße, wie sich der einzelne durch die geschichtliche und politische Entwicklung zurückgedrängt sah auf seinen engeren Lebensraum, mußte dieser auch zum Medium der Aussage selbst werden. Die romantischen Höhenflüge der Phantasie mochten bunte Wunderwelten erschließen, Orientierung in einer ernüchternden und enger gewordenen Welt konnten sie schwerlich geben.

Aus solch gewandelten Einstellungen erwuchsen die „Westfälischen Schilderungen" der *Droste*. Vorarbeiten reichen bis 1841 zurück. Zunächst war ein umfangreiches Westfalenwerk geplant, das jedoch nie vollendet wurde. Später fand das Fragment unter dem Titel „Bei uns zu Lande auf dem Lande" Eingang in die Werkausgaben. Demgegenüber schloß die *Droste* 1842 eine kürzere Arbeit über Westfalen ab. Sie erschien 1844 anonym unter dem Titel „Westfälische Schilderungen aus einer westfälischen Feder" in den „Historisch-politischen Blättern für das katholische Deutschland" und löste unmittelbar nach Erscheinen empörte Reaktionen aus.

Irrigerweise glaubte man, es hier mit einer Art ethnographischer und kulturgeschichtlicher Darstellung zu tun zu haben, während es der *Droste* in erster Linie darum ging, im regional beglaubigten Rahmen darzustellen, wie Heimat sein sollte und wie sie auf keinen Fall sein dürfte. Ihr sittliches Leitbild einer christlich-konservativen Orientierung, geprägt von Religiosität, Nächsten- und Rechtsliebe, projiziert sie auf den Münsterländer. In pejorativem Kontrast zu ihm entwirft sie den Paderborner wie den Sauerländer als negative Zerrbilder. Während sie im Paderborner die gänzlich sittliche Verwahrlosung und Zügellosigkeit an den Pranger stellt, porträtiert sie im Sauerländer den materiell eingestellten Menschen bei ausgesprochen lauer Einstellung zur Religion.

Eine menschenwürdige Heimat stellt nur das idealtypisch entworfene Münsterland dar, wo der einzelne in der Sitte, der Tradition und im Glauben Halt und Schutz findet. In den anderen negativ überzeichneten Regionen jedoch sieht sich der einzelne unsicheren Lebensverhältnissen sowie der Gleichgültigkeit und Lieblosigkeit seiner Mitmenschen ausgesetzt. Die „Westfälischen Schilderungen" diskutieren Heimat auf der Ebene literarischer Modellgestaltungen. Die Ambivalenz des Heimatlichen ist eines der großen Themen der *Droste* in einer Zeit, in der der einzelne, in die Enge zurückgedrängt, verstärkt die Möglichkeiten einer erfüllten regionalen Existenz zu erkunden begann.

Die Verkehrungen idealer Heimat bildeten den eigentlichen Anstoß für die Novellistik der *Droste*. Stellt „Die Judenbuche" in tragischer Zuspitzung Heimat als Ort äußerster sittlicher Verwahrlosung und ausweglosen Scheiterns dar, so gewinnen in dem 1844 entstandenen Novellenfragment „Joseph" die Gefährdungen des Menschen im Banne materieller Verführungen Gestalt. An die Stelle des *Paderborner* Landes als Handlungsraum treten hier die Niederlande, in denen sich jedoch überdeutlich der sauerländische Kaufmannsgeist spiegelt. Der Kassierer Steenwick richtet durch seine Spielleidenschaft seinen Arbeitgeber, einen reichen Kaufmann, zugrunde. Nachdem dieser einen tödlichen Blutsturz erlitten hat, sucht Steenwick den Tod in der Schelde. Anders als Friedrich Mergel indes erhält er ein christliches Begräbnis.

In ihren novellistischen Arbeiten entfaltet die *Droste* die in den „Schilderungen" noch mehr programmatisch gefaßten negativen Aspekte von Heimat. Sittliche Anarchie und materielle Fortschrittshektik entstellen gleichermaßen das Bild des Menschen, indem sie ihn zum Opfer niederer Antriebe machen. Stets fällt die eigentliche Verantwortung auf den Lebensraum und auf die dort vorherrschenden Haltungen zurück. Nur in einem Klima im Glauben wurzelnder Menschenliebe kann wahrhaft Menschliches gedeihen. Wo aber dem einzelnen nichts als Verachtung entgegengebracht wird, leidet notwendig seine Selbstachtung, wo das Geld herrscht, gilt der Mitmensch nichts.

Im gleichen Jahr, in dem die *Droste* an ihrer zweiten Novelle arbeitete, erschien ihr Gedichtband bei Cotta und fand große Resonanz. Häufig zu Gast war sie seit 1841 bei ihrer Schwester *Jenny* und ihrem Schwager, dem *Freiherrn von Laßberg,* der inzwischen die alte Burg in *Meersburg am Bodensee* erworben hatte. Schon vorher hatte *Levin Schücking* auf Vermittlung der *Droste* eine Stelle als Bibliothekar bei *Laßberg* angetreten. Im Jahr 1843 kaufte die *Droste* das „Fürstenhäusle" in *Meersburg.* Gespannt gestalteten sich die Beziehungen zu dem inzwischen verheirateten *Schücking.* Der endgültige Bruch erfolgte 1846. Unmittelbarer Anlaß war angeblich der Roman „Die Ritterbürtigen", in dem *Schücking* vertrauliche Mitteilungen der *Droste* über den westfälischen Adel zu einer kritischen Darstellung ausgewertet hatte.

Die kurze Spanne zwischen 1840/41 und 1845 ist die fruchtbarste Schaffensphase im Leben der *Droste*. Nach früheren Anfängen fällt ihre eigentliche Balladenzeit in die Jahre von 1840 bis 1842.

In der balladischen Situation profiliert sich die Problematik der conditio humana in der restaurativen Geschichtsphase. Aus spürbarer Distanz beleuchtet die Ballade „Das Fräulein von Rodenschild" das emanzipatorische Streben der Frau nach ganzheitlicher, das Sinnliche miteinbeziehender Selbstentfaltung. Phantastisch verfremdet gewinnt in der Doppelgängerin die gesellschaftlich unerwünschte Sinnlichkeit gespenstische Gestalt. Erst die Handreichung löst die Erscheinung auf, so daß nun eine problemlose Integration des Fräuleins erfolgen kann. Zurück aber bleibt die erstarrte rechte Hand, sinnbildlicher Verweis auf die Einschränkung der Handlungsfähigkeit und die Verkümmerung personaler Ganzheit.

Ähnlich wird der Aufbruch des Kindes ins Weite in der zu den „Heidebildern" gehörenden Ballade „Der Knabe im Moor" durch Dämonisierung und Kriminalisierung rückgängig gemacht und der Ausgebrochene in die Enge des Hauses zurückgezwungen. Die Einstellung der *Droste* zu den restaurativ-biedermeierlichen Innenräumen der Heimat und der Familie ist ambivalent. Auf der einen Seite weiß sie um die unausweichlichen Beschädigungen des einzelnen in der engen Umklammerung, zum andern ist sie sich aber auch der Ängste in der Vereinsamung und Isolation bewußt. Im „Fundator" reagiert das Subjekt auf das Bewußtsein der Verlassenheit mit dem Reflex phantastischer Angstvisionen. Das Gefühl, allein zu sein, verzerrt das vertraute Heim zur unheimlichen Kulisse.

Das Gespenstische ist bei der *Droste* sowohl Ausdruck der äußeren wie der inneren Gefährdung. In ihm spiegeln sich die Verletzungs- wie die Trennungsängste. Aus dem Gefühl der Verengung im Regionalen und Sozialen in der Biedermeierzeit entspringt eine widersprüchliche Haltung, eine Art Haßliebe. Der verbliebene Raum erscheint jenseits politischer Entfaltung als soziales Handlungsfeld, wo das Handeln allein nach seiner sittlichen Integrität im Kleinen gemessen wird. In der Ballade „Die Schwestern" führen ein momentanes Versagen der Fürsorgepflicht, ein Nachlassen der Verantwortung für den andern zu katastrophalen, tödlichen Folgen. In „Der Mutter Wiederkehr" gemahnt die gespenstische Wiedergängerin an ein nicht näher ausgeführtes schuldhaftes Verhalten des Mannes. Demgegenüber steht in der Rahmenhandlung kontrastierend die glückliche, von hoher sittlicher Verantwortung für den anderen getragene Ehe der Kinder.

Die Liebe zum Nächsten ist oberstes Gebot. Wer seinem Nächsten aber Schaden zufügt, ihn ins Verderben stürzt, und sei es auch angesichts eigener Not, wird wie in der Ballade „Die Vergeltung" unerbittlich zur Verantwortung gezogen. In den balladischen Dichtungen der *Droste* erscheinen die vormärzlichen Forderungen nach politisch veränderndem Handeln ethisch verinnerlicht und sublimiert. Nach dem Scheitern der großen, weitausgreifenden Ideale gilt es, im Kleinen ein christlich-soziales Menschsein zu verwirklichen. Die balladische Aktion gewinnt Gestalt in Szenen und Situationen sittlicher Bewährung. Dabei erreicht die *Droste* die für die Gattung charakteristische Handlungsintensität, indem sie vergleichbar mit dem Bänkelsang Gegenbilder human-sittlichen Verhaltens beschwört, die in ihrer kathartischen Wirkung eindeutig kalkuliert sind. Im Engagement für die christliche Ethik gewinnt die *Droste* die Würde und Souveränität des Menschen zurück.

Ungebrochen gelten die Maßstäbe christlichen Handelns auch für die Mächtigen. Zwar stellt die *Droste* das Prinzip feudaler Herrschaft selbst an keiner Stelle infrage, mit äußerster Schärfe aber geht sie mit den Adligen ins Gericht, die den christlichen Auftrag ihres Standes verraten. In grellem Kontrast erscheinen jeweils negative und positive Ausprägungen aristokratischen Handelns, Willkürakte und anarchischer Egoismus ebenso wie eine wahrhaft christliche Herrschaft und der Dienst am Nächsten.

In der Ballade „Die Stiftung Cappenbergs" vermählt Friedrich der Streitbare von *Arnsberg* seine Tochter mit Gottfried von Cappenberg, um seinen eigenen politischen Einflußbereich auszuweiten. Als sein Schwiegersohn das Schloß unter dem Einfluß des heiligen Norbert in ein Kloster umzuwandeln plant, sperrt er den Heiligen kurzerhand ins Verlies. Wirkungsvoll und spannungsgeladen wechseln darauf die Szenen zwischen den Zechenden oben im *Arnsberger* Schloß und Norbert unten im Kerker, bis Friedrich, der zutiefst unchristliche Fürst, vom Schlag getroffen wird. Kurt von Spiegel, in der gleichnamigen Ballade, holt, erfolglos von der Jagd zurückkehrend, den Tüncher mit einem wohlgezielten Schuß vom Turm herunter. Handlungshintergrund bildet die *Wewelsburg bei Büren*. Gegenbild zum adligen Frevler ist sein Verwandter, der Fürstbischof von *Paderborn*, der mit unnachsichtiger Gerechtigkeit das Urteil über den Mörder spricht und so die fundamentale Norm christlich-sozialen Handelns wieder in ihre Rechte einsetzt. Der wahre Adel des Aristokraten zeigt sich im Adel seiner religiös-ethischen Gesinnung.

Von einem Konflikt eines aus den Fugen geratenen Adels mit der Obrigkeit handelt schließlich auch die Ballade „Der Tod des Erzbischofs Engelbert von Köln". Wiederum ist bezeichnenderweise ein Geistlicher der Vertreter der höchsten Gewalt. Die Ermordung des Erzbischofs durch den Isenburger geschieht weniger im momentanen Affekt, sondern ist ein geplanter Racheakt, der das Leben eines Menschen skrupellos eigener politischer Macht- und Besitzgier opfert. In äußerster Radikalisierung stellt der Mord die christlich legitimierte Obrigkeit und damit die elementare Lebensordnung selbst in Frage. Das Verwandtschaftsverhältnis von Opfer und Täter rückt die brutale Tat in die Nähe des biblischen Brudermords. Am Ende findet die heillose egoistische Willkür ihre gerechte Strafe.

Das restaurative Bewußtsein der Bindung an den geographisch-kulturellen und sozial-geschichtlichen Raum fordert dazu heraus, die Problematik der erwarteten Integration und die Bedingungen, unter denen sie sinnvollerweise nur erfolgen kann, ständig neu zu reflektieren. Keineswegs führt die Ablehnung revolutionären Handelns bei der *Droste* zu kritikloser Hinnahme des Gegebenen, vielmehr unterwirft sie die Fürsten wie die Untertanen dem Gebot christlicher Ethik. Nur sie vermag ein menschenwürdiges Dasein zu begründen und zu bewahren. Zentraler Gegenstand der *Drosteschen* Ballade ist das sittliche Handeln, Schuld und Sühne unchristlichen Tuns und der Triumph christlicher Lebensführung. Die *Droste* sublimiert die balladische Aktion, indem sie in einer enger gewordenen Welt, in dem empfindlich geschrumpften Handlungsraum, Möglichkeiten sittlich handelnder Selbstentfaltung erkundet und egoistische Handlungskonzepte diskreditiert. Eine Sonderstellung nimmt indes „Das Fräulein von Rodenschild" ein. Hier ist offenbar die Grenze dessen erreicht, was dem einzelnen zugemutet werden kann. Wo ihm die Integration nur um den Preis personaler Verstümmelung gewährt wird, erscheint die Restaurationsgesellschaft im Zwielicht. Insbesondere in der „Judenbuche" gewinnt dieser kritische Ansatz überzeugende Schlagkraft, während sich die Balladen mehr auf die Frage nach dem angemessenen sittlichen Verhalten konzentrieren.

In diesem Sinn steht auch die 1842 entstandene Verserzählung „Der Spiritus familiaris des Roßtäuschers" den Balladen nahe. In Anlehnung an die bekannte Grimmsche Sage schildert die *Droste,* wie ein Roßtäuscher, in plötzliches Unglück gestürzt, der Verlockung des teuflischen Wesens in der Flasche erliegt und reich wird. Im Unterschied zur Sage jedoch bereut er seine Schuld und erfährt an seinem Ende die Gnade Gottes.

Neben den Verstrickungen in Macht und Selbstliebe gestaltet die *Droste* hier die prinzipielle materielle Verführbarkeit des Menschen. Ähnlich wie in *Fouqués* „Galgenmännlein", in *Arnims* „Isabella" und in *Chamissos* „Peter Schlemihl" entwickelt sich das Thema des Geldes zunächst novellistisch, indem sich der einzelne in wachsende Abhängigkeit und Ausweglosigkeit verwickelt. Doch wie die genannten Erzähler wendet auch die *Droste* das Geschehen schließlich ins Versöhnliche. Aus den Verwicklungen heraus findet der reuige Mensch zu einer Entwicklung im christlichen Sinn, während Friedrich Mergel noch in äußerster Verzweiflung endet. Es will jedoch scheinen, als ob die *Droste* mit dem Werk, das sich an die Novelle anschloß, einen Ausweg aus der Verzweiflung weisen wollte. Hier wie dort fällt ein kritisches Licht auf die soziale Umwelt, die dem Bedrängten nicht hilft, sondern ihn durch fragwürdige Angebote immer noch tiefer ins Elend stürzt. An die Stelle des Oheims Simon Semmler tritt hier bezeichnend genug eine Gruppe, die sich kollektiv „Die Gesellschaft" nennt. Sie schiebt dem Roßtäuscher mit dem Spiritus familiaris den Schwarzen Peter zu.

Der Mensch jedoch, der seiner Gotteskindschaft und seiner geistig-seelischen Bestimmung erneut innewird, gewinnt seine sittliche Souveränität einer Gesellschaft mit fragwürdigen Heilsangeboten gegenüber zurück. In dem Maß, wie sich der geschichtliche Raum verengt, vertieft sich bei der *Droste* die Einsicht in die sittliche Natur des Menschen. Gerade in ihren epischen Werken wird die ästhetische Gestalt zum Medium des Ethischen, der Sublimierung politisch verändernden Handelns in sittliches Verhalten auf der Grundlage christlicher Humanität.

Die restaurative Verengung des Blickwinkels und das durch sie bedingte schärfere Raumerleben bildeten bei der *Droste* ein lyrisches Sprechen von unverwechselbarer Eigenart aus. Weder die idealische Stilisierung noch die subjektive Spiegelung bestimmen ihre Gedichte. An der klassisch-romantischen Kunstperiode vorbei greift sie auf empfindsame Sicht- und Aussageweisen zurück und vertieft das subtile Erleben und Durchdringen des sinnenhaft Gegebenen zum realistischen Sinnbild. Nicht in im Grunde obsolet wirkenden idyllischen Verserzählungen wie „Des alten Pfarrers Woche", in Gelegenheitsgedichten von sehr unterschiedlicher Qualität oder in den „Zeitbildern", die bei gequältem Witz konservative Weltanschauung in Vers und Reim bringen, erreicht die *Droste* lyrisches Profil, sondern in solchen Gedichten, in denen Begegnungen mit dem Naturraum und persönlich intensive Annäherungen an ihn im Vordergrund stehen. Auf diesen Werken gründet ihr Ruf als Lyrikerin. Klangliche und gefällige rhythmische Gestaltung treten zurück hinter die meditative Dichte der lyrischen Aussage. Bewußt zeigt das Gedicht die Spuren gedanklicher Reflexion.

Relativ spät – die *Droste* nähert sich bereits ihrem vierten Lebensjahrzehnt – setzt das charakteristische lyrische Schaffen ein. In *Eppishausen* in der Schweiz entstehen Gedichte wie „Der Säntis", in denen sich genaue Naturbeobachtung mit einem realistischen Stil verbindet, das Kleinste wie das Unscheinbarste umfassend. Noch wirken die Vergleiche und Bilder konventionell, die sinnbildlichen Bezüge etwas forciert.

Mehr als fünf Jahre später gelingen der *Droste* mit den 1841/42 in *Meersburg* entstandenen „Heidebildern" die ersten Meistergedichte. In großer atmosphärischer Dichte, zusammengesetzt aus exakt wahrgenommenen und sprachlich sorgfältig ausgeformten empirischen Facetten, entfaltet sich eine Naturszenerie voll eigenmächtiger Kräfte. Eingelassen in sie ist der Mensch, ausgesetzt den dunklen Gewalten und zugleich erfüllt von dem Wunsch nach Sicherung und Geborgenheit. Urtümlich und bedrückend dehnt sich der Naturraum, hinter den das lyrische Ich auffällig zurückweicht. An seine Stelle treten nicht selten wie in den „Krähen" die Naturstimmen selbst. Im „Hünenstein" und in der „Mergelgrube" droht das Subjekt sich aufzulösen, einzugehen in das, was es unmittelbar umgibt.

Das anarchische Eigenleben der Natur läßt Metaphern in romantischer

Manier nicht länger zu. Poetische Entgrenzungen und Phantasiespiele scheinen eingeholt von dem urwüchsigen Sein, das sich aller ästhetischen Umgestaltung widersetzt. Stets weisen die Sprachbilder auf Empirisches zurück, gehen im Anschaulichen und Konkreten auf. Mit der opaken Existenz des Raums ist der Mensch unauflöslich verbunden, eingelassen in ihre anarchische Dynamik. Die „Heidebilder" gestalten die elementaren Daseinsbedingungen der Natur und des Naturwesens Mensch, Leben stiftend und bedrohend, vitales Versprechen und zugleich Herausforderung an den Willen zu überleben.

In der Sammlung „Fels, Wald und See", parallel zu den Heidebildern entstanden – hier wie dort werden Naturbilder als Benennungen gewählt –, fährt die *Droste* fort, die realistische Einbindung des Menschen in seinen Daseinsraum zu gestalten. Das Gedicht „Im Moose" versetzt den einzelnen mitten hinein in die vegetativ sich entfaltende Natur, in das unaufhörliche Wachsen und Vergehen, bis er sich in einem visionär geschauten Zukunftsbild selbst aufzulösen beginnt, eins wird mit der Erde:

> Und noch zuletzt sah ich, gleich einem Rauch,
> Mich leise in der Erde Poren ziehen.

Doch die Verschmelzung des Menschen mit seinem natürlichen Daseinsgrund, seiner sinnlichen Existenz, ist im Hinblick auf seine gesellschaftliche Bindung problematisch. In dem mehr als 18 Jahre nach ihrer Jugendkatastrophe entstandenen Gedicht „Die Taxuswand" reflektiert die *Droste* noch einmal das Liebesglück, um das sie damals betrogen wurde. Jugend und Liebe, der ungeteilte Genuß des Lebens ließen ein Paradies um sie wachsen, in dem sie mit sich selbst, mit allem Sinnenhaften und wahrhaft Lebendigen wie selbstverständlich eins war.

> Dahinter alles Blume,
> Und alles Dorn davor.

Verantwortlich für die Vertreibung aus dem Paradies sind die Kräfte, die schmerzhaft den Zugang zu ganzheitlichem Erleben versagen. Die Erfüllung erlag damals dem gesellschaftlichen Diktat, die Intervention des Clans verkürzte die Natur der Liebenden um die sinnliche Dimension.

Sozialer Schutz und Geborgenheit sind nur zu erlangen um den Preis existentiellen Verzichts. Naturraum und Gesellschaftsraum divergieren. Im „Spiegelbild" erscheint dem lyrischen Ich in einem erregenden Augenblick die scheinbar widersprüchliche Ganzheit der Person als Phantom, fremd auf den ersten Blick und doch eigentümlich faszinierend. Die *Droste* reagiert auf die soziale Verkümmerung personaler Natur mit Sublimierung und Kompensation.

Das Gedicht „Spätes Erwachen" ist ein Bekenntnis zu den anderen, zum sozialen Umfeld. Das bisher in sich eingeschlossene Ich öffnet sich zum Du und macht seinen Frieden mit denen, die seine Unterwerfung erwarten. Die Ergebung in das Unausweichliche sichert einen Rest von Lebenswert. Ähnlich wie in dem Gedicht „Auch ein Beruf" sublimiert die *Droste* die unerfüllbaren Ich-Träume in der rückhaltlosen Öffnung zur sozialen Wirklichkeit. Zum verpflichtenden Sinnbild uneigennützigen Verhaltens wird ihr ein Baum in der Heide, der den Menschen vor dem Regen Schutz bietet:

> Wie kämpfte er mit allen Gliedern,
> Zu schützen, was sich ihm vertraut!
> Wie freudig rausch' er, zu erwidern
> Den Glauben, der auf ihn gebaut!

Die wirklich großen Gedichte gelingen der Droste aber weniger hier als in den Fällen, in denen sie Verzicht und Versagung poetisch kompensiert. Aus dem Gefühl, in ihrer eigentlichen Natur beschränkt und beschädigt zu sein, erwächst die erstaunliche dichterische Kreativität der späteren Jahre. Das Gemüt im gleichnamigen Gedicht wird der Dichterin in der irdischen Enge zur Quelle himmlisch-geistiger Inspiration, läßt sie in einem „Traum von Licht" versinken:

> Dann schläfst du, schläfst in eigner Haft,
> Läßt walten die verborgne Kraft,
> Was nicht dem Himmel, nicht der Erden,
> Was deiner Schöpfung nur bewußt,
> Was nie gewesen, nie wird werden,
> Die Embryone deiner Brust.

Die poetische Schöpfung gebiert eine funkelnde, kostbare Welt, indem der schöpferische Blick alles Wahrgenommene in die Wahrheit des Schönen hinüberspielt. Das Kunstwerk überwindet die Enge des Raums. Der Künstler entzieht sich den Kräften, die ihn einzuzwängen drohen. Doch die entstehende Schöpfung ist kein romantisch wunderbares Zauberreich, irgendwo im Unendlichen verschwimmend, sondern bleibt letztlich die ganz reale Welt, nur überglänzt vom poetischen Schimmer, der ihre tiefste Natur zum Leuchten bringt. Unverkennbar ist die Nähe zum poetischen Realismus, dem sich die *Droste* mehr und mehr annähert, der die wilde, anarchische Realistik der „Heidebilder" verfeinert und vergeistigt und dem dichterischen Entwurf einen Bereich souveräner Geltung sichert. Der poetisierte Raum wird zum Sinnbild der gelungenen Symbiose von Natur und Geist, von empirischer Erfahrung und schöpferischer Erkenntnis.

Der Mond in dem Gedicht „Mondesaufgang" ist Symbol der Alterssicht. In seinem weichen, geborgten Licht, dem Abglanz der Sonne, erwachen die Schatten der Vergangenheit zu neuem Leben, hören auf, den alternden Menschen zu bedrängen und zu ängstigen. Wie das Nachtgestirn hat das alternde Bewußtsein die genossene Wärme und Energie der strahlenden

Sonnentage gespeichert und läßt in seinem mild strömenden Licht alles Vergangene noch einmal sanft aufleuchten. Im Alter, im Abglanz der Jugend, verschmelzen Vergangenheit und Gegenwart. Der Mondschein der Erinnerung fängt alle gewesene Erfüllung, alles genossene Glück in einem unvergänglichen seligen Augenblick ein.

Das Gedicht gestaltet weniger ein Seelenbild als existentielle Vergewisserung im Naturzeichen. Aus der Überzeugung der geheimen Identität von Natur und Mensch erwächst das realistische Symbol, in dem das Abbildende und Abgebildete ineinander aufgehen. Der Mond, der das Licht der Sonne speichert, und das von der Strahlkraft der Jugend erfüllte Alter sind nur Existenzvarianten der einen unteilbaren Natur. Nichts vergeht wirklich. Die Welt im Sonnenschein bleibt stets die gleiche, allein die Erscheinungsweisen ändern sich. Was im Zenit des Lebens blendend und überwältigend schien, rückt im abgetönten Licht des Alters auf beruhigende Distanz. Die blendenden Fassaden des Lebens beginnen von innen heraus zu leuchten.

In ihrer reifen Poesie überwindet die *Droste* das Bedrückende von Raum und Zeit, indem sie beide überführt in die Zeitlosigkeit der weit sich dehnenden Schönheit. Das lyrische Ich in dem Altersgedicht „Im Grase" schließt die schönen erfüllten Augenblicke wie in einem Sesam in seinem Innern ein, zu dessen Schätzen das Zauberwort der Poesie uneingeschränkten Zugang gewährt. Nicht das Imaginative, das bloß Geträumte bedeutet Glück, sondern ganz realistisch nur das wirklich Genossene und Erlebte, unter dem der Dichter auswählt, um nur dem Schönsten und Beglückendsten poetische Dauer zu verleihen.

Im Augenblick des Gedichts fallen die Grenzen zwischen Hier und Dort, zwischen Einst und Jetzt. Die Natur offenbart dem gereiften Ich ihre heitere Seite. Überwunden sind das dunkel Pulsierende und Bedrängende der „Heidebilder". Erst in der Perspektive des vollendeten, Natur und Geist vermittelnden Dichters erschließt sich der Frieden der Schöpfung.

Die Lyrik der *Droste* ist ihr tiefstes existentielles Vermächtnis, die letzte Antwort einer souveränen Dichterin auf jede Art gesellschaftlicher und geschichtlicher Einschnürung des Menschen, auf jede Eingrenzung seiner Existenz über den Tod hinaus. Zwei Jahre vor ihrem Tod am 24. Mai 1848 in *Meersburg* schrieb sie in ein Stammbuch:

> Weht nächtlich seine Seraphsflügel
> Der Friede übers Weltenreich,
> So denkt nicht mehr an meinen Hügel,
> Denn von den Sternen grüß ich euch!

VI. Geistliche Dichtung in Westfalen

Insbesondere der Kreis um die *Fürstin Gallitzin* in *Münster* trug entscheidend zur Profilierung einer geistlichen Kultur in Westfalen bei. Wenn in diesem Kreis selbst auch keine geistlichen Dichtungen entstanden, so legte er doch den Grund, auf dem sich wenig später eine religiöse Literatur von Rang erheben konnte.

Als erste herausragende Leistung ist die Anthologie „Geistlicher Blumenstrauß aus christlichen Dichtergärten" zu nennen, gesammelt von dem 1793 in *Bocholt* geborenen *Johann Melchior von Diepenbrock,* dem späteren Kardinal-Fürstbischof von *Breslau.* Gefördert wurde die 1829 im oberpfälzischen *Sulzbach* erstmals erschienene Sammlung von dem Regensburger Bischof Sailer, bei dem *Diepenbrock* seinerzeit die Stellung eines Sekretärs innehatte.

Der „Geistliche Blumenstrauß" enthält sowohl Lieder aus dem Spanischen, u. a. nach *Lope de Vega,* dem *hl. Franz Xaver,* formgewandt und stilgerecht übertragen vom Herausgeber, aber auch deutsche geistliche Lieder, u. a. unter den Initialen L. H. von *Luise Hensel. Diepenbrock* trat gelegentlich selbst als Autor hervor. Aufschlußreich ist sein Gedicht „Eukras und Pankras" nach *Lukians* Erzählung, die auch *Goethes* berühmtem „Zauberlehrling" zugrunde liegt. Am Ende warnt *Diepenbrock* in unmißverständlicher Auslegung vor dem „Wasser falscher Aufklärung", das Throne und Dome zu unterwühlen und mit sich fortzureißen drohe.

Eine originelle Verbindung geistlichen und naturhaft-vegetativen Empfindens prägt das Sonett „Der gotische Dom":

> Ein Wald von Säulen, schlank, wie deutsche Eichen,
> Strebt himmelan; es wölben sich die Kronen
> Zu hohen Hallen; Pflanzen aller Zonen
> Umranken rings den Bau, den wunderreichen.

In der Harmonie von Natur und Glaube spiegelt sich die romantische Überzeugung von der geistigen Gegenwart Gottes im Sinnenhaften. Die gläubige Seele vermag das steinerne Bauwerk zu paradiesischem Blühen zu bringen:

> Sagt: ist's ein Zaubergarten dieses Ganze?
> Das Paradies ist's; ward's durch Schuld zunichte,
> So weiß die Andacht, wie sie neu es pflanze.

Mit *Melchior von Diepenbrock* seit jungen Jahren befreundet war *Luise Hensel,* die 1819 aus *Berlin* nach Westfalen gekommen war und die meiste Zeit ihres Lebens in *Münster, Wiedenbrück* und *Paderborn,* wo sie 1876 verstarb, verbrachte. Nach Westfalen vorausgegangen war ihr *Clemens Brentano,* der am Krankenbett der *Anna Katharina Emmerick* in *Dülmen* die Visionen der stigmatisierten Augustinerin aufzeichnete. Unter dem Titel „Das Leben unseres Herrn und Heilandes Jesu Christi" erschienen sie erstmals zwischen 1858 und 1860 in drei Bänden in *Regensburg.*

Im wesentlichen geprägt wurde die geistliche Dichtung in Westfalen von *Luise Hensel* und *Annette von Droste-Hülshoff.* Beide sahen sich ermutigt und gefördert von *Christoph Bernhard Schlüter,* dem blinden Philosophieprofessor in *Münster,* der vergleichend über sie schreibt:

„Bei *Annette* ist das Ringen und der Kampf, aber im Kampfe schimmert durch die Hoffnung schon der Friede; bei *Luise* zeigt sich das Herz im Besitz des Friedens, doch bleibt auch hier ein Ringen und ein Kampf um den vollen Besitz, und um das Erworbene nicht zu verlieren."

Schlüters vergleichende Charakteristik der beiden bedeutenden geistlichen Dichterinnen im Vorwort zu den 1869 in *Paderborn* erschienenen „Liedern" von *Luise Hensel* umreißt polare Glaubenshaltungen. Dem Glauben als Weg, als ein auf Erden nie endendes Unterwegssein mit dem verheißenen, aber fernen Ziel vor Augen, steht der Glaube als Ziel gegenüber, dessen die gläubige Seele innegeworden ist. Der Zweifel, das Ziel zu verfehlen, es überhaupt jemals zu erreichen, löst eine schöpferische Unruhe aus; aus dem Vertrauen, am Ziel zu sein, strömt ein tiefer innerer Frieden. Glauben umfaßt beides: die Mühen des Kämpfenden wie den Jubel des Siegers, Suche und Frage ebenso wie Finden und Antwort. Solange aber jemand fragt, hofft er auf Antwort und gibt diese Hoffnung weiter; derjenige, der die Antwort gefunden hat, macht Mut, weiter zu fragen. Die Beharrlichkeit des Fragens und die stärkende Gewißheit, die aus der Antwort fließt, machen als fundamentale Glaubenshaltungen die Bedeutung der geistlichen Dichtungen von *Annette von Droste-Hülshoff* und *Luise Hensel* aus. Während die eine dichtend nach dem Glauben forscht, dichtet die andere aus der gläubigen Gewißheit.

Sowohl mit der *Droste* als auch mit *Luise Hensel* führte *Schlüter* eine fruchtbare Korrespondenz, die im zweiten Fall fast 50 Jahre dauerte. Im Vergleich damit ist der Briefwechsel mit *Annette* weniger umfangreich und verlief nach 1839, als sich die Begegnungen mit *Levin Schücking* intensiver zu gestalten begannen, spärlicher und nicht störungsfrei. Den Höhepunkt der Freundschaft zwischen *Schlüter* und der Dichterin bildet das Jahr 1839, in das die Vollendung des „Geistlichen Jahrs" fällt, im wesentlichen abgeschlossen im Januar 1840. Weitere Korrekturen, so erinnert sich *Schlüter,* nahm die Dichterin im Winter 47/48 vor. Es handelt sich also in der Tat um ein Lebenswerk der *Droste,* zumal sie auch noch in ihrer Spätzeit gelegentlich zur geistlichen Lyrik zurückkehrte. Erinnert sei an die Gedichte „Das

verlorene Paradies", „Gethsemane", beide 1845, und „Die ächzende Kreatur" aus dem Jahr 1846.

Der Vollendung des „Geistlichen Jahrs" unmittelbar vorausgegangen war
die Ausgabe von 1838, betreut von *Schlüter* und *Junkmann*. *Schlüter* hatte für
diesen Band acht Gedichte aus dem ersten Teil des „Geistlichen Jahrs"
ausgewählt, dessen Reinschrift ihm die *Droste* 1834 überreicht hatte. Mit
der Herausgabe des zweiten Teils, aus Rücksicht auf ihre Familie zu Lebzeiten zurückgehalten, beauftragte sie ebenfalls *Schlüter*. Der Druck kam 1851
drei Jahre nach dem Tode der *Droste* zustande.

Auch mit der Drucklegung der Lieder *Luise Hensels* ist *Schlüter* eng verbunden, ja, ohne ihn wäre sie schwerlich erfolgt. Er war es, der die Dichterin immer wieder antrieb, ihre geistliche Dichtung der Öffentlichkeit zu
übergeben, die ein Recht darauf habe. Auf sein wiederholtes Drängen
unterzog sich *Luise Hensel* endlich der mühsamen Arbeit der Reinschrift.
1869 erschienen die Lieder dann mit dem Vorwort *Schlüters* im Schöningh-
Verlag in *Paderborn* und erlebten über den Tod der Dichterin hinaus zahlreiche Auflagen.

Bewundernswert ist die Offenheit *Schlüters,* der *Luise* und ihren Gedichten gefühlsmäßig sicher näher gestanden haben dürfte. Sein Respekt vor der individuellen Eigenart gerade in Religionsdingen weist
zurück auf die Romantik, deren Schüler er war. Bereits *Schleiermacher*
hatte über die neue Anschauung des Universums ausgeführt: „Ja, wer
nicht eigne Wunder sieht auf seinem Standpunkt zur Betrachtung der
Welt, in wessen Innern nicht eigne Offenbarungen aufsteigen, wer nicht
hie und da mit der lebendigsten Überzeugung fühlt, daß ein göttlicher
Geist ihn treibt und daß er aus heiliger Eingebung redet und handelt,
wer sich nicht wenigstens seiner Gefühle als unmittelbarer Einwirkun-
gen bewußt ist, der hat keine Religion." Das innere Erlebnis des einzelnen wird zum entscheidenden Ausweis seiner Religiosität. Nachdem
lebenspraktische Moral und abstrakte Metaphysik im Zuge der kollektiven Vernunft und des am Diesseits orientierten Deismus im 18. Jahrhundert im Vordergrund gestanden hatten, besinnen sich die Romantiker
auf den einzelnen, für den sich der diesseitige Raum wieder zum Unendlichen öffnet. Religion wird zur Offenbarung des Unendlichen im Endlichen, Gott erscheint im Individuum.

Schlüter hing vor allem den Lehren *Franz von Baaders* an. Mit diesem teilte
er die Überzeugung, daß der menschliche Geist im göttlichen Geist und
seiner Offenbarung gründet. „Cogitor ergo cogito et sum", ich werde von
Gott gedacht und darum denke ich und bin ich. *Baaders* Abwandlung des
Worts, das *Descartes* zugeschrieben wird, drückt vor allem die Teilhabe des
menschlichen am göttlichen Geist aus. Das Subjekt ist auf Grund dieser
Teilhabe fähig, des Göttlichen innezuwerden. Religion ist fern von morali-

scher Nutzanwendung und metaphysischer Spekulation existentielle Begegnung mit Gott.

Insbesondere im Künstler mußte sich die Offenbarung des Unendlichen im Endlichen zu erregender Anschauung formen, zu sinnlichen Gestaltungen des Übersinnlichen. Im geistlichen Kunstwerk als Gestalt der inneren Schau des Individuums wird göttliches Wirken transparent. Vom Glauben der Romantiker an das Subjekt als Medium der Gottheit ist *Schlüter* zutiefst geprägt worden.

Für ihn ist der Mensch nach einem Wort *Friedrich Schlegels* ein Endliches, das ins Unendliche gedacht ist. Gerade im Künstler, begabt mit der Kraft der Gestaltung und des Ausdrucks, verkörpert sich diese Auffassung im besonderen Maße. Die geistliche Dichtung ist für *Schlüter* Symbiose von Kunst und Religion, „diese zwei großen göttlichen Wesen, die besten Führerinnen der Menschen", wie *Wackenroder* sagt. Sie sind die wahren Begleiter des Menschen auf seinem Lebensweg, da sie ihm die Spiegelungen des Unendlichen weisen.

An die *Droste* schreibt *Schlüter* 1835. „Desungeachtet bedürfen wir in unserem Zustande der Theophanie oder Gotteserscheinung im Äußern, wir bedürfen Bilder und Repräsentanten, die uns das Göttliche herabziehen, an denen als symbolischen Gestalten und Gefäßen des Heiligen wir unsere sinnlich-geistliche Natur legen, ansaugen, und aufrichten, dann aber durch das Medium des Sinnlichen zum Unsichtbaren emporgehoben werden müssen."

In diesem Sinne sind auch *Schlüters* eigene „Marienbilder", erst 1894 posthum erschienen, Vergegenwärtigungen des Geistlichen im sinnlichen Bild. So heißt es in dem Gedicht „Das Marienbild im Walde":

> Du an dem Waldweg, frommes Marienbild,
> Einfach und schmucklos, das in der Buchen Nacht
> Hell friedlich schimmert und das Jahr durch
> Selten der Blumen, des Mooses Kränze
>
> Von frommen Händen mangelt. Manch einfach Herz
> Des frommen Landvolks, das im Vorübergehn
> Dich grüßte, manch einsamer Beter
> Welcher, die Seele gedrückt von Sorgen
>
> Und Müh des Lebens, hoffend vor Dir gekniet,
> Erfuhr die Milde himmlischer Gegenwart
> In Deinem Frieden, ew'ge Schönheit,
> Ahnet er, die nicht die Lippe stammelt.

1876 berichtet *Schlüter Luise Hensel* von der persönlichen Wirkung des „Geistlichen Jahrs" auf ihn: „Auch ich bekenne, daß ich noch heut, wenn ich die Lieder einmal zur Hand nehme, mich dadurch erhoben und dem inneren Frieden nähergebracht fühle." Fast enthusiastisch bekennt er sich zu der Wirkung, die die Dichterin *Luise Hensel* auf ihn, auf sein ganzes Dasein ausgeübt hat. Er nennt sie einen „schönen und höchst bedeutenden Einschlag im Gewebe seines Lebens", einen „goldenen Faden, zu einer goldenen Rose verwebt darin". „Gott hat durch Sie", so schreibt er ihr selbst, „auf eine leise, fast möchte ich sagen unvermerkte Weise viel und mancherlei in mir bewirkt, mehr als große, weltberühmte Systeme." In *Luise Hensel* hatte *Schlüter* eine romantische Geistesverwandte gefunden. Beide erlebten wie alle Romantiker die Öffnung des Raums über alle Grenzen hinaus, beide waren durchdrungen von dem Glauben an die Offenbarung des Unendlichen im Endlichen.

Luise hatte in *Berlin* schon vor ihrer Begegnung mit *Brentano* Zugang zu romantisch orientierten Kreisen gefunden. Ihre Gedichte aus dieser Phase, die sie als Frühvollendete zeigen, fließen aus diesem Geist, aus dem Geist romantischer Dichtung. *Luise Hensels* erstes großes Gedicht entsteht 1816 in ihrem 18. Lebensjahr.

Nachtgebet

Müde bin ich, geh' zur Ruh',
Schließe beide Äuglein zu:
Vater, laß die Augen Dein
über meinem Bette sein!

Hab' ich Unrecht heut' getan,
Sieh es, lieber Gott, nicht an!
Deine Gnad' in Jesu Blut
Macht ja allen Schaden gut.

Alle, die mir sind verwandt,
Gott, laß ruhn in deiner Hand,
Alle Menschen, groß und klein,
Sollen dir befohlen sein,

Kranken Herzen sende Ruh',
Nasse Augen schließe zu!
Laß den Mond am Himmel stehn
Und die stille Welt besehn!

Eine alltäglich wiederkehrende Situation bildet den Ausgang. Vor dem Schlafengehen, umgeben von der sich ausbreitenden Stille der Nacht, regt sich nach der Geschäftigkeit des Tages noch einmal mächtig das Gefühl. Schlicht und ungekünstelt erschließt die Sprache wie von selbst tiefere Bezüge innerhalb der Alltagssituation. Das müde Menschenkind, eingehüllt in die Behaglichkeit des Bettes, vertraut sich liebevoll dem Schutz des Vaters an. Von langer Wanderung erschöpft, winkt dem Menschen die ersehnte Herberge.

Durchlässig für die Erkenntnis der menschlichen Situation überhaupt wird der Alltag, durchlässig für die Erkenntnis der Begrenztheit des irdischen Daseins, dem ein Abend gesetzt ist, begleitet von dem grenzenlos gläubigen Vertrauen auf Geborgenheit im Schutz des allverzeihenden, jeden Schaden wieder gutmachenden Vaters. Mit melodischem Wohllaut fließt in der ersten Strophe die dritte in die vierte Zeile hinüber, die innige Verbundenheit zwischen dem Vater und seinem Kind unterstreichend: „Vater, laß die Augen dein / Über meinem Bette sein!"

Unmerklich, ohne jeden Zwang, gleitet bereits die zweite Strophe in die Bezirke des Glaubens. Keine quälende Gewissenserforschung stört das Glücksempfinden in der Gewißheit des allgegenwärtigen göttlichen Schutzes. Eingebettet in die Obhut des liebevoll gnädigen Gottes, ruht das Menschenkind im Frieden der Nacht. In das innige Gebet eingeschlossen werden alle Menschen, die Verwandten und alle übrigen. Über das Herz führt der Weg zum andern, zu seiner Bedrängnis und Not. Erst im Mitfühlen und Mitleiden offenbart sich die wahrhaft gläubige Seele, die tiefe Liebe zu allem, was der Vater ins Leben gerufen hat. Kranken und Traurigen gilt die so schlicht und doch unwiderstehlich vorgetragene Fürbitte.

Am Ende bescheint der Mond als göttlich bestellter Wächter eine stille, im Schoße Gottes zur Ruhe gekommene, friedvolle Welt. Erneut weist das idyllische Bild in die Tiefe. Geborgen in der Nacht, der alles Beunruhigende genommen ist, schläft der Mensch einem neuen Morgen entgegen, dem Morgen des nächsten Tages ebenso wie dem verheißenen Morgen der Auferstehung.

Das geistliche Lied erfüllt sich bei *Luise Hensel* als ein naiv gläubiges Ineinander von Situation und geistlicher Bedeutung, als gemüthafte Durchdringung und Sinngebung des gesamten Daseins durch ein gläubiges Herz. In jeder Lebenslage, in jeder noch so winzigen Begebenheit, spiegelt sich die Gegenwart des alliebenden Gottes. Die Erde mit ihren Erscheinungsformen ist Heilszeichen für alle die, die mit den Augen des Herzens zu sehen verstehen.

Sinnfällig unterstreichen die im Gebethaften begründete Ansprachehaltung und der Stil des Volkslieds die naiv vertrauensvolle Hingabe. Die Reime sind schlicht, von wohlklingender Reinheit, Klangspiegel göttlicher und menschlicher Harmonie. Paarweise verknüpft, erwecken sie den Eindruck eines schützenden Abschließens, eines Refugiums inmitten der Unruhe des Alltags, Das Nachtgebet kann als repräsentatives Gedicht *Luise Hensels* für ihre *Berliner* Zeit gelten und gehört zweifellos zu den lyrischen Kostbarkeiten geistlicher Lieddichtung und der Romantik, für die sich ja der Naturraum mehr und mehr zum Jenseitigen zu öffnen begann.

Der an lyrischer Ausbeute so reichen *Berliner* Phase folgt nach der Übersiedlung ins westfälische *Münster* eine unruhige Zeit der Wanderschaft, erfüllt von den großen sozialen Aufgaben und der aufreibenden Praxis des Dienstes am Nächsten. Eine allerdings kurz bemessene Verschnaufpause wird *Luise* noch einmal auf dem Gut *Sondermühlen* bei der *Witwe des Grafen Stolberg* zuteil. Voll entfaltet sich in der Abgeschiedenheit des Landlebens erneut die lyrische Kraft der Dichterin. Eines der schönsten Gedichte aus dieser Zeit ist der „Abschied von der mütterlichen Freundin", gerichtet an die Gräfin, kurz vor *Luises* Umzug nach *Wiedenbrück*.

Die folgenden Jahre stehen im Zeichen des sozialen Diensts am Nächsten. Muße zum Dichten blieb kaum. Erst 1852, inzwischen über fünfzigjährig, zog sich *Luise Hensel* erschöpft in ihre stille *Wiedenbrücker* Klause zurück.

Charakteristisch für die nun entstehenden Gedichte ist ein spürbares Abrücken von der Alltagssituation. An ihre Stelle treten in äußerster Komprimierung die sakralen Inhalte und Symbole selbst. Auf die monologische Lieddichtung der Frühzeit und die odischen Dialoge der mittleren Jahre folgt nun eine akzentuiert symbolische Glaubenslyrik. Im Mittelpunkt steht die Ausdeutung der heiligen Zeichen, in denen sich Gott den Menschen offenbart hat. Einen herausragenden Platz nimmt das *Wiedenbrücker* Gedicht „Vor dem Vesperbilde" ein, angeregt durch die Pietà, die sich damals noch im Innenraum der Aegidius-Kirche befand, bevor sie 1871 ihren Platz in der Nische an der Außenwand erhielt.

In dem späten Gedicht „Mein Emmaus" indentifiziert sich die Dichterin in Anlehnung an das Emmaus-Geschehen mit den Jüngern:

Der Tag hat sich geneiget,
Kehr ein, geliebter Gast!
Der Lärm des Tages schweiget
Und gönnt der Seele Rast.

Laß uns beim süßen Mahle
Und trauter Rede nun
Im milden Abendstrahle
Von schwerer Wandrung ruhn.

O nicht vorüber gehe,
Nein, weile, holder Gast!
Allein in Deiner Nähe
Wird meiner Seele Rast.

Als Du auf fernen Wegen
Mir nahtest ernst und traut,
Hat Deines Wortes Segen
Mir Trost ins Herz getaut.

Ob sich die Schatten strecken
Und wachsen riesengroß:
Nichts kann ein Herz erschrecken,
Das ruht in Deinem Schoß.

Mein Haupt an Deinem Herzen
Wie St. Johann beim Mahl,
Weiß ich von keinen Schmerzen,
Von keiner Todesqual.

Woll'st nicht von dannen fliehen,
Nicht lassen mich allein,
Bis ich mit Dir darf ziehen
Zum seligen Verein.

Der Anfang des Gedichts ist fast wörtlich dem Lukas-Evangelium entnommen: „Und sie nötigten ihn und sprachen: ‚Bleibe bei uns; denn es will Abend werden, und der Tag hat sich geneigt.'" Die Dichterin tritt an die Stelle der Jünger und wird im Augenblick des Gedichts der unmittelbaren Gegenwart des Auferstandenen teilhaftig. Mit ihren eigenen Augen sieht sie ihn vor sich, der den Tod besiegt hat und den Sehenden den Weg zur Erlösung weist.

Das Gedicht öffnet sich zur heilsgeschichtlichen Vision. Der Abend, der sich über Emmaus breitet, ist der Lebensabend, der Weg der Pilgerpfad des Menschen auf Erden, der nun, das verheißene Ziel in unmittelbarer Nähe, seinem Ende entgegengeht. Das Haus, in dem der Mensch dem Auferstandenen begegnet, ist die Kirche, das Mahl das stärkende Liebesmahl der heiligen Kommunion von Gott und Mensch.

Am Abend, in der Stunde des Todes, erscheint der Auferstandene dem Menschen am Ende seines Lebenswegs und weist ihm das Ziel des ewigen Lebens. Vergessen sind Todesqual und Todesangst im Anblick des endgültigen Ziels der Wanderschaft. Der Vergleich mit Johannes, dem Lieblingsjünger Jesu und dem Evangelisten, der wie kein anderer die Liebesbotschaft zum Kern der evangelischen Verkündigung gemacht hat, hebt die Liebe als den tiefsten Gehalt des Glaubens hervor.

Luise Hensels späte Dichtung läßt sich, was ihren gegenständlichen Bezug betrifft, als geistlicher Realismus begreifen, der die romantische Subjektivität überwindet und die Glaubensinhalte selbst in klaren Konturen hervortreten läßt. Das geistliche Kunstwerk wie im Fall der Pietà ebenso wie das Wort des Evangeliums erfüllen sich in der persönlichen Annäherung des gläubigen Menschen, der seinerseits, in der Begegnung mit den Gestaltungen der Heilsgeschichte in Bild und Wort, tröstende Gewißheit über die letzten Dinge erhält.

Luise Hensel hat die geistlichen Dichtungen der *Droste* sehr geschätzt und jeden Vergleich mit ihren eigenen Liedern bescheiden zurückgewiesen. „Das geistliche Jahr von *Annette v. Droste* habe ich sehr lieb gewonnen; ich finde es herrlich, überaus geist- und poesiereich und tief fromm. Wie muß ich mich mit meinen armen Liedern vor diesem begabten und berufenen Genius verkriechen! Wie leid tut es mir, daß ich die Dichterin nicht gekannt habe; . . ." Wie *Schlüter* erkennt auch sie die größere Welt- und Erdverbundenheit der *Droste*: „Übrigens kann ich aber das Urteil des gewichtigen *Wolfgang Menzel* auch nicht ganz unterschreiben, der diese Dichtungen ‚streng nonnenhaft' nennt, die Ideen einer Nonne sind in einen engern

Kreis gebannt, und ihre Lieder würden nur Grüße einer Braut an den himmlischen Bräutigam sein. Kampf und Zerrissenheit, wie sie aus diesen herrlichen Dichtungen sprechen, kann man wohl nur in der Welt finden."

Luise Hensel erkennt Entscheidendes. In der Tat ist die Westfälin viel enger mit der Welt und dem naturhaft-kreatürlichen Dasein verbunden. Doch das hat die *Droste* keineswegs daran gehindert, die so ganz anderen Gedichte *Luise Hensels* zu schätzen, wie es aus einem Brief Ende Mai 1845 an *Melchior von Diepenbrock* hervorgeht. Der *Breslauer* Fürstbischof hatte ihr einen Band des 1829 erstmals erschienenen „Geistlichen Blumenstraußes" geschickt, in dem u. a. 39 Gedichte *Luise Hensels* standen, allerdings nur mit den Initialen L. H. unterzeichnet. Nachdem sie auf die Übersetzungen spanischer Dichtungen dort eingegangen ist, schreibt die *Droste:* „. . . denn wenngleich die spanischen Gedichte teilweise zum völligen Verständnis einen höheren Grad von Bildung verlangen, so sind die angehängten deutschen doch so vollkommen klar und bei aller Schönheit dem allgemeinen Begriffe so zugänglich, daß jeder Stand gleiche Erbauung und Freude in ihnen finden kann. Es ist mir nur leid gewesen, keinen der Verfasser genannt zu finden . . ."

Die Gabe der naiven geistlichen Dichtung, naiv im übertragenen *Schiller-schen* Sinn als die Einheit von Glauben und Leben verstanden, war der *Droste* selbst nicht gegeben. In ihrer geistlichen Dichtung, mehr sentimentalisch, ist die Einheit von Glauben und Leben zerbrochen. Die Gedichte des „Geistlichen Jahrs", zunächst als Erbauung für die fromme Stiefgroßmutter in *Bökendorf* gedacht, gerieten mehr und mehr zu persönlichen Bekenntnissen. Die Großmutter als Adressatin, wesentlich dem 18. Jahrhundert verpflichtet, legte noch die moralisch erbauliche Intention nahe. Annette aber gehörte einer anderen Zeit an, einer Zeit, in der romantisches Empfinden zu einer Individualisierung des gläubigen Erlebens geführt hatte. Religion bedeutete den Jüngeren vor allem existentielle Begegnung mit Gott, die betont subjektive Auseinandersetzung mit den Glaubensinhalten.

Nahezu gleichaltrig mit *Luise Hensel* teilte die *Droste* zwar die moderne subjektive Haltung, aber ihre Weltsicht war nicht länger romantisch, sondern bereits deutlich restaurativ. Kümmerte sich *Luise Hensel,* die, abgesehen von Gelegenheitsgedichten und einem gegen die Revolution von 1848 gerichteten Zeitgedicht, ausschließlich geistliche Gedichte geschrieben hat, wenig um gesellschaftliche und politische Ereignisse und Entwicklungen, so nahm die *Droste,* deren dichterische Palette wesentlich breiter war, regen Anteil an ihrer Zeit. Überhaupt – wie beispielsweise in ihrer berühmten „Judenbuche" – zeigte sie sich tief berührt von der Problematik des einzelnen, der unauflöslich an die regionalen Bedingungen seiner Existenz gebunden ist und schließlich an ihnen zerbricht. Bezeichnend ist in diesem Zusammenhang, daß die *Droste* ihr „Geistliches Jahr" nicht nach dem Kirchenjahr, sondern nach dem Kalenderjahr ausrichtet. Stärker als der spontane Glaube an die Erscheinung des Herrn in der Welt war das Bewußtsein, im Dunkel der Weltlichkeit zu stehen.

Das Gedicht „Am Karfreitage" beginnt:

Weinet, weinet, meine Augen,
Rinnt nur lieber gar zu Tränen,
Ach, der Tag will euch nicht taugen,
Und die Sonne will euch höhnen!
Seine Augen sind geschlossen,
Seiner Augen süßes Scheinen.
Weinet, weinet unverdrossen,
Könnt doch nie genugsam weinen!

Als die Sonne das vernommen,
Hat sie eine Trauerhülle
Um ihr klares Aug' genommen,
Ihre Tränen fallen stille.
Und ich will noch Freude saugen
Aus der Welt, der hellen, schönen?
Weinet, weinet meine Augen,
Rinnt nur lieber gar zu Tränen!

Karfreitagsstimmung liegt über weiten Teilen des „Geistlichen Jahrs". Mit den Augen des Gekreuzigten hat sich auch jeder Ausblick geschlossen, jede Aussicht auf Hoffnung und Leben. Es ist eine dunkle, traurige Welt, in der das Licht der Augen durch Tränen geblendet ist und die Sonne sich mit einer Trauerhülle umgeben hat. Der Raum, der sich für die Romantiker noch ins Unendliche öffnete, ist undurchlässig geworden, die Verbindung zum Jenseits in der irdischen Begrenzung abgerissen. Die Weite ist der Enge, die Freude der Trauer gewichen. Der Tod breitet sich aus über die Welt:

Tiefes, ödes Schweigen,
Die ganze Erd' wie tot!
Die Lerchen ohne Lieder steigen,
Die Sonne ohne Morgenrot.
Auf die Welt sich legt
Der Himmel matt und schwer
Starr und unbewegt,
Wie ein gefrornes Meer.

Die Sonne kündigt kein neues Morgen an, verstummt sind die Lieder der Lerchen, der Himmel ein einziges gefrorenes Meer. Bilder der radikalen Trostlosigkeit, Endzeitstimmung, Tod der Schönheit, Erstarrung aller Hoffnung. Die alles verschlingende Trauer gebiert apokalyptische Visionen des Untergangs, ein düsteres Gemälde von expressionistischer Ausdruckskraft. Die *Droste* steigert das restaurative Bewußtsein der Enttäuschung und der

Ohnmacht zum Erlebnis der Verlorenheit des Menschen in der Welt. Übermächtig wird der Zweifel an der letztlichen Erlösung aus der Not.

Auch die religiöse Haltung im „Geistlichen Jahr" ist zeitgebunden. Liegt über den Liedern der *Luise Hensel* noch der romantische Zauber des Wunderbaren im Vertrauen auf den neuen Aufbruch des Menschen, so fühlt sich die *Droste* bereits konfrontiert mit einer geschichtlich entzauberten Welt, in der sich das Grauen einzunisten beginnt. In der Bildsprache des „Geistlichen Jahrs" dominiert das Phantastische, Verweis auf den tiefen Riß zwischen Glauben und Leben, Gott und Welt. Im Angesicht des gefrorenen Himmels gefriert auch die Hoffnung, in der Erstarrung stirbt die Liebe, der Glaube erstickt unter dem öden Schweigen der Schöpfung, in der das Echo des Schöpfers verstummt ist. Alle Rufe nach Gott scheinen in dieser Welt ungehört zu verhallen:

> Wo längst dein Ebenbild erlosch in Sünden:
> Da tönt aus allen Winkeln, ruf' ich dich,
> Mein eignes Echo wie ein Spott um mich.

Gott, so scheint es, hat sich aus der in Sünde verstrickten Welt zurückgezogen, unerreichbar für den sündigen Menschen, dessen Sprache nicht mehr die Sprache Gottes ist, dessen Rufen nicht mehr über die Grenzen seiner selbstverschuldeten Enge hinausdringt. Das Ebenbild Gottes, ohne den wegweisenden Glauben, ist orientierungslos geworden.

> So muß ich denn zu meinem Graun erfahren
> Das Rätsel, das ich nimmer konnte lösen,
> Als mir in meinen hellen Unschuldsjahren
> Ganz unbegreiflich schien was da vom Bösen,
> Daß eine Seele, wo dein Bild geglüht,
> Dich gar nicht mehr erkennt, wenn sie dich sieht.

Nicht der Glaube an die Existenz Gottes ist geschwunden, sondern der Glaube, ihn jemals zu erreichen. Der Mensch, in dem das göttliche Bild verblaßt, das Licht der Offenbarung erloschen ist, lebt in einer dunklen Welt. Er sieht, ohne zu erkennen, weil Gott für ihn nur noch ein leeres Wort ist. Wer aber nicht zumindest eine Ahnung von der göttlichen Ebenbildlichkeit in sich selbst bewahrt hat, vermag das Göttliche in der Tat nicht zu erfassen. Nur die Unschuld hat unmittelbaren Zugang zu Gott, für den aber, der in die Welt verstrickt ist, scheinen alle Brücken abgerissen. „Sehet, welche Liebe uns der Vater erwiesen hat, daß wir Gottes Kinder heißen und sind", heißt es im Johannesevangelium. „Darum kennet uns die Welt nicht, weil sie ihn nicht kennt." Der wahre Glaube ist der Sieg über die Welt.

Die restaurative Verengung des Blicks, die regionale und familiäre Beschränkung, in der die *Droste* lebte, nicht zuletzt auch ihre starke Bindung an die vegetativ naturhaften Kräfte ließen sie immer wieder an der eigenen Gotteskindschaft zweifeln. Aus dieser Welt drang kein Ruf zu Gott, keine Antwort von ihm war hier zu vernehmen. Das Ebenbild Gottes, in die Weltlichkeit unlösbar verwickelt, war ins Elend geraten und hatte seine Herkunft verraten und vergessen.

Im „Geistlichen Jahr" tritt die Krise des nachromantischen Bewußtseins offen zutage. Aus den Träumen des Unendlichen und Wunderbaren in das Endliche und Alltägliche zurückgestoßen, erlebt der Mensch seine Welt entzaubert. Gott ist unendlich fern, unerreichbar. Schwankend zwischen der Liebe zum Vergänglichen und der Sehnsucht nach Erlösung aus einer Welt des Todes, ergreift den einzelnen tiefes Unglück, quälen ihn Zweifel an der eigenen Erlösungswürdigkeit. Wenn alle Brücken abgebrochen sind, das Unendliche sich nicht länger im Endlichen offenbart, bleibt dem Subjekt nur noch, sich schonungslos zu seinem Elend zu bekennen, denn Gott kann, wenn er will und sich zuwendet, den Menschen von der Erstarrung im Tode befreien, so wie er der Witwe Sohn zu Naim erweckt hat:

> Du hast geweckt der Witwe Kind,
> Ich liege noch in Totenleinen!

Nur der Mensch im Bewußtsein der eigenen Erbärmlichkeit, in dem alles irdische Verlangen abgestorben ist, darf hoffen auf das göttliche Erbarmen, auf das ewige Leben. Auf dem Tiefpunkt des Lebenswegs, sinnbildhaft „Am letzten Tag des Jahres", steht das Eingeständnis erbarmungswürdiger Hinfälligkeit.

Der letzte Tag des Jahres wird in symbolischer Überhöhung als Sterbetag erlebt. Endzeitbilder häufen sich: der sausend sich abrollende Faden; die letzte Stunde, die stäubend ins Grab rieselt; das verlöschende Lämpchen und die allegorische Vorstellung der Zeit, deren Verrinnen an den Mauern rüttelt, in denen der Mensch vergeblich versucht, sich abzuschließen gegen den über ihn verhängten Verfall. Etwas später ist die Rede von der „Brust Verlies", wo unter dem kalten Odem der Vergänglichkeit Stein an Stein zerbrach. Der Mensch, der sein Leben in dieser Welt aufgebaut hat, erfährt den plötzlichen Einbruch der Vergänglichkeit und erkennt, wie vergeblich all sein Tun war.

Das Gedicht gestaltet eine apokalyptische Szene, das Festgebaute schwankt, das Gewachsene zerstäubt. Überall, wo immer sich die Sinne auch anzuklammern versuchen, löst sich das Gegenständliche auf, unaufhaltsam fortgerissen im Prozeß des Verfallens. Konfrontiert mit dem Grauen der Vergänglichkeit, tritt die eigene Sündhaftigkeit schreckhaft ins Bewußtsein, die sündhafte Verstrickung in die Welt und ihre Leidenschaften trotz des unausweichlichen Endes. Kein Verdienst weiß sich das Sündenkind in Erwartung des Schuldspruchs zuzurechnen. Unvermeidlich und gerecht wird der Fall sein, sofern man nach Verdienst und Verfehlung mißt. Der Mensch, mit allen Fasern dieser Welt verhaftet, sündigt, solange er lebt. Jede Gewissenserforschung am Ende des Lebens kann nur auf ein Verdammungsurteil hinauslaufen.

Erst in der Stunde des Todes, ohne die Chance zur Umkehr und zur tätigen Reue, wird ihm die eigene sündige Existenz in ihrem ganzen grauenvollen Ausmaß bewußt. Angst befällt den vergänglichen Menschen, Angst davor, daß Gott ihn auf ewig verstoßen möge. Retten kann ihn nur die Gnade der Liebe, doch auch der Eindruck des Liebessterns bleibt undeutlich, kaum wahrnehmbar in der trüben, undurchsichtigen Atmosphäre, im Bann von Angst und Verzweiflung. Fragen und Einschränkungen begleiten die Wahrnehmung. Doch ein Funken Hoffnung bleibt. Mit einem Kniefall endet das Gedicht mit der gänzlichen Preisgabe des sündigen Menschen an Gott. Kein Verdienst zeichnet ihn aus, kein im gläubigen Vertrauen geführtes Leben, es ist nur ein erbärmlicher, hinfälliger Mensch, mit der eigenen Erbärmlichkeit und Hinfälligkeit vor Augen, das Geschöpf, das ohne die ausgestreckte, rettende Hand seines Schöpfers ins Nichts zurücksinken muß.

Am letzten Tag des Jahres ist der tiefste Punkt erreicht, schreit der Mensch aus dem Abgrund, der ihn auf ewig zu verschlingen droht. Der Weg zu Gott führt über das Leiden an der Welt und an sich selbst, über die Klage angesichts ausweglaser Hinfälligkeit, über die Angst, in der Welt zu verkommen. Leid, Klage und Angst münden in die unüberbietbare Trauer der Kreatur, seinem Schöpfer nicht aus eigener Kraft gerecht werden zu können, seiner Liebe nicht würdig zu sein. Gerade die Trauer des Geschöpfs aber über die eigene Unzulänglichkeit ist Ausdruck seiner tiefen Liebe zum Schöpfer. Sie vermag der Klage Gehör zu verschaffen, die Angst in Befreiung und das Leid in Glück zu verwandeln. Nur aus solcher Trauer steigt am Ende die Freude auf, so, wenn es schließlich am Ende des Gedichts „Zum Ostersonntage" heißt:

> Ich soll mich freun an diesem Tage:
> Ich freue mich, mein Jesu Christ,
> Und wenn im Aug' ich Tränen trage,
> Du weißt doch, daß es Freude ist!

Künstlerisch weniger markant sind die geistlichen Lieder westfälischer Autoren auf protestantischer Seite. Eine gewisse Bedeutung errangen die „Lieder aus der Gemeinde für das christliche Kirchenjahr" (1843) von dem bereits erwähnten, 1809 in *Bückeburg* geborenen Viktor von *Strauß und Torney.* Ebenfalls erwähnt wurde schon der Parabeldichter *Friedrich Adolf Krummacher,* der in seinen Hymnen („Eine Herde und ein Hirt") stilistisch insbesondere *Novalis* nachstrebte.

Johann Heinrich Volkening, 1796 in *Hille* bei *Minden* geboren und eng verbunden mit der Erweckungsbewegung in *Minden-Ravensberg,* hat selbst keine geistlichen Lieder verfaßt. Seine „Kleine Missionsharfe" (1852), in der er älteres und neueres geistliches Liedgut sammelte, wurde indes ein durchschlagender Erfolg und erlebte zahlreiche Auflagen. Impulse für eine eigenständige evangelische Lieddichtung in Westfalen gingen aber auch von der „Missionsharfe" nicht aus.

Justus Möser (1720–1794),
Radierung mit Punktstich 1777

Christian Dietrich Grabbe (1801–1836),
Kreidezeichnung von W. Pero, 1836

Ferdinand Freiligrath (1810–1876),
Gemälde von J. P. Hasenclever, 1851

Georg Weerth (1822–1856),
Zeitgenössische Daguerreotypie

VII. Grabbe, Freiligrath, Weerth: Die Detmolder Gegenklassik

Die kulturelle Situation

Verglichen mit der geistigen Kultur in den Residenzen *Bückeburg* und *Münster*, ja selbst noch mit der des *Bökendorfer* Kreises, waren die kulturellen Verhältnisse in der kleinen lippischen Residenz *Detmold* eher dürftig, zumindest ausgesprochen einseitig. Das Hauptinteresse galt dem Theater. „Theaterlustig" erschienen die Detmolder schon früh im Urteil der Nachbarn. Bereits für die Zeit zwischen dem 11. und 13. Juni 1653 ist eine Aufführung durch fahrende Komödianten belegt.

Im 18. Jahrhundert stand der Hof selbst im Zentrum theatralischer Belustigungen. Mitglieder der Hofgesellschaft und der Bürgerschaft führten Fest-, Schau- und Singspiele auf. Den Anstoß gaben vor allem die beiden Frauen des Grafen *Simon August*: Leopoldine, die 1769 verstarb, und ihre Schwester Casimire, die zweite Frau des Grafen. Belegt sind die *Detmolder* Liebhaber-Aufführungen bis 1820. Im Vordergrund stand die Unterhaltung. Impulse zu einer eigenständigen Theaterkultur erfolgten nicht. Ebensowenig sind lippische Dramatiker namhaft zu machen. Das ganze blieb beschränkt auf das übliche Repertoiretheater.

Fürstin Pauline, die 1802 für ihren minderjährigen Sohn *Leopold II.* die Regentschaft antrat, rief neben ihren zahlreichen sozialpolitischen Aktivitäten, angeregt von ihrem Vetter, dem *Herzog von Augustenburg*, literarische Teestunden ins Leben. In einem ausgewählten Kreis von Frauen und Männern pflegte man das gesellschaftliche Lesen, stellte eigene Aufsätze vor und besprach Neuerscheinungen. Zu dem Kreis zählten u. a. der Generalsuperintendent *August von Cölln*, dessen Gedichte 1804 postum erschienen, und der Prinzenerzieher *August Falkmann*, Gymnasiallehrer von *Grabbe* und *Freiligrath*, der 1816 seine der Fürstin gewidmeten „Poetischen Beiträge" vorlegte. Doch weder *Cölln* noch *Falkmann* fanden zu einem eigenen Ton. Stehen die geistlichen Gedichte des Generalsuperintendenten noch ganz in der Tradition der Nützlichkeitsmoral der Aufklärung, so schreibt der Gymnasiallehrer klassizistische Gedichte im Stil von *Tiedge* und *Matthisson*. Im ganzen bedeutender als die poetische Literatur muß wohl die wissenschaftliche Schriftstellerei in Detmold angesehen werden.

Unter der Regentschaft *Leopolds II.* kam es zu zwei wichtigen kulturellen Neugründungen. 1824 wurde die Landesbibliothek, zusammengestellt aus

Beständen unterschiedlicher Herkunft, der öffentlichen Benutzung übergeben. Sie umfaßte zunächst knapp 8000 Bände, unter ihnen allerdings nur wenige poetische Werke. Am 8. November 1825 eröffnete das *Detmolder* Hoftheater mit der Aufführung einer *Mozart*-Oper. Direktor wurde der Prinzipal *August Pichler,* der das Theater bis zu seiner vorläufigen Schließung im Jahr 1848 leitete.

Auf dem Spielplan standen die bei den Zeitgenossen beliebten Stücke von *Holtei, Zschokke, Raupach* u. a. Die einzige Aufführung eines *Grabbe*-Dramas fand am 29. März 1829 statt. Obwohl „Don Juan und Faust" mit der Bühnenmusik von *Albert Lortzing* ein erfreulicher Kassenerfolg war, wurde das Stück abgesetzt. „Das Gros der *Detmolder*", schreibt *Freiligrath* 1839 in einem Brief an *Grabbes Witwe,* „bekümmert sich wenig um *Grabbe* den Dichter! – die Blößen, die der Mensch gab, sind es, um die man sich kümmert; – Das Interesse der *Detmolder* an *Grabbe* ist Lust am Scandal – weiter nichts!" Bereits *Grabbe* selbst hatte eine schlechte Meinung von seinen Landsleuten, die jeden gebildeten Menschen offenbar für einen „verschlechterten Mastochsen" hielten. Bekannt ist auch die abschätzige Haltung *Lortzings* zum *Detmolder* Publikum. *Lortzing* spielte zwischen 1826 und 1833 zahlreiche Rollen am Hoftheater und schrieb musikalische Einlagen zu Schauspielen und Opern. Seine eigenen großen Opern entstanden erst nach seiner *Detmolder* Zeit.

Die kleine lippische Residenz bot damals im ganzen ein Bild der Enge und Beschränktheit. Eine willkommene Abwechslung stellte das Hoftheater dar, das auch in *Münster, Osnabrück* und *Bad Pyrmont* gastierte. Von seinen Aufführungen erwartete man weniger originelle Kunst als wohlfeile Unterhaltung. Da geistige Anregungen vom Hof weitgehend ausblieben, vermochte sich eine literarische Kultur kaum zu entwickeln. Auch die 1825 gegründete „Ressource", ein Gesellschaftsclub, in dem man Zeitung las, Karten und Billard spielte, Wein und Bier trank und den Tagesklatsch austauschte, kann wohl schwerlich als Gegenbeispiel angeführt werden.

Dennoch ist *Detmold,* die kleine, etwas spießige Residenz, unauflöslich verbunden mit herausragenden literarischen Leistungen, nicht nur innerhalb der westfälischen, sondern auch in der nationalen Literaturgeschichte. Die drei großen *Detmolder* Einzelgänger *Grabbe, Freiligrath* und *Weerth* gestalteten Werke, die in ihrer betont antiidealistischen Orientierung zu den exponierten Zeugnissen eines geistigen Gegenentwurfs zur Klassik in *Weimar* gezählt werden müssen. Den drei *Detmolder* Dichtern gelang das, was *Bachmann* in *Paderborn* vergeblich versuchte: die Gestaltung einer Literatur in Westfalen aus dem Geist des selbstbewußten Bürgertums, das sich konsequent aus der Bevormundung durch die feudal-großbürgerliche Bildungstradition löste.

Christian Dietrich Grabbe

Vorgestellt als der „vermaledeite *Grabbe*", betritt der Autor am Schluß des Lustspiels „Scherz, Satire, Ironie und tiefere Bedeutung" die Bühne mit einer brennenden Laterne in der Hand. In Opposition zum dichterischen Selbstverständnis der idealistischen Kunstperiode entwirft der am 11. Dezember 1801 in *Detmold* als Sohn eines Zuchthausverwalters geborene *Christian Dietrich Grabbe* in einer kuriosen Selbstinszenierung ein schockierendes Bild des Dichters. Der üble Ruf, den er in der Gesellschaft genießt, bestätigt ihn im Grunde in seinem Amt, zeigt ihm, daß er auf dem richtigen Weg ist. Er selbst tut alles, um solchem Ruf gerecht zu werden.

Nur aus dem sozialen Abseits scheint Erkenntnis möglich. Mit der Laterne seiner Kunst wirft der Autor *Grabbe* Licht in das Schmierentheater seiner Zeit. Angesichts der Krise des Idealismus zerreißt der Dichter den schönen Schein, die verlockenden ästhetischen Luftgespinste, und offenbart seinen entsetzten Zeitgenossen deren nackte, schäbige Wirklichkeit. Die Bewunderung für den Dichter weicht der Empörung über ihn, der Beifall den Buhrufen. Die Gesellschaft beginnt, ihre Dichter zu verfluchen, weil sie ihr die spießige Seelenruhe rauben.

Mehr als ein halbes Jahrhundert vor dem Aufkommen des Begriffs bei *Paul Verlaine* wird die poetische Existenzform des „poète maudit" geboren. Der aufgeklärte Optimismus und das Humanitätsideal der Klassik hielten der brutalen Wirklichkeit ebensowenig stand wie die Wunderwelten der Romantik. Die französische Revolution hatte den Glauben an die fortschreitende Vollendung menschlicher Güte gründlich liquidiert. Die revolutionären Menschheitsbeglücker erwiesen sich nicht anders als die, denen sie den Garaus gemacht hatten, als rücksichtslose Strategen des eigenen Egoismus. Verlogen schien es, weiterhin den überkommenen ethischen und politischen Idealen sowie den tradierten literarischen Ausdrucksformen nachzuhängen. Es galt, gegen die idealistische Schönfärberei konsequent einen kritischen Realismus zu setzen, der ungeschminkte Gesellschafts- und Geschichtsanalyse mit der Innovation bzw. Revision vertrauter Ausdrucksmuster verband.

Bereits 1817 vollendete *Grabbe* sein erstes, allerdings verschollenes Drama „Theodora", das der Verleger Göschen indes postwendend ablehnte. Neben seinen eigenen dramatischen Versuchen fühlte sich der begabte Gymnasiast insbesondere von den Dramen *Shakespeares* angezogen. Hier lag offenbar eine geniale Alternative zum idealistischen Theater vor, Anstoß gebend und zukunftsweisend.

Noch vor seinem Abitur begann *Grabbe* mit der Arbeit an seinem Drama „Herzog Theodor von Gothland". In *Leipzig,* wo er sich 1820 für das Studium der Rechtswissenschaft einschrieb, nahm das Drama weitere Gestalt an. Vollendet wurde es jedoch erst 1822, nachdem sich *Grabbe* entschlossen hatte, sein Studium in *Berlin* fortzusetzen. Noch im gleichen Jahr schickte er seinen „Gothland" an *Ludwig Tieck*. Der seinerzeit wohl einflußreichste Literat äußerte sich in vergleichsweise kurzer Frist wohlwollend positiv.

In dem Stück selbst entfesselt *Grabbe* ein Inferno aus Bruderzwist, brutaler politischer Machtkonkurrenz, Schicksalsfatalismus, Intrigen und blutigen Monstrositäten. Ziel ist die Zersetzung der klassischen Dramaturgie. Überall herrscht das ethische wie das ästhetische Chaos. Bis auf den Grund verkehrt erscheint die idealistische Wertordnung. Das mechanische, unaufhörlich Katastrophen produzierende Spielrepertoire parodiert die klassische Tragödie als bloße Wertillusion.

In *Berlin,* wo *Grabbe* Anschluß an literarische Kreise fand und u. a. mit *Heine* in Verbindung trat, entstand noch im Jahr 1822 das Lustspiel „Scherz, Satire, Ironie und tiefere Bedeutung", *Grabbes* bis heute bekanntestes und meistgespieltes Stück. Es ist der Geniestreich eines einundzwanzigjährigen, des abgestandenen Idealismus seiner Zeit überdrüssigen Autors.

In bunter Bilderfolge reihen sich die Szenen aneinander, ohne daß sich zunächst der Eindruck eines zwingenden Zusammenhangs einstellt. Sowohl die Beziehungen zwischen dem Schulmeister und Gottlieb, dem Teufel und den Naturhistorikern, dem Schulmeister und dem Teufel als auch die Auftritte des Dichters Rattengift bleiben Episoden. Die burleske Situations- und Sprachkomik scheint um sich selbst zu kreisen, im witzigen Einfall ihre Quelle, in der Auslösung des Gelächters ihr ausschließliches Ziel zu haben.

Aus der freischwebenden Assoziation erwächst ein mutwilliges Spiel, ein possenhafter Schabernack, vorangetrieben von schwankhafter List und Schadenfreude. Wenn zum Schluß der Freiherr von Mordax und der Herr von Wernthal einfach aus der Handlung aussteigen, nachdem sie den Baron als bloßen Theaterbaron bloßgestellt haben, der Teufel mit seinem Gefolge sang- und klanglos versinkt und der Autor den Schulmeister als sein fiktionales Geschöpf entlarvt, gibt sich die Dramaturgie des Spiels offen zu erkennen.

Das verkehrte Wesen gewinnt Gestalt in den satirisch gezeichneten Figuren und Figurengruppen, die sich zwanglos einreihen in den das ganze Stück durchziehenden närrischen Mummenschanz.

Als satirischer Repräsentant der Zunft tritt der Dichter Rattengift auf. Längst sind die klassischen Aussageweisen zu beliebig handhabbaren Schablonen geworden, deren Ausfüllung lediglich die Gedankenlosigkeit des Epigonen verrät. Unselbständig in der Formung und ohne Botschaft produziert der Poetaster absolut überflüssige Texte mit lächerlich schiefer Bildlichkeit, in schriller manieristischer Dissonanz von Form und Aussage. Rattengift ist der geistige Schmarotzer, der sich mit seinen Hervorbringungen selbst erledigt.

Dem desolaten geistigen Überbau entspricht die gesellschaftliche Basis. Sowohl die Vertreter des Bauerntums als auch des Adels erscheinen im Licht der Satire. Der Bauer Tobies lebt in räumlicher wie in geistiger Beschränktheit. Unfähig, die Schlitzohrigkeit des Schulmeisters zu durchschauen, läßt er sich von ihm ausnehmen und schließlich noch dazu bewegen, sich die gesunden Zähne ziehen zu lassen, nur weil es umsonst ist. Kopfarbeit ist für ihn in karikierender Verzerrung ganz wörtlich die Arbeit mit dem Kopf: „Ich habe ein paar Ochsen, welche mit dem Kopfe ziehen müssen, und da weiß ich denn, was Kopfarbeit für eine Arbeit ist." Der Elegant Herr von Wernthal, anfangs mit Liddy verlobt, lebt in notorischen finanziellen Schwierigkeiten. Seine Befürchtung, die bevorstehende Heirat könne ihn nicht von seinen Schulden befreien, läßt ihn bedenkenlos die eigene Braut an den Teufel verschachern, der sich groteskerweise als Bräutesammler ausgibt. Die Habgier des Adels und dessen großspurig überheblicher, auf bloße Repräsentation bedachter Lebensstil verkörpern sich in Wernthal bis zur bloßstellenden Karikatur.

Der Wüstling Freiherr von Mordax, der andere exemplarische Vertreter, handelt wie der schwärzeste Bösewicht im Kasperlespiel. Aus der unkontrollierten Gier, das besitzen zu müssen, worauf man Lust hat, entspringt eine ins Groteske gesteigerte Mechanik der Gewalt. Auf einen Schlag erschlägt er dreizehn Schneidergesellen, dabei den Schneider im Märchen quantitativ und qualitativ bei weitem übertreffend. Blindwütig verfolgt er danach sein Ziel, Liddy in seinen Besitz zu bringen.

Beide, Wernthal wie Mordax, verkörpern beispielhaft die Hab- und Besitzgier des dekadenten Restaurationsadels, beide scheuen nicht vor Verrat und Preisgabe des Mitmenschen bzw. vor Gewalt zurück, um ihre Zwecke zu erreichen. Der korrupte Aristokrat wird zum Zerrbild der Mitmenschlichkeit und der Liebe.

Grabbe führt aber nicht nur die Veitstänze der verkehrten Menschen vor, sondern läßt im Kontrast mit ihnen auch solche Gestalten auftreten, die die Verkehrtheiten durchschauen, bzw. zu durchschauen beginnen und auf das Sinngebende verweisen. Über die Kritik einer im Grunde sinnlosen Welt findet Mollfels zum Sinn zurück. Er ist die eigentliche Gegenfigur zu den klassisch-romantischen Epigonen und zum formal erstarrten Klassizismus. Sein Italienerlebnis faßt er in den Satz: „Graue Ruinen blicken aus grünen Gebüschen." Wer weiterhin den klassizistischen Kunstidealen nachhängt, schafft lediglich Ruinen. Der wahre Künstler ist dem Leben zugewandt, das das Abgestorbene unaufhörlich übergrünt. Im äußersten Gegensatz zu aller Idealisierung und romantischen Verklärung sieht sich Mollfels selbst. Die kuriose Selbstbeschreibung der eigenen Häßlichkeit ist bewußte Karikatur klassischer Idealität und des Kitschbildes vom schöngelockten Dichterjüngling.

Mollfels' Liebe zu Liddy ist Kern dessen, was die tiefere Bedeutung des Lustspiels ausmacht. Erst in der zentralen Beziehung zwischen Liddy und Mollfels wird klar, worin Sinn und Unsinn des Lebens bestehen. Der verkehrte Mensch ist nicht einfach der Dummkopf oder der Scharlatan, der Blutsauger oder der Lüstling, sondern ist in tieferem Verständnis die Lieblosigkeit in Person. Seine gesellschaftliche Herrschaft macht das Leben sinn- und wertlos und ruft den Teufel als den Inbegriff des Nihilismus auf den Plan. Verkehren die satirischen Personen alles Werthafte fortwährend ins Wertlose, so erhebt der Teufel das Wertlose von vornherein zum Programm. Das Nichts ist die ethische Radikalisierung bloßen Wertscheins.

Grabbes Teufel, wie *Goethes* Mephisto ein stets verneinender Geist, ist der gestaltgewordene Katzenjammer im Gefolge des Zusammenbruchs romantisch realitätsferner Spekulationen.

Dem *Grabbeschen* Teufel ist durch Satire nicht beizukommen, da er die ethische Norm nicht verkehrt, sondern rundweg negiert. Verwickelt sich der verkehrte Mensch in der Satire ständig in selbstaufhebende groteske Widersprüche von Anspruch und Realisierung, Schein und Sein, so erscheint der Nihilist im Grunde als nichts anderes als die ironische Kehrseite der Wahrheit.

Der Revue des Unsinns steht im Kern des Lustspiels die ins Happy-End mündende Handlung Mollfels-Liddy gegenüber. Jenseits von Scherz, Satire und Ironie verkörpert Liddy die tiefere Bedeutung, das, was *Grabbe* im Vorwort „eine entschiedene Weltsicht" nennt.

Liddy ist wie die meisten Frauengestalten *Grabbes* die unbestechlich und unverstellt empfindende Frau, immun gegen alle Täuschungen und Verkehrtheiten und bereit, sich in jeder Situation couragiert zu behaupten. Bezeichnenderweise spielt der Teufel im Verkaufsgespräch mit Wernthal gerade ihre positiven Eigenschaften des Verstandes, des Gefühls und der Einbildungskraft herunter. Als Mordax Liddy am Ende mit Gewalt nehmen will, ist sie es, die die Initiative ergreift und mit ungeahnter Kraftanstrengung die Tür verrammelt. Der „Schwächste", sagt sie mit unverkennbarem Selbstbezug, „ist in der Gefahr oft der Stärkste!" In den Augen des Barons ist sie ein „Edles, heldenmütiges Kind!", die eigentliche Heldin des Stücks. Gegnerin aller großen Worte und Programme, wächst sie an der Gefahr. Ihr persönlicher Wert erweist sich in der aktiven Auseinandersetzung mit den Verkehrtheiten der Welt und der durch sie heraufbeschworenen Krisen.

Das Happy-End, dem der Baron zum Schluß seinen Segen gibt, ist der folgerichtige Abschluß einer zielstrebigen Handlung, in der sich der wahre humane Wert schließlich durchsetzt, die Liebe über das Chaos triumphiert. Die Häßlichkeit des Liebhabers ist in bewußter Absetzung von der Konvention Impuls, tiefer zu sehen. In der dramaturgischen Dialektik von Fastnachtsrevue und traditioneller Lustspielhandlung mit der abschließenden

Wiedereinsetzung der ethischen Norm erweist sich die Lustspielhandlung aufgrund ihrer Ordnung stiftenden Kraft als siegreich. Mit der Aufhebung des närrischen Spiels und dem Umschlag in den sittlichen Ernstfall endet das Stück. Satire und Kritik weichen der konkreten Utopie, dem prinzipiell erfüllbaren Wunsch nach einer liebenswerten und liebeserfüllten Gesellschaft. An die Stelle des unverbindlichen Spiels tritt die Verbindlichkeit erfüllter menschlicher Beziehungen im Spiegel des beispielgebenden Einzelglücks.

Zusehends vernachlässigte *Grabbe* über seinen literarischen Aktivitäten das Rechtsstudium. Noch in *Berlin* begann er das blutrünstig tragische Spiel „Nanette und Maria“. In das gleiche Jahr 1823 fielen die ersten Arbeiten an der historischen Tragödie „Marius und Sulla“, die jedoch Fragment bleiben sollte. Hervorstechend ist in beiden Stücken die Darstellung der Machtproblematik.

Grabbe, erfüllt von dem Wunsch, sich ganz dem Theater zu verbinden, faßte in *Berlin* den Plan, Schauspieler zu werden. Doch, nachdem trotz der Protektion *Tiecks,* bei dem sich *Grabbe* für kurze Zeit in *Dresden* aufhielt, alle Versuche gescheitert waren, entschloß er sich kurzerhand, nach *Detmold* zurückzukehren, wo er bereits 1824 sein juristisches Examen ablegte. Es folgte eine Zeit ausgedehnter Lektüre. 1826 gelang ihm als Vertreter des amtierenden Militärrichters endlich der Schritt ins Berufsleben. Vier Jahre später wurde ihm das Amt übertragen.

Literarisch entstanden neben vielen Plänen Theaterbriefe über das neue Schauspielhaus in *Detmold* und der Aufsatz „Über die Shakspearo-Manie“, in dem sich *Grabbe* gegen die geistlosen, ins Kraut schießenden Reprisen der theatralischen Kunst des genialen englischen Dramatikers wendet. Einen besonderen Glücksfall bedeutete es für *Grabbe,* daß sein ehemaliger *Leipziger* Kommilitone *Kettembeil,* inzwischen Inhaber der Hermannschen Buchhandlung in *Frankfurt,* seine Werke in den Verlag zu nehmen wünschte. In zwei Bänden erschienen die „Dramatischen Dichtungen“ 1827.

Am 29. März 1829 kam mit „Don Juan und Faust“ die einzige Aufführung eines *Grabbe*-Dramas zu seinen Lebzeiten am Hoftheater in *Detmold* zustande. *Goethes* Faust, Erkennender und Liebender zugleich, erscheint bei *Grabbe* aufgespalten in zwei Persönlichkeitsfragmente. Während Faust durch Verlust der Sinnlichkeit unfähig wird zur Liebe und einem abstrakten Reflexions- und Erkenntnistrieb verfällt, taumelt die andere sich verselbständigende Hälfte seiner Persönlichkeit in Anlehnung an *Mozarts* „Don Giovanni“ als Don Juan im Kreise zügelloser Lust. *Grabbes* Hauptfiguren sind weniger Spieler und Gegenspieler oder alternative personale Entwürfe als dialektisch zusammengehörige Torsi einer auseinandergebrochenen ursprünglichen Synthese, irritierend auf die Bühne gebracht als Zerrbilder wahrhafter humaner Existenz. Erkenntnis, die sich absolut setzt, entartet zur geistigen Macht, Liebe, vom geistigen Anspruch getrennt, verkümmert zu bloßer Lust.

Zeitweise parallel arbeitete *Grabbe* in dieser Phase an einer ehrgeizigen Dramatisierung staufischer Geschichte und an dem dramatischen Märchen „Aschenbrödel". Während die vollendeten historischen Tragödien „Friedrich Barbarossa" und „Heinrich VI." als Versuche, politisches Handeln als macchiavellistisches Machtstreben zu entlarven, vor allem dramaturgisch scheitern, verdient das Märchendrama in künstlerischer Hinsicht größere Beachtung. Im Stil der *Tieckschen* Literaturkomödie stellt *Grabbe* die Liebe ins Zentrum aller menschlichen Sehnsucht nach Glück. „All meine weiten Reiche gäb ich hin, für ein empfindend Herz", läßt er den König sagen.

Grabbes dramatisches Schaffen entspringt der Antinomie von Macht und Liebe. Macht ist die äußerste Perversion der Liebe. Der Macht, die in der Geschichte und Gesellschaft seit jeher über die Liebe triumphiert, gilt das dramatische Engagement des Realisten *Grabbe* in seinen letzten sechs Lebensjahren, die privat von bitteren Enttäuschungen erfüllt waren. 1833 willigte die um zehn Jahre ältere *Luise Clostermeier*, die Tochter des inzwischen verstorbenen Archivrats, nach langer vergeblicher Werbung in eine Heirat ein. Doch die Ehe entwickelte sich schon bald katastrophal. *Grabbe* erkrankte und ging um seine Entlassung ein. Ohne einen Abschied von seiner Frau reiste er Ende 1834 zu seinem Verleger nach *Frankfurt*. Nach dem endgültigen Bruch mit *Kettembeil*, dessen Bereitschaft, weitere Werke *Grabbes* zu verlegen, bei schleppendem Absatz merklich abgeflaut war, erreichte *Grabbe* eine Einladung *Immermanns* aus *Düsseldorf*. Das zunächst gute Verhältnis zwischen dem Theaterleiter *Immermann* und *Grabbe,* der als Dramaturg und Theaterrezensent arbeitete, verschlechterte sich rasch, zumal *Grabbe* privat offenbar kein Blatt vor den Mund nahm und seine wenig günstige Meinung über das *Düsseldorfer* Theater offen äußerte. Am 26. Mai 1836 kehrte er todkrank nach *Detmold* zurück. Fast einen Monat brachte er in einem Hotel zu, bevor er sich den Zugang zum ehelichen Haus erzwang. Nach einer Reihe von Turbulenzen reichte *Luise* den Antrag auf Scheidung ein. Doch noch bevor eine amtliche Antwort eintraf, starb *Grabbe* am 12. September 1836.

In dieser Phase wachsender privater Verbitterung entstanden die großen Geschichtsdramen: „Napoleon" (1831), „Hannibal" (1835) und „Die Hermannschlacht" (1836). 1835 war darüber hinaus die burleske Opernparodie „Der Cid" fertig geworden, in der *Grabbe* die Oper als bloßen illusionistischen Mummenschanz lächerlich macht. Neben seinem Lustspiel sind es die späten Geschichtsdramen, an denen *Grabbes* Bedeutung als Autor und Dramatiker zu ermessen ist. Mit seinem „Napoleon"-Drama setzt er im Sinne eines dramatischen Programms unübersehbare Akzente.

Die in die Geschichte als die sogenannten „Hundert Tage" eingegangene Zeitspanne – vom 1. März 1815, der Landung *Napoleons* in Frankreich, bis zu seiner Niederlage am 18. Juni 1815 bei Waterloo – bildet den Handlungsrahmen. *Napoleons* Macht hat ihren Zenit längst überschritten, in einer letzten verzweifelten Anstrengung versucht er, die Umstände noch einmal für sich zu nutzen, sein Glück zu zwingen. *Napoleon* ist besessen von der Macht, zu keinem Zeitpunkt tritt dies deutlicher hervor, als er sie längst verloren hat.

Hochgespült von den Wellen der Revolution, die das morsche Gebäude des Absolutismus zum Einsturz brachten und mitfortrissen, handelte er im Schein der großen historischen Stunde im nationalen, allgemeinen Interesse. Doch Machthaber mögen ihre Ziele anfangs noch sehr mit dem Gemeinwohl verbinden, das die Machtausübung erst rechtfertigt und begründet, auf Dauer ist die Macht nur zu erhalten, wenn der Mächtige zunehmend seine eigenen egoistischen Interessen verfolgt. Jedem, der Macht besitzt, droht, von ihr besessen zu werden. Darin liegt ihre Dämonie. *Grabbes Napoleon* der Hundert Tage ist süchtig nach Macht, nach Handlungsbedingungen, die seinem Eigenwillen zum Sieg verhelfen können. Aber gerade die Kluft zwischen dem aktiven Besitzer und dem nur noch passiv Besessenen macht den Grad egoistischer Verblendung überdeutlich. In seinem ersten großen Geschichtsdrama geht es *Grabbe* allgemein um die Kritik an der unausweichlichen Machtverstrickung politischer Führernaturen.

„Ich bin Ich, das heißt Napoleon Bonaparte, der sich in zwei Jahren selbst schuf,..." (III, 3). Ziemlich genau im Zentrum steht die Devise des hemmungslos sich zu sich selbst bekennenden Machtegoisten und Egozentrikers, der die Welt in den Kreis seiner eigenen Persönlichkeit zwingen will. Längst über Bord geworfen sind die Revolutionsideale und liberalen Parolen. „Seine Ideen", sagt Carnot im Rückblick auf den Wohlfahrtsausschuß, „waren größer als der Egoismus des Generals Bonaparte." (II, 5). Cambronne, einer der führenden Offiziere *Napoleons*, bekennt im Schlachtenlärm von *Waterloo*: „Unter den Waffen der großen Armee. Da gibt es keinen anderen Liberalismus als Ihm zu gehorchen." (IV, 6). Selbst im engsten Kreis der Familie weiß man längst, woran man mit *Napoleon* ist. Hortense, die Tochter Josephines, beantwortet ihre selbst gestellte Frage nach dem Zustand der Welt, wenn alle so wären wie ihr Stiefvater: „Ewiger Krieg und Lärm würde aus ihr...". Das von *Napoleon* zitierte „Feld der Ehre" entlarvt sie als „Feld der Eitelkeit." (III, 3). Keiner der kritisch Nachdenkenden wie Carnot oder aufrichtig Empfindenden wie Hortense glaubt länger an den Volksbefreier *Napoleon*, allzu offenbar ist die Rücksichtslosigkeit seines Machtverhaltens, sein Mißbrauch der Menschen zum bloßen Kriegs- und Schlachtenmaterial.

„Schone, schone die Jugend Frankreichs," fleht ihn Hortense an, „schone die Mütter, welche mit zerrißnen Herzen ihre Söhne in den Tod senden!" (III, 3).

Aus dem Munde einer Frau erfährt *Napoleon* die Wahrheit über die blutigen Folgen seines Handelns. Anders als der machtbesessene Mann bringt die Frau ihre zutiefst soziale Sicht ein, ihr mütterliches Engagement an das Leben. In der gleichen Szene, in der *Napoleon* sein Ich zum Maßstab aller Dinge erhebt, erfährt er am Ende die moralische Widerlegung seines Egoismus durch die Liebe. Die Frauen sind in *Grabbes* Dramen oft glaubwürdiger und hellsichtiger, weil sie nicht in die Machtkämpfe der Männer verstrickt sind.

Die Aktionen des Egoisten fordern die Reaktionen im Geiste überindividueller Wertsetzungen heraus. Der aufgeklärte Absolutismus Preußens mit dem König als oberstem Staatsdiener, vor allem aber der vereinigte Kampf gegen tyrannische Herrschaft begründen das bis zum letzten entschlossene Handeln. Im Bewußtsein des sittlichen Auftrags, den Machtegoismus eines einzelnen und die Unterdrückung der vielen durch den einen zu überwinden, fällt den Gegnern *Napoleons* am Ende der Sieg zu.

In diesem Bewußtsein hatte *Napoleon* selbst den bourbonischen Absolutismus bezwungen, wie denn überhaupt das Gemeinschaftsgefühl sich der Selbstwertübersteigerung in den Dramen *Grabbes* stets als überlegen erweist. Aber die Macht, die dem aufstrebenden einzelnen in der erfolgreichen Überwindung des sterbenden Machtsystems zufällt, ist der Keim seines eigenen Niedergangs. Die offenbar unwiderstehliche Verführung, die Macht für sich zu erhalten, führt am Ende zum Verrat an allen kollektiven Zielsetzungen.

In *Grabbes* 1835 erschienenem zweiten großen Geschichtsdrama „Hannibal" sind die Pole der absterbenden und der aufstrebenden Macht entschieden weiter auseinander gerückt . Standen sich im „Napoleon" die niedergehende Militärdiktatur und der vom nationalen Enthusiasmus getragene aufgeklärte Absolutismus gegenüber, so sind es hier die vergreiste punische Plutokratie und die junge römische Republik. Von der Schärfe dieses Kontrasts sind sichtbar vor allem die räumlich-zeitlichen Strukturelemente geprägt. Weite und morgendliche Aufbruchstimmung sind mit den Aktivitäten der Römer verbunden, während die karthagische Seite in der Enge, am Abend und bei herbstlichem Blätterfall in Erscheinung tritt. Die Plutokratie Karthagos wird zum abschreckenden Sinnbild dekadenter Adelsherrschaft. Keinen Zweifel läßt die Schroffheit des Kontrasts am Ausgang der geschichtlichen Entwicklung.

Karthago ist beherrscht vom Krämergeist. Die Durchdringung aller Lebensbereiche von wirtschaftlichen Erwägungen schürt den Egoismus und erstickt Mitgefühl und Humanität. Am Ende beschwört der Eigennutz den eigenen Untergang herauf. Längst ist der Mensch selbst zur Ware geworden, sein Wert ausdrückbar in Geld. Neben Datteln, Sago und Fisch werden auf dem Marktplatz Karthagos Neger und Negerinnen, alle bester Sorte, angeboten. Wiederum spiegelt sich in der Masse der Grad der allgemeinen Korruption. Das Volk durchschaut weder die blutigen Folgen der Diktatur wie im „Napoleon", noch erkennt es wie im „Hannibal" die heillose kapitalistische Entfremdung.

Entfremdet sind auch die sogenannten Dreimänner, unter ihnen insbesondere Melkir und Hanno, egoistische Staatsgreise, die ihre politische Vormachtstellung allein auf den Besitz gründen. Nicht länger handeln sie im Sinne politischer Klugheit zum Schutz Karthagos, sondern allein nach dem Prinzip des Erhalts und der Vermehrung des Kapitals, und sei es gegen die Interessen ihres Landes und damit gegen ihr eigenes Überleben. Die mangelhafte Unterstützung der in Italien kämpfenden karthagischen Truppen fällt in satirischer Ironie auf sie selbst zurück und führt schließlich zur völligen Zerstörung Karthagos.

In der Plutokratie hat die individuelle Machtkonzentration den höchsten Grad ihrer Entartung erreicht. Der Unterschied zur *napoleonischen* Diktatur ist jedoch keineswegs qualitativ, sondern lediglich graduell. Hier wie dort versucht machtbesessener Egoismus zu überleben, hier wie dort ist jegliches Gemeinschaftsgefühl abgestorben. Den Platz des Kriegsglücks nimmt der Moloch ein, Sinnbild unersättlicher Macht, der unaufhörlich Menschenopfer verlangt, bis das heranwachsende Leben ausgeblutet ist. Ein Moloch aber ist im Grunde auch der von Machtegoisten wie *Napoleon* angezettelte Krieg, der Tausende das Leben kostet um den fragwürdigen Preis des Machterhalts für einen einzigen. Ein Staat, der seine Menschen opfert und die Gemeinschaftsidee verrät, schaufelt sein eigenes Grab.

Jeder, der sich in seinen Dienst stellt, und sei es aus selbstlosen nationalen Motiven, sieht sich bald in den Strudel der Vernichtung hineingezogen. Hannibals Dilemma ist, daß er prinzipiell für die Gemeinschaft eintritt, faktisch jedoch damit für einen Staat kämpft, der, in seiner Machtausübung längst entartet, dem Untergang geweiht ist. Der Held ist bei aller selbstlosen Gesinnung und hervorragenden Begabung der jeweiligen Geschichtssituation unterworfen. Bedingung seines Erfolgs ist das Entwicklungsstadium der Macht, der er seinen Arm leiht. Erfolgreich sein kann er nur im Dienste einer aufstrebenden, gegen verkrustete Machtstrukturen gerichteten Macht, steht er jedoch im Lager der Machtegoisten, so ist sein Untergang vorherbestimmt.

Schroff ist der Kontrast des dekadenten Karthago mit dem aufstrebenden Rom. Republikanischer Geist im Dienst des Gemeinwesens lenkt hier die politischen Entscheidungen. Nicht Krämertum und Machtgerangel, sondern Patriotismus und Solidarität geben den Ton an. Im Bewußtsein der unmittelbaren Bedrohung stehen alle zusammen, bereit, größte persönliche Opfer zu bringen. Feldherr, Senat und das römische Volk bilden eine verschworene, tatkräftige Gemeinschaft in der Zuversicht, daß der Mensch

Herr seiner Geschichte ist, solange er handelnd die Interessen des Gemeinwesens verfolgt.

Plutokratische Selbstentfremdung und republikanischer Gemeinsinn stehen sich in Karthago und Rom wie satirische Szene und ideale Norm gegenüber, Zerrbild des Menschen das eine, das andere die Verwirklichung des humanen Ebenmaßes. Mit einem dritten großen Geschichtsdrama klingt *Grabbes* Schaffen aus. Kurz vor seinem Tode vollendete er im April 1836 „Die Hermannschlacht", die 1838 postum im Druck vorlag. Wiederum stehen sich zwei Machtblöcke gegenüber, die Römer unter ihrem Feldherrn Varus und die Germanen, vertreten vor allem durch die Stämme im Gebiet der späteren Sachsen, unter dem Cheruskerfürsten *Hermann (Arminius)*.

Zwischen den Römern des „Hannibal" und der „Hermannschlacht" liegen gut zweihundert Jahre. Die Republik ist längst in die Krise geraten und hat unter Augustus dem Kaisertum Platz machen müssen. Oktavian, dem der Senat den Beinamen Augustus verlieh und damit seine von den Göttern geheiligte Autorität anerkannte, herrscht, ausgestattet mit den entscheidenden Vollmachten, als Autokrat. Damit ist ähnlich wie in der Dreimännerherrschaft Karthagos und der *Napoleonischen* Diktatur ein Zustand extremer individueller Machtkonzentration erreicht. Der Geschichtsmächtige verteidigt in erster Linie seine persönliche Macht. In der Geschichtskonzeption *Grabbes* bildet Roms Übergang von der Republik zum Kaisertum den Anfang des römischen Verfalls, weil Autokratie und Gemeinschaftsidee unvereinbar sind.

Wo die Römer im Drama *Grabbes* in Erscheinung treten, zeigen sie deutliche Anzeichen eines überzivilisiert-dekadenten Verhaltens im Sinne undifferenzierter legalistischer Praktiken, starrer Hierarchisierung und administrativen Leerlaufs.

In der Schlacht selbst erweisen sich die Römer, stets in starrer Marschordnung, als wenig flexibel und unfähig, sich den veränderten Bedingungen sinnvoll anzupassen. Den formalistisch erstarrten, vom Niedergang bedrohten Römern stehen die aufstrebenden Germanen in einer ursprünglichen Naturlandschaft gegenüber. „Hier stehen wir vor der Grotenburg mit ihren schneeglänzenden Waldungen", schwärmt ein Cherusker gleich zu Anfang. „Wie mitten darunter die Hünenringe dampfen und sieden! Die Fürstin läßt allzu gut kochen und braten für euch Spitzbuben." (Eingang 1). Reichtum und Fülle der Natur verbinden sich mehr als einmal mit der Üppigkeit des Mahls. Ehrfürchtige Liebe zur Heimat und lustvoller Genuß entspringen gleichermaßen einem freien, großen Gefühl, vor dem die Römer wie kleinliche Spitzbuben erscheinen.

Alles ist im Fluß, der einsetzende Frühling schmilzt das Eis und läßt die Wasserläufe kraftvoll anschwellen. Im Bild vom „Tyranneneis" wird die Erstarrung der Römer ebenso sinnfällig wie die unaufhaltsame Befreiung.

Unendlich überlegen sind die Germanen im Bund mit der frühlingshaften Natur ihren im Reglement und formaler Disziplin erstarrten Gegnern.

Die imposante unverbrauchte Naturlandschaft Germaniens ragt in die dramatische Handlung selbst hinein und wird zum drängenden Impuls der Selbstbefreiung. „...die Feinde sollen deine Waldungen nicht zum Schiffsbau zerschlagen, dir deine Herrlichkeit, deinen Söhnen ihr Blut und ihre Freiheit nicht nehmen!" (Eingang 5) gelobt *Hermann* in Erwartung des entscheidenden Kampfes.

Doch *Hermann* ist keineswegs ein Monumentalheros, ein idealer Held, nur eine nationalistisch voreingenommene Lesart, wie beispielsweise im „Dritten Reich", konnte ihn dazu machen. Im Angesicht des Sieges zeigt er sich ähnlich verführbar durch die Macht wie im Grunde alle Sieger vor und nach ihm. Entscheidend ist die Unterredung in *Hermanns Zelt* während der zweiten Nacht.

Herrmann: Soll denn immer erst eine Not wie die jetzige es bewirken, daß wir uns vereinen? Wärs nicht besser, wir täten es von selbst, und lebten auch im Frieden unter einem gemeinschaftlichen Oberhaupt?
Der Herzog der Engerer: So daß du uns der Knoten im Haar oder eine Art König würdest?
Hermann: Nein. Jeden, den ihr wählt, erkenn ich als meinen Herrn.
Der Ravensberger Herzog: Du weißt recht gut, daß man dich wählen würde. (Zweite Nacht 2).

Hermann im Bewußtsein des Erfolgs und der Macht an der Spitze der germanischen Truppen zeigt sich bereits infiziert von dem Gedanken an Möglichkeiten des Machterhalts. Der Hinweis auf die Etablierung eines gemeinschaftlichen Oberhaupts im Frieden, im germanischen Recht nicht vorgesehen, ist der geschickte Versuch, die Führerrolle zu manifestieren. Die Autokratie soll dem Feldherrn als Prämie für den siegreich geführten Feldzug zufallen. Aber sowohl der Herzog der Engerer als auch der Ravensberger Herzog entlarven *Hermanns* Argumentation als ein kollektiv verschleiertes Eintreten für massive persönliche Interessen. Das Oberhaupt wäre nichts anderes als der Knoten im Haar, Zeichen der Unfreiheit bei den germanischen Stämmen. Entschieden verwahren sich die Herzöge gegen den Angriff auf ihre ursprünglich demokratische Verfassung, wie sie später insbesondere bei den Sachsen überliefert ist.

Hermann schwenkt sofort ein, doch der Eindruck der Gefährdung der Gemeinschaft durch autokratische Machtansprüche nach dem Sieg bleibt. Das unbezweifelbar Wertvolle im bisherigen Verhalten *Hermanns* droht, bevor der Sieg endgültig erfochten ist, bereits in den minderen Wert nur noch individueller Interessen umzukippen. In diesem Zusammenhang wird auch der Schluß des Dramas in Rom erst verständlich.

Nachdem Kaiser Augustus die Nachricht von der verheerenden Niederlage im Teutoburger Wald erhalten hat, prophezeit er: „Rom altert wie sein

Gottesdienst. Es beginnt eine neue Zeit. Nicht bloß aus dem Norden, auch aus Osten nahet sie." (Schluß). Gemeint ist mit diesem abschließenden Hinweis die Geburt Jesu, den Augustus ausdrücklich nennt.

In der Tat sollten sich im Laufe der Geschichte die germanische Selbstbehauptung gegen den römischen Imperialismus und die Geburt Christi als die beiden fundamentalen Bedingungen für eine neue umfassende Reichsbildung erweisen. Wie das politische und das religiöse Rom als kämpferisch-ideologische Einheit gemeinsam untergehen, so bilden Germanentum und Christentum die Voraussetzungen für den Aufstieg des Heiligen Römischen Reichs Deutscher Nation, das das römische Imperium endgültig ablöste. Der den Germanen zugefallene Machtzuwachs steht am Anfang einer neuen individuellen Machtkonzentration, die im Kaiserreich Karls des Großen gipfeln sollte.

Unentrinnbar, so scheint es, mündet die Macht, und sei sie zunächst auch begründet im Kampf gegen Unterdrückung und Unfreiheit, wieder in autokratische Strukturen. Dem Heiligen Römischen Reich Deutscher Nation, dem nicht zuletzt gerade die Sachsenkaiser das Gepräge gegeben hatten, machten die Napoleonischen Kriege ein Ende. Damit schließt sich der Kreis von *Grabbes* Geschichtsdramatik, die historisch exponierte Muster der Weltherrschaft, jeweils infiziert mit dem Keim ihres Untergangs, kritisch vorführt.

Wer die Geschichtsdramen jedoch als Ausdruck eines ausweglosen Nihilismus liest, verkennt die für den Dramatiker *Grabbe* charakteristische Konstellation von Macht und Liebe. Zutreffend ist, daß *Grabbe* Geschichte nicht länger als überindividuellen Ideenprozeß versteht, sondern als Kampf um persönliche Macht. Im Wandel der Geschichtserfahrung im Zeitalter der Revolution wird *Grabbe* zum Pionier eines betont antiidealistischen Geschichtsdramas. Vergleichbar mit der schonungslosen Konkretisierung politischer Handlungsmotive konkretisiert er jedoch zugleich auch das moralische Handeln des Menschen. Weder die abstrakte Ethik der Philosophen noch blutleere Humanitätskonzepte sind imstande, die Menschen zu bessern und ihren Machtegoismus zu überwinden. Entscheidend allein ist die Liebe zum konkreten Mitmenschen aus Fleisch und Blut, wie sie in *Grabbes* Dramen immer wieder in der Frauenliebe Gestalt annimmt: Liddy in *Grabbes* einzigem Lustspiel leitet die Reihe der ebenso klar empfindenden wie unerschrocken handelnden und bedingungslos liebenden Frauen ein. Ihr folgen Hortense in „Napoleon", Alitta in „Hannibal" und Thusnelda in der „Hermannschlacht".

Die Frau, noch nicht korrumpiert von der männlichen Geschichtswelt, stellt das Du über das Ich, die Sorge um den andern über den Egoismus der Macht, das Gemeinschaftsgefühl über das persönliche Geltungsstreben. Erst eine solche Entscheidung für den Mitmenschen wäre imstande, der

Geschichte ein menschlicheres Gesicht zu geben. Solange aber die Macht triumphiert, muß die Liebe notwendig unterliegen.

Indem *Grabbe* den Idealismus überwindet, schärft er den Blick für die realen Antriebskräfte der Geschichte und zugleich für die Praxis aktiver Mitmenschlichkeit. Eine Lösung der Antinomie von Macht und Liebe kann es nur geben, wenn die geschichtliche Machtwelt als Pseudowirklichkeit überwunden wird, um Raum zu schaffen für die Liebe als die einzige und wahre Wirklichkeit der Menschen. *Grabbes* Drama ist ebenso fragmentarisch wie dialektisch. Vollendet werden kann es nur von seinen Rezipienten, die den Pseudoanspruch der Macht durchschauen und ihn im Namen der Liebe aufheben.

Ferdinand Freiligrath

Ist *Grabbe* der Pionier des antiidealistischen Geschichtsdramas in Deutschland, so vertritt der am 17. Juni 1810 ebenfalls in *Detmold* geborene *Freiligrath* eine betont welthaltige Lyrik, in der sich das lyrische Ich in Abkehr von der ästhetisch stilisierenden und subjektivistischen Kunstperiode kompromißlos der sinnlich gegebenen Umwelt zuwendet. *Freiligraths* erster 1838 bei Cotta erschienener Gedichtband wurde als lyrische Innovation ersten Ranges empfunden, die der immer noch unterschätzten Lyrik des Realismus den Weg bereitete.

Es waren Gedichte wie farbensprühende Gemälde einer Welt, von der man nur träumen konnte, aber es war auch eine Welt, die der Autor, begeisterter Leser von Reisebeschreibungen, in sinnlicher Anschauung vor den Leser hinzustellen verstand. Das waren nicht die subjektiven, ganz im inneren Erleben wurzelnden Stimmungsbilder der Romantiker, das war die bunte Vielfalt des Lebens selbst, die unbegrenzte Fülle poetischer Erfahrung.

An den Anfang seiner ersten Sammlung stellte *Freiligrath* mit „Moostee" ein Gedicht, das er bereits als Sechzehnjähriger geschrieben hatte und das in eindringlicher Weise die Hauptmerkmale der neuen lyrischen Konzeption verrät. Die Rede ist von einem Tee, der aus den Flechten des isländischen Mooses gewonnen und zu *Freiligraths* Zeiten als Arznei verabreicht wurde. Aus diesem mehr banalen Anlaß entsteht aber nun ein Gedicht, das die ferne Welt Islands mit ihrem Eis und ihren Vulkanen in dynamischer, bilderreicher Anschauung lebendig werden läßt. Bewegungsstarke Verben, Zeilen- und Strophensprünge, aufrüttelnde Antithesen und Übersteigerungen reißen den Leser mit sich fort, zugleich wird ihm durch eine Fülle zum Teil ausgesprochen origineller Attributbildungen ein anschauungsgesättigter Eindruck vermittelt von den Farben, dem Raum und der Bewegung einer urwüchsigen Naturlandschaft.

Bereits der sechzehnjährige Autor hat seinen unverwechselbaren eigenen Ton gefunden. Nicht länger entwirft das poetische Bild unwirkliche Zauberwelten, sondern spiegelt die Fülle der Wirklichkeit selbst. Das lyrische Gedicht wird zum poetischen Akt der Welterfassung. Hierin liegt das Neue *Freiligrathscher* Poetik, die die Welt nicht länger romantisiert, d. h. ins Unendliche entrückt, sondern in poetischer Anschauung vergegenwärtigt, sinnlich ergreifbar macht.

Ich und Welt verschmelzen zu einer lebensgesättigten Einheit. Erst in der Begegnung mit der dynamischen Natur überwindet der einzelne seine gefährdende Isolation, wird im wahrsten Sinne gesund. Die unverbildete, in ungebrochenen Gegensätzen lebendige Natur ist es, die seine Einbildungs-- und Gestaltungskraft nährt, die ihn zum Dichter macht, dessen Dichtungen ähnlich wie die isländischen Vulkane die Leser aus ihren Erstarrungen herauszureißen vermögen. Nur dann kann der Mensch aus rationalistischer Verengung, romantischer Träumerei und restaurativer Erstickung herausgeführt werden, wenn er die ganz im *rousseauistischen* Sinne erlebte Begegnung mit der Natur sucht, ja selbst wieder ein Teil der Natur wird. Der sinnlich bildhafte Stil bereitet den Weg für eine unverstellte Naturbegegnung, indem er den Leser an die Quelle seiner vitalen Existenz zurückführt.

In einem seiner berühmtesten Gedichte aus der Sammlung von 1838, im „Löwenritt", projiziert *Freiligrath* den Wunsch nach einem Handeln im Einklang mit der Natur auf den Beute schlagenden König der Tiere. Die Vorstellung des Löwen, den die Giraffe als Reiter durch die Wüste schleppen muß, bis sie schließlich unter den Prankenhieben tot zusammenbricht, mag abwegig erscheinen, dennoch drückt sich in dem poetisch gestalteten Schauspiel das Bedürfnis des niedergehaltenen restaurativen Bürgers nach Entfesselung seines Handlungswillens aus. *Freiligrath* braucht die exotische Kulisse ebensosehr wie den Löwen als tierischen Helden, weil die eigene Umwelt durch eine repressive Politik aller Entwicklungshoffnungen beraubt scheint und die Menschen in ihr zu leblosen Marionetten erstarrt sind.

Erst der grelle Kontrast zwischen der Dekadenz restaurativer Zivilisation und unverstellter Naturhaftigkeit ist in der Lage, den Leser herauszufordern. In diesem Sinne ist *Freiligrath* wie *Heine* und andere Literaten der Zeit ein gelehriger Schüler *Rousseaus*. Seine Dichtung ist weniger Fluchtpoesie als eine anschaulich gestaltete Provokation, sich von einem Gesellschaftszustand zu emanzipieren, der die naturgemäße Entfaltung des Menschen und damit seinen eigentlichen humanen Kern unterdrückt.

Mit der stärkeren Hinwendung zur Geschichte ergibt sich jedoch zugleich die Problematik ihrer poetischen Verarbeitung, eine Problematik, die *Freiligrath* erkannt und mit der er bis in die 40er Jahre hinein gerungen hat. Literarisch haben sich diese persönlichen Auseinandersetzungen mit der zeitgenössischen Tendenzdichtung wohl zuerst in dem Gedicht „Aus Spanien" (1841) niedergeschlagen, das nicht zufällig das „Glaubensbekenntnis" von 1844 einleitet. Das Gedicht behandelt die Erschießung des spanischen Generals Diego Leon durch den progressiven Regenten Espartero, als Leon versuchte, die Königin Maria Christina in die Residenz zurückzuführen. Berühmt geworden sind die Verse:

> Der Dichter steht auf einer höhern Warte,
> Als auf den Zinnen der Partei.

Freiligrath sieht weniger den Royalisten oder den Progressisten, sondern einzig und allein den Menschen, dem der Mitmensch Gewalt antut. Über allen Parteienzwist hinaus engagiert er sich für den Erschossenen als leidende Kreatur auch dann, wenn dieser eine betont konservative Haltung einnimmt.

Auf die Angriffe *Herweghs* und seiner Gefolgsleute reagiert *Freiligrath* mit dem Hinweis auf sein rein menschliches Interesse. Entschieden lehnt er den „persönlichen und politischen Particularismus" der Tendenzdichter ab. Das politische Gedicht, sofern es zum Sprachrohr von Parteiinteressen wird, ist seine Sache nicht, da die Poesie, gerade weil sie immer den Menschen selbst im Blick haben muß, nicht parteiisch sein kann. Mit dem Gedicht „Aus Spanien" hat *Freiligrath* die unter gesellschaftspolitischer Inhumanität leidende Kreatur als zentrales Thema seiner Dichtung gefunden. Hatte er in seiner Löwen- und Wüstenpoesie die unbeschädigte Natur in ihrer Lebenskraft und Lebensfülle dargestellt, so wandte er sich nun den Beschädigungen der Menschennatur durch politische Macht zu. Nicht die Intention hat sich verändert, sondern die Blickrichtung.

Die sich häufenden Akte einer inhumanen, gegen das volle Existenzrecht des Menschen gerichteten Politik Anfang der 40er Jahre wie die pensionslose Suspendierung *Hoffmann von Fallerslebens* und die Verbote der „Rheinischen Zeitung", der „Deutschen Jahrbücher" und der „Leipziger Allgemeinen Zeitung" führten *Freiligrath* zu einer Radikalisierung seiner politischen Haltung, indem er schließlich selbst revolutionäre Aktivitäten forderte. Wo der überwältigenden Mehrheit des Volkes die freiheitliche Selbstentfaltung versagt wird von der verschwindenden Minderheit derjenigen, die sich aus bloßem Machtegoismus in anachronistischer Borniertheit gegen die naturgegebene Gleichheit aller Menschen richten, scheint es keinen anderen Ausweg als die Revolution zu geben, auch wenn sie letztlich die Anwendung von Gewalt nahelegt. Nur im Sinne des ganzen Volkes und seiner Emanzipation vermag *Freiligrath* revolutionäres Tun zu rechtfertigen, nicht aus einseitigen parteilichen Interessen. Nicht Ideologie, sondern Humanität ist die Quelle seines Dichtens und Denkens. Fernab von rhetorischer Agitation will er den Leser im Medium der Literatur zur Erkenntnis der menschlichen Situation führen.

Als das „Glaubensbekenntnis" 1844 erscheint, hat *Freiligrath* längst auf die ihm vom preußischen König 1842 verliehene Pension verzichtet und befindet sich auf dem Wege ins belgische Exil. Im Vorwort bekennt er sich entschieden zur demokratischen Opposition und zeigt sich fest entschlossen, „mit Stirn und Brust der Reaktion sich entgegenzustemmen".

Eines der populärsten Beispiele aus dem „Glaubensbekenntnis" ist die Ballade „Aus dem Schlesischen Gebirge". *Freiligrath* stellt nicht den Weberaufstand von 1844 dar, sondern in emotionaler Verstärkung die Not eines einzelnen hungernden Weberkindes unmittelbar vor dem Aufstand, das sich in kindlichem Vertrauen an den sagenhaften Berggeist Rübezahl wendet. In sechs Monologstrophen begründet der Dreizehnjährige sein Kommen, weist auf das unvorstellbare Elend in den Häusern hin und bietet dem Berggeist als Gegenleistung für seine erwünschte Hilfe einen Schock gewebter Leinwand an. Zum Schluß seines Hilferufs beschreibt er die Freude, die in den Elendsquartieren über die Gewährung der Hilfe herrschen würde.

Durch die Hinwendung zum Einzelschicksal, zur individuell leidenden Kreatur betont *Freiligrath* weniger die Gruppensolidarität, wie es *Heine* und *Weerth* bei der Behandlung des Aufstandes selbst tun, sondern das allgemeine menschliche Elend. Jede Strophe einschließlich der beiden Erzählerstrophen am Ende schließen mit der Anrufung Rübezahls durch den Knaben. Während sich in den beiden Eingangsstrophen noch ungebrochenes Vertrauen äußert, schleicht sich in die dritte Strophe durch die Frage „Wo bleibt er nur?" bereits eine gewisse Unsicherheit ein, die sich dann in den folgenden drei Strophen in der Verwendung konjunktivischer Formen verstärkt spiegelt. Zunächst ist es der Optativ „O, daß er käme!", der auf den bloßen Wunschcharakter der Handlung verweist, darauf die potentielle Verwendung des Konjunktivs „Das wär' ein Jubel!", wodurch die Erfüllung der Bitte nur noch als möglich, aber keineswegs als sicher, nicht einmal als wahrscheinlich erscheint, und in der letzten Monologstrophe die Rückkehr zum Optativ, der in der Verdopplung den Grad der persönlichen Verzweiflung veranschaulicht. Parallel zu den modalen Veränderungen in den Anrufungen wechseln die letzten Strophen, in denen der Knabe spricht, insgesamt in den Konjunktiv, so daß das naive Vertrauen auf die Gewährung außermenschlicher Hilfe mehr und mehr relativiert wird

In den abschließenden Erzählerstrophen rückt *Freiligrath* das Geschehen in nochmaliger Intensivierung auf größte Distanz. Der Knabe, so wird erzählt, versucht es noch einmal, den Berggeist herbeizurufen, aber sein Ruf erstickt bereits in Tränen der Verzweiflung. Zum Schluß meldet sich an Stelle des Knaben der Erzähler selbst zu Wort:

> Ich glaub', sein Vater webt dem Kleinen
> Zum Hunger – bald das Leichtuch!
> – Rübezahl?!

Die anrührende individuelle Dokumentation des Elends und die persönliche Hinwendung zum Leser bilden einen unüberhörbaren Appell. Appellcharakter hat zum Schluß auch das Fragezeichen hinter der letzten Erwähnung des Berggeists. Das Vertrauen auf seine Hilfe wie der Glaube an seine Existenz sind gleichermaßen fragwürdig. Wenn der Mensch nicht endlich Abschied nimmt von seinem naiven Wunderglauben und selbst die Initiative ergreift, dann wird ihn der Hunger unweigerlich in den Tod treiben. Nicht die pathetische Marquis-Posa-Gebärde, die abstrakte Forderung nach mehr Freiheit und der Wiedereinsetzung der Menschenrechte sind imstande, eine Änderung herbeizuführen, im Einzelbewußtsein muß vielmehr eine Wende eintreten. Nach der Überwindung naiven Aberglaubens gilt es, sich an der Realität selbst zu orientieren.

Freiligrath konkretisiert die soziale Problematik durch die Konzentration auf individuelles Schicksal und ruft konsequent zur Veränderung des Einzelbewußtseins auf. Der individualisierenden Sichtweise entspricht in besonderem Maße der balladische Rollenmonolog. In der schrittweisen Distanzierung vom Wunderglauben bildet sich ein vorbildlicher Bewußtseinsprozeß ab, der zum Schluß in den Zweifel als Voraussetzung für die reale Erkenntnis einmündet.

Zwei Jahre nach dem „Glaubensbekenntnis" erscheint mit „Ça ira!" eine schmale Sammlung von sechs Gedichten. Berühmt geworden ist das Gedicht „Von unten auf", das von der Fahrt des preußischen Königs zu der von ihm erworbenen *Burg Stolzenfels* am Rhein berichtet. Die Einleitung mit dem König und der Königin, die vergnügt auf dem Schiffsdeck wandeln, dient lediglich als Anlaß für den Rollenmonolog des „Proletariermaschinisten" unten im Schiffskörper. In vertrauter Sinnbildhaftigkeit erscheint das Schiff als Staatsschiff. Nicht der müßig wandelnde König ist die entscheidende Kraft, sondern derjenige, der das Schiff in Bewegung setzt und es in Gang hält. Auch der Staat kann nicht gedeihen, wenn nicht durch Arbeit und Leistung sein Reichtum ständig vermehrt wird. Arbeit in diesem Sinne leisten aber nicht der König und die Fürsten, sondern die niedergehaltenen Untertanen, die groteskerweise mit den weitaus schlechteren Lebensbedingungen vorliebnehmen sollen.

Weniger eine Klassenkampfsituation schildert das Gedicht, als vielmehr die gesellschaftpolitische Hierarchie von Landesherr und Untertan im Absolutismus, denn nicht von der Bourgeoisie ist bezeichnenderweise die

Rede, sondern vom preußischen König. Der Proletariermaschinist repräsentiert ähnlich wie das Weberkind die unterdrückte arbeitende Bevölkerung, deren Fleiß den Staat am Leben erhält. Aber *Freiligrath* ist kein Klassenkämpfer im marxistischen Sinn, sondern ein für die Interessen des leidenden Menschen eintretender radikaler Humanist. Anders als das Weberkind ist der Maschinist zum Bewußtsein der Unterdrückung und zur Erkenntnis der wahren Unterdrücker gelangt. Nicht länger erhofft er sich Hilfe von außerhalb, er weiß, daß eine Änderung von ihm ausgehen muß und daß ihm dazu die Kraft zur Verfügung steht.

Als politischer Dichter tritt *Freiligrath* dann noch einmal in den „Neueren politischen und sozialen Gedichten" entgegen, die in zwei Heften 1849 und 1851 im Selbstverlag erschienen. Noch in *London* unter der Einwirkung der französischen Februarrevolution von 1848 schreibt er das Gedicht „Die Republik", das den Stil des monologischen Appells, nun voll ausgebildet, fortsetzt. Den Kern bildet das Wort „Republik", das emphatisch verdoppelt die erste und sechste Zeile jeder Strophe ausfüllt, die vierte Zeile jeweils abschließt und in französischer Schreibung in der Schlußzeile auftaucht. Um diesen Kern formiert sich in stark verkürzten Aufforderungssätzen ein glühender Revolutionsaufruf. Auffällig ist der ausgeprägt nominale, verbarme Stil, der dem Leser das Ziel des revolutionären Handelns fast schon als erreicht suggeriert. Was in Frankreich geschehen ist, kann auch in Deutschland nicht länger verhindert werden.

Enthusiastisch reagiert *Freiligrath* im gleichen Jahr auf den *Berliner* Märzaufstand mit dem Gedicht „Berlin". Wie immer ist es der konkrete Anlaß, der ihn inspiriert und zur literarischen Gestaltung drängt. Die Toten des Aufstandes fordern die Lebenden heraus, die Republik als das einzig lohnende Ziel politischen Handelns unbeirrt weiterzuverfolgen. In kaum einem anderen Gedicht hat sich *Freiligrath* so unverhohlen für die Anwendung revolutionärer Gewalt ausgesprochen.

Als er im Mai in *Düsseldorf* eintraf, konnten ihm jedoch Anzeichen einer gewissen Revolutionsmüdigkeit nicht entgehen, zumal der Erfolg mehr als zweifelhaft erschien. Aus dieser Stimmung entwarf er das Gedicht „Die Toten an die Lebenden", eine Art Oratorium, in dem die auf den Barrikaden in *Berlin* Gefallenen die Lebenden mahnen, in ihrem Geiste weiterzumachen und ihren Tod nicht zur sinnlosen Farce verkümmern zu lassen. Das auf Flugblättern verbreitete Gedicht zog *Freiligrath* eine strafrechtliche Klage zu. Das Düsseldorfer Geschworenengericht sprach ihn jedoch im Oktober frei, um jegliche weitere Erregung im Volk zu vermeiden.

Als er kurz darauf der Einladung von *Karl Marx* folgte und in die Schriftleitung der „Neuen Rheinischen Zeitung" eintrat, war die revolutionäre Begeisterung in breiten Kreisen des Volkes merklich abgeebbt. *Freiligraths* „Abschiedswort" zur Einstellung der Zeitung am 19. Mai 1849 spiegelt noch einmal seine tiefe Enttäuschung über den Triumph der Reaktion, den auch er nicht zu verhindern gewußt hatte. Kurz nach der Herausgabe des zweiten Hefts der „Neueren politischen und sozialen Gedichte" brach der inzwischen steckbrieflich gesuchte Dichter zum zweitenmal ins englische Exil auf. Das Einleitungsgedicht des zweiten Hefts mit dem drohenden Titel „Die Revolution" ist eines der letzten politischen Gedichte *Freiligraths*.

Freiligrath hatte mit der politischen Thematik einen neuen brisanten Gegenstand für seine sinnenhaft orientierte Dichtung gefunden. Der entscheidende Unterschied zu seiner exotischen Phase liegt in der Hinwendung zur unmittelbaren gegenwärtigen Umwelt und zu den konkreten gesellschaftlichen Verhältnissen. Aber *Freiligrath* ist bei aller Annäherung an marxistisches Geschichtsverständnis niemals ein Klassenkämpfer und ein Tribun des Proletariats gewesen. Sein ungeteiltes Engagement galt dem leidenden, unterdrückten Volk, sein Haß richtete sich gegen die absolutistischen Unterdrücker, nicht gegen die Bourgeoisie.

Eine einseitige Parteinahme für das Proletariat, so wie es *Marx* verstand, war ihm zeitlebens fremd. Wenn er den Begriff des Proletariers verwendet, so meint er nicht den Angehörigen der Klasse, die keine Produktionsmittel besitzt, sondern in einem viel umfassenderen Sinne den von den Fürsten niedergehaltenen Untertan. Der Proletarier wird ihm zu einer affektiv besetzten Symbolfigur des Geknechtetseins. *Freiligrath* hat niemals auf den Zinnen irgendeiner Partei oder irgendeiner Ideologie gestanden, seine Dichtung wendet sich wie alle seriöse Literatur fernab von sozialen Klassifizierungen an den unter unerträglichen Verhältnissen leidenden Menschen.

Nach der politischen Enttäuschung und Verstummen öffentlicher Thematik sah sich *Freiligrath* zunächst ausschließlich auf Regionales und Persönliches verwiesen. Aus solcher Situation heraus entstanden Gedichte wie „Westfälisches Sommerlied" (1866) und „Im Teutoburger Wald" (1869) sowie eine Fülle ausgesprochener Gelegenheitsgedichte zur Schillerfeier am 10. November 1859, zu *Uhlands* 75. Geburtstag (1862) und *Hölderlins* 100jährigem Geburtstag (1870); aber auch Gedichte aus ganz privaten Anlässen wie „Für die Tochter" (1867) anläßlich der Vermählung seiner Tochter Käthe oder für seinen Sohn „An Wolfgang im Felde" (1870). Man tut *Freiligraths* Ansehen wohl kaum einen Abbruch, wenn man die Gelegenheitsgedichte als weniger wichtig beiseite schiebt. Immerhin zeigt sich auch in ihnen das ungebrochene Verhältnis zur konkreten Umwelt, nur mehr ins Private verschoben.

Das wilhelminische Deutschland hat auch weniger diese regionalen und privaten Gelegenheitsgedichte rezipiert als vielmehr solche Gedichte, in denen man patriotische Anteilnahme am preußischen Nationalismus zu finden glaubte. Genannt werden immer wieder Gedichte wie „Hurra Germania" (1870), in dem *Freiligrath* im Grunde die politischen Vorstellungen von 1848 auf die bevorstehende Reichsgründung projiziert, wobei es jedoch, besonders in den kriegerischen Anfeuerungsrufe, nicht ohne Peinlichkeiten abgeht. Aber *Freiligrath* ist trotz allem kein Hurra-Patriot, wie ein solches Gedicht nahelegen könnte. In einem Brief an *Theodor Eichmann* vom 26. September 1866 schreibt er zwei Jahre vor seiner endgültigen Rückkehr aus *London:*

„Ich bewundere die Tapferkeit des Heeres, aber ich perhorrescire die selbstischen Zwecke der Hohenzollern und ihrer Berather. Ich sehe Cäsarismus und Prätorianismus voraus. Nach außen mögen Beide der Stellung Preußens und Deutschlands Respekt verschaffen, aber nach innen wird noch auf lange hin an keine wahrhaft freiheitliche Entwickelung zu denken sein. Die Kleinstaaterei taugte den Teufel nicht, aber der Cäsarismus ist noch schlimmer."

Auch die Begeisterung, die aus dem „Germania"-Gedicht spricht, bezieht sich in erster Linie auf die Überwindung der provinziellen Enge der Kleinstaaterei, kein Wort fällt zur preußischen Herrschaft selbst.

Im Verschweigen der eigentlichen politischen Wirkmächte spiegelt sich deutlicher, als es die patriotischen Zeitgenossen wahrhaben wollten, *Freiligraths* ablehnende Haltung aller obrigkeitsstaatlichen Gewalt gegenüber. Ohne Zweifel ist er ruhiger und zurückhaltender geworden, aber keineswegs hat er seine liberal-republikanische Überzeugung aufgegeben. Als im Sommer 1866 die Schlacht bei Königgrätz tobt, wendet sich *Freiligrath* nicht etwa dem Schlachtengeschehen zu, sondern der 1865/66 erfolgten Verlegung der beiden ersten Kabel durch den Atlantik, die eine telegraphische Verständigung zwischen der alten und der neuen Welt ermöglichten. Im Gedicht „Nadel und Draht" heißt es:

Stand der Ost in roten Kriegesflammen,
Brach in Glut ein Staatenbau zusammen: -
Wir indes sind auf des Westmeers Wogen
Friedlich auf ein Friedenswerk gezogen.

Bruder dort erschlug im Kampf den Bruder -
Wir nach Abend lichteten das Ruder:
Schaffend auch, daß alles Volk der Erde
Mehr und mehr ein Volk von Brüdern werde.

Für die Verbrüderung der Menschen im republikanischen Geist schlägt *Freiligraths* Herz auch dann noch, als die Hoffnungen auf eine baldige Liberalisierung vorläufig gescheitert sind. Nicht der Krieg, die Zerschlagung der österreichischen Großmacht faszinieren ihn, sondern einzig und allein das, was eine friedliche Verständigung zwischen den Menschen zu fördern vermag. *Freiligrath* ist weder ein Tribun des Proletariats noch ein Herold des Preußentums, ohne einseitige Parteinahme tritt er ein für das Recht des Menschen auf Unverletzlichkeit seines Lebens. Wichtiger als die Verkündung preußischer Heldentaten ist ihm die Verknüpfung mit Nordamerika, der Wiege moderner freiheitlicher Demokratie. Insofern wächst das vorliegende Gedicht über den engen Rahmen der Gelegenheitspoesie hinaus, indem es noch einmal politisch Stellung bezieht.

Es gehört ein gutes Teil patriotischer Voreingenommenheit dazu, um aus *Freiligraths* Gedicht „Die Trompete von Gravelotte" (1870) eine Verherrlichung des deutsch-französischen Krieges herauszulesen.

Bereits in der dritten Strophe setzt, verdeutlicht durch die adversative Konjunktion „doch" eine nicht zu übersehende Gegenbewegung ein, die dann in der Schilderung des grauenvollen Vernichtungskampfes ihrem Höhepunkt zustrebt. Zwar ist noch einmal von dem „herrlichen Kampf" die Rede, aber die von einem Schuß durchlöcherte Trompete vermag nicht, erneut zu ihm aufzurufen. Nur noch ein Schmerzensschrei angesichts der ungezählten Toten entringt sich ihr. *Freiligrath* verherrlicht den Krieg nicht, er weist in tiefer menschlicher Anteilnahme auf die Opfer der Massenvernichtung hin. Die Struktur des Gedichts besteht gerade darin, die Euphorie des Krieges durch adversativen Stil, durch Leidenspathos und durch das sprechende Symbol der durchlöcherten Trompete mit der makabren Wirklichkeit zu konfrontieren und damit ihre Inhumanität zu erweisen. Nur eine Rezeption im Geiste eines preußischen Hurra-Patriotismus konnte *Freiligraths* humanes Engagement in eine Verbeugung vor dem militanten Preußentum umlügen.

Freiligrath überwindet die weltflüchtigen Bilderwelten der Romantik durch eine lebendige realistische Bildersprache. Sie schafft die Voraussetzungen für eine bessere Erkenntnis der eigenen Lebensproblematik und damit für ein populäres Breitenverständnis. Man verkennt die eigentlich strukturierende Kraft *Freiligrathscher* Lyrik, wenn man in der Löwen- und Wüstenpoesie nichts anderes als Flucht zu sehen vermag, vielmehr stellen die anschaulich gestalteten Bilder einer lebensvollen Welt vitale Gegenentwürfe zu der restaurativ erstarrten, im Grunde unwirklichen Geschichtsrealität dar. Die politische Dichtung setzt an die Stelle des empirisch fixierten Gegenentwurfs die Gestaltung der zu verändernden gesellschaftlichen Wirklichkeit, wobei die Gestaltungsweise realistischer Veranschaulichung die negativen Zustände umso stärker hervortreten läßt. Zugleich aber wird diese Wirklichkeit immer unter dem dialektischen Aspekt ihrer Veränderbarkeit dargeboten, indem auf revolutionäre Gegenentwürfe verwiesen wird. *Freiligrath* dokumentiert nicht einfach, er zielt vielmehr darauf, durch eine betont dynamische Gestaltung die erstarrte Welt im Bewußtsein seiner Leser wieder in Bewegung zu setzen, um auf diese Weise die fruchtbare Geschichtsdialektik zu erneuern.

Ausgang, Darbietung und Ziel seiner Dichtung sind durch und durch empirisch bestimmt. Dies gilt auch für seine letzte Schaffensphase, in der er nicht etwa in subjektivistische Innerlichkeit ausweicht, sondern Realität in privaten Miniaturen gestaltet und damit indirekt anzeigt, wie sehr unter dem wachsenden Einfluß des preußischen Obrigkeitsstaates die Wirklichkeit für den einzelnen zusammenschrumpft.

Gerade im Verhältnis, das der Lyriker *Freiligrath* zur empirischen Welt einnimmt, spiegeln sich repräsentative Bewußtseinseinstellungen im 19. Jahrhundert. Der konkreten Hoffnung entspricht der Entwurf einer vitalen Lebenskulisse in einem geographisch faßbaren Raum, dem Zorn die pathetischen Schilderungen menschlichen Leidens und menschlicher Unterdrückung zusammen mit der ihnen innewohnenden revolutionären Sprengkraft und schließlich der Enttäuschung der Rückzug auf den ganz privaten Lebenskreis und in die private Perspektive. Mit der konkreten Utopie, dem realistisch-revolutionären Pathos und der privaten Miniatur hat *Freiligrath* Möglichkeiten des lyrischen Sprechens entwickelt und gezeigt, daß Lyrik immer dann die Chance zur Volkstümlichkeit hat, wenn sie die empirischen Lebensbedingungen nicht bis zur Unkenntlichkeit verinnerlicht oder gar verdunkelt, sondern sie in poetischer Sprache zur Anschauung bringt und damit eine erkennende Auseinandersetzung bei den Lesern einleitet. *Freiligraths* lebenslanges Eintreten für die Emanzipation des Menschen von einengender Lebenspraxis, für eine lieberale republikanische Gesellschaft und für das Recht auf Unverletzlichkeit menschlichen Lebens findet seinen Niederschlag in einer wahrhaft demokratischen Dichtung, die sich über alle Parteiungen hinweg an den Menschen wendet, indem sie seine Probleme in einer Sprache Gestalt werden läßt, die auch heute noch anzusprechen und humanes Engagement zu wecken versteht.

Den Lyriker *Ferdinand Freiligrath*, der am 18. März 1876 in *Bad Cannstatt* starb, gilt es immer noch wiederzuentdecken als einen der großen Wegbereiter einer Lyrik, die die klassische Stilisierung ebenso überwindet wie den romantischen Subjektivismus und in der konsequenten Hinwendung zu konkreten Lebensräumen ein in die Moderne vorausweisendes Lyrikkonzept entwirft.

Georg Weerth

„Gott weiß, woher mir die große Liebhaberei an Literatur und schönen Büchern gekommen", beteuert der junge *Weerth* in einem Brief an den ältesten Bruder und wundert sich am Schluß des gleichen Briefes darüber, daß einige *Detmolder* Bürger ihre Söhne „nicht auch einmal den Handel lernen ließen", denn, so heißt es weiter: „Es ist doch das Beste, was es auf Erden gibt!"

Handel und Literatur, materielles und geistiges Leben, bilden für den Kaufmann und Autor *Weerth* eine Einheit. Dem zeitlebens hochgeschätzten

Heinrich Heine verwandt, strebt er eine Kultur des persönlichen Glücks an, in der Körper und Geist, sich gegenseitig befruchtend, verschmelzen. Die satte Behaglichkeit des Spießers ist *Weerth* ebenso fremd wie die romantische Tagträumerei. Er gehört einer Generation an, die weder in abgeschirmte Kunsträume flüchtet noch Wolkenkuckucksheime errichtet, sondern ganz reale Paradiese bauen will.

Seinem Zeitgenossen, dem englischen Empiristen und Soziologen *John Stuart Mill* nahe, ist es für ihn das höchste Ziel menschlichen Handelns, das größtmögliche Glück aller zu befördern. Handel und Kunst sind im besonderen Maße geeignet, diesem Ziel gerecht zu werden, weil sie den Menschen als geistig-sinnliche Einheit ernstnehmen. Als Literat und Kaufmann ist *Weerth* eudämonistischer Ethiker. Dachstubenpoesie liegt ihm ebenso fern wie jedes doktrinäre Weltverbesserungssystem. Vom Materialismus trennt ihn das Bekenntnis zum geistigen Anspruch, vom Idealismus die Bejahung des körperlichen Daseins um seiner selbst willen. In *Weerths* Biographie verbinden sich wie bei den meisten Realisten, deren Generation er angehört, Literatentum und Beruf. Das eine schließt das andere nicht aus, sondern ergänzt es. Praxis und Reflexion sind Komplemente der Daseinswirklichkeit.

Georg Weerth wurde am 17. Februar 1822 in *Detmold* als Sohn des späteren lippischen Generalsuperintendenten geboren. Mit vierzehn Jahren verließ er das Gymnasium und trat eine kaufmännische Lehre in *Elberfeld* an, wo er *Freiligrath* und *Hermann Püttmann,* dem Redakteur der Barmer Zeitung und Herausgeber einiger Sammelbände, begegnete. *Püttmann* war es auch, der in dem jungen Mann das Interesse an politischen Fragen weckte. Nach einer Buchhalterstelle in *Köln* trat *Weerth* 1842 in die *Bonner Firma* eines Verwandten ein, des Kommerzienrats *Aus'm Weerth,* den er später in einem Wortspiel als Herrn Preiss verspottete. Neben seiner kaufmännischen Tätigkeit besuchte er Vorlesungen, las *Shakespeare, Heine, Herwegh* u. a. und schrieb auch selbst. Eine Auseinandersetzung mit dem *Bonner* Oberbürgermeister beendete 1843 *Weerths* Zeit am Rhein.

Im Auftrag einer Textilfirma reiste er noch im Dezember des gleichen Jahres in die mittelenglische Industriestadt *Bradford.* Hie sah er sich bald unmittelbar mit der erdrückenden Wirklichkeit der Industrialisierung konfrontiert und begegnete *Friedrich Engels,* der ihm bereits aus *Wuppertal* bekannt war. Durch ihn lernte er auch *Marx* kennen. Bleibende Eindrücke vermittelten ihm Besuche in der Weltstadt *London.* Nach dem Wechsel zu einer anderen Textilfirma Mitte 1846 ließ sich *Weerth* in *Brüssel* nieder, wo auch *Marx* und *Engels* inzwischen lebten. Von *Brüssel* aus unternahm *Weerth* Geschäftsreisen nach Belgien, Holland und Frankreich. Auf dem internationalen Freihandelskongress im September 1847 trat er mit einer Rede, in der er entschieden für die Arbeiter Partei ergriff, zum erstenmal an die

Öffentlichkeit und erregte enormes Aufsehen. Unmittelbar nach den *Berliner* Märzunruhen 1848 ließ sich *Weerth* von dem Chefredakteur *Karl Marx* für die Mitarbeit an der Neuen Rheinischen Zeitung gewinnen. Die mit dem Untertitel „Organ der Demokratie" bis zu ihrem Verbot am 19. Mai 1849 erschien.

Weerth resignierte und nahm seine Geschäftsreisen wieder verstärkt auf. Auf der Rückfahrt von einer Spanienreise besuchte er *Heine* in *Paris*. Reisen nach *Westindien* und *Südamerika* schlossen sich an. Nachdem sein Werben um *Betty Tendering* unerwidert geblieben war, brach er erneut nach *Westindien* auf. In *Havanna* auf Kuba erlag er am 31. Juli 1856 dem Gelbfieber.

Angesichts der kurzen Lebensspanne sowie der ausgesprochen erfolgreichen Berufsarbeit, verbunden mit ausgedehnten Reisen, ist der Umfang von *Weerths* schriftstellerischem Werk erstaunlich.

Im Mittelpunkt steht die gesellschaftliche Wirklichkeit aus dem Blickwinkel menschlichen Glücksstrebens. *Weerths* literarische Anfänge lassen deutlich anakreontische Anklänge erkennen, wie sie zeitlich parallel auch bei *Mörike, Geibel* u. a. begegnen. In dem Karnevalslied „Froh und frei" wie in den beiden Zyklen „Die Liebe" und „Der Wein", alle aus den frühen vierziger Jahren, besingt er unbeschwertes Genußleben, unbekümmert um kleinliche Bedenken, offen für die Lust und die Freude am Leben. Die Machart ist konventionell, der Ton oft klischeehaft und etwas vollmundig, wichtiger aber ist, daß hier jemand idealistische Entsagung und romantische Weltflucht hinter sich läßt, um das Leben in seiner wirklichen Fülle zu genießen. *Heines* Credo aus dem „Wintermärchen" klingt an: „Wir wollen auf Erden glücklich sein / Und wollen nicht mehr darben."

Auch die Zyklen „Bruder Straubinger" und „Die Lanzknechte" verraten anakreontische Lebenslust, während in dem Zyklus „Historisches" bereits kritische Töne mitschwingen. In Gedichten wie „Kaiser Karl" und „Tilly" erscheinen Macht und Gewalt als schlimme Widersacher der menschlichen Sehnsucht nach unbeschwerter Lebensfreude, die allein dazu angetan ist, den einzelnen gut zu machen.

Letztlich aber triumphiert das Leben in seiner sinnlichen Fülle über alle Verengungen:

> Laß deine Sinne schweifen
> Nicht in das Geisterreich,
> Wo düstre Nebel streifen,
> Wo alles fahl und bleich, . . .

Gegen Entsagung und Traum setzt *Weerth* Erfüllung und Wirklichkeit. Auch wenn das meiste aus dieser Phase literarische Rolle bleibt und sich über den Durchschnitt im Gefolge Anakreons nicht erhebt, wird hier doch wieder die heitere, weltfreudige Seite der Literatur sichtbar, die vor dem Leben nicht ausweicht, sondern es bejaht und genießt.

In *Weerths* Gedankenlyrik, insbesondere in den Gedichten „Die Natur" und „Die Industrie", wird am Rande Kritik laut an den wenigen, die den Reichtum nur für sich beanspruchen, während die meisten in Armut leben. Für *Weerth* hält die Natur für alle genug bereit. Überreich sind die Früchte des industriellen Fortschritts. Erst wenn jeder in ihren vollen Genuß gelangt, werden sich Freiheit und Frieden ausdehnen. *Weerths* uneingeschränkte Bejahung irdischen Lebens, verbunden mit einem hohen sozialen Engagement, mündet in eine optimistische Utopie, die die Züge eines etwas naiv erträumten Schlaraffenlands annimmt. Die Entwicklung hat gezeigt, daß Natur und Industrie keineswegs so widerspruchsfrei ineinander aufgehen, wie es sich aus der Sicht des genußseligen Eudämonisten darstellt. Eigentümlich kontrastiert der Glaube an den Fortschritt mit dem epigonalen klassizistischen Wortschatz und den schwerfälligen fünfhebigen Jamben.

In der zeitlich in etwa parallelen „Schmetterlingsgeschichte" erweist sich *Weerth,* zumindest was das gewählte Ausdrucksmuster angeht, ebenfalls als Epigone. Der junge Mann, der sich hier so ungestüm nach Aufbruch und Lebensfreude sehnt, ist unverkennbar dem *Eichendorffschen* „Taugenichts" nachgebildet, allerdings um einiges unproblematischer und realitätsnäher als jener. Noch bewegt sich *Weerth* in überkommenen Stilmustern, während sein Glaube an die grundsätzliche Durchsetzbarkeit des irdischen Lebensglücks den schönen Schein der klassisch-romantischen Kunstperiode als ästhetische Entschädigung für verweigertes reales Glück aufzuheben beginnt.

Seinen literarischen Durchbruch erzielt *Weerth* in der Begegnung mit der englischen Industriewelt. Die während des Aufenthalts in England zwischen 1843–46 entstandenen „Lieder aus Lancashire" gehören zu den überzeugendsten literarischen Leistungen *Weerths* und können einen Begriff geben von den Möglichkeiten, Sozialproblematik künstlerisch zu gestalten. Besondere Beachtung gilt daher zunächst den Aussagestrukturen. Der Gesamttitel taucht zum erstenmal in dem von *Moses Heß* redigierten Elberfelder „Gesellschaftsspiegel" auf. Hier veröffentlicht *Weerth* 1845 die ersten vier Lieder, und zwar „Der arme Schneider", „Die hundert Männer von Haswell", „Der alte Wirt in Lancashire" und „Der Kanonengießer". Ende 1846 folgen in dem von *Hermann Püttmann* herausgegebenen „Album" „Sie saßen auf den Bänken", „Herüber zog eine schwarze Nacht" und „Das Haus am schwarzen Moor", später noch einmal in der „Deutschen-Brüsseler-Zeitung" vom 31. 1. 1847 abgedruckt. Erneut zum Abdruck kommen im „Album" „Die hundert Männer von Haswell", jetzt unter dem Titel „Die hundert Bergleute", „Der alte Wirt in Lancashire" und „Der Kanonengießer".

Gemeinsam sind allen Liedern das Arbeitermilieu, die zeitgenössische Gegenwart um die Jahrhundertmitte und der räumliche Hintergrund der *Grafschaft Lancashire,* bis heute ein bedeutendes Industriezentrum Englands. Weckt schon die Einbettung in den authentischen zeitlich-räumlichen und sozialen Rahmen dokumentarische Erwartungen, so werden diese noch gesteigert durch den Hinweis auf das tatsächliche Grubenunglück in *Haswell* am 28. 9. 1844, bei dem 96 Bergleute den Tod fanden. „Der Kanonengießer" entsteht beispielsweise auf dem Hintergrund eines Besuchs der größten englischen Kanonengießerei von *Low Moor in Yorkshire.* Auch in den anderen Gedichten dürften eigene Erlebnisse und Erfahrungen den Anstoß zur Gestaltung gegeben haben. Die soziale Dichtung des Vormärz – dies gilt ebenso für die Gedichte *Heines* und *Freiligraths* – knüpft an die konkrete gesellschaftliche Praxis der Zeit an. Nach dem Ende der Kunstperiode wird die unmittelbar gegebene Gegenwart selbst gestaltungswürdig, und zwar in dem Maße, wie sie als veränderungsbedürftig erscheint. Nicht länger gilt es, Utopien zu entwerfen, sondern Wirklichkeit durchschaubar zu machen, um sie nicht aus idealistischer Distanz, sondern aus der realistischen Integration heraus zu verändern.

Das Besondere an *Weerths* Gedichten besteht in der ausschließlichen Konzentration auf den Sozialausschnitt des Proletariers und des Handwerkers. Sie, als Opfer des rücksichtslosen kapitalistischen Wirtschaftsprozesses, treten zum erstenmal in der deutschen Literatur als beherrschende Figuren entgegen. Aus ihrer Sicht erlebt der Leser das Sozialgeschehen. In den sozialen Gedichten *Freiligraths,* etwa in „Von unten auf", stehen sich weniger Arbeiter und Bourgeoisie als der arbeitende Untertan und der Fürst gegenüber. Dies ist auch noch der Fall in *Weerths* vielgerühmtem „Hungerlied", das jedoch, sofern die wirklichen sozialen Fronten betroffen sind, eher anachronistisch wirkt.

Zu einer Sozialgeschichte en miniature setzen sich die Szenen und Situationen aus dem Alltagsleben der kleinen Leute zusammen, auf deren Rücken die großen sozialgeschichtlichen Entwicklungen ausgetragen werden und die unter der Last zusammenzubrechen drohen. Froschperspektive und Individualisierung entlarven das industrielle Zeitalter als ein unaufhörliches Leiden der vielen, die von der Arbeit ihrer Hände leben müssen. Die thematische Strukturierung verrät den unbestechlichen Beobachter, den Augenzeugen, der das Wahrgenommene zu sozialen Fallstudien verdichtet. *Weerths* Stärke liegt in der Schärfe der Beobachtung. Aus der Totalen hebt er durch Naheinstellung das Einzelbild heraus und macht es durchsichtig für die soziale, auf Veränderung drängende Aussage.

Der Stil ist berichtend, fast dokumentarisch, streng an die beobachteten Fakten gebunden und verzichtet in ökonomischer Verknappung weitgehend auf kommentierende Einmischungen. Wertende Attribute fehlen fast ganz, wie überhaupt attributive Fügungen stark zurücktreten. In der Regel dominiert die Außensicht auf die Personen. Visuelle bzw. akustische Signale wie das Ballen der Fäuste, das Zerbrechen von Schere und Nadel oder besonders häufig das Weinen sowie die wörtliche Rede, mitunter auch als Selbstgespräch, eröffnen Einblicke in den inneren Zustand.

Weerths Gedichte erschöpfen sich jedoch nicht in der pointierten Darstellung von Sozialproblematik. Bereits die Anordnung der vier ersten Lieder aus *Lancashire* im „Gesellschaftsspiegel" läßt eine über den literarischen Rahmen hinausreichende Intention erkennen. Die beiden ersten Gedichte „Der arme Schneider" und „Die hundert Männer von Haswell", enthalten durch die Darstellung der unverstandenen bzw. ohnmächtig empfundenen Not einen impliziten Appell. Im Refrain „Und wußte nicht, warum" liegt ein wirkungsvoller Anreiz für den Leser, über das Schicksal des Schneiders nachzudenken, gesteigert noch durch die generalisierende Abwandlung „und niemand weiß, warum". Das Zerbrechen des Werkzeugs und der Selbsttod können nicht grundlos geschehen sein. Das Verweigern einer Antwort auf die quälende Frage nach den Anlässen fordert die Antwort heraus. Sie kann aber nur in den Produktionsverhältnissen selbst gesucht werden. Die Antwort, einmal gefunden, legt veränderndes Handeln nahe, d. h. die Schaffung solcher Bedingungen, unter denen sich das Schicksal des Schneiders nicht wiederholen kann. Im Gedicht über das Grubenunglück in *Haswell* ist es das ohnmächtige Leid der Frauen, das nach gesellschaftlicher Veränderung schreit. Aber auch hier bleibt *Weerth* beim impliziten Appell stehen.

Anders in der folgenden Zweiergruppe: „Der alte Wirt in Lancashire" und „Der Kanonengießer". Die vierfach potenzierte Not der Arbeiter mündet in eine unverhohlene Drohung: „Ein Reicher lag in bösem Traume". An die Stelle des unverstandenen Leids rückt die Erkenntnis der eigenen Lage, an die Stelle der Ohnmacht der revolutionäre Zorn. Der implizite spitzt sich zum expliziten Appell zu.

Der Kanonengießer befindet sich bereits auf einer anderen Bewußtseinsstufe. Ruhig trotz allen Grolls gelangt er zu der Einsicht, daß eine grundlegende, für den Arbeiter gerechte soziale Lösung nur herbeigeführt werden kann, wenn er die Produktion eigenverantwortlich übernimmt. Der abschließende explizite Appell läuft auf die Abschaffung des unternehmerischen Privateigentums an den Produktionsmitteln hinaus.

Mit den Formen des impliziten und expliziten Appells, ungerechte soziale Verhältnisse aktiv zu verändern, zielen die Gedichte unmittelbar auf gesellschaftliches Handeln ab. Dies gilt ebenso für die drei anderen, später entstandenen Gedichte dieser Gruppe. Vergleichbar mit dem Haswell-Gedicht ist das Gedicht „Das Haus am schwarzen Moor". In beiden Fällen impliziert das ohnmächtige Leiden die Notwendigkeit, rasch und entschlossen einzugreifen, indem der Leser beispielsweise für den erfrorenen, verstummten Jan das Wort ergreift und den Reichen die Antwort gibt, die sie als Verantwortliche für die soziale Not verdienen. Ein impliziter Appell eigener Art liegt in dem Gedicht „Herüber zog eine schwarze Nacht". Die Erkenntnis vom Tode Gottes befreit die Menschen aus den Fesseln angeblich göttlich verhängten Duldens und religiöser Scheinbegründungen für das soziale Unrechtssystem. Handlungsziel des befreiten Menschen kann nur der revolutionäre Umsturz sein.

Die selbstbewußten Arbeiter im Gedicht „Sie saßen auf den Bänken" bekennen sich offen zum revolutionären Handeln, indem sie sich im Bewußtsein der internationalen Zusammengehörigkeit des Proletariats mit den rebellierenden schlesischen Webern solidarisieren. Wie sehr es *Weerth* darauf ankommt, den Aufrufcharakter seiner Gedichte unmißverständlich deutlich zu machen, beweist, daß er auch im „Album" mit dem „Alten Wirt in Lancashire" ein Gedicht mit einem expliziten Appell ans Ende stellt.

Alle Gedichte laufen aus in einen offenen Schluß. Ob konfrontiert mit dem Übermaß des Leidens, mit ingrimmiger Wut oder mit einem neuen proletarischen Klassenbewußtsein, immer spürt der Leser, daß etwas geschehen muß, etwas, das die Ursachen des Leidens und der Wut aus der Welt schafft und die Arbeiter und Handwerker ebenbürtig neben die anderen Gesellschaftsgruppen stellt. Die appellative Zuspitzung ist das eigentliche Strukturprinzip der Gedichte. Jeder einzelne Sozialfall steht unter prononcierter Konfliktspannung, die nach Entspannung durch veränderndes Handeln verlangt. Charakteristisch für *Weerth* ist dabei, daß die Herausforderung an den Leser jeweils aus einer betont sachlichen Konfliktdarstellung erwächst. In allen Fällen ist die soziale Not das motorische Element der Darstellung und des Appells, die zunächst literarisch gewonnenen Einsichten und Erkenntnisse dialektisch in der gesellschaftlichen Praxis fruchtbar zu machen.

Allein mit den „Liedern aus Lancashire" gehört *Weerth* zu den wichtigsten Vertretern einer Lyrik in Deutschland, die das Draußen als poetische Herausforderung ernstnimmt und den Lyriker aus seiner Selbstisolation zurückführt in die soziale Verantwortung. Anders als *Freiligrath* setzt *Weerth* dabei nicht auf die pathetische Aufgipfelung, sondern auf das unterkühlende Understatement.

In seiner Lyrik reduziert und pointiert er, was sich in seinen prosaischen Sozialreportagen noch detaillierter entfaltet. Beiden Ausdrucksformen aber, der Lyrik wie den Reiseskizzen, geht die Begegnung mit dem hochindustrialisierten England voraus. Berichte über seine erste Englandreise erschienen bereits im Oktober 1843 unter dem Titel „Von Köln nach London" in der „Kölnischen Zeitung". Schreiben heißt für *Weerth* handeln, verändernd einzugreifen mit dem Instrument der Sprache in die Ungerechtigkeit der Welt, die wenigen alles und den meisten fast nichts bietet. Mit den jungdeutschen Autoren teilt er die Auffassung von der Literatur als Gebrauchsform, die den Menschen erreichen will, indem sie Fragen seines alltäglichen, sozialen Lebens aufwirft. Nur einem weltfremden, esoterischen Literaturverständnis konnte das journalistische Schreiben suspekt sein.

So durchgreifend sind für *Weerth* die Erfahrungen in England, daß er bei einem kurzfristigen Zwischenaufenthalt in *Detmold* die Sozialskizze „Die Armen in der Senne" entwirft. Das Elend der bitterarmen Bauern in der kargen Senne am Südhang des Teutoburger Waldes erscheint im authentischen Bericht eines Försters. Konsequent beginnt sich die Literatur an der sozialen Wirklichkeit zu orientieren. Das irdische Glück, das *Weerth* zunächst noch so unbeschwert besungen hatte, bleibt auch hier zentrales Anliegen, nur nicht länger dargestellt als fiktive Erfüllung, sondern als reale Versagung. Mit der Erfahrung des wirklichen Elends der Armen, denen in einer ungerechten Gesellschaft alles materielle Glück vorenthalten wird, wandelt sich der Epigone *Weerth* zum originellen frührealistischen Autor. Reiseliteratur ist nicht länger Medium eines romantischen Schweifens in unendliche Fernen oder wie bei *Pückler-Muskau* Ausdruck eines müßiggehenden Weltbummlers, sondern aktuelles, soziales Dokument.

Den Höhepunkt erreichen *Weerths* Reiseberichte in den „Skizzen aus dem sozialen und politischen Leben der Briten", die die überarbeitete Form der Beiträge darstellen, die *Weerth* zwischen 1843 und 1844 ebenfalls in der „Kölnischen Zeitung" veröffentlicht hatte. Die vierzehn Kapitel folgen im wesentlichen dem Reiseverlauf. Eindrücke vom Kohlenrevier stehen neben Einblicken in das Leben englischer Arbeiter. Geschildert wird das Verhältnis des Proletariats zur Bourgeoisie ebenso wie die Geschichte der englischen Arbeiterbewegung. Vehement attackiert *Weerth* den Menschlichkeit heuchelnden Kapitalismus, das gemeinste Geldinteresse und das verlogene Christentum der Kapitalisten.

Die Zukunft gehört für ihn den Ausgeplünderten und Geschundenen. Im „Blumenfest der englischen Arbeiter" schildert *Weerth* die eigenständige Kultur und die unverstellte Natürlichkeit der armer Leute, die ihre Eigenart und ihren Schönheitssinn bewahrt haben. Von ihnen allein, so meint *Weerth*, könne und müsse eine wahrhaft menschliche Kunst ihren Ausgang nehmen. *Heines* ironische Skepsis dem Proletariat gegenüber – man vergleiche „Die Wanderratten" – weicht hier einer im ganzen naiven Verklärung proletarischer Kultur. Realistische Sozialreportage und Sozialutopie verbinden sich bei *Weerth* zu einer Literatur der Hoffnung auf den letztendlichen Triumph des irdischen Glücks über Ungerechtigkeit und Elend. Antriebsmoment einer solchen humanen Entwicklung ist für ihn die wachsende Not, die letztlich das Joch der Ausbeutung abschütteln wird.

Zweifellos berührt sich *Weerth* in der Beschreibung und Beurteilung der

Lage mit *Marx* und *Engels*. Fremd blieb ihm jedoch zeitlebens jeglicher ideologischer Systemzwang. Näher als die nüchterne soziologische Analyse lag ihm die lebendige Schilderung eigener Erfahrungen und Erlebnisse. Als Mitglied des „Bundes der Kommunisten" vertraute er vor allem auf die glückstiftende Kraft der neuen, revolutionären Ideen. In allem aber blieb er mehr urbaner Eudämonist als sozialistischer Analytiker, was sich schließlich in der merklichen Distanzierung von *Marx* und *Engels* äußerte.

Medium war und blieb die Literatur. Nach der naiven Glücksfiktion im anakreontischen Stil und den kritischen Reportagen einer sozialen Wirklichkeit, die das Glück der meisten mißachtete, griff er zu den Mitteln der Satire und Parodie, um das zu zersetzen, was der Verwirklichung eines allgemeinen Glückszustands im Wege stand. Zwischen 1847 und 1848 erschienen die „Humoristischen Skizzen aus dem deutschen Handelsleben" zunächst in der „Kölnischen Zeitung", dann in der „Neuen Rheinischen Zeitung", wo *Weerth* inzwischen Chef des Feuilletons war. Das Werk liest sich wie eine Parodie auf den Bildungsroman und die klassische Bildungsdichtung überhaupt, deren Merkmale der Autor mit bemerkenswerter Konsequenz auf eine betont antiidealistische Ebene hinüberspielt. Das Kaufmannsbüro, nahezu ausschließliche Kulisse des Geschehens, wirkt wie eine Karikatur auf Fausts Studierzimmer. Deuteten dort die Gerätschaften auf geistiges Bemühen, so stehen sie hier in ausnahmslos ökonomischen Zusammenhängen. Selbst die kostbar eingebundenen Bücher verweisen ausschließlich auf Kaufmännisches. Kopierbuch, Kundenbuch und Kalkulationsbuch bilden den Grundstock einer Bibliothek, die nicht der geistigen, sondern ausschließlich der materiellen Bereicherung ihres Besitzers dient. Begegnet im Bildungsroman das junge bildsame Individuum, so ist es hier ein älterer bornierter Herr, dessen Handeln nicht von selbstloser Humanität, sondern ausschließlich vom nackten Geldinteresse geleitet ist. Alle auftretenden Personen sind fernab von freier geistiger Selbstbestimmung der Diktatur der Ware unterworfen. Eine Entwicklung findet weder personell noch räumlich statt. Während die Geschäfte im Fluß sind, stagniert der Mensch. Nicht in der Bildungsdichtung, das ist die sarkastische Konsequenz, ist der bourgeoise Bürger darstellbar, sondern nur in deren Parodie. Unverkennbar ist die doppelte Stoßrichtung. Nicht nur die nackte materielle Existenz wird parodiert, sondern gleichermaßen das verinnerlichte Ideal geistig-sittlicher Entsagung.

1849 erschien mit „Leben und Taten des berühmten Ritters Schnapphahnski", *Weerths* einzige Buchpublikation zu Lebzeiten. Auch hier handelt es sich weitgehend um Parodie im Medium des ins Kraut schießenden Ritter- und Räuberromans. Ziel der Parodierung ist die unzeitgemäße Aristokratie. Im parodistischen Zerrbild der beliebten, weitgehend obsoleten Romanform entwirft *Weerth* ein satirisches Porträt des ebenso reaktionären wie korrupten Fürsten Lichnowsky, Mitglied der *Frankfurter* Nationalversammlung, dem bereits *Heine* im „Atta Troll" ein wenig schmeichelhaftes Denkmal gesetzt hatte. Der ritterliche Held ist zu einem feigen Maulhelden und Erbschleicher heruntergekommen. Er ist nicht länger ein romantisch verklärter Edelmensch, sondern der höchst reale und schäbige adelige Schuft. Der bissige Roman trug *Weerth* wegen Beleidigung eines Abgeordneten der Nationalversammlung drei Monate Haft im *Kölner* Klingelpütz ein.

Auch *Weerths* späte Lyrik zeigt deutlich satirisch-parodistische Züge. In der brillanten biblischen Romanze „Herr Joseph und Frau Potiphar" dreht er die originale Wertungsperspektive einfach um, indem er der sinnlich schönen Frau rechtgibt und den keuschen Joseph als Stockphilister und Esel sondergleichen verlacht. Leibfeindliche Askese erscheint als komische Verzerrung der körperlich-geistigen Ganzheit des Menschen.

Zuccalmaglios „Kein schöner Land" klingt an in dem längeren Erzählgedicht „Kein schöner Ding ist auf der Welt, als seine Feinde" zu beißen". Unmittelbar nach dem Verbot der „Neuen Rheinischen Zeitung" treibt *Weerth* ein übermütiges Spiel mit den Hütern der Reaktion. Im Genuß schließlich überwindet er seine Enttäuschung:

> Ade! Euer Wein war trefflich; und
> Ihn preis ich nach allen Winden –
> Einst wird auch schlagen unsere Stund,
> Da wird sich alles finden.

Vorbei ist zunächst der Traum von dem größtmöglichen Glück für alle, Erfüllung aber findet der einzelne im Genuß dessen, was die Natur, unbekümmert um politische Entwicklungen, überreich hervorbringt. *Weerths* Vertrauen auf eine Zeit des Glücks und der Freiheit scheint ungebrochen, wenn auch nur noch spürbar in einem vagen Zukunftsverweis. Den Polizeispitzeln hinterläßt er einen selbstformulierten ironischen Steckbrief:

> Fünf Fuß, zehn Zoll – die Haare blond –
> Olympisch gewölbt die Stirne –
> Ein roter Bart – Statur ist schlank–
> Kennzeichen: Viel Gehirne. –

Auffällig ist in *Weerths* letzter Schaffensphase das Zurücktreten sozialkritischer Motive. Seine Mitstreiter *Marx* und *Engels* verlieren für ihn an Bedeutung und Einfluß. In einem Brief bekennt er, daß er wirklich nicht wisse, was er ihnen schreiben solle. Demgegenüber schreibt er zwischen 1850 und 1856 eine Fülle von Reisebriefen an die Mutter. Erhalten sind über zweihundert Briefe, in denen er detailliert von seinen Geschäftsreisen nach Spanien, Portugal, Südamerika und Westindien berichtet.

Land und Leute in Regionen, die den meisten Deutschen nur vom Hörensagen bekannt waren, gewinnen Konturen – und immer wieder die Schönheiten der grandiosen exotischen Natur, die den Betrachter überwältigt. Neue, unerschöpfliche Lebensgenüsse erschließen sich *Weerth* im Anblick eines faszinierenden Panoramas, das er in anschaulicher, lebendiger Sprache einfängt. „So habe ich denn in der unglaublich kurzen Zeit von 2 Monaten eine Reise gemacht, so groß und so schön, wie man sie nur auf dieser Erden machen kann", schreibt er 1853 an die Mutter. „Ich durchfuhr 2 Meere, die karibische See und den Atlantik; ich sah die größten Ströme und die prächtigsten Berge und Wälder, welche die Riesenfaust der Natur geschaffen hat, zwischen dem 6. und 18. Breitengrade in der Region des ewigen Frühlings."

Enttäuscht von der Enge und Armseligkeit der restaurativen Gesellschaft, fand *Weerth* in der Begegnung mit einer überwältigenden Natur zum Erlebnis der Weite und der Fülle zurück. Der Genuß irdischen Glücks blieb für ihn oberstes Ziel. Aus solchem Glücksstreben, der Eudaimonia, erwuchs bei *Weerth* eine Literatur von höchster sinnlicher Präsenz, die die entstellte wie die erfüllte, die soziale wie die naturhafte Wirklichkeit zur Anschauung bringt.

In konsequenter Abkehr vom Idealismus gestaltet er wie *Grabbe* und *Freiligrath* Dichtungen, in denen die konkreten Lebensräume der Menschen Gestalt gewinnen, in denen Geschichte, Gesellschaft und Natur in ihrer eigentümlichen Verfaßtheit neues poetisches Existenzrecht erhalten und die den ästhetisch schönen Schein der Kunstperiode auflösen angesichts der Wirklichkeit der Macht, der Unterdrückung und der Ausbeutung, angesichts aber auch eines unaufhörlich wirkenden Seins im Menschen und in der Natur, das auf die Dauer keine Beschränkung und Verstümmelung erträgt und sich letztlich befreit aus allen ästhetischen und gesellschaftlich-politischen Einkerkerungen.

Weitgehend unabhängig voneinander gestalteten *Grabbe, Freiligrath* und *Weerth* eine Literatur, die antiklassisch ist, verglichen mit der Klassik in *Weimar,* klassisch aber, bezogen auf ihren literarhistorischen Stellenwert. In seinem „Schlußlied", befreit von den Zwängen des Metrums und des Reims, besingt Weerth das strahlende, Wirklichkeit gewordene Wunder der Natur:

> Triumph? Daß du kamst,
> O strahlende Sonne; ein neuer
> Tag geht auf den Völkern der Erde.
> Mag alles froh dich begrüßen,
> Mag alles liebend dir nachschaun,
> Wenn wundervoll
> Nach vollbrachtem Lauf
> Du leuchtend wieder hinabsinkst.

Das literarische Umfeld

Johann Friedrich Wilhelm Pustkuchen (-*Glanzow*) ist um einiges älter als *Grabbe*. Er wurde 1793 als Sohn eines Lehrers und Kantors in *Detmold* geboren. Nach dem Theologiestudium arbeitete er zunächst als Hauslehrer, bis er 1820 seine erste Pfarrstelle in *Lieme bei Lemgo* erhielt. Schwierigkeiten mit seiner Gemeinde wegen der Art seines Religionsunterrichts bewogen ihn, sein Amt niederzulegen. Durch die Gunst des damaligen Kronprinzen und späteren Königs *Friedrich Wilhelm IV.* erhielt er eine neue Pfarrstelle in *Biebelskirchen bei Ottweiler* im Saarland, wo er 1834 starb.

Neben einer Reihe ökonomischer, philosophischer, pädagogischer und historischer Arbeiten, die zumeist in der von ihm herausgegebenen Zeitschrift „Levana" erstmals gedruckt wurden, schrieb er einig belletristische Werke, unter ihnen die Erzählsammlungen „Die Perlenschnur" (1820) und „Viola" (1833), in denen er in Erzählungen wie „Der Leichenstein" oder „Die Todesweihe" eine besondere Vorliebe für das Gespenstische und Grausige zeigt.

Berühmt gemacht aber haben ihn „Wilhelm Meisters Wanderjahre" in fünf Teilen, erschienen 1821 bis 1828 in *Quedlinburg* ohne Namensnennung des Autors. Das Werk, mehr eine breite kritische Auseinandersetzung als eine Parodie des *Goethe*schen Romans, faßt das epische Motiv der Wanderung als eine Art kritischer Revue des Gesamtwerks *Goethes* auf. In Anlehnung an die Bildungsgespräche und diversen Bildungsorte des Originals gerät Wilhelm Meister, ein begeisterter *Goethe*-Leser, auf einem Schloß in den Kreis einer Gesellschaft, die sich schließlich vornimmt, *Goethes* Werke zu studieren. In kritischen Gerprächen, stets unter Einbeziehung einschlägiger Stellen und Beispiele, wirft man dem Dichterfürsten vor, er sei im Grunde nur ein talentierter Virtuose und flexibler Modedichter, ein Apostel der freien Liebe, ohne die nötige Entschiedenheit in weltanschaulich sittlichen und religiösen Fragen, daher außerstande, überzeugende Charaktere zu formen. Scharfe Kritik trifft *Goethes* Frauendarstellung: „Ist nicht überall die Vorstellung, als ob das weibliche Wesen seine Güte, seine Vortrefflichkeit nicht durch Bildung, durch Streben, sondern aus der Hand der Natur als eine Art Vorbegünstigung empfange?" Deutlich zieht man die Festlegung der Frau auf bloßes Hinnehmen und Empfangen in Zweifel. „Aber ob mit diesem Naturgewächs von Einfalt oder Unschuld das eigentliche Ideal der Weiblichkeit aufgestellt sei, das bezweifle ich sehr." Am Schluß ist Wilhelm Meister nicht länger ein Geschöpf *Goethes*, sondern auf dem Wege zu sich selbst. Folgerichtig treten *Goethe* und seine Werke in den beiden abschließenden Teilen völlig zurück.

Wegen des überaus großen Erfolgs hat *Pustkuchen* den „Wanderjahren" noch zwei weitere Werke folgen lassen. „Wilhelm Meisters Tagebuch" erschien in zwei Bänden zwischen 1822 und 1824. Das 1822 veröffentlichte Buch „Wilhelm Meisters Wanderjahre. Gedanken einer frommen Gräfin" ist ein vorwiegend religiöses Werk, das in sittlicher Opposition zu *Goethe* vorbildliches christliches Denken und Handeln vorführt. Im zweiten Band des erwähnten Tagebuchs faßt *Pustkuchen* in der Rolle Meisters noch einmal prägnant seine Kritik an *Goethe* zusammen. Von „Abneigung vor dem Glauben" ist die Rede, attackiert werden die „moralisierende Schwäche und unmoralische Lizenz", als bloße „Kunstformulare" erscheinen die Werke mit forciert „properzischer Lüsternheit" und „weimarischer Griechheit", Spott trifft schließlich den „naturphilosophischen Dilettantismus" in den „Wahlverwandtschaften". *Goethes* „Gefügigkeit", so die Folgerung, „sich wie ein Günstling jeder Laune seiner Dame anzubequemen, ist wahrhaft bewundernswert, wenn auch nicht musterhaft".

Pustkuchens Kritik kann nicht immer eine gewisse konservativ-pietistische Enge verleugnen, dennoch sind seine „Wanderjahre" in der Anlage und in der kritischen Aussage nicht ohne Witz und Pointierung. Immerhin fanden sie einige Resonanz, stießen auf Zustimmung und Ablehnung und forderten *Goethe* selbst zu wütenden, aber nicht sonderlich geistreichen Versen heraus. Vor allem ist *Pustkuchens* Werk ein seinerzeit vielbeachtetes Zeugnis der kritischen Absetzung von der kanonisch werdenden, allmächtigen Literatur aus *Weimar,* die alle anderen literarischen Hervorbringungen mit dem Odium des Provinziellen zu belegen drohte. Gerade das spätestens durch *Mösers* Eintreten gestiegene regionale Selbstbewußtsein Westfalens regte sich bei *Pustkuchen* wie bei *Grabbe* u. a. und wies jeden Anspruch auf Allgemeingültigkeit zurück. Aus dem gleichen Unbehagen schreibt *Chamisso* 1821 mit Bezug auf *Goethes* „Wanderjahre" an *Rahel Varnhagen:* „Mir sind alle diese Freimaurereien, die Mächte des Turmes, das Band, vor allem aber diese Erziehungsutopien im Grunde des Herzens verdrießlich. Ich glaube nicht, daß sich fabrikmäßig Anlagen der Menschen zu eigentümlichen, selbständigen kneten lassen."

Keine *Detmolderin,* aber mit der kleinen Residenzstadt über 15 Jahre verbunden, war die in *Kassel* 1816 als Tochter eines kurhessischen Ministers geborene *Malwida von Meysenbug.* Im Gefolge der Unruhen nach der Julirevolution von 1830 kam sie 1832 mit ihrer Mutter nach *Detmold,* wo ihre älteste Schwester verheiratet war. Sie, die später bekannte, von der Revolution ihre zweite Taufe empfangen zu haben, entwickelte sich hier zu einer schwärmerischen Demokratin. Eine tiefe geistige Verwandtschaft verband sie in dieser Zeit mit dem jungen freireligiösen Demokraten *Theodor Althaus.* Ihm galt ihre große und wohl auch einzige Liebe.

In ihren „Memoiren einer Idealistin", 1876 anonym erschienen, berichtet sie von einem Ausflug zu dem damals noch im Bau befindlichen Hermannsdenkmal und von der „Sonntagsrede", die *Althaus* dort den erstaunten und betroffenen Bauern hielt: „Er sprach von dem, was den gewöhnlichen Gegenstand unserer Unterhaltungen bildete, von dem Reich der Liebe, das sich auf der Erde verwirklichen müsse und nicht erst jenseits des Grabes; jenes Reich, wo Herz und Geist den einzigen Adel verleihen, . . ." Die sittlich-ästhetische Erneuerung des Menschen erschien auch *Malwida von Meysenbug* nur möglich in demokratischen Verhältnissen. Aus dieser Überzeugung erwuchsen die „Memoiren", ihr bedeutendstes Werk, das sie ihren Schwestern widmete, die nicht länger Götzenbilder, Puppen oder Sklavinnen des Mannes sein dürften.

Nur geringer Raum ist der *Detmolder* Zeit, den Jahren bis 1848 gewidmet. Breit entfaltet sich ein wechselvolles Lebenspanorama. Geschildert werden der Kampf um Arbeiter- und Frauenbildungsfragen, ihr Erlebnis der Revolution von 1848 in *Frankfurt,* ihre Ausweisung aus *Berlin* 1852 wegen des Umgangs mit revolutionären Politikern und Pädagogen, ihr Aufenthalt in *London,* wo sie als Berichterstatterin arbeitete und Beziehungen zu politischen Emigranten unterhielt, und ihre Reisen nach *Paris, Florenz, Ischia* und *Rom,* wo sie 1903 starb. Mit bedeutenden Geistern der Zeit stand sie in Verbindung, unter ihnen *Richard Wagner, Nietzsche, Liszt, Garibaldi, Mazzini, Kinkel, Schurz* u. a.

Einen Schwerpunkt der Memoiren bildet die Darstellung des Vormärz. Gerade in der winzigen Residenz *Detmold,* die, wie sie schreibt, „für einen englischen oder russischen Aristokraten nur ein mäßiger Grundbesitz sein würde" und in der der „regierende Herr", *Leopold II.,* „ein ehrlicher Mann, gut von Herzen, aber etwas beschränkten Verstandes" war, gingen ihr auf engstem Raum die unerträglichen Zustände des Kleinstaatenabsolutismus auf. „So weit ging der Absolutismus damals in Deutschland, daß in einem solchen Duodezländchen, wie das, von dem ich hier spreche, kein freies Wort, kein gerechter Tadel über Angelegenheiten, die das allgemeine Wohl betrafen, ausgesprochen werden konnte, und daß ein Mensch verpönt wurde, der an den Nimbus dieser kleinen Majestäten zu rühren wagte." Die revolutionäre Bewegung brachte in *Detmold* nur ein „schwaches Zucken" hervor. Eine Menschenmenge hatte sich vor dem Schloß versammelt, „um die Zusammenberufung der Kammer zu fordern". Der Fürst mußte nachgeben, wie es ironisch heißt, „da die zwei Kanonen, die das Arsenal ausmachten, einer abschlägigen Antwort wohl keinen Nachdruck hätten geben können".

Selbst die Revolution hatte in der lippischen Residenz etwas „Kleinliches und Lächerliches", das bereits ihr allgemeines baldiges Ende ahnen ließ, wie es *Malwida von Meysenbug* dann in *Berlin* erlebte. Auch wenn sie zeitlebens dem Bürgertum verhaftet blieb – *Romain Rolland* nennt sie eine „vom Korn *Goethes* genährte Lerche" – und unter dem Einfluß *Wagners* einem weltflüchtigen Ästhetizismus zuzuneigen begann, bleiben ihre Memoiren ein wichtiges emanzipatorisches Vermächtnis aus der Feder einer der gescheitesten Frauen des 19. Jahrhunderts.

Malwida von Meysenbugs große Liebe, *Theodor Althaus,* 1822 als Sohn des lippischen Generalsuperintendenten in *Detmold* geboren, studierte Theologie und Philosophie in *Bonn, Jena* und *Berlin.* Als Mitarbeiter der *Bremer* „Weserzeitung", als Autor des Buchs „Die Zukunft des Christentums" und der politischen „Märchen aus der Gegenwart" profilierte er sich zu einem entschiedenen Achtundvierziger. Nach der Konstituierung der Nationalversammlung berichtete er fortlaufend *über sie* in der *Bremer* Zeitung, deren Schriftleiter er wurde. 1849 inhaftierte man ihn als Staatsverräter in *Hildesheim.* Zwei Jahre nach seiner Entlassung starb er 1852 in *Gotha* an Leukämie. Aus der Zeit seiner Haft stammt die Schrift „Aus dem Gefängnis. Deutsche Erinnerungen und Ideale."

Unter dem Einfluß von *David Friedrich Strauß* und *Ludwig Feuerbach* entschied er sich gegen die christliche Kirche für eine solidarische Gemeinschaft, die auf den „Geist der Liebe und Brüderlichkeit des Urchristentums" gründet. Zwar revidierte er später auf Grund realer Erfahrungen seinen Glauben an die angeborene menschliche Güte, blieb aber zeitlebens seiner radikal-demokratischen Einstellung treu. Wichtig war ihm eine konsequent föderative Demokratie, denn die „Natur", so schreibt er, „will auch geradezu eine charakteristische, den Anlagen entsprechende Kultur des Einzelnen neben und in der allgemeinen".

Althaus bevorzugte wie die meisten Jungdeutschen die Prosa. Hier liegen offenbar seine herausragenden schriftstellerischen Leistungen. Eher Produkte von Mußestunden waren seine Gedichte, die ein Jahr nach seinem frühen Tod gesammelt vorgelegt wurden. Sie umfassen drei Bücher nebst einem Nachlaß. Auffällig treten die Motive des Aufbruchs und der Bewegung in den Vordergrund. Frühling, Morgen und Morgenröte sowie fließendes Wasser spiegeln die vormärzliche Sehnsucht nach Erneuerung. Lichtmotive, unter ihnen immer wieder die Sonne, weisen voraus in eine Zeit, die die finstere Phase der Restauration hinter sich gelassen hat. Überwiegend handelt es sich um weltanschaulich reflektierende Gedichte, um die Darbietung fortschrittlichen Denkens in Versgestalt. In der didaktischen Intention, in der mitunter klassizistischen, fast durchgehend angestrengt rhetorischen Sprache sowie in der häufigen Verwendung von Langzeilen und nicht zuletzt in der Länge der Gedichte überhaupt wird immer wieder das Vorbild *Schillers* erkennbar, der im geistigen Austausch zwischen *Malwida von Meysenbug* und *Althaus* eine besondere Rolle spielte. Gelegentlich, insbesondere in den Liebesgedichten, klingen romantische Töne an. Zu einem eigenen lyrischen Stil fand *Althaus* kaum, aufschlußreich aber bleibt die Politisierung des überkommenen Motivrepertoires unter dem Einfluß des Vormärz, die die Gedichte einreiht in die jungdeutsche Zeitlyrik.

Der Freiheit edles Ringen,
Die Liebe bis zum Tod:
Die hob die starken Schwingen
Empor ins Morgenrot;
Da ward des Liedes Funken
Zur Hymnenglut geschwellt:
Da sang ich frühlingstrunken
Die neue freie Welt!

Auch im literarischen Umfeld der drei großen *Detmolder* Autoren beginnt sich ein deutliches Engagement für die eigene Zeit und die konkreten Lebensräume abzuzeichnen. Mit unbestechlichem Blick entwirft *Malwida von Meysenbug* ein repräsentatives Zeitbild, *Althaus* wird nicht müde, die Kräfte des Aufbruchs aus der Stagnation zu beschwören, und *Pustkuchen* schließlich überwindet in kritischer Auseinandersetzung die ästhetische, zeit- und raumenthobene Existenz der Kunstperiode. *Detmolder* Autoren waren in der eigentlich klassischen Phase der westfälischen Literatur vielseitig an der allgemein einsetzenden realistischen Wende beteiligt, die insbesondere *Grabbe, Freiligrath* und *Weerth* entscheidend mitgestalteten.

VIII. Kritik und Entwurf

Gerade die *Detmolder* Autoren strafen das verbreitete Urteil Lügen, westfälische Literatur sei ausschließlich betulich ländlich, politisch reaktionär, unzeitgemäß und weltfremd. Nicht zufällig betreten Westfalen die Bühne der Nationalliteratur zunehmend in einer Phase der Auflehnung gegen idealistische Tradition und absolutistische Willkür. In der Stickluft des Restaurationsklimas profilieren sich westfälische Autoren von Rang, indem sie in erklärtem Widerstand gegen angemaßte Macht das Recht auf freie persönliche Entfaltung reklamieren.

Der bedeutende freiheitlich-patriotische Lyriker *Hoffmann von Fallersleben* fand schließlich Zuflucht in Westfalen, nachdem man ihn 1842 wegen seiner „Unpolitischen Lieder" ohne Pension aus seiner Professur an der Universität *Breslau* entlassen hatte. Nach unsteten Wanderjahren erhielt der Dichter des Deutschlandlieds 1860 die Stelle eines Bibliothekars des Herzogs von *Ratibor* auf *Schloß Corvey an der Weser.*

Hier entstand seine sechsteilige Autobiographie „Mein Leben", ein einzigartiges Dokument freiheitlicher Gesinnung aus der Zeit der Freiheitskriege, der Burschenschaften und der deutschen Revolution. Subjektiver Freimut und minutiöse Erlebnisschilderung entwerfen ein ungewöhnlich detailliertes Zeitbild. In einem eingefügten Brief an einen Freund bekennt *Hoffmann* angesichts der unverkennbar reaktionären Tendenzen: „Gut, ich werde es, und es wird mir auch hinfort der Mut nicht fehlen, den Kampf mit dem Widerwärtigen siegreich zu kämpfen. Und gehen die Freunde meiner Jugend mir alle verloren, der Freunde des Vaterlands und der Freiheit werden immer mehr, und sie sind meine Freunde."

Die *Corveyer* Zeit selbst wird in der Autobiographie nicht mehr erfaßt. In zahlreichen Briefen aber gibt *Hoffmann* Auskunft über seinen letzten Lebensabschnitt, über seine unbeugsame freiheitliche Gesinnung und über seine Tätigkeit als Bibliothekar.

Die Bibliothek, die er zu betreuen hatte, war nach der Säkularisierung des Klosters im Jahre 1802 von dem Landgrafen *Viktor Amadäus von Hessen-Rotenburg* angelegt worden. Nach seinem Tod erbte der *Prinz Viktor von Hohenlohe-Schillingsfürst, Herzog von Ratibor* und *Fürst von Corvey,* das Fürstentum. Bereits 1860 zählte die Bibliothek 100 000 Bände. *Hoffmann* stand vor einer reizvollen, aber auch schwierigen Aufgabe. „Mein unablässiges Streben geht dahin", schreibt er 1863 in einem Brief, „die Hauptfächer unserer Bibliothek zu einiger Vollständigkeit zu bringen und dann nebenbei solche kostbare, seltene Werke der Bibliothek zu erwerben, womit man Staat machen kann . . ." Wichtig ist ihm, dem Eindruck entgegenzuwirken, es handle sich in erster Linie lediglich um eine immense Ansammlung zeitgenössischer Unterhaltungsliteratur, für die der Bibliotheksgründer offenbar eine besondere Vorliebe gehabt hatte. „Niemand soll künftig erzählen, daß er nur Romane erblickt hat und zwar 1/2 Saal voll deutscher, 2 voll englischer und 1 1/4 französischer . . ." Vermeiden möchte *Hoffmann* auf jeden Fall, daß „am jüngsten Tage die dicke *Luise Mühlbach* oder die noch dickere *Fanny Lewald* (beliebte Trivialautorinnen der Zeit) meinen glänzenden Bibliothekar-Namen verdunkeln."

Hoffmann stand zeitlebens mit bedeutenden Persönlichkeiten Westfalens in Kontakt. Bereits 1843 hatte er in *Koblenz Ferdinand Freiligrath* kennengelernt, mit dem ihn eine lebenslange Freundschaft verband. Noch im Juli 1849 nahm er über siebzigjährig teil an dem Stiftungsfest des Gesangvereins Arion in *Bielefeld* zu Ehren von *Freiligraths* Rückkehr nach Westfalen. Beziehungen unterhielt *Hoffmann* darüber hinaus zu *Friedrich Ludwig Tenge*, einem der bedeutendsten Unternehmer der Zeit. 1844 folgte er einer Einladung zu einer Italienreise.

Häufig war er Gast auf *Tenges* Gut im lippischen *Barkhausen*, dem westfälischen „Hof von Ferrara", wo man einen eigenen Musenalmanach herausgab, der literarisch jedoch kaum von Bedeutung ist. Bedeutsamer sind die vielfältigen liberalen Aktivitäten in den mit der Familie *Tenge* verbundenen Häusern. *Levin Schücking*, befreundet mit der aus dem Münsterland stammenden Frau *Tenges*, führte 1839 *Freiligrath* in *Barkhausen* ein. 1844, als *Freiligrath* wegen der Publikation seines „Glaubensbekenntnisses" fliehen mußte, fand er hier kurzfristig Zuflucht. Wichtig wurde vor allem der *Holter* Kreis. *Julius Meyer*, verheiratet mit *Tenges* ältester Tochter *Hermine*, beauftragt mit der Leitung der *Holter* Eisenhütte, versammelte in *Schloß Holte* einen Kreis bedeutender Sozialisten um sich, unter ihnen *Theodor Althaus*, *Georg Herwegh, Karl Marx, Friedrich Engels, Otto Lüning* und *Hermann Püttmann*, der Herausgeber eines „Deutschen Bürgerbuchs" (1845). *Meyer* avancierte zu einem der profiliertesten Beiträger zu *Lünings* Publikationen.

Lüning, in *Schildesche bei Bielefeld* geboren, in *Gütersloh* als Pastorensohn aufgewachsen und später als Arzt in *Rheda* tätig, erregte zunächst Aufsehen durch sein zwischen 1845 und 1847 erschienenes Werk „Dies Buch gehört dem Volke". Der Titel setzt sich bewußt ab gegen *Bettina Brentanos* „Dies Buch gehört dem König". Dezidiert legt *Lüning* seine Auffassung von einem Sozialismus dar, der eine Abschaffung des Privateigentums ebenso ablehnt wie eine Alleinherrschaft der Arbeiter. Ihm ging es, hierin *Georg Weerth* nahestehend, im Sinne eines liberalen Humanismus um die Beförderung der Glückseligkeit aller. Aus der verbotenen Monatsschrift „Weserdampfboot" – Dampfboot steht für Fortschritt –, deren Redaktion er 1844 übernahm, entwickelte er das „Westfälische Dampfboot", das zwischen 1845 und 1848 zunächst in *Bielefeld,* darauf in *Paderborn* erschien. *Lüning* war das eigentliche Haupt des *Rhedaer* Kreises, dem kurzfristig auch *Mathilde Franziska Anneke* angehörte. Noch 1862, sechs Jahre vor seinem frühen Tod, übernahm *Lüning* die Redaktion der „Westfälischen Zeitung" in *Dortmund.*

Als bedeutender, sozial orientierter Zeitungsredakteur in Westfalen verdient neben *Lüning* insbesondere *Franz Löher* Erwähnung, der das provinzielle „Wochenblatt für Stadt und Kreis Paderborn" in die fortschrittlich engagierte „Westfälische Zeitung" umwandelte. Allein dieser knappe Überblick zeigt, wie fortschrittliches, vormärzliches Gedankengut auch in Westfalen auf fruchtbaren Boden gefallen war und über die Grenzen der Region hinaus wirksam wurde.

Die beiden herausragenden fortschrittlich orientierten Autoren in Westfalen neben den *Detmoldern* sind *Mathilde Franziska Anneke* und *Jodokus Temme,* beide verdrängt und vergessen von einer weitgehend konservativen Literaturgeschichtsschreibung. *Mathilde Gießler,* als Tochter eines Domänenrats 1817 in *Leveringhausen bei Blankenstein* an der Ruhr geboren, ging mit 19 Jahren eine Ehe ein, die bereits nach etwas mehr als einem Jahr wieder geschieden wurde. Um sich und ihre Tochter durchzubringen, wandte sie sich der Schriftstellerei zu, zumal die Zahlungen des Vaters des Kindes ausblieben.

Mit dem 1840 erschienenen Almanach „Heimatgruß" und dem „Damen-Almanach" von 1842 schloß sich *Mathilde Franziska* der beliebten, vornehmlich von Frauen gelesenen Almanach-Poesie an. Daneben fällt der Zug zur Regionalisierung auf, der bereits deutlich auf realistisches Schreiben vorausweist. Dem westfälischen Jahrbuch „Producte der Rothen Erde" von 1846 stellt *Mathilde Franziska* das *Freiligrath*-Motto „An's Herz der Heimat wirft sich der Poet" voran. Der Herausgeberin gelingt es, so bedeutende Autoren wie *Annette von Droste-Hülshoff, Freiligrath* und *Diepenbrock* zur Mitarbeit zu bewegen. Daneben ragen heraus der *Münsteraner Wilhelm Junkmann,* der von der *Droste* sehr geschätzte liberale Politiker, Historiker und Lyriker, der 1836 und 1844 mit "Elegischen Gedichten" hervorgetreten war, sowie *Josef Seiler* aus *Lügde,* der Erzähler westfälischer Sagen und Autor lyrischer und epischer Gedichte, der hier mit musikgeschichtlichen Beiträgen vertreten ist. Bemerkenswert ist die ausführliche Würdigung *Friedrich Begemanns* durch den *Grabbe*-Biographen *Karl Ziegler.* Der empfindsame Lyriker *Begemann,* 1803 im lippischen *Schötmar* geboren und von *Goethe* und *Tieck* anerkennend gewürdigt, hatte 1828, ein Jahr vor seinem frühen Tod, seinen Gedichtband „Blumen von der Saale" veröffentlicht.

Aus der Feder von *Mathilde Franziska* selbst stammt „Eine Reise im Mai 1843", die von *Blankenstein* über *Aachen, Lüttich, Antwerpen* und *Brüssel* bis hin ins französische *Valenciennes* führt. Im Stil *Pückler-Muskaus* stehen neben einfühlsamen landschaftlichen Porträts und pittoresken Genrebildern begeisterte Schilderungen des industriellen Fortschritts. Bewundernd schreibt sie über den Viadukt der *Lüttich-Aachener* Eisenbahn: „Wie riesengroß! Unwillkürlich mußten wir von nun an unsere Aufmerksamkeit ganz diesem kühnen Unternehmen zuwenden. Durch ein immer wilderes Felsenterrain bricht sich die Bahn, sprengt die ewigen Urmauern und hebt dann auf einmal sich schlank wieder über die üppigsten Täler und ihre Wiesenfluren hinweg, die von Gewässern beleuchtet und umblitzt sind." In anschaulicher, bewegter Schilderung, Natur und menschliches Werk selbstverständlich verbindend und eindrucksvoll stilisiert, entsteht das Bild eines technischen Wunders der Zeit. Fern von romantischer, im Grunde konturloser Schwärmerei, gewinnt Reales faßbare Umrisse, wie denn überhaupt die in der Restaurationszeit aufkommende Reiseliteratur eine deutliche Zuwendung zur erlebbaren, authentischen Wirklichkeit zeigt.

Zugleich sind aber auch die zeitkritischen Untertöne nicht zu überhören. Beim Anblick des *Aachener* Doms beschwört *Mathilde Franziska* Erinnerungen an Karl den Großen und wirft die Frage auf, ob denn sein Geist in Deutschland wirklich fortlebe. „Als du ihn aushauchtest, deinen Geist, hättest du nur jedes deutsche Fürstenherz angehaucht, es würde anders um uns stehen. Ich läute die Glocke, die an der Pforte deines Palastes der Unschuld und Unterdrückung gehörte, die du vernahmst und deren Ruf du folgtest... ich läute und läute! aber der Hilferuf und die Dichterklage dringt nicht mehr an dein Herz."

In den Jahren nach der Herausgabe des westfälischen Taschenbuchs radikalisierte sich die kritische Einstellung *Mathilde Franziskas* zusehends. Im Kreis des "Demokratischen Vereins" in *Münster* lernte sie *Fritz Anneke* kennen, den sie 1847 heiratete. Kurz darauf gründete sie die „Neue Kölnische Zeitung", die entschieden für „das arbeitende Volk" Partei ergriff. Nach dem Verbot rief sie 1848 die „Frauenzeitung" ins Leben, das erste feministische Blatt Deutschlands.

Die Teilnahme am badisch-pfälzischen Aufstand zwang sie, Deutschland zu verlassen. Sie entschloß sich, zusammen mit ihrem Mann nach Amerika auszureisen, begleitet von einem Abschiedsgruß *Freiligraths* und dessen 1844 erschienenem "Glaubensbekenntnis". In der neuen Welt ließ *Mathilde Franziska Anneke* 1853 die „Memoiren einer Frau aus dem badisch-pfälzischen Feldzuge" drucken, nachdem sie bereits vorher in der deutschen Gemeinde in *Milwaukee* die „Deutsche Frauenzeitung" neu gegründet hatte und in zahlreichen Vorträgen für die Gleichberechtigung der Geschlechter eingetreten war.

In den folgenden Jahren engagierte sie sich über die deutsche Gemeinde hinaus auch für die amerikanische Frauenbewegung. Durch sie kam sie in Berührung mit dem Freiheitsstreben der Farbigen, deren Sache die fortschrittlichen Frauen Amerikas zu ihrer eigenen gemacht hatten. Insbesondere während ihres Aufenthalts in der Schweiz in den Jahren 1860 bis 1865 faßte *Mathilde Franziska Anneke* den Plan, Sklaven-Novellen zu verfassen, die sie gesammelt zu veröffentlichen gedachte. Es blieb jedoch bei Einzelpublikationen. 1862 erschien in den „Didaskalia" die Erzählung „Die Sklaven-Auktion". Zwei Jahre später folgte im Berner „Bund" die Novelle „Die gebrochenen Ketten". Fast Romanumfang erreichte „Uhland in Texas", 1866 bereits wieder in Amerika in der „Illinois Staatszeitung" erschienen.

Im Mittelpunkt steht immer wieder der als Schwarze und als Frau doppelt versklavte Mensch, ausgeliefert der materiellen und sexuellen Ausbeutung durch den weißen Mann, der sich als unumschränkter Herr über Land und Leute aufspielt. Besonders eindringlich ist die Novelle „Die gebrochenen Ketten". Auf zwei Tage zugespitzt, entfaltet sich ein dramatischer Prozeß zwischen äußerster Versklavung und anbrechender Befreiung nach dem Sieg der Nordstaaten im Sezessionskrieg. Aus der Perspektive der farbigen Lelia erlebt der Leser das Elend des total bestimmten Menschen, seine Verzweiflung und seine Ängste und das kaum faßbare Glück, frei zu sein. „Nun stand sie aufrecht da, ihre Ketten waren gelöst, ... Ihr Herz hob sich wie mit Flügeln beschwingt empor zu Gott, ihn zu preisen, ihm zu danken."

Literatur bedeutet für *Mathilde Franziska Anneke* pointierte Begegnung mit der eigenen Zeit, kritisches Engagement und tendenziöse Beeinflussung im Sinne der neuen emanzipatorischen Ideale. Im direkten Bezug zur politisch-sozialen Wirklichkeit steht sie jungdeutschen Orientierungen nahe. Von nur marginaler Bedeutung ist der wohl aus finanziellen Erwägungen geschriebene und 1864 in *New York* erschienene Roman „Das Geisterhaus" in der Tradition der beliebten gothic novel.

Nach dem amerikanischen Bürgerkrieg und der Befreiung der Farbigen wandte sie sich erneut dem Kampf um die politische Gleichstellung der Frau zu. Als Leiterin der von ihr gegründeten Mädchenschule in *Milwaukee* setzte sie sich dafür ein, den Mädchen unter Einbeziehung von Naturwissenschaften und Mathematik eine den Männern ebenbürtige Bildung angedeihen zu lassen. Öffentlich trat sie weiter als Rednerin hervor. Zur Eröffnung der deutschen Halle in *Milwaukee* im Jahre 1872 appellierte sie an die politischen Repräsentanten: „Befreit das Weib. Erhebt es zur wirklichen Erzieherin der Menschheit . . . Gebt dem Weibe das Bewußtsein, ein freier Mensch gleich den andern Freien zu sein, die die Berechtigung haben, sich den Lebenszweck selbst zu wählen." An die Frauen selbst gewandt, ruft sie auf zum Widerstand: „Schließt Euch den besten Geistern Eurer Zeit an und kämpft für die Gleichberechtigung den letzten, den heiligsten Kampf."

Mathilde Franziska Anneke aus Westfalen, die 1884 in *Milwaukee* verstarb, ist eine unerschrockene Vorkämpferin für die Emanzipation der Frau und eine der bedeutendsten Frauen des 19. Jahrhunderts. Ihr literarisches Vermächtnis ist nicht breit und genügt wohl auch nicht den höchsten ästhetischen Ansprüchen, aber es ist eine Literatur, die unmittelbar ins Leben eingreifen und unhaltbare Zustände verändern will. Schreiben erwächst bei ihr aus der Not des unterjochten, gequälten Menschen. Ihre Literatur verleiht den Geknechteten und den Opfern eine Stimme und klagt in der Klage über das Unrecht den Chauvinismus der Macht an.

Der Jurist *Jodokus Donatus Hubertus Temme,* der andere Repräsentant einer radikaldemokratischen Gesinnung, setzte weniger auf sozialistische Programme als auf das Recht, das den Fürsten wie den Untertan gleichermaßen bindet: Nur über die Durchsetzung des für alle verbindlichen Rechtsstandpunkts führe der Weg zur Entmachtung der Absolutisten und zur rechtlich demokratischen Ordnung. Seine 1883 postum erschienenen „Lebenserinnerungen" sind ein Zeugnis engagierter politischer Prosa.

Temme, am 22. Oktober 1798 in *Lette* in der Herrschaft *Rheda* geboren, entstammt einer alten, ursprünglich *Warendorfer* Richterfamilie. Schon als Kind erlebt er im Zuge der Säkularisation, der Enteignung geistlichen Eigentums durch weltliche Macht, die Ungerechtigkeit einer Welt, in der allein das Recht des Stärkeren gilt. Zum erstenmal begegnet er preußischer Staatsgewalt in den Truppen Blüchers, die dem Fürsten Bentheim helfen, in den Besitz des säkularisierten *Klosters Clarholz* zu gelangen. In der Kleinstadt *Wiedenbrück,* seiner eigentlichen Heimat, wo sein Vater das Amt eines Stadtrichters ausübt, macht er in jungen Jahren Schlüsselerfahrungen.

Soldaten kommen und gehen, einmal in den Uniformen der Freiheitskämpfer, dann in der schmucken Montur der Soldaten des Königreichs Westfalen, einmal stolz, scheinbar unüberwindlich, dann gedemütigt und geschlagen. Aus der kleinstädtischen Sicht erscheinen die endlos Vorüberziehenden wie Marionetten an den Fäden eines widersinnigen Spiels um Macht und Herrschaft. Die Menschen, ohne eigenen Willen, im Dienst einer angeblich höheren Macht hin- und hergeschoben, hinterlassen auf den jungen *Temme* einen bleibenden Eindruck. Menschenwürde, das sollte später einer seiner unumstößlichen Glaubenssätze sein, setzt das Recht auf Selbstbestimmung voraus. Verabscheuenswürdig war ihm sein Leben lang die rohe Gewalt, das kriegerische Blutvergießen als ihre furchtbarste Erscheinungsform.

Eine weitere Schlüsselerfahrung ist die Erzählung seiner Mutter von der geheimnisumwitterten Äbtissin Anastasia im *Wiedenbrücker* Annunziatenkloster, die er noch mit eigenen Augen gesehen hat. Von seiner Mutter erfährt er, daß es sich bei ihr um das illegitime Kind des vorletzten *Kölner* Kurfürsten handelt, eines der höchsten katholischen Würdenträger. Die Korruption des Adels, selbst des geistlichen, macht ihn tief betroffen, setzte sich hier doch jemand kraft seiner Machtfülle und seines Einflusses einfach über die institutionellen Bindungen und, was noch schwerer wiegt, über das Einzelschicksal hinweg. Die junge Nonne Anastasia ist das Opfer adliger Selbstherrlichkeit und Willkür, ihr weiterer Lebensweg, noch vor ihrer Geburt, festgelegt nach dem Willen anderer. Wiederum begegnen dem jungen *Temme* die Folgen einsamer autoritärer Entscheidungen, wiederum ist der Mensch nur Opfer, ohne Chance, sein Lebensschicksal selbst in die Hand zu nehmen und zu wenden. Die Mächtigen schneidern sich die Welt nach ihren eigenen Maßen.

So wichtig ist dem gealterten *Temme* diese Erinnerung, daß er sie, als kleine Erzählung, seiner Biographie einfügt. Zwischen den Zeilen, nicht ausdrücklich ausgesprochen, macht sich *Temmes* Distanz zum Klerikalen bemerkbar. Die junge Nonne, mit geschorenem Kopf, bis zur Unkenntlichkeit eingehüllt in die Ordenstracht, hat jegliche Individualität verloren. Auch der klerikale Anspruch ist unerträglich autoritär. Kirche und absolutistischer Staat wollen nicht das selbstbestimmte Individuum, sondern das gehorchende Kollektiv.

Die Auseinandersetzung mit absolutistischer Willkür bildet den Kern der „Lebenserinnerungen". Nach juristischen Tätigkeiten in *Arnsberg, Tilsit, Stendal* und *Greifswald* führen *Temme* sein Amt als zweiter Direktor des Kriminalgerichts in *Berlin* und sein Mandat in der *Berliner* Nationalversammlung zur unversöhnlichen Konfrontation mit dem reaktionären preußischen König *Friedrich Wilhelm IV.* Der Versuch, *Temme* als Vizepräsident des Oberlandesgerichts in *Münster* kaltzustellen, scheitert an seiner erneuten Wahl in die Nationalversammlung. Nach ihrer Auflösung wird *Temme* wegen Hochverrats inhaftiert, doch seine Wahl in die Deutsche Nationalversammlung in *Frankfurt* erzwingt Haftaufhebung.

Das Scheitern der deutschen Revolution hat für *Temme* empfindliche Folgen. Man macht ihm erneut den Prozeß und enthebt ihn schließlich in einem Disziplinarverfahren seines Amtes. Ohne Pension siedelt *Temme* mit seiner Familie in die Schweiz über. Als er 1863, bereits im Pensionsalter, noch einmal gewählt wird, diesmal in das preußische Abgeordnetenhaus, ist Demokratie längst zu einem Schimpfwort verkommen. Resigniert zieht sich *Temme* endgültig nach *Zürich* zurück, wo er 1881 verstirbt. Die Grabrede hält *Johann Gottfried Kinkel,* wie *Mathilde Franziska Anneke* Teilnehmer am badisch-pfälzischen Aufstand und wie *Temme* einst Mitglied der *Berliner* Nationalversammlung auf der äußersten Linken.

Temmes „Erinnerungen" sind ein geschichtliches Dokument von hohem Rang und ein Muster politisch engagierter Gebrauchsliteratur. Der in ihnen wirksame Geist ist der Geist von 1848, der revolutionäre Wille, den unzeitgemäßen Absolutismus vom Thron zu stoßen und die Demokratie als die einzig zeitgemäße Herrschaftsform zu inthronisieren. *Temme,* gleichaltrig mit *Heine* und *Hoffmann von Fallersleben,* hing nicht länger den rückwärts gewandten Utopien der Romantik an, sondern engagierte sich mit allen Kräften für die unmittelbar gegebene Gegenwart, die es konkret zu verändern und von Tradition und Reaktion zu befreien galt. Literarisches Medium eines solch zeitkritischen Engagements konnte nur eine betont realitätsorientierte Aussageform sein. Neben dem Zeitgedicht und der essayistischen Prosa stellen *Temmes* politische Memoiren ein Modell engagierten Schreibens dar, das die pragmatische Dimension von Literatur in besonderer Weise verwirklicht. Entscheidend ist die Verantwortung des einzelnen vor seiner gesellschaftlichen und geschichtlichen Gegenwart, die, dokumentiert, reflektiert und kritisiert, nie aus den Augen verloren werden darf, will man nicht der Macht kampflos das Feld räumen. In *Temmes* „Erinnerungen" ist gerade wegen ihres persönlichen Charakters jener Geist lebendig, der gegen jede Art von Willkür empfindlich macht und der Macht im Namen des Rechts die Stirn bietet. Darin liegt das Vermächtnis der deutschen revolutionären Bewegungen im 19. Jahrhundert, die *Temme* mitgestaltet hat und die ihn geprägt haben.

Die „Erinnerungen" stellen die eine Seite der literarischen Reaktion auf den historischen Konflikt von Absolutismus und Demokratie, von Macht und Recht dar, auf der anderen Seite stehen in *Temmes* schriftstellerischem Werk, in mehr fiktionaler Gestalt, zahlreiche Kriminalerzählungen. *Temmes* literarische Aktivitäten reichen weit zurück. Bereits 1823 hatte er zusammen mit einem Freund einen Schauerroman geschrieben, der anonym unter dem reißerischen Titel „Der Blutsauger" erschien. Schauermotive und Verbrechen verbinden sich mit weitgehend rational gesteuerten Ermittlungen. Als Assessor beim Hofgericht in *Arnsberg* verfaßte *Temme* unter dem Pseudonym *H. Stahl* mehrere Erzählungen und Romane, die ausnahmslos im Kriminalgenre angesiedelt sind. In den Jahren 1831 bis 1849 betätigte er sich vornehmlich als Herausgeber von Volkssagen aus unterschiedlichen Landstrichen. Leitendes Interesse war dabei vor allem die Frage nach der Beziehung zwischen regionaler Mentalität und der jeweiligen Rechtsauffassung. Der Rechtsstandpunkt, so *Temmes* Überzeugung, sei nur dann wirkungsvoll zu vermitteln, wenn er anknüpfe an bestimmte individuelle Voreinstellungen und Erwartungen. Im Grunde ist hier schon das Problem der Anwendung des materiellen Strafrechts auf den einzelnen Fall angeschnitten.

Die Phase der eigentlichen Kriminalerzählungen setzt in der ersten *Berliner* Zeit ein, in der *Temme* die Stelle eines zweiten Direktors beim Kriminalgericht bekleidet und uneingeschränkten Zugang zu den Akten hat. Seit 1840 ist er Mitherausgeber der „Kriminalistischen Zeitung für die preußischen Staaten". Mit denkwürdigen authentischen Fällen, literarisch überformt, wendet er sich an die Öffentlichkeit, nicht nur, um zu unterhalten, sondern vor allem, um die Einsicht in die Notwendigkeit des Rechtsstandpunkts zu fördern. Die formale Rechtspraxis bedarf der didaktischen Begründung und Vertiefung, wenn sie nicht den Eindruck bloßer Willkürakte hervorrufen will. Man hat *Temme* einen Rechtsfanatiker genannt, man sollte ihn besser einen Didaktiker des Rechts und der Rechtspflege nennen. Erst das verstandene, nicht allein das nach dem Buchstaben des Gesetzes praktizierte Recht bildet die solide Grundlage für eine gerechte Gesellschaft. Wendet sich *Temme* in seinen „Erinnerungen" als persönlich Betroffener vor allem gegen die Mächte und Autoritäten, die das Recht fortwährend beugen und verhindern, so adressiert er seine Kriminalerzählungen an die breite Schicht der Untertanen, deren Rechtsbewußtsein es zu stärken gilt. Die Kritik an den Mächtigen im Klartext der Memoiren und die didaktische Unterweisung der Unterdrückten, eingekleidet in literarisierte Kriminalreportagen, bilden die polaren Stilmöglichkeiten des demokratischen Schriftstellers *Temme*. Offenbar ahnte man, von welchen Intentionen *Temme* geleitet war, und so machte ein amtliches Schreiben des Kammergerichts der „Kriminalistischen Zeitung" ein Ende, indem man darauf hinwies, daß die Strafrechtspflege in Preußen nicht öffentlich sei.

Während seiner Zuchthausaufenthalte in *Münster* setzt *Temme* seine schriftstellerische Tätigkeit fort. An die Stelle der Kriminalreportage tritt nun die Kriminalfiktion auf authentischer Grundlage. In den drei in *Münster* entstandenen Romanen, die unter dem Gesamttitel „Neue deutsche Zeitbilder" veröffentlicht wurden, verwertet *Temme* weiterhin seine Erfahrungen als Untersuchungsrichter. Nach 1850, ohne Pension und Vermögen, entscheidet er sich endgültig für den Beruf des freien Schriftstellers, um sich und seine Familie durchzubringen. In kurzer Zeit avanciert er zum führenden Vertreter der deutschen Kriminalgeschichte im 19. Jahrhundert.

Anknüpfend an die von *Schiller* begründete Tradition der Kriminalnovelle und an die vornehmlich im angelsächsischen Raum angesiedelte Detektivgeschichte, entsteht eine Fülle vielgelesener Kriminalerzählungen. Zu Romanen wachsen sich aus „Josepha Münsterberg" (1850), „Elisabeth Neumann" (1852), „Rosa Heisterberg" (1858) u. a. Daneben erschienen ab 1858 in der Regel mehrbändige Sammlungen von Erzählungen und Novellen, nachdem die meisten von ihnen vorher bereits in der „Gartenlaube" zu lesen waren, zu deren fleißigsten und erfolgreichsten Beiträgern *Temme* gehörte. Im einzelnen handelt es sich bei den Sammelveröffentlichungen um „Deutsche Criminalgeschichten" (1858), „Berliner Polizei- und Criminalgeschichten in humoristischer Färbung" (1858), diese übrigens erschienen im Rahmen der „Humoristischen Eisenbahn- u. Reise-Bibliothek" – um „Vergessene Geschichten. Aus dem Actenstoße" (1859), „Temme's Criminalnovellen" (1860–63) und schließlich um „Criminal.-Novellen" (1873). Insgesamt liegen weit über hundert Einzeltitel vor, oft in reißerischer For-

mulierung: „Die Mühle am schwarzen Moor", „Das Testament des Verrückten", „Der tolle Graf", „Liebe im Kloster" u. a. m.

In aller Regel stützt sich *Temme* auf authentisches Material, auf Selbster-
lebtes und Aktenkundiges, zu dem er als 2. Direktor des *Berliner* Kriminalgerichts seit 1839 ungehindert Zugang hatte. Häufig benutzt er in der literarischen Falleinkleidung Motive der Schicksals- und Schauerromane und verknüpft mit ihnen zeit- und kulturkritische Darstellungen.

Im Mittelpunkt steht meistens ein Untersuchungs- oder Kriminalrichter,
oft eine Selbstfiguration des Autors, dessen Aufgabe es ist, einen verwickelten Fall durch Indizien und logische Schlußfolgerungen zu lösen und dabei
den eigentlichen Tathergang nüchtern und sachlich zu rekonstruieren. Zum
modernen, vorbildlichen modus procedendi gehören: Tatortbesichtigung,
Feststellen des Tatbestandes, die Kooperation mit Hilfskräften und die
Verhöre der möglichen Delinquenten. Charakteristisch für *Temme* sind die
immer wieder eingestreuten kritischen Erörterungen bestimmter Ermittlungsmethoden, wie denn überhaupt die Ermittlungen von einem beach-
tenswerten methodischen Bewußtsein getragen werden. Der untersuchende Kriminalist erhält nicht selten die Züge des modernen Privatdetek-
tivs, der im erklärten Widerstand gegen unzumutbare Haftbedingungen,
nächtliche Verhöre, körperliche Mißhandlungen und Verschleppungen in
der Rechtspflege für die menschenwürdige Behandlung der Beschuldigten
eintritt.

Deutlich zutage tritt immer wieder die liberale Kritik an den Mißständen
der Justizbürokratie, die *Temme* aus eigener Anschauung sattsam bekannt
waren. *Temme* geht es im Zuge der allmählichen Konsolidierung des bürgerlichen Rechtsstaats um die Festigung von verläßlichen und durchschauba-
ren Gerichtsverfahren. Seine Erzählungen tragen den grundlegenden
Wandlungen in der Form der Strafprozesse Rechnung, der Abschaffung der
Folter, dem Übergang zum Indizienprozeß und der Differenzierung rational
begründeter Ermittlungsmethoden.

Oberstes Prinzip bleibt es, dem Bürger die ihm zustehenden Rechte
bewußtzumachen, durch korrektes Führen der kriminalistischen Ermittlungen im Rahmen bindender Vorschriften die Staatsautorität wie die institu-
tionelle Autorität überhaupt zu kontrollieren und auf diesem Wege Willkürakte von oben weitgehend auszuschließen.

In *Temmes* Erzählungen verbindet sich hohes demokratisches Bewußtsein
mit der realistischen Orientierung an den Fakten. „Die erste, die wichtigste
Frage, die der Richter in dem einzelnen, seiner Entscheidung vorliegenden
Falle zu beantworten hat," führt *Temme* aus, „ist die: was ist die Wahrheit in
diesem Falle? Welche Tatsachen sind für gewiß anzunehmen?" Die unbedingte Bindung an die faktische Wahrheit gewährleistet erst ein gerechtes
Verfahren und Gerechtigkeit für die Beschuldigten. *Temmes* kriminalistische

Schriftstellerei im Zeitalter des bürgerlichen Realismus ist geprägt von dem fortgesetzten Engagement für den verbindlichen Rechtsstandpunkt. Seine konsequente Orientierung an der gesellschaftlichen Wirklichkeit und an der Humanität für jeden einzelnen als oberstes Gebot verbinden ihn mit den realistischen Autoren der Epoche. Die individualisierende Sichtweise, die Konzentration auf den problematischen menschlichen Einzelfall, die etwa auch für *Storm, Keller, Raabe* und *Fontane* gelten, begegnen auch bei *Temme*. Dabei ist es nicht uninteressant zu beobachten, daß auch *Storm* in der Novelle „Draußen im Heidedorf", *Raabe* im „Stopfkuchen" und *Fontane* in „Unterm Birnbaum" kriminalistische Fälle aufgreifen, um am individuellen Fall die neuralgischen Punkte der Gesellschaft aufzuzeigen. In diesem Sinne besteht für *Temme* der Hauptzweck seiner Geschichten darin, „die Gebrechen des materiellen Strafrechts in seiner Anwendung auf den einzelnen Fall zu zeigen, wie namentlich der starre Buchstabe des Gesetzes, oder eine falsche Lehre der Strafrechtswissenschaft so leicht das individuelle Recht des lebendigen Falles gar nicht hervortreten läßt, oft geradezu vernichtet, und so in der Anwendung so oft und so leicht das Recht in sein gerades Gegenteil, in das höchste, offenste Unrecht verkehrt."

Sowohl die Kriminalerzählungen mit ihrer Orientierung an der faktischen Wahrheit und am Rechtsstandpunkt als auch die Lebenserinnerungen mit ihren anekdotischen, aphoristischen und zeitkritischen Zügen lassen *Temme* als einen durchaus realistischen Schriftsteller erkennen. Seine moralischen und politischen Wertmaßstäbe indes wurzeln ungebrochen in der Zeit des Vormärz. In seinem Werk geht das kritische Engagement der Jungdeutschen mit dem realistischen Schreibprogramm eine eigenständige, fruchbare Verbindung ein. Das restaurative Klima frustriert ihn nicht – hier unterscheidet er sich von *Heine, Weerth* u. v. a. –, sondern spornt ihn an. Ungeschminkt und schonungslos spiegelt er Wirklichkeit und unterwirft sie zugleich der sittlich-rechtlichen Kontrolle. Es ist dies eine demokratische Variante des poetischen Realismus, der die Realität niemals nur dokumentiert, sondern sie auch wertet. Indem *Temme* in seinen Werken die gesellschaftlichen Zustände seiner Zeit von einem übergeordneten Rechtsstandpunkt aus betrachtete, leistete er einen wichtigen Schritt in Richtung auf die Demokratisierung von Literatur.

IX. Vergewisserung und Bewahrung
Die literarische Entdeckung Westfalens

Die enttäuschten liberalen und demokratischen Hoffnungen nach 1815 und 1848 führten in Westfalen keineswegs in die innere Isolation, sondern riefen einen geistigen Prozeß der Vergewisserung und Bewahrung ins Leben. Auf den beunruhigend schnellen geschichtlichen Wandel reagierte man mit der Orientierung an dem, was dem menschlichen Leben im Kern Form und Inhalt gibt. Schärfer als bisher traten der konkrete Lebensraum und die Geschichte, Heimat und Überlieferung ins Blickfeld. Rückwärts blickend, galt es, vorwärts zu schauen, wie es *Friedrich Wilhelm Weber* formuliert, aufbauend auf den überkommenen unverbrüchlichen Werten des Menschseins in Raum und Zeit, eine Ordnung zu errichten, die im geschichtlichen Auf und Ab Bestand hat und in der Lage ist, eine menschenwürdige Existenz zu befördern.

Nicht länger ging es darum, das Alte einzureißen, um Platz zu schaffen für das Neue, sondern das Neue aus dem Alten herauswachsen zu lassen. Durchaus kritisch, wenn auch besonnener und verhaltener als die Herolde radikaler Veränderung, ging man ins Gericht mit allem, was die Würde des Menschen herabsetzt und ihn von seinen konkreten Daseinsbedingungen entfremdet.

Gerade angesichts der entsprechenden Dichtungen in der zweiten Jahrhunderthälfte ist es abwegig, der konservativen Orientierung die kritische Haltung abzusprechen und sie im biedermeierlichen Krähwinkel anzusiedeln, wie denn überhaupt die Vorstellungen, die man inzwischen mit dem Biedermeier verbindet, irreführend sind und zumindest für das Verständnis der westfälischen Literatur dieser Phase keine Bedeutung haben. Restaurative Literatur, auch die in Westfalen, hat sowohl eine retrospektive wie eine prospektive Sichtweise entwickelt, beider Fluchtpunkt aber war und blieb die Gegenwart.

„Unsere Zeit ist groß", schreibt *Karl Immermann* in der Einleitung zu seinem 1838/39 erschienenen „Münchhausen"; „der Wunder voll, fruchtbar und guter Hoffnung. Aber irr und wirr taumelt sie noch oft hin und her ...". Eine feste Orientierung wird sie erst finden in der Neubesinnung auf die inneren menschlichen Werte. „Im Herzen müssen sich die Menschen erst wieder fühlen lernen, um den neuen Weg zu erkennen, den die Geschlechter der Erde wandeln sollen, denn vom Herzen ist alles Größte auf Erden ausgeschritten."

Der *Magdeburger Immermann,* der als Leiter des *Düsseldorfer* Theaters *Grab-*

be zeitweise als Dramaturgen beschäftigte, leitete mit dem „Oberhof"-Teil in den Büchern 2,5,7 und 8 seines „Münchhausen"-Romans eine Literatur in Westfalen ein, die sich bewußt der archaischen westfälischen Landschaft und der Region annahm und sich auf die überkommenen Haltungen und Werte besann. Der Hofschulze, Eigentümer eines reichen Hofs in der *Soester* Börde, verkörpert die im Althergebrachten wurzelnde, sittlich-praktische Existenz. Unerschütterlich ist er davon überzeugt, „daß ein ordentlicher Mensch schon durchkommt, der auf Wind und Wetter achtet und auf seine Füße schaut und in seine Hände und sich mit seinen Nachbarn getreulich zusammenhält." Fremd ist ihm das verfeinerte Landschaftsgefühl der Ästheten. Fest verbunden weiß er sich noch mit den, wie es heißt, „robusten Zeiten". „Diese halten viel mehr die Stimmung zur Mutter Erde als zu der Allernährerin fest."

Praktisches Tun im begrenzten Raum ist fruchtbarer als die zeitenthobene ästhetische Schwärmerei mit ihren Luftschlössern. Ersprießlicher als die Isolation des reflektierenden Subjekts ist die Solidarität der produktiv Handelnden. In der Bindung des Menschen an die Gestaltung seines ihm unmittelbar gegebenen Lebensraums und an die Achtung vor dem Mitmenschen und der Natur entwirft *Immermann* in Abkehr vom romantischen Subjektivismus und Ästhetizismus ein realistisches Lebensmodell. Nach dem Scheitern des revolutionären Aufbruchs entdeckt der einzelne verstärkt seine ihm zugewachsenen Daseinsbedingungen und bekennt sich zu ihnen, indem er sie annimmt und aktiv mitvollzieht. Die große Beliebtheit, die der häufig separat gedruckte „Oberhof"-Teil gerade in Westfalen genoß, mag darauf beruhen, daß hier eine für Westfalen charakteristische Haltung gestaltet war, die sich nicht der Resignation hingab, sondern sich leiten ließ vom tätigen Selbstvollzug im angestammten Raum und innerhalb des überkommenen Wertbewußtseins, wie denn überhaupt die poetischen Bekenntnisse zur westfälischen Heimat im Gefolge *Immermanns* deutlich zunahmen. Über die Grenzen hinaus bekannt geworden ist das Abschiedslied von *August Disselhoff*, der 1829 in *Soest* geboren wurde und 1860 einen Band Gedichte vorlegte. Die Eingangsverse der ersten Strophe lauteten ursprünglich: „Nun ade, du mein lieb Heimatland, / Westfalen mein, ade!"

Begeistert äußerte sich *Ferdinand Freiligrath* Ende 1838 über *Immermanns* Werk in einem Brief an den Lehrer und Übersetzer *Heinrich Künzel:* „Lesen Sie *Immermanns* eben erschienenen Münchhausen. Darin steht im zweiten Buche des ersten Bandes die trefflichste Schilderung und Würdigung Westfalens... Es tat mir wohl, meine oft und viel geschmähte Heimat so glänzend, wenn auch zuweilen mit einem ironischen Seitenblick in ihre Rechte eingesetzt zu sehen...". „*Immermanns* Münchhausen hat mir, hoff ich, die Bahn gebrochen", bekennt *Freiligrath* noch Anfang 1839, nachdem er zusammen mit dem *Barmer* Verleger und Buchhändler Langewiesche den

Plan zu dem Werk „Das malerische und romantische Westfalen" gefaßt hatte.

Unmittelbarer Anlaß war das Erscheinen der ersten Lieferungen eines umfassenden Stahlstichwerks unter dem Titel „Das malerische und romantische Deutschland" bei Volkmar in *Leipzig,* in dem Westfalen keinen Platz gefunden hatte. Mit dem Maler *Schlickum,* der als Zeichner für die aufwendigen Stahlstiche gewonnen worden war, durchwanderte *Freiligrath* noch im gleichen Jahr die einzelnen westfälischen Regionen. Im vorangestellten Gedicht „Freistuhl zu Dortmund" bekennt er sich zur Heimat („An's Herz der Heimat wirft sich der Poet") und entwirft im Einleitungskapitel den Plan und die Struktur des Gesamtwerks: „Westfalen ist uns wie Karl dem Großen das gesamte Land zwischen Rhein, Weser und Ems." Noch immer gilt es, dem geringschätzigen Urteil über Westfalen entgegenzuwirken. Ausdrücklich zitiert *Freiligrath* den Humanisten *Justus Lipsius,* der seine abfälligen Briefe über Westfalen „aus der Barbarei bei den Breifressern" und „aus dem Schweinestall, den sie Wirtshaus nennen", geschrieben hatte. *Freiligrath* geht es darum, die Schönheiten des Landes zu erkunden und die unverwechselbare Gesittung der Westfalen herauszustellen. Nachdem mit Mühe und Not die erste Lieferung zustande gekommen war, verlor er jedoch das Interesse an dem projektierten Werk. Zu mühselig schien es ihm wohl, aus den trockenen Chroniken den Stoff für die geforderte lebendige Darstellung herauszufiltern. Gern überließ er es daher seinem Freund *Levin Schücking,* das Begonnene weiterzuführen und zu vollenden.

In zehn Lieferungen zwischen 1839 und 1841 erschien das Werk dann bei Langewiesche in *Barmen.* Mit der zweiten überarbeiteten Auflage ging das Westfalenbuch 1872 in den Verlag Ferdinand Schöningh in *Paderborn* über. *Schücking* formuliert zum Schluß beispielhaft den Geist des ganzen Unternehmens, der auch der Geist jener war, die sich in den gesellschaftlichen und politischen Wirren der Zeit auf das Bleibende und Beharrende zurückbesannen, um inneren Halt zu gewinnen. Entscheidend ist für *Schücking* das allerdings von jeder Überheblichkeit freie Heimatgefühl: „Seid ihr ohne dieses Gefühl, hat das Leben es in euch erstickt, so wirft euch der Zufall auf einer fremden Erde, in einer fremden Welt umher, die euch feindlich hält, dem sehnsüchtigen Suchen eurer Seele stumm bleibt und euch weiterschleudert wie eine Welle... Ist dies Gefühl dagegen euch treu geblieben, so wurzelt euer Sein auf einem von Poesie überschleierten Grunde... Eurem Sein, eurem ganzen Leben bleibt mit dem Heimatgefühl etwas wie der Schutz der Mutterbrust."

Schücking avancierte zu einem der meistgelesenen westfälischen Erzähler, während seine 1846 bei Cotta erschienenen Gedichte und seine dramatischen Versuche über begrenzte Achtungserfolge nicht hinauskamen. Schon die Mutter, die aus *Ahlen* stammende Dichterin *Sybilla Katharina Busch,* machte ihren 1814 auf dem Jagdschloß *Klemenswerth bei Meppen* geborenen Sohn in frühen Jahren mit den Geschichtsromanen *Walter Scotts* bekannt. Nach seiner Gymnasialzeit in *Münster,* wo Schücking *Annette von Droste-Hülshoff* kennenlernte, und seinen juristischen Studien in *München, Heidelberg* und *Göttingen* ließ er sich als freier Schriftsteller in *Münster* nieder. Auf Vermittlung der *Droste* übernahm er 1841 die Stelle eines Bibliothekars beim *Freiherrn von Laßberg* in *Meersburg,* im gleichen Jahr, in dem ihm mit dem „Malerischen und romantischen Westfalen" sein erster nachhaltiger literarischer Erfolg glückte. Es folgten Tätigkeiten als Redakteur bei der „Allgemeinen Zeitung" in *Augsburg* und der „Kölnischen Zeitung". Seit 1852 wohnte er abwechselnd in *Münster* und im Haus *Sassenberg bei Warendorf,* wo er sich nahezu ausschließlich seinen schriftstellerischen Arbeiten zuwandte.

Bis zu seinem Tode im Jahre 1883 in *Bad Pyrmont* entstand eine Fülle von Novellen, Erzählungen, Romanen und essayistischen Arbeiten, unter den letzteren vor allem das noch immer lesenswerte „Lebensbild" der *Droste.* Ob nun in der synchronen Struktur des Zeitromans im Gefolge *Immermanns* oder in der mehr diachronen Darbietungsweise des historischen Romans *Scott*scher Prägung, stets bleiben die regionale Einkleidung des Geschehens und der so akzentuierte realistische Zuschnitt des Erzählens charakteristisch. Neben die Reize des Genrehaften treten verstärkt Spannungselemente aus dem zeitgenössischen Unterhaltungsroman. Intrigen, Verwicklungen, Enthüllungen und mitunter grelle, bis zum Gruseligen gesteigerte Effekte aus dem Repertoire des Schauerromans fördern das Lesevergnügen und die Breitenwirkung. In größeren eingefügten Gesprächspartien kommt darüber hinaus liberal-gemäßigtes Gedankengut zum Ausdruck, ohne allerdings entscheidenden Einfluß auf die Handlungsentwicklung selbst zu gewinnen. In der Verknüpfung unterschiedlichster Elemente erweist sich *Schücking* als eklektischer Erzähler, ohne einen wirklich eigenen Stil, ausgestattet allerdings mit der in Westfalen eher seltenen Gabe leichter und gefälliger Stilisierung.

Romane und Novellen wie „Der Bauernfürst", „Schloß Dornegge", „Herrn Didiers Landhaus", „Der Pandurenoberst", „Das Recht der Lebenden", „Etwas auf dem Gewissen", „Immortellen" u.a.m. haben ihre Zeit gehabt und sind für den heutigen Leser kaum noch von Interesse.

Zeit-, regional- und literaturgeschichtlich interessanter sind zwei kulturhistorisch angelegte Erzählzyklen *Schückings.* 1846 erschien der Zyklus „Zeiten und Sitten" gleich mit zwei Titeln: „Eine dunkle Tat" (ursprünglicher Titel: „Das Stiftsfräulein") und „Die Ritterbürtigen". Die Reihe wurde nicht fortgesetzt. Der kürzere Roman „Eine dunkle Tat" verbindet im westfälischen Milieu eine Liebesgeschichte mit einer mysteriösen Serie von Kindsmorden. Nach deren Aufklärung steht auch dem Happy-End der Liebenden nichts mehr im Weg. Aber nicht dieses triviale Handlungsschema bildet den eigentlichen Leseanreiz, sondern das Liebespaar Bernhard und das Stiftsfräulein Katharina. In ihnen, so will es scheinen, spiegelt sich, fiktiv gebrochen, die Freunschaft *Schückings* und *Annettes*. Vermutet wurde sogar eine Mitarbeit der *Droste*. Immerhin verschwanden nach *Annettes* Tod die meisten Exemplare, auch aus den Bibliotheken. Der Neudruck von 1908 geht zurück auf einen Band, den man im Hause *Schückings* in *Sassenberg* entdeckte. Wie *Schücking* selbst hat Bernhard in *M.(ünster)* das Gymnasium besucht und anschließend die Rechte studiert. Wie zwischen *Levin* und der *Droste*, so besteht auch zwischen dem jüngeren Bernhard und dem älteren Stiftsfräulein, das den jungen Mann häufiger „mein Junge" nennt und den Namen von *Schückings* Mutter trägt, ein deutlicher Altersunterschied. Unumwunden bekennt das Stiftsfräulein Bernhard gegenüber: „... ich will jemand haben, der mein ist und den ich wie einem geduldigen Kamele alles aufpacken kann, was an Liebe und Wärme, an Drang zu pflegen und zu hegen, zu beschützen und zu lieben, in mir ist und übersprudelt." Die erotische Liebe weist sie von sich, da sie „viel zu sehr mit allerlei physischen Dingen in Rapport steht." Trotzdem ist sie „bis zum Sterben verliebt in ihn, bloß deshalb, weil er nie die dumme Einbildung haben konnte, daß sie es sei."

Dieses kokette Spiel, das Bemühen, den amor hinter der caritas zu verbergen, gewinnt an Brisanz, wenn man bedenkt, daß Katharina und Bernhard unverkennbar die Züge *Annettes* und *Levins* tragen. Die *Droste* mußte die Veröffentlichung als Indiskretion empfinden. Peinlich waren solche intimen Bekenntnisse und Enthüllungen, wenn auch noch so fiktiv verschlüsselt, wohl vor allen der Familie. Dies würde auf jeden Fall das mysteriöse Verschwinden der Bände plausibel machen.

Ein Tarnungs- und Ablenkungsmanöver scheint es gewesen zu sein, den im gleichen Jahr mit der „Dunklen Tat" erschienenen Roman „Die Ritterbürtigen" als den Anstoß zum Abbruch der Beziehungen hinzustellen. Zwar ist es zutreffend, daß *Schücking* hier – wenn auch sehr verhalten – Kritik am westfälischen Adel übt und dabei manche seiner Figuren nach authentischen Adelsvertretern modelliert, aber die Informationen flossen ihm nur zu einem geringen Teil durch die *Droste* zu. Wichtiger als Informant war *Schückings* Freund *Gisbert von Vincke,* der Sohn des Oberpräsidenten, der als Protestant dem katholischen Adel ohnehin mit einiger Zurückhaltung gegenüberstand. Außerdem dürfte eine satirisch gezeichnete Figur wie der Herr von Finkenberg, einer der vielen undurchsichtigen Spitzel Metternichs, allen Adligen zutiefst verhaßt gewesen sein. Seine Lieblingsidee, den Geburtsadel allmählich durch den Adel des Geistes zu ersetzen, legt *Schücking* bezeichnenderweise dem Grafen Valerian in den Mund, der die Nichtigkeit und Geistlosigkeit der meisten seiner Standesgenossen längst durchschaut hat: „Die Bildung der Gegenwart will freiestes konstitutionelles

Staatsbürgerleben. Die Bürokratie, verknöchert in ihren Traditionen von Souveränität und Allmacht, verweigert es zu gewähren." *Schücking* gibt bei aller Nähe zu jungdeutschen Ideen auch hier eine mehr konservativ humanistische Orientierung zu erkennen, die im Geburtsadel den besten Wegbereiter zu einer souveränen Herrschaft des Geistes und der Bildung sah.

Deutlicher als in den „Ritterbürtigen" betont *Schücking* in seinen späteren Romanen im Gefolge *Immermanns* die bäuerlichen Werte Westfalens, aus denen auch seine positiven Adelsgestalten ihre Kraft schöpfen. 1864 faßt *Schücking* „Die Ritterbürtigen", den 1858 erschienenen „Paul Bronckhorst", „Die Marketenderin von Köln" von 1861 und die Erzählung „Die Rheider Burg" zu einer Tetralogie zusammen mit dem Ziel, westfälische Kultur um die Wende vom 18. zum 19. Jahrhundert zu schildern. Schulze-Werdekoping im Roman „Paul Bronckhorst" ist deutlich dem Hofschulzen *Immermanns* nachempfunden. Beide zeichnet die gleiche Bodenständigkeit, Energie, Ausdauer und Unerschrockenheit aus. Gerade in diesem Roman gestaltet *Schücking* die Überlegenheit traditioneller Werte über rein modische Tendenzen und erhebt zugleich die Freiheit der westfälischen Bauern zum Maßstab für eine künftige freiheitliche Gesellschaft. In der Wandlung von einem mehr humanistisch geprägten zu einem bäuerlich bodenständigen Liberalismus verstärkt sich die konservative Orientierung *Schückings*. Regionalisierung als realistisches Stilprinzip ist zugleich Ausdruck der Hochschätzung regionaler Tradition und Kultur. Im Licht der alten, die Freiheit der Menschen garantierenden Ordnung, so zumindest sah es *Schücking*, erscheint die absolutistische Machtwillkür um so fragwürdiger.

Die nationalen Einigungsbestrebungen stellen nur die eine Seite des geschichtlichen Bewußtseins im 19. Jahrhundert dar. Unübersehbar traten auf der anderen Seite die Kräfte der regionalen Besinnung und Vergewisserung zu Tage. Der Ruf nach Einheit weckte in dialektischer Korrespondenz verstärkt das Interesse am Mannigfaltigen, an der geschichtlichen und kulturellen Eigenart der Region, die von der nationalen Begeisterung ins Abseits gedrängt zu werden drohte. Insbesondere in Westfalen scheint eine solche Gegenbewegung greifbar.

Von den „Westfälischen Schilderungen" der *Droste* war bereits die Rede. Nur vier Jahre nach ihrem Erscheinen legte 1849 der in *Lügde* geborene und in *Münster* verstorbene Organist *Josef Seiler* (1823-1877) seine „Sagen und Märchen aus Heimat und Fremde" in *Kassel* vor. Die auf beachtlichem Niveau neu stilisierten Sagen aus der Heimat kreisen u.a. um *Paderborn, Corvey, Herstelle*, die *Externsteine, Lügde* und *Pyrmont,* sind im wesentlichen also konzentriert auf den ostwestfälischen Raum. Daneben tauchen auch *Soest* und *Werl* als Ort der Schicksalsschlacht am Birkenbaum auf. In einem programmatischen Gedicht beschwört *Seiler* die wunderbare Frau Sage, die von „vergangenen, schönern Tagen" zu berichten weiß, von göttlichem Wirken, den Kräften der Natur, großen geschichtlichen Ereignissen und von menschlicher Urwüchsigkeit und Originalität. Ausdrücklich wirbt der Autor für eine freundliche Aufnahme, „in diesen trüben Zeiten", die zwar selbst nicht zu Wort kommen, deren unfruchtbare Stagnation und hoffnungslose Perspektivelosigkeit dem Leser aber gerade nach der gescheiterten bürgerlichen Revolution deutlich genug vor Augen gestanden haben dürften.

Die Sage erinnert im authentischen Raum an die einstige Einheit von Glaube, Geschichte und Gesellschaft, weniger im Sinne einer verklärenden Fluchtidylle als vielmehr als belebender Kontrast zur eigenen erstarrten Geschichtswirklichkeit. In konservativer, aber keineswegs weltabgewandt unkritischer Haltung verweist *Seiler* in der Verfremdung der Lokalsage auf die Trostlosigkeit in einer von den Kräften der Reaktion beherrschten Zeit, indem er im konkreten Raum der Heimat die bewegenden Kräfte der Vergangenheit neu Gestalt gewinnen läßt.

Seilers Gedichte zeigen durchweg balladischen Charakter. Einige von ihnen variieren die Sagenstoffe in metrischer Gestalt und klingen dabei an den Typus der Sagenballade *Uhlands* und *Chamissos* an. Dabei weiß *Seiler* sich indes freizuhalten von jedem regionalen und nationalen Pathos, wie es die Gedichte des aus *Stromberg* stammenden *Max von Oers* (1806–1846) zeigen. Erinnert sei an dessen seinerzeit sehr beliebte Ballade „Das weiße Sachsenroß". *Seilers* Palette ist nicht nur weniger grell, sondern auch um einiges breiter. Im „Lied vom dunkeln Wasser" gestaltet er die existentielle Gefährdung des einzelnen in einer zusehends fremder werdenden Welt:

Mit roten Wangen,
Mein Kindelein.
Am dunkeln Wasser
Geh nicht vorbei.

Das Wasser ist dunkel.
Das Wasser ist tief:
Durch seine Fluten
Die Geister ziehn.

Und wenn sie dich sehen.
Mein armes Kind.
Sie regen, sie heben
Sich gar geschwind.

Mit Zaubergesängen,
Mein armes Kind,
Mit tollen Märchen
Betören sie dich.

Hörst du ihrer Lieder
Verlockenden Klang?
Es zieht dich zur Tiefe,
Zur Tiefe hinab.

Drum hüt' dich, mein armes,
Rotwangiges Kind:
Die Wasser im Tale
Sind schwarz und tief.

Beklemmend ist in naturmagischem Stil das Zeitgfühl eingefangen. Dem einzelnen drohen draußen unheimliche Gefahren. Die Welt der Elemente scheint sich gegen ihn verschworen zu haben, trachtet nach seinem Leben, sobald er sich zu weit vorwagt. Fremd und unkontrollierbar ist der unmittelbare Lebensraum, beherrscht von Gewalten, die sich dem Einfluß des Subjekts entziehen. In der Tat mußte sich der einzelne nach 1848 zurückgestoßen fühlen in seine allerengste Sphäre. Jeder Schritt, den er sich zu weit hinaustraute, konnte ihn ins Verderben stürzen. Wieder einmal wurde dem Untertan die eigene Unfreiheit unter dem Druck eines absolutistischen Regimes bewußt. Unsicherheit und Orientierungsängste waren die Folgen. Bewußt verzichtet *Seiler* weitgehend auf den harmonisierenden Endreim. In den Assonanzen schwingt die unerfüllte Sehnsucht nach letztlichem Einklang.

Seilers Prosa und Gedichte, heute völlig vergessen, spiegeln auf bemerkenswertem poetischen Niveau das Zeitgefühl um die Jahrhundertmitte. Hoffnungen und Ängste erfüllen den Menschen in seiner enger gewordenen Gegenwart, gespannt zwischen einer verklärten Vergangenheit und einer ungewissen, sich verdunkelnden Zukunft.

Seilers Zeitgenosse, der bereits erwähnte *Franz Löher* (1818–1892) aus *Paderborn,* wandte sich nach betont liberalen Anfängen ebenfalls einer mehr konservativen Betrachtungsweise zu. In seiner *Göttinger* Zeit, in der er sich 1853 als Privatdozent der Rechte habilitierte, entstand seine große epische Dichtung „General Spork", 1854 in der Erstauflage, zwei Jahre später in der zweiten Auflage erschienen. Die Sage, die nach den Worten *Löhers* „die Geschichte nachträumt", bildet anders als bei *Seiler* nur noch das „Beiwerk". Im wesentlichen hält sich der 1855 als Geschichtsprofessor nach *München* berufene Autor an die Quellen, insbesondere an die Biographie des Justizrats *Rosenkranz* aus *Paderborn.*

Löher will kein Heldengedicht schreiben, sondern die Geschichte eines originellen tüchtigen Westfalen, einer von denen, die sich in der Enge der Heimat nicht zu entfalten vermochten und nach freier Entfaltung jenseits der heimatlichen Grenzen strebten. Der um 1595 in der *Delbrücker Bauernschaft Westerloh* auf dem Sporkhof an der Straße nach *Rietberg* geborene *Johann Spork,* der geschickteste Reitergeneral seiner Zeit und bewunderte Türkenbezwinger, erscheint als eine imponierende Persönlichkeit, in der sich westfälisches Erbe vorbildlich ausprägt und die auf das Urwüchsige der heimatlichen Region nachdrücklich zurückweist. In ihm wird überzeugend anschaulich, was aus dem einzelnen unter günstigen, seine besonderen Anlagen fördernden Bedingungen werden kann.

Löhers Versepos zeichnet keinen Schlagetot, sondern einen empfindsamen Menschen mit ausgeprägtem Sinn für die Heimat. Angesichts des heimatlichen Friedens erfüllt Spork das kriegerische Unwesen mit Entsetzen und Abscheu:

> Er dachte nur mit innerm Grauen,
> Wie oft er nächtlich mußte schauen
> Am dunkeln Himmel Feuerstraßen,
> Die Jammerzeichen, wo das Rasen
> Des Krieges zog mit Mord und Brand.

Gerade die Szenen in der Heimat kontrastieren wirkungsvoll mit dem blutigen Getümmel der Schlachtfelder und stellen es zugleich in Frage. Erinnerungen steigen in *Spork* auf an die Zeit seiner ersten Liebe, aber auch an die tiefe Enttäuschung, die ihn, so will es die volkstümliche Überlieferung, seinerzeit unter die Soldaten getrieben hatte,

> Da mitten in dem wüsten Kriegen
> Befiel ihn ein unsäglich Leid.
> Denn in der Seele aufgestiegen
> War ihm ein Bild voll Lieblichkeit.
> Vergessen konnt er nicht das Gretchen,
> Das heißgeliebte wilde Mädchen
> Vergessen nicht die Heimatluft,
> Nicht stiller Heiden würz'gen Duft.

Im Stil einer verfeinerten Gefühlskultur, nach dem Bild des empfindsamen Westfalen, gerät das Porträt *Sporks* zur Huldigung an den westfälischen Charakter, an eine mit allen Sinnen an die Heimat gebundene Existenz.

Deutlich tritt der Zug zur Regionalisierung in der westfälischen Literatur der Zeit in der von *Gisbert von Vincke* 1856 herausgegebenen Sammlung „Sagen und Bilder aus Westfalen" hervor. Steht im ersten Buch die westfälische Geschichte mit ihren herausragenden Persönlichkeiten und bedeutsamen historischen Stätten im Vordergrund, so sind die beiden folgenden Bücher der Region selbst gewidmet. Bezugspunkt und Auswahlprinzip sind die Städte und Plätze, die der Dichtung merkwürdig geworden sind. Das Münsterland wie Ostwestfalen, das Ravensberger Land wie die Grafschaft Mark einbeziehend, entwerfen die Gedichte des Bandes ein poetisches Porträt Westfalens. Neben die zentralen Orte wie *Münster, Paderborn, Detmold, Corvey, Dortmund* und *Soest* treten kleinere Ortschaften. Mit denkwürdigen geschichtlichen und sagenhaften Ereignissen verbunden, erscheinen u.a. *Stadtlohn, Schloß Holte,* die *Wewelsburg, Lügde, Gevelsberg, Altena, Werl* und die *Iburg.* Manche Gedichte wenden sich charakteristischen Landschaften zu wie dem Teutoburger Wald und der Senne. Stets geht es darum, die Schönheit und Bedeutung Westfalens herauszustellen und im Gedicht festzuhalten und zu bewahren. Dem Herausgeber, der selbst poetische Beiträge zum alten *Dortmunder* Stadtrecht, zur Schlacht am Birkenbaum bei *Werl* und zur *Soester* Fehde beisteuert, gelingt es, bereits erwähnte westfälische Autoren wie *Annette von Droste-Hülshoff, Broxtermann, Freiligrath, Bachmann, Schüking, Seiler* und *Junkmann* zu versammeln. Auch bekannte außerwestfälische Autoren, unter ihnen *Klopstock* („Hermann's Schlacht"), *Dingelstedt* („Die Weser") und *Platen* („Wittekind") sowie *Rückert* und *Chamisso* sind mit westfälischen Motiven und Stoffen vertreten. *Vinckes* Anthologie unterstreicht die literarische Identität Westfalens, indem sie westfälische Geschichte und westfälische Landschaft als literaturfähig erweist.

Im Gefolge des regionalen Realismus entstehen die Genrebilder aus der Senne und dem Teutoburger Wald aus der Feder des 1818 im lippischen *Augustdorf* geborenen *Ludwig Altenbernd.* Nach den Übersetzungen des „Mazeppa" von *Byron* und der „Jungfrau vom See" von *Scott* legte er 1872 mit „Frühlingsblüten und Herbstblättern" die erste Sammlung seiner Gedichte vor. 1895, fünf Jahre nach seinem Tode in *Detmold,* erschienen unter dem Titel „Reben und Ranken" die bisher meist in der „Lippischen Landeszeitung" verstreut veröffentlichten Gedichte zusammen mit dem dichterischen Nachlaß.

Altenbernds Motivkreis ist eng. Die karge Schönheit der Heidelandschaft, die unheimlichen Moore und Sümpfe und die düstere Kulisse des Teutoburger Waldes bilden den Hintergrund für die halb verfallenen Heidekaten, in denen die armen Leute der Senne ums Dasein kämpfen. Irrlichter und Spökenkiekerei erzeugen eine Atmosphäre der Bedrohung und des heimlichen Grauens. Die Menschen gehen auf im Zyklus der Jahreszeiten, ihren Rhythmen angepaßt, dankbar hinnehmend, was die Natur ihnen gibt, ergeben im Leben wie im Sterben. Und doch übt die Senne, das „Stiefkind der Natur", karg und anspruchslos wie ihre Bewohner, einen eigenartigen Reiz aus:

> Da wob, als längst der Mai verglühte,
> Der Sommer ihr das Hochzeitskleid,
> Flocht ihr ins Haar die Heideblüte,
> Und schön in ihrer Dürftigkeit,
> Der Armut Kind im schlichten Kleide,
> Bestrickt sie dich, du weißt nicht wie.
> Das ist die Poesie der Heide,
> Der stillen Senne Poesie.

Der Charme der Dürftigkeit liegt über der Landschaft, eine bescheidene Schönheit, die nicht üppig prunkt, sondern sich nur dem erschließt, der bereit ist, genau hinzusehen, um mit feinen Sinnen selbst das Unscheinbarste noch wahrzunehmen. Erst die Armut macht empfänglich für das anmutig Ursprüngliche, für das Blühen des Flieders, den Gesang der Nachtigall und die silberhellen Bäche der Senne. Hier „raucht kein Schlot", Hochöfen und Hammerwerke gibt es nicht. Noch muß der Mensch mit eigener Hand der Natur alles abgewinnen, was er zum Leben braucht. Die Natur scheint dabei mit ihm im Bunde zu sein.

> Rings graue Heide und Moor und Sumpf,
> Nicht gold'ne Saaten auf dieser Flur;
> Gebrochner Föhren bemoosten Stumpf
> Umsprossen Binsen und Heidekraut nur,
> Zerfallene Hütten, ein ärmlich Dorf -
> Die Biene ernährt's und der braune Torf.

Altenbernds Gedichte sind in ihrer Orientierung am empirisch repräsentativen Detail und in der Unbestechlichkeit sinnlicher Erfahrung durchaus realistisch. Metaphorischer Ausdruck scheint zurückgenommen zugunsten des erlebten Sinnbilds, in dem Erscheinung und Wesen verschmelzen.

Kargheit und Armut verbinden die Menschen mit ihrem natürlichen Lebensraum, während die Verweise auf die noch ferne Industrialisierung bereits die Gefahren der Entfremdung anklingen lassen. Anders als sein Landsmann und etwas jüngere Zeitgenosse *Weerth* mißtraut *Altenbernd* den Segnungen der Industrie und bekennt sich zur räumlich-menschlichen Einheit der Heimat. Skeptisch gegenüber einem Fortschritt, der sich anschickt, das Gewachsene zu zerstören, tritt er ein für die selbstverständliche Symbiose von Mensch und Natur. Nichts anderes bedeutet für ihn Heimat.

Mit *Altenbernds* Gedichten ist im Zuge zunehmender Regionalisierung des Schreibens die Schwelle zum poetischen Realismus überschritten, der den Menschen nicht länger überhöhte, sondern ihn einband in seine räumlich-zeitlichen Lebensbedingungen. In dem Maße, wie er sie versteht und lernt, sie zu akzeptieren, lebt und überlebt er im Einklang mit allem Gewachsenen und Lebendigen. Die Humanität des poetischen Realisten erwächst aus der Demut vor dem ihn umgebenden Sein, das ihn so lange erhält, wie er es selbst zu erhalten bereit ist.

Annette von Droste-Hülshoff (1797–1848),
Ölgemälde von Johannes Sprick, 1835

Friedrich Wilhelm Weber (1813–1894)

Peter Hille (1854–1904),
Bleistift- und Kohlezeichnung
von Willi Lohmann, ca. 1927

Lulu von Strauß und Torney
(1873–1956),
Photo aus dem Jahre 1933

155

X. Der poetische Realismus in Westfalen

Das zunehmende Bewußtsein, in Raum und Zeit, Natur und Geschichte eingebettet zu sein, brachte auch in Westfalen realistische Dichtungen von bemerkenswerter Eigenart hervor. Mit dem Bekenntnis zur räumlich-zeitlichen Existenz schwand der Glaube der Idealisten an die souveräne Geltung des absoluten Geistes, der, nur sich selbst verpflichtet, in seinen Schöpfungen das Sinnenhafte letztlich zu überwinden strebt.

Aber das neue realistische Bewußtsein liefert sich den objektiven Daseinsbedingungen nicht einfach aus, sondern begreift sie als Herausforderung zur Sinnstiftung. Der Realist entwirft „eine Welt, aus dem", wie *Otto Ludwig* formuliert, „was wir von der wirklichen Welt erkennen, durch das in uns wohnende Gesetz wiedergeboren." Das Kunstwerk ist bei aller Beachtung mannigfaltiger Wirklichkeit „ein erhöhtes Spiegelbild des Gegenstandes", nur gereinigt von allem Nebensächlichen, ein empirisches Sinnzeichen des Wesentlichen.

Der poetische Realist macht Natur und Geschichte, Heimat und Tradition durchsichtig für ihre allgemeine Bedeutung, indem er durch das Sinnliche den Sinn durchscheinen läßt. Ähnlich führt der Sauerländer *Friedrich Wilhelm Grimme* in einem 1878 gedruckten Vortrag „Über das Poetische" aus: „Also auf das Anschauen kommt es an – darauf, wie das Leben, wie die Dinge angeschaut werden, ob sie mit poetischem Auge angeschaut werden oder nicht, ob man das Schöne in ihnen entdecken kann, oder nicht . . ." Das Anschauen, das sinnliche Erleben ist Bedingung für die Entdeckung des Kerns.

Die Kunst des poetischen Realismus verknüpft die Anschauung mit dem tieferen Verstehen. Erst die verstandene, sinnerfüllte Natur und Geschichte begründen eine vertraute, heimatliche Welt. In der Regel erwuchs in den Werken der bekannten Realisten aus der Bindung an das empirische Erleben die Konzentration auf den unmittelbaren regionalen Lebensraum, der als exemplarisch und repräsentativ begriffen wurde. Von *Storm* stammt das Wort, daß er der Enge bedürfe, um ins Weite zu gehen.

Den Kern der Wirklichkeit macht für den Realisten die Bewahrung des Lebens aus. Ihm in den Bereichen der Natur wie des Menschen, im Individuellen wie im Sozialen zu dienen, ist sittliche Verpflichtung und humaner Auftrag. „Was ewig bleiben muß", fordert *Keller* in diesem Sinne, „ist das Bestreben nach Humanität." *Keller,* aber auch *Storm, Raabe* und *Fontane* begriffen das Leben als ein immanentes, zyklisches Geschehen, in dem der

Mensch aufgeht. Gerade aus dem Verneinen transzendenter Bezüge aber entsprang eine intensivere Lebensbejahung: der Wunsch, tief einzudringen in die Kräfte des Seins, das dem einzelnen ein unwiderrufliches Ende setzt, verbunden mit dem sittlichen Willen, das dem Menschen einzig zukommende Diesseits so menschenwürdig wie nur möglich zu gestalten.

Der poetische Realismus, wie er sich in Westfalen ausprägte, teilte mit den bekannten Autoren dieser Phase das Engagement für das Leben, das unbedingte Streben nach Humanität und die sinnbildliche Gestaltung empirischer Welt sowie den Zug zur Einbettung der literarischen Entwürfe in authentische Räume und historische Zeitläufte. Anders aber als jene, verstanden die westfälischen Autoren die Welt als eine den Menschen anvertraute göttliche Schöpfung. Stärker im traditionellen Glauben verwurzelt, war für sie die Bewahrung des Geschaffenen selbstverständliches Gebot des Schöpfers. Die realistische Literatur Westfalens ist eine christliche Variante des poetischen Realismus, die zugleich das Spektrum dieser Epoche nicht unerheblich erweitert, in wesentlichen Zügen jedoch mit dieser übereinstimmt.

Die traditionelle Bindung bedingte zunächst eine stärkere Berücksichtigung volkstümlicher, überkommener Formen wie der Dorfgeschichte, während der Roman erst relativ spät hinzutrat. Auffällig ist vor allem das Hervortreten epischer Versdichtungen, in denen sich der Glaube an den formenden Schöpfer und die geformte Schöpfung sinnbildlich spiegelt. Erst wenn man die ungebrochene Glaubenstradition Westfalens berücksichtigt, erschließt sich die Eigenart des westfälischen Realismus. Seine christliche Orientierung bedeutet jedoch weniger prinzipielle Andersartigkeit als vielmehr eine Vertiefung des für die Epoche charakteristischen sittlichen Engagements. Westfalen hat weder einen *Storm* noch einen *Keller*, noch einen *Fontane* oder einen *Raabe* hervorgebracht. Dennoch verdient die realistische Literatur dieser Region schon allein auf Grund ihrer unverwechselbaren Eigenart größere Beachtung.

Der bedeutendste westfälische Vertreter eines christlichen Realismus ist der Arzt und langjährige Abgeordnete der *Berliner* Nationalversammlung *Friedrich Wilhelm Weber*, 1813 in *Alhausen bei Bad Driburg* geboren und 1894 in *Nieheim* verstorben, nachdem er zwanzig Jahre auf dem alten Wasserschloß *Thienhausen bei Steinheim* gewohnt hatte.

Ähnlich wie bei den im gleichen Jahrzehnt wie *Weber* geborenen großen Realisten *Theodor Storm* und *Gottfried Keller* entstanden die literarischen Arbeiten des Westfalen neben einer sorgfältig wahrgenommenen Berufspraxis. *Webers* literarische Anfänge in den dreißiger und vierziger Jahren stehen noch ganz im Zeichen der Nachahmung bekannter Vorbilder, unter ihnen insbesondere *Heinrich Heine, Ferdinand Freiligrath* und vor allem *Ludwig Uhland,* dem er 1862 einen lyrischen Nachruf widmete.

Ein eigener, akzentuiert lehrhafter Ton macht sich in den Gedichten seit den fünfziger Jahren bemerkbar. Dabei spielt das Selbstverständnis *Webers,* der sich nie als Dichter im Hauptberuf gefühlt hat, eine entscheidende Rolle. Seine Gedichte, Ausdrucksformen sittlicher Grundüberzeugungen, begleiten sein praktisches Handeln in der Welt. Dichtung als in erster Linie ästhetische Gestaltung lag *Weber* fern. Was immer er schrieb, erwuchs aus der Praxis mitmenschlichen Umgangs und wollte auf den Mitmenschen zurückwirken. Körperliches und geistiges Wohlbefinden bildeten für den Dichterarzt eine Einheit.

Wie jeder gute Arzt wußte *Weber* um die Verbindung von Körper und Geist. Wenn der Geist keine lohnenden Ziele vor sich hat, nichts, woran er sich abarbeiten, was er formen und gestalten kann, muß notwendig auch der Körper leiden. Sinnstiftende Arbeit ist der fundamentale Auftrag an den Menschen. *Webers* Spruchdichtung ist in ihren gelungensten Stücken Teil eines psychosomatischen Heilprogramms.

Sein schlichtes Ethos der Arbeit, die sich im sozialen Dienst erfüllt, setzte er der eigenen, im Zuge der Industrialisierung sich zunehmend auf kapitalistische Irrwege begebenden Welt entgegen:

> Was zögerst du zu kommen, Antichrist,
> Da alle Welt nach Gold so hungrig ist?
> Du hast das Erz zu stillen Lust und Gier:
> Gib ihr dein Gold, die Welt ergibt sich dir.
> Feil ist sie, feil! Was säumst du? Steig herauf:
> Du hast, solang sie steht, nicht bessern Kauf!
> Feil ist das Recht, wohlfeil Altar und Thron;
> Und wenn der Heiland jetzt auf Erden ginge,
> Verriete mancher Bube Gottes Sohn
> Für weniger als dreißig Silberlinge.

Im hungrigen Schrei nach immer mehr Geld und Besitz ist der leisere Ruf nach Zuwendung und Wärme fast erstickt. Das materielle Gut hat die Liebe zum Nächsten usurpiert, das Geld steht allemal höher im Kurs als der Bruder. Umdenken täte not, Solidarität statt brutaler Interessenkonkurrenz, Christlichkeit statt des Antichristentums des Materialismus. *Webers* Spruchdichtung reflektiert aus christlicher Sicht die Schwächen seiner Zeit ebenso wie die sittlichen Möglichkeiten des Menschen, der nur dann, wenn er sie ergreift und in seiner Praxis realisiert, Herr werden kann über eine industriell entfremdete Welt. Das Ausdrucksspektrum der Spruchdichtung reicht vom direkt Normativen bis zum indirekt Satirischen.

Aus der Integration der sittlichen Lehre oder deren Verkehrungen in veranschaulichende Handlungszusammenhänge entsteht *Webers* epische Dichtung. Hervorstechendes Merkmal sowohl in der Kurzform der Ballade als auch in der Langform des Epos ist die Bindung an den Vers, Spiegel des

Ethischen in der ästhetischen Formung und Ausdruck der aufs Allgemein-
gültige gerichteten Intention. Das Erzählerische bleibt in jedem Fall Medium des Didaktischen.

Die situativ konkrete Zuspitzung und die Darbietung elementarer Konflikte kennzeichnen die Struktur der Ballade und begründen eine im ganzen
exemplarische Darstellungsweise. Distanzierende Erzählhaltung und häu-
fige historische Einkleidung sind Mittel, die Gegenwart aus abstandneh-
mender Perspektive durchschaubar zu machen. Thematisch werden bei
Weber vorbildliche Menschlichkeit als reife Entscheidung oder als Ergebnis
eines Läuterungsprozesses sowie die Gefährdung und Verletzung der
Menschlichkeit durch Gewalt und Macht. Grundierend ist die Hoffnung auf
den wachsenden Einfluß der Humanität, die als konkrete Sehnsucht in den
meisten Balladen spürbar wird.

Wo seine Balladen in die Geschichte ausgreifen, geht es um den gefähr-
denden und verletzenden Einfluß der Macht. Der kleine Mann ist der
Leidtragende der anmaßenden Herrschaft des *Schwalenberger* Grafen in der
Ballade „Der Wildschütz". Als Wilderer gestellt, droht ihm unweigerlich der
Tod am Galgen. Am Einzelschicksal treten die Anmaßungen und Übergriffe
absolutistischer Gewalt grell zutage.

Gelegentlich gelingen *Weber* souveräne Ironisierungen der geschichtlichen Handlungsträger. Im „König Jerôme" stellt er das kurzlebige Königl-
reich Westfalen als historischen Mummenschanz bloß, der mit dem Kehr-
aus der Geschichtsnarren endet. Aber die ironischen Töne in Anlehnung an
Heine sind selten. Dominant ist die unmittelbare Betroffenheit vom Elend
der Menschen in der Geschichte, konfrontiert mit Kriegen, die der kleine
Mann, Opfer der Herrschsucht der Mächtigen, nicht will.

In der Ballade „Zwei Trompeter" schildert Weber eine Episode aus dem
Dreißigjährigen Krieg. Hüben der Trompeter der Liga, drüben der der
Union, äußerlich getrennt durch einen Fluß, innerlich aber verbunden
durch die Volkslieder, die sie blasen. Trotzdem müssen sie am nächsten Tag
aufeinander einschlagen, weil es die, die sich das Sagen anmaßen, so wollen. Freiheit heißt frei sein von Macht und Gewalt, geöffnet für die Liebe,
die nur im Frieden gedeihen kann.

Webers Balladen, die die Sehnsucht nach dem Idealzustand unmittelbar
aussprechen, wachsen oft ins Mythisch-Sagenhafte. Eine Seejungfrau, tief
unten auf dem Meeresgrund in ihrem Schloß aus Korallen, Bernstein und
Kristall, erinnert sich in der gleichnamigen Ballade an einen jungen Helden,
der vor langer Zeit auf seinem Kriegsschiff vorüberfuhr und längst im
Kampf und Streit den Tod gefunden hat. In dem mythischen Wesen auf
dem Meeresgrund verkörpert *Weber* die Liebe als Urgrund allen Seins, von
jeher mit dem Wasser eng verbunden. Fruchtbar aber wird das Sein nur in
der Liebe, nach Überwindung von Haß und Krieg. Die Seejungfrau ist die

unerlöste Liebe selbst, an der die kriegstreibenden Helden unaufhörlich und scheinbar unbelehrbar vorüberfahren. Grundsätzlich aber, darin liegt die Hoffnung der Aussage, ist Befriedung möglich, sofern der Mensch sich auf die fundamentalen Werte des Lebens besinnt.

In eindrucksvoller Dimension entfaltet sich das Friedensthema im „Dreizehnlinden"-Epos (1878), das man auch einen Versroman nennen könnte, mit dem *Weber* seinen Ruhm begründete. Das Werk setzt formal die im 19. Jahrhundert beliebte Gattung der Versepik fort. Erinnert sei u. a. an *Tegnérs* „Fritjofssaga" (1825), an *Scheffels* „Trompeter von Säckingen" (1854) und an die Versnovelle „Amaranth" (1849) von *Oskar von Redwitz*. Inhaltlich und intentional ist *Webers* Werk jedoch durchaus eigenständig. Die Geschichte vom jungen Sachsen Elmar, aufgewachsen im heidnischen Glauben und erzogen zum Haß auf die invasorischen Franken, spielt in den Jahren 822 und 823 zur Regierungszeit Ludwig des Frommen vornehmlich im westfälischen Nethegau. Modell des titelgebenden Klosters ist *Corvey*. Durchgehend sind die 25 Gesänge in vierhebigen, gereimten Trochäen geschrieben. Hervorstechend ist gleich einleitend die Jahreszeitensymbolik. Frühling liegt nach der winterlichen Erstarrung über dem Land, Hoffnung auf neues Wachsen und Werden, Hoffnung aber auch auf Überwindung des erstarrten Heidenglaubens durch das Christentum. Bei der Beschreibung des Klosters heißt es:

Friedensboten, Himmelsschlüssel
Sprossen auf der jungen Aue
Und ein frohes Frühlingsahnen
Rauschte durch die Sachsengaue.

Damit ist das Kernthema angeschlagen. Im Zentrum der christlichen Lehre steht der Frieden, nur wo Frieden herrscht, kann es Wachstum geben, kann ein neuer Frühling der Menschheit anbrechen. Noch aber herrscht der tiefgreifende Konflikt zwischen den Franken und den Sachsen, persönlich gespiegelt in der unglücklichen Liebe zwischen der fränkischen Grafentochter Hildegunde und dem jungen Sachsen Elmar, der zusehends zu zweifeln beginnt an der kriegerischen Ideologie Wodans.

Dunkel ahnt er, daß eine Zeit ihrem Ende entgegengeht. Im Abendlicht möchte er am liebsten ein Sterbelied singen, einen Schwanengesang auf die unaufhörlichen Kriege im Zeichen einer kämpferischen Lebensauffassung. Auf der anderen Seite scheinen aber gerade die Franken angesichts ihrer blutigen Missionierung wenig geeignet, den Geist des Christentums überzeugend zu vertreten und zu verbreiten. Entlarvend weist die greise Seherin Swanahild auf den eklatanten Widerspruch zwischen der Friedensbotschaft und dem kriegerischen Handeln der Eindringlinge hin. Den eigentlichen sittlichen Kontrapunkt zur friedlosen Zeit bildet allein das Kloster.

Mit voller Wucht entlädt sich der fränkisch-sächsische Konflikt, als Elmar vom fränkischen Königsboten Gero, der Hildegunde für sich beansprucht, falsch beschuldigt wird und man ihn darauf für vogelfrei erklärt. Aus dem Hinterhalt vom vergifteten Pfeil Geros lebensgefährlich verwundet, findet Elmar, mehr leidender Hiob als epischer Held, Aufnahme im Kloster Dreizehnlinden. Die Zahl verweist in heilsgeschichtlicher Symbolik auf Jesus und die zwölf Jünger. Konflikt und Konflikthandlung münden unausweichlich in die Katastrophe. Der verleumderische, heimtückische Scheinchrist ist zunächst Sieger geblieben über den unschuldigen, am Glauben seiner Väter zweifelnden Heiden.

Während des Klosteraufenthalts, dem eigentlichen Kern des Epos, findet jenseits von Haß und Gewalt ein körperlicher und geistiger Heilungsprozeß statt. Auch hier behält *Weber* den ganzen Menschen als Einheit von Leib und Seele im Auge. In toleranter Zusammenarbeit der Mönche mit der heidnischen Seherin kommt es zur positiven Wende. Der Seherin fällt die Aufgabe zu, Elmar körperlich zu heilen, weil er als Naturwesen seiner angestammten Umgebung, seiner Heimat, angehört. Dem Christentum aber ist es vorbehalten, den Menschen geistig zu erneuern. Heidentum und Christentum verbinden sich in gegenseitiger Achtung zu einem Werk der Liebe. Swanahild und der Mönch bekunden mit ihren gemeinsamen Anstrengungen die Überzeugung von der Einheit des Menschen als Natur- und Geistwesen, von der Symbiose von Leib und Seele.

Als der Frühling heraufzieht, entsagt Elmar, überzeugt vom Segen der Gewaltlosigkeit unter den Menschen, dem kriegerischen Wodanglauben und wird Christ. Während der Erntezeit erfüllt sich daraufhin die Liebe zwischen dem Sachsen und der Fränkin. In ihrer Vereinigung vollendet sich *Webers* Friedensepos. Der beispielhaft-allgemeingültigen Aussage entspricht die objektiv überhöhende Versform. Nicht der Held – wie im Epos meistens üblich – erscheint im Titel, sondern das Zentrum der sittlichen Erneuerung. Die epische Handlung, verinnerlicht zu geistig-seelischer Auseinandersetzung, zielt ab auf die Wiedergeburt des Menschen im Geiste der christlichen Friedensbotschaft.

Weniger zeitlich als räumlich verfremdet ist *Webers* zweites, in Südnorwegen spielendes Epos „Goliath", vierzehn Jahre nach „Dreizehnlinden" erschienen. Zugrunde liegt der Bericht eines authentischen Falles durch den norwegischen Landschaftsmaler *Magnus von Bagge*.

Es ist die Geschichte der reichen Bauerntochter Margit und des Waisenknaben Olaf, wegen seiner Körpergröße Goliath genannt, der durch eine Naturkatastrophe seine Eltern früh verloren hat. Als er nach Jahren um die Hand Margits anhält, wird er als Habenichts von dem besitzstolzen Bauern zurückgewiesen und muß den Hof, auf dem er bisher Geborgenheit und Auskommen gefunden hat, verlassen. An einem See bringt er fortan in aller

Einsamkeit sein Leben zu, jeden Sommer aufgesucht von Margit, die sich auch nach dem Tode ihres Vaters an ihr Versprechen gebunden fühlt, Olaf niemals zu heiraten.

Ähnlich wie in *Storms* „Immensee" und „Hans und Heinz Kirch" oder in *Kellers* „Romeo und Julia auf dem Dorfe" scheitert die Liebe am materiellen Egoismus der Eltern bzw. eines Elternteils. Die Entfaltung des Großgewerbes und die Industrialisierung weisen dem Bürger neue Wege. In dem Maße aber, wie er dem äußeren Reichtum verfällt, verarmt er innerlich und wird unfähig, zu verstehen und zu lieben.

In *Webers* Epos klingen insbesondere die Enttäuschungen über die kraß materialistischen Entwicklungen nach der Reichsgründung an. Menschlich zutiefst unbefriedigt steht der Erzähler dem Geldprotzentum und der Mammonseuche der Gründerjahre gegenüber. Gerade das Epos in seiner markanten Beispielhaftigkeit und seiner unzeitgemäßen Gestalt stellt die Wirkkräfte der Zeit, scharf geschnitten, heraus.

Anders als in „Dreizehnlinden" kommt es im „Goliath" nicht länger zur Liebeserfüllung. Allzu erdrückend sind die Einflüsse einer um sich greifenden, in die intimsten Bereiche eindringenden Ökonomisierung der Lebensverhältnisse. Der christliche Optimismus ist der Skepsis und der Ernüchterung gewichen. In der Problematik des vierten Gebots spiegelt sich weniger christliche Orientierung als vielmehr deren zeitbedingte Verkehrung. Margit fühlt sich an das Versprechen ihrem Vater gegenüber zeitlebens gebunden in einer Geschichtsphase, die durch die starre Ausübung der Befehlsgewalt von oben nach unten gekennzeichnet ist, ungeachtet der Gegenseitigkeit, die den Kern gerade des in Frage stehenden Gebots ausmacht.

Auch hier zeigt sich die Verflechtung der epischen Handlung mit der Gesellschafts- und Geschichtssituation. Hatte *Weber* in „Dreizehnlinden" noch den Geist des christlichen Humanismus als Vermächtnis und Verpflichtung für die neue Geschichtsphase nach 1870/71 beschworen, so verweigert er nun, konfrontiert mit dem grassierenden Wirtschaftsegoismus der Gründerjahre und der starren preußischen Staatsautorität, eine menschlich zufriedenstellende Lösung.

Ohne Hoffnung ist aber auch das Epos vom Goliath nicht. Am Anfang entwirft *Weber* in Erweiterung der Quelle das Bild einer glücklichen Ehe und Familie, das Idyll vom Zusammenleben Olafs mit seinen Eltern. Wie das Paradies und dessen Verlust durch den Sündenfall des Egoismus stehen sich Einleitung und Erzählung gegenüber. Der Schmerz über den Verlust erweckt die Sehnsucht nach Wiedergutmachung. Olafs Eltern symbolisieren den idealen Ehe- und Familienbund, in dessen Erneuerung *Weber* eine fundamentale Chance sieht, Egoismus und formale Autorität als die größten Widersacher der Liebe und einer erfüllten Gemeinschaft zu überwinden. In der kleinsten sozialen Zelle muß die positive Wandlung stattfinden.

Der die Lösung beharrlich verweigernde Ausgang zeigt jedoch die reale Bedrohung der Ehe und der Familie in der industriell entfremdeten Welt und die wachsende Skepsis. Im fragmentarischen Zustand des Epos liegt die Herausforderung an den Leser.

Gerade in den Werken *Webers* tritt das Christliche als sittliche Grundüberzeugung deutlich zutage und strukturiert die zentrale Aussage. Aus dem Christentum schöpft *Weber* die Kraft zu klaren Urteilen und Wertungen. Nicht fromme Schwärmerei ist seine Sache, sondern die Praxis der Nächstenliebe. Für den Realisten *Weber* ist der Mensch eingebunden in Raum und Zeit, in seine Region ebenso wie in seine Geschichte. Nicht in einem idealistischen Irgendwo und Irgendwann, sondern in authentischen regionalen und historischen Bezügen werden die Konflikte menschlichen Daseins und mit ihnen die Herausforderungen an das sittliche Handeln faßbar.

Ihm in der weltanschaulichen Orientierung verwandt ist der 1827 in *Assinghausen* geborene *Friedrich Wilhelm Grimme,* der bedeutendste Dichter des Sauerlands. Nach seinen Studien in *Münster* unterrichtete er in *Brilon* und am *Paderborner* Theodorianum u. a. in den alten Sprachen und in deutscher Literatur. 1872 übernahm er die Leitung des *Heiligenstädter* Gymnasiums im Eichsfeld. Bereits im Alter von 57 Jahren trat er wegen seines schwachen Gesundheitszustands in den Ruhestand und verbrachte seine letzten Lebensjahre bis 1887 in *Münster.*

Seine dichterisch fruchtbarste Phase fiel in die *Paderborner* Jahre zwischen 1856 und 1872, nachdem bereits 1855 ein Gedichtband in *Münster* erschienen war. Vier Jahre später folgten die „Balladen und Romanzen". Beide Sammlungen bilden den Kern der 1881 bei Schöningh in *Paderborn* erschienenen „Deutschen Weisen", der grundlegenden Gedichtausgabe *Grimmes.* Nach den Gepflogenheiten der Zeit gliedert sich der Band in drei größere Abteilungen, in denen jeweils Lieder, Sprüche und epische Gedichte gesammelt sind.

Den größten Platz nehmen die eigentlich lyrischen Arbeiten ein. Im Klang und Rhythmus verraten sie ähnlich wie die Verse *Josef Seilers* die musikalische Begabung ihres Autors. Natur und Liebe sind die beherrschenden Motive, während Geschichtliches und Politisches weitgehend fehlen. Dunkle Saiten werden kaum angeschlagen. Ungebrochene Lebensfreude und idyllischer Frieden bestimmen den Ton und erzeugen eine Atmosphäre naiver Volkstümlichkeit im Gefolge des „Wunderhorns". Einige der besten Liebesgedichte haben bei aller Aufrichtigkeit des Gefühls etwas kokett Tändelndes, einen unbeschwerten anakreontischen Charme:

> Am Fenster gegenüber sinnt
> Und träumt das schöne Nachbarskind –
> Den Baum durchklingt so weich und lind
> Die Nachtigall, der Abendwind.

Denn zwischen uns im grünen Baum
Da webt der erste Blütentraum,
Und duftend weht es wie im Traum
Zu uns herauf vom Blütenbaum.

In den Naturgedichten liegen mitunter die abgelebte romantische Sprache im Stil *Eichendorffs* und die neue sinnenhafte Natursicht im Widerstreit. Immer dort, wo es *Grimme* indes gelingt, die überkommenen Stilmuster abzustreifen, entstehen Gedichte von überzeugender Anschaulichkeit:

Das ist im Wald zur Morgenzeit –
Da flammt die grüne Herrlichkeit,
Und heißer brennt und lichter sprüht
Am Apfelbaum die rote Blüt'.
Da schlürft das Reh am Eichenstamme
Der Quelle glitzernd Feuer ein –
Und steht – und schaut zur Morgenflamme
Mit braunen Augen groß hinein.

Konkrete Orts- und Zeitbezüge und das Ineinander von Panorama und Detaillierung formen ein durchaus realistisches Naturgedicht. Der Morgen, die Blüte, die Quelle, das Aufflammen und Sprühen verschmelzen im sinnlichen Eindruck eines hoffnungsfrohen Neubeginns und des unaufhörlichen Werdens. Alles ist abgestimmt auf dieses zentrale Erlebnis. Eindringlich pointiert vor allem der intensive verbale Ausdruck die Dynamik des morgendlichen Aufbruchs. Es handelt sich hier um ein für den poetischen Realismus repräsentatives Gedicht, das engste Naturnähe mit einfühlsamer Sinnstiftung verbindet.

Im Vergleich mit den lyrischen Gedichten fallen die Spruchdichtung und die Balladen deutlich ab. Anders als *Weber* war *Grimme* in erster Linie Lyriker. Hier erreichte er seine besten literarischen Leistungen. Seinen Sprüchen fehlen die epigrammatische Zuspitzung und die intellektuelle Schärfe, während seine Balladen das Muster der *Uhland*schen Sagenballade nicht verleugnen können und kaum zu einem eigenen Ton finden. Gelegentlich gibt es, wie in der „Nähterin", unüberhörbare Anklänge an die soziale Ballade *Chamissos*. Die nur wenig strukturierten, oft überlangen Stücke zerfallen in Episoden und Einzelschilderungen, ohne daß ein notwendiger Bezug zur intendierten Aussage hergestellt wird. Überwiegend obsolet ist die Diktion. Wo seine lyrische Intuition versagt, gelangt *Grimmes* Versdichtung über ein eklektisches Epigonentum kaum hinaus.

Lesenswerter sind seine Dorfgeschichten, die sich schon allein auf Grund ihrer kulturgeschichtlichen Ergiebigkeit von den „Katholischen Erzählungen" (1853/67) des *Ahleners Heinrich Overhage* oder von den „Westfälischen Geschichten" (1867/69) *Albert Tenckhoffs* aus *Münster* erfreulich abheben. Übereinstimmend ist allerdings die Abkehr von der liberalen Grundhaltung, wie sie in *Auerbachs* Dorfgeschichten hervortritt. *Grimme* betreibt bei aller Überzeugung vom Wert einer katholischen Lebensführung keine bloße propaganda fidei, vielmehr verbinden sich in seinen Geschichten Glaube und volkstümliche Tradition, ohne daß das Bild dörflichen Lebens übermäßig geschönt und katholisch verengt erscheint. Unangemessen wäre es, *Grimme* in einem Atemzug mit der katholischen Literaturpolitik der Zeit zu nennen, wie sie etwa in dem von *Franz Hülskamp* ab 1862 bei Schöningh in *Paderborn* herausgegebenen „Literarischen Handweiser für das katholische Deutschland" betrieben wurde.

Grimmes Geschichten erschienen überwiegend im „Katholischen Volkskalender" bei Schwann, unter ihnen „Memoiren eines Dorfjungen" (1859), „Die alte Ursel" (1864), „Der Kurfürst in duplo" (1864), „Menschen machen's selten gut - Besser was Gott selber tut" (1865) u. a. m. Gesammelte Erzählungen in zwei Bänden legte *Grimme* unter dem Titel „Schlichte Leute" 1868 vor. Es folgten die beiden Nachlaßbände „Auf roter Erde" (1902) und „Auf heimischer Scholle" (1904).

Auch wenn *Grimme* seine Geschichten nicht eindeutig lokalisiert, bleibt der Bezug auf seine engere sauerländische Heimat stets fühlbar. Das Dorf, die archaische ländliche Lebensform, ist für ihn Modell einer gottgewollten Lebensordnung, eine Bastion persönlichen Lebensvollzugs angesichts drohender Anonymität. Gute Nachbarschaft, Eltern- und Kindesliebe, Solidarität der Generationen, Achtung vor dem Alter und soziale Fürsorge erwachsen aus der selbstverständlich geübten christlichen Nächstenliebe. Die Arbeit auf den Feldern und auf den Höfen, in den Werkstätten und im Handel formen das Leben und geben ihm ein sinnstiftendes Zentrum. In der detailgetreuen Schilderung der Arbeits- und Kommunikationsformen spiegelt sich eine noch intakte Welt, weniger eine weltflüchtige Idylle als der Traditionsraum bewahrens- und schützenswerten Lebens.

Der geistliche und klerikale Einfluß ist unverkennbar, aber keineswegs von fraglos hingenommener Geltung. In der Erzählung „Der Kurfürst in duplo" persifliert der Jäger Max in einem übermütigen Verkleidungsschwank das herablassende, selbstherrliche Verhalten des geistlichen Kurfürsten. Eine ganze Dorfgemeinschaft lehnt sich im „Stationenberg" gegen den Willen des Pastors auf, auf dem Kahlenberg eine Kreuzkapelle zu errichten. Auch wenn sich die geistliche Autorität am Ende jeweils durchsetzt, zeugen die Geschichten dennoch von den realen Widersprüchen und Konflikten innerhalb einer im wesentlichen geschlossenen Gesellschaft.

Wohl im Hinblick auf seine eigene Auflehnung gegen den Plan seiner Familie, ihn zum Priester zu machen, schildert *Grimme* in der Erzählung „Man soll keinen Jungen ersäufen" den Lebensweg eines Mannes, der sich als Jugendlicher gegen die familiären Vorstellungen auflehnt und schließlich als Musikdirektor Karriere macht.

Etwas isoliert steht die Geschichte von der alten Ursel im Gesamtwerk *Grimmes*. Ein Mädchen, von ihrem Liebsten wegen einer guten Partie sitzengelassen, entwickelt sich im Alter zur furchtbaren Rächerin an ihm und seiner Familie. Dämonisiert zur Hexe, bringt sie mit ihrem Fluch Unheil und Tod über die, die sie mit ihrem blinden Haß verfolgt. Bei aller Fragwürdigkeit des Frauenbildes in Verbindung mit dem Hexenwahn macht die Geschichte heute vor allem als Zeugnis provinzieller Borniertheit betroffen. Von *Grimme* wohl nicht in erster Linie intendiert, werden im heillosen Aberglauben die Abgründe einer scheinbar heilen Dorfwelt sichtbar.

Grimmes wohl beste erzählerische Leistung sind die „Memoiren eines Dorfjungen", in denen die Lebenssicht und die Lebenserfahrungen des kleinen Mannes humorvoll Gestalt gewinnen. „Memoiren gibt es so manche, seien sie von einem Minister oder Schauspieler", läßt sich der Ich-Erzähler vernehmen „warum sollte es nicht einmal auch Memoiren eines Dorfjungen geben dürfen", die ohne Skandale auskommen und niemanden blamieren und kompromittieren.

Zu den besten Prosastücken *Grimmes* überhaupt, sieht man einmal von seinen plattdeutschen Schwänken wie „Sprickeln un Spöne", „Spargitzen" u. a. m. ab, die hier nicht zur Sprache kommen, gehören die 1874 veröffentlichte Schrift „Ein Gang durch die *Paderborner Senne*" und das Sauerlandbuch „Das Sauerland und seine Bewohner" (1866, ²1886). Ausdrücklich wendet sich *Grimme* in der zweiten Auflage des letztgenannten Werks gegen die „Westfälischen Schilderungen" der *Droste*: „Verwahren wollen wir Alten uns nur gegen die Dichterin *Annette von Droste-Hülshoff,* wenn sie . . . ihren Münsterländer natürlich zum Engel macht, dem Paderborner nur schwach das Ohrläppchen zupft, dem Sauerländer aber schier beide Ohren vom Kopf reißt." Einleitend mit einem Hymnus auf den Kahlen Asten, schildert *Grimme* die landschaftlichen Schönheiten der Region, ihre Geschichte sowie die Sitten, die Bräuche und das Treiben ihrer Bewohner. Es entsteht ein Porträt, reich an kulturgeschichtlichen, ethnographischen und botanischen Details, der literarisch nachschaffende Entwurf eines Stücks authentischer Welt, poetisch wiedergeboren aus der Liebe zur Heimat. Orientiert sich die *Droste* noch wesentlich an sittlichen Leitvorstellungen, so steht hier der Raum selbst im Mittelpunkt. Für *Grimme* ist die Region weniger Medium als das eigentliche Ziel der Aussage.

Dies gilt im gleichen Maße für sein Sennebild. Die Senne, ihre braune Heide mit ihrem „wohligsten Honigduft" und den „tausend und abertausend Bienen", vor allem aber die zahlreichen Sennebäche und ihre Ufer erscheinen als „Eldorado für den Botaniker". „Aus dem lautlos schleichenden Bach erheben sich die Schwertblätter und Fruchtzapfen des Rohr- und Igelkolbens, die graubraunen Blütenfahnen des Schilfes wogen hin und her, auf dem blinkenden Spiegel schwimmen die glänzenden Blätter des Laichkrauts und des Wasser-Knöterichs ... an den sumpfig-feuchten Rändern aber breiten sich die bleichgrünen Polster der triefenden Torf- und Quellmoose aus ..." Äußerst detailliert und zugleich poetisch reizvoll stilisiert, entsteht das Bild einer eigenartigen, urwüchsigen Natur. Literarische Porträts wie dieses bewahren und fördern durch die Art ihrer Darstellung die Liebe zum Dargestellten.

Grimme beschwört in seinen gelungensten literarischen Arbeiten eine Welt, die auf der Schwelle zum industriellen Zeitalter noch in ihrer gewachsenen Eigenart gegenwärtig und erlebbar ist und mit ihren vielgestaltigen Natur- und komplexen Traditionsformen um Erhaltung wirbt.

Anders als *Weber* akzentuiert er weniger die geschichtlich-zeitliche als die räumlich-heimatliche Dimension des Erlebens, während sein Landsmann, der 1831 in *Eslohe* geborene *Josef Pape, Weber* in der Betonung des Geschichtlichen nähersteht. Wie *Weber,* der zeitgenössischen Hochschätzung des Versepos folgend, wählt *Pape* das altertümliche Genre als historisch verfremdende Einkleidung aktueller Probleme und Perspektiven. Geschichte wird zur Herausforderung an die Gegenwart. Sein bekanntestes Werk, „Der treue Eckart" (1854), ein Epos in zwölf Gesängen mit deutlicher Vorliebe für die Nibelungenstrophe, blendet zurück in die Zeit Gregors VII. und Heinrichs IV. Den Zerfall geistlich-weltlicher Einheit begreift *Pape* als die Ursache einer anhaltenden historischen Krise, die nur im Geist eines erneuerten Christentums überwunden werden kann.

Sinnbildlich spiegelt sich die erhoffte Versöhnung des Auseinanderstrebenden in der Zusammenführung des Ritters Eckart mit seinem Halbbruder, dem Spielmann Volker – beide fiktive Gestalten, deren Trennung und Irrfahrten privat abbilden, was öffentlich der Fall ist. Die Spannung zwischen historischer Authentizität und literarischer Fiktion verweist auf die weiterhin ungelöste Problematik. *Papes* historische Grundüberzeugung, daß die Krise, heraufbeschworen durch die Entzweiung von weltlicher Macht und christlichem Ethos, letztlich nur im Zuge nationaler Vereinigung überwunden werden kann, prägt auch seine anderen größeren Werke. Seine Epen und historischen Schauspiele wie „Deutschlands Hoffnung" (1867), „Aus deutscher Notzeit" (1875), „Schneewittchen vom Gral" (1883) und seine Gedichte, 1882 unter dem Titel „Ehe Völker waren" gesammelt, variieren immer wieder das Kernthema von der geschichtlich notwendigen Errichtung eines deutschen Reiches.

> „Von den Felsen wird er steigen",
> Deutschlands Hoffnung in dem Leid,
> In dem Fluch und in dem Streit,
> Der uns zweiet, drinn wir klagen –
> Unsere Krone soll er tragen!
> Von den Felsen wird er steigen!

Papes Realismus verknüpft Vergangenheit und Gegenwart, Christentum und Politik, Geschichte und Utopie. Stets lösen die realen historischen Krisen Perspektiven künftiger Lösungen aus. In solcher Vereinigung des Realen mit dem Idealen verwirklicht sich *Papes* poetischer Realismus, der literarisch im wesentlichen mit der Position *Webers* übereinstimmt. Inhaltlich überwiegen allerdings die Unterschiede. Während *Pape* einem christlich orientierten Patriotismus anhängt, schlägt *Weber* allgemeiner das Friedensthema an.

Mehr gefühlsseliges Melodram als geschichtliche Vision ist demgegenüber die 1883 erschienene Versdichtung „Konradin der Staufe" von der 1843 in *Werne* an der Lippe geborenen *Antonie Jüngst*. Deutlich werden die Verschleißerscheinungen des Genres. Geschichte verflacht zu bloßer Kulisse, das Altdeutsche erstarrt im Klischee. Der westfälische Sonderweg innerhalb des poetischen Realismus, die Verknüpfung des Geschichtlich-Gesellschaftlichen mit dem Christlichen im Medium der Versdichtung, ging seinem Ende entgegen. Bereits *Grimme,* allerdings weniger die Zeit als den Raum betonend, hatte eine Reihe von Prosaarbeiten vorgelegt.

Handelte es sich hier jedoch vornehmlich noch um die traditionelle Form der Dorf- und Kalendergeschichte, so sucht die 1835 auf *Schloß Welda bei Warburg* geborene, mütterlicherseits mit den *Haxthausens* verwandte *Ferdinande von Brackel* den Anschluß an die Novellen- und Romanliteratur der großen Realisten. Nach *Levin Schücking* ist sie es, die den größeren Prosaformen in der westfälischen Dichtung Geltung verschafft.

Gleich ihr erster Roman, „Die Tochter des Kunstreiters" (1875), wurde ein großer Erfolg. Bis 1905 waren 22 Auflagen verkauft. Die Geschichte einer hochbegabten Frau, die als Artistin das Kunstreiter-Unternehmen ihres Vaters vor dem Bankrott rettet, einer großen Liebe entsagt und schließlich als Ordensfrau in Afrika aufopferungsvollen Dienst am Nächsten übt, zeugt bei allen zugestandenen stilistischen Unzulänglichkeiten und trivialer Handlungsführung von dem engagierten Einsatz einer tüchtigen, sich ihrer selbst bewußt werdenden Frau, die unbeirrt, unter Verzicht auf männlichen Schutz, ihren Weg geht. Christliche Nächstenliebe und das weibliche Streben nach Selbständigkeit fördern sich gegenseitig. Die Frau, indem sie die Nächstenliebe zum Dreh- und Angelpunkt ihres Handelns macht, gelangt zur Gewißheit ihres dem Manne ebenbürtigen Menschseins.

Den Gegentyp einer Frau, die sich rücksichtslos, einzig ihrem eigenen Ich ergeben, zu verwirklichen strebt, schildert *Ferdinande von Brackel* in dem 1879 erschienenen Roman „Daniella". Die jüdische Bankierstochter lebt allein ihren Vorstellungen von einer radikal unabhängigen Existenz, verwickelt sich heillos in die Wirren der französischen Revolution, lädt Schuld auf sich und endet in einer Nervenheilanstalt. Über ihre Intention äußert sich die Autorin selbst: „Das Ringen und Streben der bewegten Zeit erhielt immer mehr das Gepräge des von Gott losgelösten Geistes, der nur eigene Kraft und irdische Größe anerkennen will, im Gegensatz zu der demütigen Unterordnung und Arbeit für die höchsten Ideale, wie der christliche Glaube es will."

Sicher ist die Wahl der Jüdin als negative Exempelfigur ein bedauerlicher Fehlgriff, bedenkenswert bleibt aber dennoch das entschiedene Eintreten für eine christliche Sozialethik. Humanität umfaßt für die Realisten beide Pole der Gesellschaft, den Mann wie die Frau. Erst die großen realistischen Autoren gestalten das Leiden der Frau an und in einer männlich bestimmten Gesellschaft, erinnert sei an *Fontanes* „Effi Briest", an *Kellers* Vrenchen („Romeo und Julia auf dem Dorfe") und an *Storms* Frauengestalten Katharina („Aquis submersus"), Elke („Der Schimmelreiter") u. a .m. Aber auch als Vertreterin einer überlegenen Humanität gewinnt die Frau in den Werken der poetischen Realisten schärfere Konturen. Der „Selbsterhaltungstrieb" und die „große Opferfähigkeit" Judiths in *Kellers* „Grünem Heinrich" führen den Mann schließlich zum inneren Frieden und zur Menschlichkeit, ähnlich wie Milada in *Marie von Ebner-Eschenbachs* Roman „Das Gemeindekind" ihrem verwahrlosten Bruder den Weg in ein menschlich erfülltes Leben weist.

Erst auf diesem Hintergrund ist die Frauendarstellung *Ferdinande von Brackels* zu verstehen und zu würdigen. Der sich in den Gründerjahren durch männliches Konkurrenzverhalten verschärfende Egoismus rief verstärkt die Besinnung auf soziale Orientierungen wach. Diese aber konnten für die christkatholische Autorin nur erwachsen aus der Nächstenliebe. Allein in der Zuneigung zum Du kann sich das Ich verwirklichen, eine Verabsolutierung des Ichs wie in „Daniella" beschwört notwendig Leiden und Katastrophen herauf. Die Frau als Fürsorgende und Liebende, als ichsüchtig Scheiternde, aber auch als Leidende ist das zentrale Thema *Ferdinande von Brackels* in einer Zeit, die der Anteilnahme und der Liebe der Frau um der Humanität willen bedarf.

In ihrem Roman „Am Heidstock" (1881), dem einzigen, der in ihrer engeren südwestfälischen Heimat spielt, wird die Frau durch das schuldhafte Schweigen des Mannes zum Opfer falscher Verdächtigungen und Verleumdungen. Dennoch verzweifelt sie nicht, nimmt sich sogar des Kindes an, das ihr von den üblen Gerüchten untergeschoben wird, und vermag bei aller Enttäuschung ihrer Liebe zu dem Mann nicht zu entsagen, obwohl er scheinbar in ein zweifelhaftes Licht geraten ist. Nach Jahren des Erleidens triumphieren ihr Vertrauen und die Aufrichtigkeit ihrer Liebe über alle Mißverständnisse und Verleumdungen. Beschämt muß der Mann die lautere Menschlichkeit und die innere Überlegenheit der Frau anerkennen.

Dem anspruchsvollen Leser mögen Handlungsführung und Charakterzeichnung mitunter trivial erscheinen, dennoch sollte auch er nicht verkennen, daß sich hier eine Schriftstellerin einer vom heillosen Egoismus infizierten Gesellschaft im Namen der Frau annimmt. *Ferdinande von Brackel* will nicht in erster Linie wohlfeilen Ausgleich schaffen für Zukurzgekommene, stets hat sie vor allem ihre eigene Zeit im Auge, deren Konflikte und Krisen, denen sie mit der überlegenen weiblichen Humanität zu begegnen versucht.

In diesem Sinn geht es in ihrem letzten zu Lebzeiten erschienenen Roman „Im Streit der Zeit" (1897) um die christliche Bewährung des Menschen in der Auseinandersetzung mit der Gesellschaft und seiner Geschichte. Aus der Sicht der Frau werden zentrale geschichtliche Ereignisse zu einer Romanhandlung verwoben: der deutsch-österreichische Krieg, die deutsche Reichsgründung und der Kulturkampf. Konflikterfahrung wird zum Anstoß, Lösungen zu entwickeln. Der unaufhörliche Streit soll die Menschen herausfordern, endlich Frieden zu stiften. Ziel der weiblichen Humanität ist die total befriedete Welt.

In ihrem 1900, fünf Jahre vor ihrem Tod, vollendeten autobiographischen Werk „Mein Leben" bekennt sich *Ferdinande von Brackel* noch einmal ausdrücklich zu den Grundsätzen des poetischen Realismus: „Es muß alles frei erfunden, gewissermaßen Neugeschaffenes sein... Wie das Wasser aber den Geschmack der Erdschicht annimmt, durch die es zieht, so tragen auch die Gedankenbilder unwillkürlich die Farbe derer, zwischen denen unsere Lebenstage dahinfließen." Realistische Fiktion ist abhängig von der Zeit, in der sie entsteht, aber sie ist kein bloßer Abklatsch der Verhältnisse, sondern eine eigenständige Wirklichkeit im Spiegel des erzählenden Bewußtseins, das seine eigene Zeit geistig und sittlich verarbeitet.

Noch nicht entmutigt von der naturalistischen Überzeugung von der totalen Determinierung des Menschen, vertraut der poetische Realist weiterhin auf die gestaltenden und sittlichen Kräfte. Auch in Westfalen war in Abwandlung eines Wortes von Georg Lukács der poetische Realismus das letzte Gefecht des Humanismus auf der Grundlage einer bejahten christlichen Lebensführung.

XI. Auf der Schwelle zur Moderne

Die Literatur westfälischer Autoren am Ende des 19. Jahrhunderts und um die Jahrhundertwende zeigt sowohl ausgeprägt traditionalistische als auch, im Sinn des von *Hermann Bahr* geprägten Begriffs, Züge der Moderne.

Therese Dahn, 1845 in *Münster* geboren, eine Nichte der *Droste* und seit 1873 mit dem Historiker und Autor historischer Romane *Felix Dahn* verheiratet, wandte sich unter dem Einfluß ihres Mannes, oft in Zusammenarbeit mit ihm, vor allem altdeutscher Vergangenheit zu. In Veröffentlichungen wie „Walhall, germanische Götter- und Heldensagen" (1873), „Karl der Große und seine Paladine" (1887) und im Text zu „Lohmeyers Wandbildern aus der germanischen Götter- und Heldensage" (1906) verherrlicht sie im Zuge nationaler Begeisterung nach der Reichsgründung die germanische Sagenwelt ebenso wie die deutsche Geschichte und leistet deutschnationalen Tendenzen Vorschub.

Literarisch anspruchsvoller ist das Werk der ebenfalls 1845 geborenen, auf dem *Gut Henrichenburg* aufgewachsenen *Hedwig Kiesekamp* (geb. Bracht). Seit ihrer Heirat im Jahr 1863 lebte sie in *Münster,* wo sie 1919 starb. Aus ihren Dichtungen, die neben Gedichten und Dramen auch westfälische Heimatgeschichten umfassen, ragen vor allem die Märchenerzählungen heraus. In „Am Kamin" (1883), „Neuer Märchenschatz" (^{2}1884), „Großmutter erzählt" (1896) u. a. m. erzählt *Hedwig Kiesekamp* mit großer poetischer Einfühlung alte und neue Märchen in der Märchentradition Westfalens, wie sie im *Bökendorf*er Kreis zum erstenmal Gestalt gewonnen hatte.

Besonders erfolgreich waren die Erzählungen „Aus Widukinds Land", im wesentlichen traditionelle Dorfgeschichten, in denen es oft um die Tüchtigkeit und Bewährung der Frau in einer ebenso verwahrlosten wie bornierten Männerwelt geht. Das Dorf ist weniger idyllischer Lebensraum als ein Ort harter Arbeit. *Hedwig Kiesekamps* realistische Dorfgeschichten gewinnen dem etwas betagten Genre durchaus aktuelle Aussagemöglichkeiten ab.

Ebenfalls dem ländlichen Westfalen zugewandt sind die plattdeutschen Gedichte des 1857 in *Herbern* im Münsterland geborenen, mit der Schwester des Komponisten Engelbert Humperdinck verheirateten *Hermann Wette* („Was der Wind erzählt", 1884). Unverkennbar treten ähnlich wie bei *Therese Dahn* zusehends deutschnationale Züge hervor, so etwa in *Wettes* 1896 am *Weimarer* Hoftheater uraufgeführter Stabreimtragödie „Widukind". Unverhohlener Chauvinismus spricht aus seinem Gedicht „Helden und Händler", ebenfalls in Stabreimen, das er 1915 gegen die Engländer richtete.

Seine beste Leistung erreichte er in dem zwischen 1903 und 1905 in drei Bänden erschienenen „Krauskopf", einem westfälischen Dorfroman mit autobiographischen Zügen. Beachtung verdient vor allem die Auseinandersetzung mit religiösen Fragen. Im Ich-Roman „Der Spökenkieker" (1907) greift *Wette* mit der Darstellung eines empfindsamen, feinfühligen Alkoholikers ein durchaus modernes Thema im Stil der décadence auf, allerdings im weithin konventionellen Medium des Dorf- und Heimatromans.

Traditionellen Stilmustern verhaftet, doch aufgeschlossen für moderne Themen und Probleme ist der 1856 in *Niederntudorf bei Paderborn* geborene *Jakob Loewenberg*, promovierter Germanist und Lehrer. In seinen Gedichten – die erste Sammlung erschien 1889 – greift er wiederholt die Fragwürdigkeit des Krieges auf. Nicht nur die eigene, sondern auch die andere Seite kommt zu Wort:

> Auch drüben fielen Heldensöhne,
> Die für das Recht und für die Heimat kämpften.
> Auch drüben weinen Mütter, klagen Bräute,
> Und Witwen seufzen, Kinder schreien auf.

Immer wieder nimmt sich *Loewenberg* der angefeindeten Minderheit der Juden an, so in den „Liedern eines Semiten" (1892) und „Aus jüdischer Seele" (1901). Noch ist die Heimat, zu der sich der jüdische Autor bekennt, nicht chauvinistisch verengt, noch bietet sie Platz für Deutsche wie für Juden, die sich in *Loewenbergs* Erzählungen und Novellen („Stille Helden", 1906) gleichermaßen als Westfalen fühlen dürfen. Als engagierter Pädagoge setzt sich *Loewenberg* in einer Reihe von Veröffentlichungen für das Kind und dessen Art, die Welt zu sehen, ein. Spürbar ist der Einfluß von *Ellen Keys* „Jahrhundert des Kindes" in „Aus der Welt des Kindes" (1910) und „Bittegrün, ein Kinderbuch" (1913).

Übereinstimmend verknüpfen die genannten Autoren überkommene Schreibmuster häufig mit aktueller Thematik. Dabei reicht die Spannweite von der nationalen Verengung nach 1871 bis zur Darstellung psychischer Problematik sowie zum engagierten Eintreten für die weibliche Humanität und eine liberale Pädagogik. Bei *Loewenberg* tritt die erklärte Skepsis gegenüber kriegerischer Gewalt hinzu. Auch in die Werke westfälischer Autoren wirkt die Zeit unmittelbar hinein und bestimmt weitgehend ihre inhaltliche Orientierung, während neue Stilmöglichkeiten allerdings kaum sichtbar werden.

Wege zu einem innovativen literarischen Ausdruck zu weisen, blieb unter den Westfalen den Brüdern *Heinrich und Julius Hart* vorbehalten, der eine 1855 in *Wesel,* der andere 1859 in *Münster* geboren. Noch während ihrer Zeit in *Münster,* wo sie Freundschaft schlossen mit *Peter Hille,* traten sie im neugegründeten „Westfälischen Verein für Literatur" für eine neue Literatur des Lebens, der Wahrheit und der Wirklichkeit ein. Kritisch rechneten sie in ihrer ersten Zeitschrift „Deutsche Dichtung" mit der seichten Salonliteratur des Kaiserreichs ab und forderten eine Neubesinnung auf die sittliche und religiöse Kraft des dichterischen Wortes. Nach einem ersten kurzen Aufenthalt in *Berlin* im Jahr 1877 lebten sie dann etwa ab 1881 fast ständig im Zentrum der literarischen Moderne. Vorausgegangen waren 1878/79 die Herausgabe der „Deutschen Monatsblätter" und 1879 die Gründung des „Deutschen Literaturkalenders", den die *Harts* nach den ersten vier Jahrgangen *Joseph Kürschner* überließen. Als Mitglieder des literarischen Vereins „Durch" engagierten sie sich für den wahren Realismus, der sich nicht mit bloßen Elendsschilderungen zu begnügen habe. Die bedeutendste literarische Leistung der *Harts* stellen zweifellos die zwischen 1882 und 1884 in sechs Lieferungen in *Leipzig* erschienenen „Kritischen Waffengänge" dar.

Ihre Kritik entzündet sich an der konventionell erstarrten Literatur der wilhelminischen Zeit, an dem polierten Formenkult, dem eklektischen Dilettantismus, der novellistischen Fabrikware und der stofflichen Effekthascherei. Ihrer Zeit werfen sie allgemein Kastratentum, maßlose Verflachung und Geschmacksverwirrung vor. „Nirgendwo ein starker, einheitlicher Zug", schreiben sie, „nirgendwo ein organisches Wachsen." Die kulturelle Situation vergleichen sie mit einem Feld voller Unkraut. Aufgabe der Kritik sei es, das Unkraut auszujäten. Das Schlechte solle beseitigt werden, um dem Besseren Platz zu machen. In solchen Vorstellungen gibt sich der neue, auf den naturwissenschaftlichen Evolutionstheorien gegründete Fortschrittsoptimismus zu erkennen. Dabei gerät die Tradition jedoch nicht in Vergessenheit. Nicht dem Stoffe, aber dem Geiste nach empfehlen die *Harts,* wieder an den jungen *Goethe* anzuknüpfen. Er, so führen sie aus, habe endgültig mit der gekünstelten Sprache eines *Gottsched* oder eines *Gellert* gebrochen und der Natürlichkeit im Ausdruck wieder zum Sieg verholfen. An die Stelle von bloßer Formglätte sollen wieder mehr Tiefe, mehr Glut und mehr Größe treten. Jeder Stoff ist in der Literatur denkbar, also auch das Häßliche, sozial Abstoßende, das Elend und die Armut, es kommt alles nur darauf an, das Stoffliche in Kunst zu überführen. Die Dichtung soll das gesamt moderne Leben zur Anschauung bringen. Niemals vertreten die *Harts* aber eine bloße naturalistische Oberflächenschilderung, ein literarisches Abfotografieren. „Wenn eine Anforderung an den Dichter zu stellen ist", so schreiben sie, „so ist es nur die eine, welche an jeden Irdischen zu stellen ist, daß seine Schöpfungen ethisch und humanistisch wirken". Leidenschaftlich wenden sie sich gegen den falschen Idealismus, der in seiner unnatürlichen Beschränkung wie ein spanischer Schnürstiefel mit tausend Regelhäkchen ausstaffiert ist, fern allem Urwüchsigen und Genialen. Bei aller Hochachtung vor der modernen Wissenschaft grenzen die *Harts* sie doch deutlich von der Poesie ab und nehmen so eine durchaus eigenständige Haltung ein: „Die Wissenschaft erforscht, seziert, ergründet die Natur, aber die Poesie schafft gleich der Natur eine zweite Natur und bedarf der ersteren nur wie der Handwerker seines Rohmaterials." Anknüpfend an das berühmte Wort *Jean Pauls,* „nicht die Natur nachzuahmen, sondern der Natur nachzuahmen", fordern die *Harts* vom Künstler ein kreatives Schaffen, aus dem jedoch ebensoviel zu lernen ist wie aus der Natur. Zugrunde gelegt wird also ein durchaus schöpferisch-dynamischer Naturbegriff. Natur und Mensch verhalten sich wie Makrokomos und Mikrokosmos zueinander, in beiden sind die gleichen Kräfte wirksam. Es gilt, das Elementar-Urspüngliche, das Natürliche darzustellen. Abgewirtschaftet hat der Formalismus, weil er zur Naturentfremdung geführt hat. „Nur dann wird unsere Poesie die rechte Mitte finden zwischen erdfrischem Realismus und hoher Idealität", heißt es unmißverständlich, „nur dann wird sie das Höchste erreichen, nämlich aus dem vollen Born der Gegenwart schöpfend, ursprüngliche, individuell gefärbte Natur zum Ideal verklären." Darin einbezogen ist auch die Darstellung des Häßlichen. Nur dann kann das Schlimme betroffen machen und eine heilsame Katharsis auslösen, wenn es natürlich dargestellt wird. Der Naturalismus-Begriff der *Harts* enthält sich aller dogmatischen Verengung. Im Unterschied zum poetischen Realismus rückt er nicht die natura naturata, die symbolische Dingwelt, in den Vordergrund, sondern die natura naturans, die unaufhörlich schaffende Natur, von der der Dichter ein Teil ist. Alles kommt darauf an, aktiv zu sein, zu wirken, am menschlichen Fortschritt schaffend teilzuhaben.

Schon in der *Zola*-Kritik der *Harts* wird ihre Distanz zum konsequenten Naturalismus deutlich. Sie tadeln die wuchernden Detailschilderungen, die Verbindung von Roman und Wissenschaft wie überhaupt die unpoetische Versachlichung der Literatur. Aus der Kritik an der wilhelminischen und naturalistischen Dichtung, am Seichten ebenso wie am Vordergründigen, entwickelten die *Harts* in den folgenden Jahren ein eigenes ethisch-religiös-ästhetisches Programm, das sie innerhalb der „Neuen Gemeinschaft" in *Schlachtensee* in *Berlin-Zehlendorf* zu verwirklichen suchten. Zu den Mitgliedern zählten u. a. *Else Lasker-Schüler* und *Peter Hille.* Praktisch ging der sogenannte Friedrichshagener Dichterkreis um *Bölsche* und *Wille* in der neuen Vereinigung auf. In Schriften wie „Vom höchsten Wissen" (1900), „Die neue Gemeinschaft" (1901) und „Träume der Mittsommernacht" (1904) verkündeten die *Harts* vor allem im Anschluß an *Bruno Wille* die pantheistische Lehre von der Alleinheit. „Dein Einzel-Ich ist vom ersten Augenblick an das Welt-Ich! Du bist selber das Ganze der Welt." Angesichts unendlicher Verwandlungen und Entwicklungen erscheint der Naturalismus klein und nichtig. Im Leser der genannten Schriften, die den Weg ins

„Reich der Erfüllung" weisen wollen, bleibt indes kaum mehr als ein Gefühl der Vagheit zurück. Unverkennbar stoßen die *Harts* dort an Grenzen, wo sie über die Kritik hinaus es unternehmen, eigene weltanschauliche Positionen zu formulieren. Vollends fragwürdig mußten solche Versuche werden, wenn man begann, die ohnehin verschwommene Botschaft dichterisch einzukleiden, Literatur also zum Vehikel von Weltanschauung zu machen.

Sowohl *Heinrich* als auch *Julius Hart* haben ein umfangreiches literarisches Werk hinterlassen. Bereits 1872 hatte der siebzehnjährige *Heinrich Hart* mit „Weltpfingsten" seine erste poetische Publikation vorgelegt. Bei aller erstaunlichen Virtuosität in den Bereichen des Metrums und des Reims entlarven das leere Pathos und die pompöse Rhetorik immer wieder den eklatanten Mangel an faßbarer Aussage. Ein peinlicher Fehltritt war die 1882 erschienene Tragödie „Sedan", der dann auch keine weiteren dramatischen Versuche mehr folgten. Als *Heinrich Harts* Hauptwerk gilt das Fragment „Das Lied der Menschheit", ein „Epos in 24 Erzählungen". Alle Typen und Charaktere des Menschentums sollten hier in der unaufhaltsamen Entwicklung zur menschlichen Vollendung Gestalt gewinnen. Doch nur die ersten drei bis zum Auftreten von Moses reichenden Erzählungen konnten abgeschlossen werden. Allzu vollmundig und verblasen war das Konzept, mehr abstrakt-ideelles Programm als konkretisierbarer literarischer Entwurf.

Der 1906 verstorbene *Heinrich Hart,* dessen Werke der Bruder herausgab, ist eines der forcierten Talente, wie sie in der Literatur um die Jahrhundertwende in großer Zahl auftraten. Als kritischer Wegbereiter zu einer literarischen Moderne indes hat er sich einen Platz in der deutschen Literaturgeschichte erworben. Lesenswert sind neben seinen kritischen Schriften weiterhin seine anekdotisch pointierten „Literarischen Erinnerungen" aus den Jahren 1880 bis 1890 und die liebenswürdige Darstellung seines Freundes *Peter Hille* (1904).

Ähnliches gilt für *Julius Hart,* der seinen Bruder um fast 25 Jahre überlebte. Seine Lyrik, gesammelt in den Bänden „Sansara" (1879) „Homo sum" (1890) und in dem Auswahlband „Triumph des Lebens" (1898) gelangt über gereimte Weltanschauung kaum hinaus. Im Stil der zeitgenössischen Lebensphilosophie ist viel von Leben und Liebe, von Lust und Seligkeit die Rede, von der Verwandlung des Lebens in Dichtung und der Dichtung ins Leben, ohne daß sich irgendwie faßbare Konturen abzeichneten. Die Formulierungen wirken merkwürdig austauschbar. Im rhetorischen Überschwang erschöpfen sich die meisten Gedichte in der Apposition und der Paraphrase. *Julius Harts* zahlreiche Dramen, unter ihnen „Don Juan Tenorio" (1881), „Der Rächer" (1884), „Sumpf" (1886) u. a. m., versuchen in verbalen Kraftakten eine konsequent vitalistische Weltanschauung zu inszenieren. Die Absetzungsversuche von dem vor allem naturwissenschaftlich orientierten Naturalismus bleiben allerdings blaß und unbestimmt.

Noch eklatanter tritt die Neigung zur Verschwommenheit in den beiden Prosabänden „Sehnsucht" (1893) und „Stimmen in der Nacht" (1898) zutage. Propagiert wird eine Kunst des fühlenden Menschen und der unmittelbaren Gefühlsdarstellung. Der Künstler ist der leidenschaftlich ergriffene Künder einer elementaren Natur, doch seine Kunst produziert in ebenso andauernder wie ermüdender Überhitzung nichts als Visionen und Ekstasen.

Bei aller künstlerischen Unzulänglichkeit verweist der sensible Kritiker *Julius Hart* dennoch auf die aus dem Ungenügen am Naturalismus hervorgehenden geistigen Strömungen, die unter der Oberfläche zum inneren, zum wesentlichen Menschen vorzudringen suchten. Was von *Heinrich* und *Julius Hart* bleibt, und das ist durchaus beachtlich, ist ihre kritische Abrechnung mit der epigonalen Scheinkunst des wilhelminischen Zeitalters ebenso wie mit der naturalistischen Konzentration auf die Oberfläche. Ihre Kritik wies einer Literatur den Weg, die sich angesichts von Entfremdung und Anonymität in einer politisch reaktionären und industriell verzweckten Welt in Gehalt und Gestalt wieder des Persönlichen und Geistigen anzunehmen hatte.

Gestalterisch neue Wege gingen unter den Autoren aus Westfalen zunächst *Julius Petri* und *Peter Hille*. *Petri,* 1868 in *Lippstadt* geboren, starb bereits 1894, wenige Jahre nach seiner literaturwissenschaftlichen Promotion in *Rostock* und kurz nachdem er eine Stellung in der Redaktion der renommierten „Deutschen Rundschau" in *Berlin* angetreten hatte.

An literarischen Arbeiten liegen neben seinem Hauptwerk, dem 1892 bei Cotta erschienenen Roman „Pater peccavi", größtenteils Prosastücke aus dem Nachlaß vor, die *Erich Schmidt* unter dem Titel „Rote Erde" 1895 in *Berlin* herausgab. „Pater peccavi" ist nicht nur der erste wirklich moderne Roman eines westfälischen Autors, er verdient darüber hinaus einen Platz neben zeitgenössischen Romanen wie *Max Kretzers* „Meister Timpe" (1888) oder *Hermann Conradis* „Adam Mensch" (1889). *Petri* erzählt nicht geradlinig, sondern unterbricht den Erzählablauf durch Rückblenden und Parallelführungen. Auffällig ist die Neigung zu szenischer Darbietung und ausführlichen Dialogpartien. Nicht der aktive Charakter, sondern das Milieu steht im Vordergrund. Mit Almrode, hinter dem sich unverkennbar *Lippstadt* verbirgt, wählt Petri einen überschaubaren Rahmen für seine Milieustudie.

Im Stil analytischer Erzählweise liegt das entscheidende Ereignis bereits vor dem Einsatz des Erzählens. Ella Lerch hat sich ertränkt, Moritz, ihr Liebhaber, Neffe des Gußfabrikanten Mathias, fühlt sich mitschuldig an ihrem Tod und wird von seiner weiteren Umgebung in diesem Gefühl bestärkt. Ella und Moritz sind typische Vertreter des gebrochenen, „halben"

Helden in der Literatur um die Jahrhundertwende. Von unkontrollierbarer sinnlicher Leidenschaft bestimmt, sehnt sich Ella nach individueller Auslöschung, nach dem Einswerden mit dem kollektiven Urgrund der Natur. „Das beste wäre, nicht zu sein!" Der Fluß, in dem sie ihren Tod sucht und findet, spiegelt ein vom eigenen Triebschicksal mitfortgerissenes Dasein, das sich willenlos dem zerstörerischen Sog überläßt. Moritz ist der labile, schwankende Charakter im Stil von *Conradis* „Adam Mensch". Weder im Studium noch im Hause seines Onkels und in der aufrichtigen Liebe seiner Cousine findet er Halt. Der Totschlag des Vetters, an dem er sich ebenfalls mitschuldig fühlt, treibt ihn, der sich mit der Familie seines Onkels zu den Altkatholiken bekennt, zurück in die Arme der katholischen Kirche, wo er sich die Befreiung von seiner Selbstqual erhofft. Nicht mehr scheint dazu nötig, als sein „Pater peccavi" zu sprechen. Die Herde, in die sich das verlorene Schaf wieder eingliedert, ist das Fluchtziel eines haltlosen Daseins, die Kapitulation des einzelnen vor der Masse.

In den Szenen im Wirtshaus und auf den Straßen läßt *Petri* den erdrückenden Einfluß des Milieus immer wieder Gestalt gewinnen und verknüpft das determinierte und determinierende soziale Umfeld mit dem kollektiven Heilsangebot der katholischen Kirche, die um so mehr an Einfluß gewinnt, je mehr der Protestantismus in der Umklammerung des Geldes und des Besitzes erstickt. In einer Phase reaktionärer Entmündigung und industrieller Entfremdung zeichnet *Petri* das Elend des Menschen, seine Ohnmacht und Perspektivelosigkeit.

Aber anders als etwa *Conradi* stellt *Petri* den determinierten und labilen Figuren mit dem Altkatholiken Mathias, dem Materialisten Horn und dem naturverbundenen Schulten Alling in sich gefestigte Charaktere gegenüber. „Das aber ist in unserer Zeit eine Aufgabe", läßt er zum Schluß den altkatholischen Pfarrer sagen, „die Überzeugung des einzelnen aufrecht zu erhalten gegen den blinden Willen der gleichmachenden Menge." Die wahre christliche Kirche beginnt erst dort, wo der Herdenmensch, der „öffentlich meinende Scheinmensch", wie *Nietzsche* sagt, überwunden wird. Nicht zufällig lebt der alte Mathias neben einer Kirchenruine, in deren Zerfallszustand sich der erhoffte Zerfall des kollektiven Dogmas spiegelt. Zwar kann die verschwindende Minderheit der Selbstdenkenden, mögen sie nun altkatholisch, materialistisch oder einfach erd- und naturverbunden orientiert sein, der Masse der Nachtreter nicht wirksam begegnen oder sie gar vom Wert persönlicher Profilierung überzeugen, immerhin aber zeichnen sich in ihnen Möglichkeiten einer wirklich humanen Existenz ab, die in der Achtung vor dem Andersdenkenden und in der anteilnehmenden und verstehenden Liebe wurzelt. *Petri* überwindet den dekadenten Menschentypus naturalistischer wie impressionistischer Färbung, indem er den Glauben an die starke Persönlichkeit erneuert und damit nach dem Zusammenbruch traditioneller Ordnungen in der Akzentuierung der persönlichen Würde des Menschen einen auf Toleranz gegründeten Neuanfang andeutet. Bestimmend bleiben bis zum Schluß das Milieu und die Uniformität der Masse, unüberhörbar kündigt sich demgegenüber in den abschließenden breiten weltanschaulichen Darlegungen die Opposition des starken Charakters an, der in der Isolation von der Herde seine Identität bewahrt.

Gegen die ungeistige Masse und für die geistbestimmte Persönlichkeit entscheidet sich auch der 1854 in *Erwitzen* bei *Brakel* geborene, literarisch höchst eigenwillige *Peter Hille.*

Hille starb am 7. Mai 1904, nicht einmal fünfzigjährig, in *Berlin-Lichterfelde,* nachdem man ihn Tage zuvor nach einem Blutsturz auf dem Bahnhof in Zehlendorf aufgefunden hatte. Das Leben eines Bohemiens, den es, aus einem winzigen Eggegebirgsdorf in Westfalen stammend, in die Weltstadt verschlug, hatte sein Ende gefunden. Groß war die Anteilnahme bekannter und bedeutender Schriftsteller der Zeit, unter ihnen *Detlev von Liliencron, Karl Henckell, Otto Julius Bierbaum, Erich Mühsam, Stefan Zweig* und vor allem seine Freunde *Heinrich und Julius Hart,* in deren Haus der „Neuen Gemeinschaft" in *Schlachtensee bei Berlin Hille* häufiger Gast gewesen war.

Nach Vagabundagen quer durch Europa, über Holland, die Schweiz, England und Italien, lebte *Hille* seit Ende der achtziger Jahre vornehmlich in *Berlin* bzw. in seiner westfälischen Heimat. Ständig in Geldnöten, abgerissen und ohne feste Bleibe nahmen ihn seine Freunde auf. Sein ganzer Reichtum waren seine Manuskriptsäcke, gefüllt mit Papierschnitzeln, Zigarrentüten, Briefumschlägen und Zeitungsfetzen, auf denen in verwirrenden Schriftzügen seine Werke Platz fanden: Gedichte, Aphorismen, epische und dramatische Entwürfe, Essays. Plötzlichen Eingebungen folgend, schrieb er auf, was sich ihm in Worte formte, fast immer nach hartnäckigem Ringen um den rechten, seiner intuitiven Schau angemessenen Ausdruck.

In *Berlin,* wo sich der Pomp wilhelminischer Fassaden spreizte, der Naturalismus auf den Bühnen und in plakativen Erzählungen das Elend der Ausgeplünderten und Unterdrückten breittrat, wo sich schließlich bereits vielfältige Bewegungen abzeichneten, die Fassaden niederzureißen und die grauen Sozialreportagen zu überwinden, ließ sich der nomadisierende Literat *Peter Hille* nieder. Die Freunde verhalfen ihm zu einem Forum, zum Vorleseheim „Zum Peter Hille" in einer kleinen italienischen Weinstube bei Dalbelli an der Potsdamer Brücke. Hier trug der Mann mit dem Prophetenkopf und dem unverkennbaren westfälischen Akzent seine Dichtungen vor, mit leiser, aber eindringlicher Stimme, stockend, keineswegs professionell, aber immer erregend, widerborstige Eigenart ausstrahlend. *Peter Hille* avancierte zu einer literarischen Institution im damaligen *Berlin,* aufgesucht von Künstlern, Literaten und Intellektuellen. Ein Dichter in Lumpen, der den gründerzeitlichen Prunk ebenso verachtete wie die zähflüssigen Elendsschilderungen, weil beide Richtungen im Grunde an der Oberfläche verharrten, vor den glänzenden Fassaden der Macht bzw. in den düsteren Hinterhöfen des Elends, die eine im Dienst dekorativer Wirklichkeitsretuschen, die andere fixiert auf den möglichst häßlichen schockierenden Wirklichkeitsausschnitt. *Peter Hilles* Blick war von vornherein tiefer gerichtet, auf das verborgene Wesen hinter den Erscheinungen – eine neue Sichtweise, begrüßt von denen, die des bloß Vordergründigen längst überdrüssig waren.

Bald lagen Veröffentlichungen in Buchform vor: der Roman „Die Sozialisten" (1886), „Des Platonikers Sohn" (1896), ein Drama, und die Kurzromane „Semiramis" und „Cleopatra", beide 1902. Postum erschien 1921 im Insel-Verlag die Gedankendichtung „Das Mysterium Jesu". Aus dem Nachlaß tauchte darüber hinaus noch der in *Hilles* engerer westfälischer Heimat spielende Roman „Die Hassenburg" auf. Die literarhistorische Bedeutung *Hilles* scheint indes weniger in diesen Werken zu liegen, wie man denn überhaupt den Eindruck gewinnt, daß sich die größeren Formen seinen dichterischen Intentionen nicht fügen wollten.

Hille selbst ist sich über seine eigene genuine Begabung durchaus im klaren gewesen. Zu seinem fünfzigsten Geburtstag am 11. September 1904 plante er die Herausgabe seiner gesammelten Gedichte unter dem Titel „Blätter vom fünfzigjährigen Baum". An einem Geburtstag, der im Leben eines Menschen im besonderen Maße im Zeichen erlangter Reife steht, sollte der Öffentlichkeit das zugänglich gemacht werden, was den Dichter vor allem anderen charakterisierte. Die prägnante Kurzform der Lyrik, daneben zweifellos auch der Aphorismus, gehören zu den markanten literarischen Aussageweisen *Peter Hilles*. Hier, im Medium subjektiven Empfindens und individueller Autonomie, konnte sich ein Ich aussprechen, das sein Formzentrum ganz in sich selbst, in der unverwechselbar eigenen Sichtweise der Dinge hatte. Gestalt war dabei weniger artifizielle Komposition, so wie sie das Drama und der Roman verlangen, sondern existentielle Chiffre.

Hille gehört zu den Autoren, die die deutsche Literatur um 1890 nicht unwesentlich mitbestimmt haben. Wichtiger als die schulmeisterliche Zuordnung zum Impressionismus, Symbolismus oder Expressionismus ist die Erkenntnis seiner betont antiwilhelminischen und antinaturalistischen Poetik, seine Opposition gegen jede Literatur, die sich dem bloßen Schein verschreibt oder sich gegen Intuition und Inspiration ausschließlich für die empirische Beobachtung, gegen die Tiefe für die Oberfläche entscheidet. *Hille* gehört damit in eine Reihe mit Autoren wie *Richard Dehmel, Stefan George, Hugo von Hofmannsthal, Rainer Maria Rilke, Else Lasker-Schüler, Ernst Barlach u. a.*

Peter Hille, keiner Modeströmung verhaftet, überwindet die wilhelminische Scheinkunst, gegen die schon die *Harts* in ihren „Kritischen Waffengängen" zu Felde gezogen waren, ebenso wie den Naturalismus um 1890, indem er dem subjektiven Sein vor dem objektiven Schein, der Wesensschau vor der bloßen Beschreibung den Vorrang gibt. *Hille* ist ein früher künstlerischer Vertreter der gewandelten Sichtweisen um 1890, wie sie sich auf anderer Ebene auch in der Philosophie *Edmund Husserls* abzeichnen, der auf dem Wege eidetischer Reduktion des Phänomenalen zum Wesen der Sache selbst vordringen will. Gegen die Positivistischen und materialistischen Wirklichkeitsdeutungen setzt man die Wesensschau; nicht die Renommage des Gründers und die Reproduktion des Naturalisten, sondern die Evokation des Eigentlichen ist das neue Ziel des Gestaltens und Denkens.

Die angemessene literarische Aussageweise des wesenhaft schauenden Subjekts ist für *Hille* die Lyrik. Nicht länger geht es ihm darum, das Sichtbare zu reproduzieren, sondern das Eigentliche und Wesentliche sichtbar zu machen, es im künstlerischen Prozeß zu evozieren. *Hille* berührt sich in entscheidenden Punkten mit Künstlern wie *Emil Nolde* und *Ernst Barlach,* die um die Jahrhundertwende aufbrachen, hinter die Dinge zu sehen, nachdem man bisher das Wirkliche vornehmlich als gegebene Erscheinung aufgefaßt oder es impressionistisch poetisiert hatte.

In einem Programmgedicht mit dem Titel „Gott und die Religionen" spricht *Hille* zentral die neue Sichtweise des Künstlers um 1890 an:

> Parrhasius' Bild
> Wurde für den
> Vorhang gehalten,
> Den sein Gemälde verhüllte.

Der Name des Malers könnte in leichter Verfremdung auf den platonischen Begriff der Parusie anspielen, die Auffassung von der Gegenwart der Ideen in den Dingen. Im Abbild spiegelt sich das Urbild, in der sinnlichen Erscheinung das sinnlich nicht erfahrbare Ewig-Seiende. Die Betrachter allerdings vermögen Hülle und Kern, Erscheinung und Wesen nicht auseinander zu halten. Wie sie die Botschaft mit dem Medium verwechseln, so verwechseln sie auch umgekehrt das Medium mit der Botschaft:

> Der Vorhang,
> Gott, der dich verhüllt,
> Der tappenden Menschheit,
> . . .

> Dieser Vorhang
> wird . . .
> Gehalten für Gott –

> Die Leinwand für Gott!

Die dialektische Umkehrung der eingangs skizzierten Situation trifft den neuralgischen Punkt naturalistischer Gestaltung. Ihr ging es um die genaue Beschreibung der erfahrbaren Erscheinung, um naturgetreue Wiedergabe der Oberflächenstrukturen. Das Wesen aber, bei *Hille* Gott genannt, liegt tiefer, verborgen hinter dem sichtbar Vordergründigen. Für den Naturalisten ist die Hülle alles, *Hille* aber sieht den Kern, die eigentlich lebenstiftende Kraft.

Die Welt ist dem Menschen nicht in erster Linie gegeben, sie zu verwerten, sie den eigenen Vorstellungen von Nutzen und Brauchbarkeit unterzuordnen, sondern sie vielmehr in ihrem tiefsten Kern zu verstehen, liebend in sie einzudringen. Derjenige, der wie der Naturalist immer nur die Oberfläche sieht, ist der eigentlich unschöpferische, lieblose Mensch. Naturalismus ist die geistlose Kunst des industriellen Zeitalters, ihm adäquat, die Phase der geistigen Selbstentfremdung des Menschen.

Der Dichter ist der Dolmetscher des schöpferisch liebenden Geistes, ihm verwandt, gleich ihm im nachvollziehenden Verstehen Welten schaffend.

Die Kräfte, die das Wachstum befördern und das organische Leben zur Entfaltung bringen, sind auch im Menschen wirksam. Alles bestimmend ist der eine schöpferische Eros, die göttliche Liebe, die das All beseelt.

Gelegentlich steigert sich die animistische Darstellung bis zur Mythisierung. Ein herausragendes Beispiel bildet *Hilles* bekanntestes Gedicht „Waldstimme":

> Wie deine grüngoldenen Augen funkeln,
> Wald, du moosiger Träumer,
> Wie so versonnen deine Gedanken dunkeln,
> Saftstrotzender Tagesversäumer,
> Einsiedel, schwer von Leben!
>
> Über der Wipfel Hin- und Wiederschweben:
> Wie's Atem holt
>   und näher kommt
>   und braust,
>   Und weiter zieht
>   und stille wird
>   und saust!
>
> Über der Wipfel Hin- und Wiederschweben,
> Hochoben steht ein ernster Ton,
>
> Dem lauschten tausend Jahre schon
> Und werden tausend Jahre lauschen.
> Und immer dieses starke, donnerdunkle Rauschen.

Als mythisches Wesen erscheint der Wald. Stilisiert zur ehrfurchtgebietenden Vegetationsgottheit, blickt er aus grüngolden funkelnden Augen. Der Wald, Träger elementaren Seins, bildet ein Sphäre unberührten, in sich ruhenden Lebens. In den Anrufungen „Träumer", „Tagesversäumer" und „Einsiedel" gewinnt sein tiefstes Wesen Ausdruck. Eine große Ruhe geht von ihm aus. Nominale und attributive Fügungen herrschen vor, während die verbalen Anteile zurücktreten. Visuelles erscheint jeweils hinüberge-spielt in Virtuelles, in das geheimnisvoll Wirkende. Im „Hin- und Wieder-schweben" offenbart sich der Zyklus des Naturgeschehens, Diastole und Systole. Werden und Sein bilden eine unverbrüchliche Einheit. Sein ist unaufhörliches Werden, und alles Werden mündet unablässig ins Sein. Es ist der immer wiederkehrende, alles belebende Rhythmus, der die Natur, den Menschen, das ganze Universum am Leben erhält. Im Wald tönt der Herz-schlag des Alls. Sein mythisches Wesen ist Ausdruck unvergänglich schöpfe-rischer Urkraft.

Doch gerade aus der Bindung des schöpferischen Urbilds an das Abbild, der Idee an das Körperliche, erwächst im letzten auch ein elegisches Le-bensgefühl, der tragische Widerspruch von Schönheit und Tod.

> O Welt, bist du furchtbar:
> Denn du hast einen Sinn.
> Und den erfüllst du und marterst uns zu deinem Leben.
> Und darum Geschlechtsfeste, denen Fleisch wächst.

Die Schöpferkraft des Geistes, in die Welt der Körper versetzt, äußert sich weniger als geistige Freiheit denn als determinierender Trieb. Wesen und Erscheinung, Idee und Gestalt sind tragisch verknüpft. „Siehe, ich bin eine traurige Erde", heißt es im Zyklus „Meine Erde", erfüllt von „Mühen", „Gebären" und „Arbeit". „Seelen in hastender Arbeit" sind die Wesen auf dieser Erde, unendlich geistiger Herkunft zwar, aber eingelassen in eine endliche leibliche Welt, in der gestorben werden muß.

Der Mensch ist im eigentlichen ein Geistwesen, bestimmt für eine Exi-stenz jenseits des sichtbar Vordergründigen, das die Naturalisten zum Aus-schließlichen erklären. Das Leiden ist für *Hille* kein Leiden in der Welt mit ihren letztlich unaufhebbaren Determinierungen, sondern ein Leiden an ihr und ihrer Beschränktheit, ein Leiden der Seele in Erwartung der Erlösung. Die Liebe, die als göttliches Erbe ihn das Ewige im Vergänglichen erkennen läßt, erleichtert ihm den letzten Abschied. In diesem Sinn spricht der Page zur Prinzessin über den Tod:

> Glaub' mir nur, ich sterbe sehr gern.
> Ich sehe ja in seinem Gesicht
> Deine Augen.
> Und so kann ich hinüber gehen.

Das Sterben ist im letzten ein Akt der Liebe, der die Seele in die Ewigkeit zurückholt. Sterbend läßt der Mensch Kreatürlichkeit und Zeitlichkeit hinter sich und wird eins mit dem Geist, der weder Anfang noch Ende kennt.

Am einprägsamsten hat *Hille* die jenseitige Heimat des Menschen in seinen „Engelliedern" beschworen. Dort läßt er den Schutzengel zum Menschenkind sagen:

Ein Schatten fällt auf deine Wange,
Es ist die Wimper nur, die lange.
Ein Seufzer sucht die Himmelslust,
Von der noch warm die Traumesbrust.

Du hast das Heimweh nach dem ewigen Leben
Und fühlst dich mit uns noch im Himmel schweben,
Und kommst bald wieder.

Zwischen dem „Noch" und dem „Bald" spannt sich das irdische Dasein, zwischen der himmlischen Vergangenheit und der himmlischen Zukunft, die die irdische Gegenwart einrahmen, sie als Übergang erscheinen lassen. Vergänglich ist nur sie, während die Seele dort wieder einkehrt, woher sie ihren Ursprung genommen hat, in das Paradies, wo Vergangenes und Künftiges sich zum Kreis der Ewigkeit runden. Alles ist nur ein „trauerhelles Opferglück", ein „abschiednehmendes Wiedersehn". *Hille* überwindet in letzter Konsequenz Zeit und Welt. Jesus ist ihm ein „Welthinliebendes". Seine Liebe hebt die Spannung zwischen endlicher Erscheinung und unendlicher Bestimmung auf, indem sie den unsterblichen Geist aus seiner sterblichen Hülle befreit und der zyklischen Wiederkehr ein Ende setzt.

Der Künstler registriert das vordergründig Wirkliche nicht, sondern hebt es im Akt dichterischer Wesensschau auf. Kunst hat nicht „die Tendenz, wieder Natur zu sein", wie *Arno Holz* in Anlehnung an *Zola* formuliert, sondern das Geistige der Natur zu enthüllen, das ihr eigentlicher Ursprung ist. Der wahre Dichter weist jede dauerhafte Verbindung mit dem bloß Wirklichen ab.

In der Skizze „Petrus und ich auf den Bergen" verschmilzt *Peter Hille* für *Else Lasker-Schüler* in ihrem *Hille*-Buch (1906) in einer quasi religiösen Szene mit der steinernen Skulptur von St. Marco vor dem Dom in Venedig, dem Evangelisten, dem der geflügelte Löwe als Auferstehungssymbol zugeordnet ist. Der Dichter *Peter Hille* wird zur religiös-vergeistigten Kunstfigur jenseits der Erdenschwere. „Und sein Blick versank in Tausendtiefen. Harte Falten umhüllten seinen Leib, und er war nur Gestalt und kein Körper mehr."

Else Lasker-Schüler – niemand hat *Peter Hille* tiefer verstanden – entrückt den Dichter des Geistig-Ideellen und Geistlich-Seelischen, „des Platonikers Sohn" ebenso wie der poetische Jünger Jesu, dorthin, wohin er selbst den Mythenmaler *Arnold Böcklin* nach dessen Tod entrückt hatte: „Er ging dahin, wo seine Werke wohnen."

XII. Neue Wege

Mit dem Gedankengut der „Neuen Gemeinschaft" und dem dichterischen Werk *Peter Hilles* ist die Schwelle zu neuen Empfindungs- und Ausdrucksformen im Grunde bereits überschritten. Entschieden wandte man sich ab von der Oberflächenkunst des konsequenten Naturalismus, von seinem naturwissenschaftlich-mechanistischen Weltverständnis, seinem analytisch-sezierenden Intellekt und seinem deterministischen Menschenbild. Intuitives Erleben, unmittelbare Begegnung mit dem Lebenskern, die Anschauung vitaler Fülle und schöpferischer Kraft bildeten die Inhalte der aufkommenden Lebensphilosophie. Nicht Analyse, sondern Synthese stand im Mittelpunkt. Eine neue seelische Haltung zur Welt begann sich zu entwickeln, ein Bewußtsein für den allem wirklich Lebendigen innewohnenden Lebensdrang, den „élan vital", wie es *Henri Bergson* nannte. Der vergleichsweise kurzlebige Naturalismus war nicht zuletzt auch Herausforderung und Widerstand, an dem sich die Geister entzündeten, seine Erstarrung provozierte zwischen Lebensphilosophie und Expressionismus eine Fülle geistig schöpferischer Gegenbewegungen.

Bewußt knüpfte der 1876 in *Minden* geborene Feuilletonredakteur und Kritiker *Fritz Droop* an *Peter Hille* an. 1909 gab er ein *Peter Hille*-Buch unter dem Titel „Aus dem Heiligtum der Schönheit" heraus. Noch 1921 veranstaltete er eine Neuausgabe von *Hilles* Roman „Die Sozialisten". *Droops* eigene Dichtungen, unter ihnen Gedichte („Aus Sonnentagen" 1910, „Stirb aber Siege" 1914), Dramen („Unschuld" 1918, „Der Freispruch" 1919) und Dante-Studien (1921) zeigen nach der Überwindung impressionistischer Weichheit und Genußseligkeit deutlich den Umschwung ins Aktivistische im Sinne des Tatmenschen bei *Nietzsche*. Schöpferkraft und Willensstärke sollen den Menschen aus Determiniertheit und Ergebung in sein Schicksal befreien. „Literat und Tat", so die Überschrift einer zeitgenössischen Aphorismensammlung von *Kurt Hiller,* der 1915 das Wort vom Aktivismus prägte, verschmelzen. Dichtung ruft auf zum Aufbruch:

> Die Sonne ruft:
> Dein Weg führt gipfelan.
> Nun wappne deine Brust
> In stählern Erz
> Und schmiede Löwen
> Vor dein Kampfgespann.

Leisere Töne schlägt der 1876 ebenfalls in *Minden* geborene *Max Bruns* an.

Im väterlichen Verlag, den er später übernahm, erschienen u. a. Anthologien der *Harts* und deren letzte gemeinsame Zeitschrift „Berliner Monatshefte für Literatur, Kritik und Theater" (1885). Insofern bestanden auch hier schon früh Beziehungen zur progressiven Berliner Literaturszene. *Max Bruns* selbst veröffentlichte eine Reihe von Gedichtbänden. „Aus meinem Blute" lag bereits 1897 vor. Es folgten 1899 „Andachten", 1900 „Verklärungen", 1901 „Laterna Magica", 1903 „Kaleidoskop" u.a.m. Daneben entstanden Novellen und Essays. Auch heute noch beachtenswert sind die Übersetzungen von *Baudelaires* Werken, zwischen 1901 und 1909 herausgegeben, und die Übersetzungen von Gedichten *Verlaines* und *Mallarmés* (1909). Durch den intensiven Umgang mit den französischen Lyrikern kam *Bruns* in Berührung mit dem zeitgenössischen Symbolismus.

Seine eigenen Gedichte, schon zu Lebzeiten kaum zur Kenntnis genommen, lehnen sich zunächst eng an *Richard Dehmel,* den gefeierten Lyriker der Jahrhundertwende, und an dessen Orientierung an der populären Lebensphilosophie an. *Dehmels* Wort, der Dichter „kann und will nichts weiter tun als eine bildliche Fühlung zum Leben schaffen, die alle kritischen Widersprüche gegen die Schönheit und Herrlichkeit des ganzen Daseins ganz und gar ausschließt", trifft ohne Abstriche auch auf *Bruns* zu. So heißt es in seinem Gedicht „Sommerland":

> Schönheit, Schönheit aller Erden!!
> Und ich weiß sie nicht zu fassen?
> Und ich will mit leeren Händen
> Sie in nichts zerrinnen lassen?

> Nein! den Reiz der Stunde trink ich
> Noch aus ihrer feinsten Spur,
> Und im stillem Glück versink ich
> In den Schoß der Allnatur.

Gegen die Elendsschilderungen und häufig abstoßenden Oberflächendetails des Naturalismus setzt man die allumfassende, von innen heraus wirkende Schönheit, die noch das Kleinste durchdringende schöpferische Lebenskraft. Zum Schluß vereinigt sich das lyrische Ich in einem panerotischen Akt mit dem All. Nicht das Leiden an der Wirklichkeit ist länger Gegenstand der Literatur, sondern das Verschmelzen des einzelnen mit einer durch die Sinnlichkeit der Poesie enthüllten schönen Welt.

Neben dem Einfluß *Dehmels* ist in vielen Gedichten von *Max Bruns* der Einfluß des Symbolismus spürbar. In dem Gedicht „Wildblühender Baum" erlebt sich das Ich im naturmythischen Sinnzeichen des Baums, der fest im Erdreich und in der Zeit wurzelt, mit seinem Wipfel aber in die Ewigkeit des Himmels ragt:

Die Äste wie versehnt zum Licht entsendet,
Die Blust der Blüten silberüberblendet,
Den Wipfel weit ins Ewige gewendet, –
Und keiner weiß, wo mein Gezweige endet
Und Wolke, Wind und Wunder wird.

Die Gegenstände der empirischen Welt treten im äußersten Gegensatz zum Naturalismus nicht um ihrer selbst willen in Erscheinung, sondern sind im Kern wahrnehmbare Zeichen einer tieferen, bedeutungsvollen Wirklichkeit. Das dichterische Wort stiftet nicht länger die Illusion einer Außenwelt, sondern weist sinnerfüllend von außen nach innen. Befreit von ihrer Bindung an die bloß vordergründige Realität, entfalten die Dinge im Verweis auf Wesenhaftes ihre eigentliche Schönheit. In der konsequent durchgeführten Vergeistigung des einen Zeichens, bei *Bruns* begriffen als existentielle Chiffre, formiert sich die Gestalt des Gedichts. Der vierfache Reim verwandelt und verinnerlicht das visuell Wahrgenommene in Klang, während die ebenfalls vierfache Alliteration der Schlußzeile die sinnbildlich erfaßte menschliche Existenz jenseits von Raum und Zeit poetisch erhöht.

Zusammen mit ihrem Mann arbeitete die 1873 in *Minden* geborene *Margarethe Bruns* an der Übersetzung und Herausgabe der Dichtungen *Baudelaires*. Aus ihrem eigenen Werk ragen neben den „Liedern des werdenden Weibes" (1900) vor allem die „Märchen der Salamanderhöhle" (1912) heraus. Spürbar ist der Einfluß *E.T.A. Hoffmanns*, den man in zunehmendem Maße wiederzuentdecken begann, wie auch der Einfluß der phantastischen Literatur um die Jahrhundertwende überhaupt. Wiederkehrendes Thema ist die Spannung zwischen der vordergründigen bürgerlichen Zweckwelt und dem geheimnisvollen Reich des Märchens. Im „Märchen vom goldenen Zahn" sieht sich der Badersohn Amandus aus gutem Haus plötzlich in eine seltsame Wirklichkeit verwickelt. Eine hexenhafte ältere Frau mit funkensprühendem Bart und einem goldenen Zahn und ein geheimnisumwittertes Schloß, in dem ein schönes Mädchen Spinnweben zu Silberfäden verspinnt, schlagen ihn in ihren Bann, ohne daß er allerdings die Gewohnheiten und Vorstellungen seiner Herkunft ablegt. Als er das Mädchen mit Hilfe des geraubten goldenen Zahns befreien will, um sie in eine normale Existenz zu überführen, versinken die märchenhaften Zauberreiche. Den gutbürgerlichen Vorstellungen von Beruf und Ehe hält die aus der Phantasie geborene märchenhafte Wirklichkeit nicht stand. Die Märchen von *Margarethe Bruns* gestalten die Unversöhnlichkeit von banaler Wirklichkeit und Märchenwunder, von Poesie und bürgerlicher Welt. Nur im Märchen erfüllen sich Phantasie und Geist. Gerade in der märchenhaften Verfremdung offenbart sich die Opposition des bewußt antinaturalistischen Künstlers gegen die kausalmaterialistische Entzauberung der Wirklichkeit.

Im Schatten *Rilkes* stehen die literarischen Arbeiten der 1884 geborenen *Hertha Koenig,* die einen Teil ihrer Kindheit und Jugend auf dem elterlichen *Gut Böckel bei Bünde* verlebte. Bereits 1910 lernte sie den gefeierten Lyriker im Haus des Verlegers *Samuel Fischer* in *Berlin* kennen. Auf Rilkes Vermittlungen hin erschienen zwei Sonettsammlungen von ihr im Insel-Verlag („Sonette" 1917, „Blumen" 1919). Noch in der Gedichtsammlung „Die alte Stadt" von 1925 ist der Einfluß *Rilkes,* die Vorliebe für das Sonett, das Durchdringen von objektiver Welt und subjektivem Erleben und die Gestaltung effektvoller Enjambements deutlich zu spüren:

Jedes Geschehen
Ist ein Vermählen der Ferne
Mit uns. Ob wir dem Gott der Sterne
Oder dem Bösen entgegengehen.

Mit *Rilke* teilte *Hertha Koenig* die Auffassung, daß der Künstler durch seine Kunst das irdische Dasein mit dem Göttlichen verbindet. In diesem Sinne stellt ihr 1913 erschienener Roman „Emilie Reinbeck" um die mütterliche Freundin des Dichters *Nikolaus Lenau* eine Art ästhetischen Existenzentwurfs dar. Kunst und Leben bilden eine unauflösliche Symbiose. Beachtenswert ist *Hertha Koenigs* erst 1963 erschienene Erzählung „Rilkes Mutter", in der sie das Porträt einer ebenso sensiblen wie komplizierten Frau zeichnet. Durch ihre Korrespondenz mit *Rilke, Marie von Ebner-Eschenbach* und *Oskar Maria Graf* sowie durch ihre Begegnungen mit *Erich Mühsam, Ernst Toller, Karl Wolfskehl* u. a. und nicht zuletzt als Kunstsammlerin – insbesondere faszinierten sie die Bilder *Picassos* – öffnete sie die westfälische Literatur- und Kunstszene einmal mehr für die modernen Gehalte und Ausdrucksformen.

Eine interessante, allerdings wenig beachtete literarische Erscheinung ist der 1883 in *Dortmund* geborene jüdische Autor und spätere *Dresdner* Theaterdirektor *Hugo Wolfgang Philipp,* der 1933 nach *Zürich* emigrierte. In seiner Tragödie „Der Clown Gottes" (1921) und den Erzählungen „Bocksprünge" (1923) verwandelt er die verworrene Zeit der Weimarer Republik in ein groteskes Panoptikum. Geschichte erscheint nur noch darstellbar als Clownsposse, in der die Menschen ihre verrückten Veitstänze aufführen. Der groteske Stil wird bei *Philipp,* vergleichbar mit den phantastischen Autoren der Zeit, zum Medium der Dekuvrierung des närrischen Kerns hinter den hohlen, aus der Kaiserzeit herübergeretteten Fassaden. Im Spiegel der Groteske tritt die Brüchigkeit einer Geschichtswelt vor dem Abgrund hervor. Nach der Uraufführung der tragikomischen Farce hieß es in den „Lübecker Mitteilungen": „Mit eruptiver Gewalt schleudert *Philipp* ein Drama heraus, in dem unsere Zeit mit einer so unerhörten Wucht gepackt wird, wie sie kaum einem anderen Dichter unserer Tage eignen dürfte."

In seinem Essayband „Welt im Blickpunkt. Versuch einer Kosmosophie"

(1921) berührt sich *Philipp* in seinen Vorstellungen von einem organischen Menschentum und einer mit den fundamentalen Lebenskräften verbundenen Ethik insbesondere mit den Charontikern. Nach dem ersten Weltkrieg entsteht die „Schlacht am Birkenbaum. Ein Sang von der Zeitenwende", veröffentlicht jedoch erst kurz vor der nationalsozialistischen Machtübernahme. Anknüpfend an die 1701 in lateinischer Sprache überlieferte Sage von der Endschlacht der Völker und dem Triumph eines großen, für alle Zeiten friedensstiftenden Fürsten gestaltet *Philipp* das Unheil des Krieges und den leidenschaftlichen Appell, ihn endgültig zu überwinden:

> Laßt uns über Grenzen greifen
> mit des Herzens wärmster Hand,
> dann wird uns ein Frieden reifen,
> ewig und für alles Land.

Die Verse stehen in der dem Sang vorangestellten „Entnational-Hymne", entschiedenes Bekenntnis zur Brüderlichkeit der Völker und engagierte Absage an den haßschürenden, tödlichen Nationalismus.

Mythisch und sagenhaft verfremdet, wird die bedrückende Geschichtswirklichkeit zwischen 1918 und 1933 durchsichtig für die Kriegsangst und die ungestillte Sehnsucht nach einem dauerhaften Frieden. Weder der realistische noch der naturalistische Stil sind imstande, einer chaotisch erschütterten Zeit beizukommen. Zunehmend versuchen auch westfälische Autoren, ihre Gegenwart in symbolistischen Chiffren, in Märchen und Mythos und in kosmischen Visionen zu durchdringen und in wesenhafter Erkenntnis der Wirklichkeit den Spiegel vorzuhalten. Die antinaturalistischen Tendenzen, von der bloßen Phänomenbeschreibung loszukommen und zum Wesen der Menschen und der Dinge vorzustoßen, führte dann insbesondere bei den Charontikern zu einer betont weltanschaulich und philosophisch orientierten Dichtung.

Zusammen mit *Rudolf Pannwitz* gründete *Otto zur Linde* in *Berlin* 1904 die Zeitschrift „Charon". Sie erschien bis zum Ausbruch des ersten Weltkriegs, seit 1909 unter der Mitherausgeberschaft *Karl Röttgers*. 1905 folgte die Gründung des Charon-Buchverlags. Das geistige Zentrum der Bewegung, der 1873 in *Essen* geborene und in *Gelsenkirchen* aufgewachsene *Otto zur Linde,* kann nur bedingt als Westfale angesehen werden, obwohl er sich zeitlebens selbst so verstand. Seine Mutter stammte vom Niederrhein, sein Vater aus *Wahmbeck bei Karlshafen* an der Weser. *Zur Lindes* Hauptwerk stellen seine philosophischen Gedichte dar, unter ihnen „Die Kugel. Eine Philosophie in Versen" (1923). Die Kugel wird zum Symbol einer ebenso vollkommenen wie unendlichen Identität von Ich und All. In der Auslöschung des Selbst wird das Ich fähig, mit dem Sein zu verschmelzen. Ich- und Welterkenntnis werden eins. *Zur Linde* entwirft eine Erlösungslehre mit dem Ziel, den empirischen Menschen aus den Zwängen des eigenen Selbst zu befreien. Der geistige Tatmensch *Nietzsches* wie die Idee des Sozialismus sollen sich verbinden im Gemeinschaftsdienst durch Selbstentfaltung.

Fern von allen klassizistischen und formalen Normen hat sich der Künstler den Menschen und den Dingen gegenüber zu öffnen und ihr unverwechselbares Sein im Spiegel seiner Subjektivität zu gestalten. Dichtung heißt für *zur Linde* das Selbstverstehen aus dem Verstehen der Welt: „Laß die Dinge dich anpacken, du sollst nicht den Baum singen, sondern der Baum soll dich singen." Im Charon-Mythos gewinnt der Tod des isolierten Selbst Gestalt und damit zugleich der Übergang zu einer Außen und Innen, Ich und Du vereinigenden Existenz. Wahre Bildung ist für *Otto zur Linde* „Erziehung zum Selbstdenken und Selbsttun". Nicht durch bloße Wissensvermittlung, sondern durch aktiven Umgang mit den Gegenständen des Wissens verschmelzen Welt- und Selbsterkenntnis zu einer tragfähigen Lebensorientierung. „. . . was nicht erlebt wird, ist nicht nur nicht wert, gewußt zu werden, sondern ein toter Stein in uns. Wir tragen einen solchen Trümmerhaufen mit uns herum, daß wir schwer gehen wie der Wolf mit seinen sieben Grauwackensteinen."

Mit *Otto zur Linde* fragt der 1877 in *Lübbecke* geborene *Karl Röttger* nach der innersten Wahrheit in und hinter den Dingen, mit ihm leidet er an der offenbaren Kluft zwischen Außen- und Innenwelt. Anders als *zur Linde* aber sucht der ehemalige Lehrer *Röttger* die letzte Wahrheit nicht in der Philosophie, sondern in der Religion. Bereits die frühen Gedichtbände „Wenn deine Seele einfach wird" (1909) und „Die Lieder von Gott und dem Tod" (1912) kreisen um die Frage, die zugleich Antwort ist:

> Was wären wir, wenn nicht ein Letztes bliebe
> Aus allem Schicksal, das uns heilig ist!

Aus der Lyrik erwuchsen die Prosadichtungen. In den „Christuslegenden" von 1914 und im „Gastmahl der Heiligen" von 1920 beschwört *Röttger* als das letzte Ziel der Geschichte das Reich Christi, seine Liebe und seinen Geist, die die Welt befreien werden. In einer Novelle wie „Die Allee" (1917), einer Erzählung wie „Der Schmerz des Seins" (1921) oder im ersten Roman „Das Herz in der Kelter" von 1927 gestaltet *Röttger* immer wieder die Melancholie des Seins, aber auch die Hoffnung auf den Triumph der Seele über Raum und Zeit. Natur erscheint zur Seelenlandschaft vertieft, alles Geschehen verinnerlicht zu seelischen Vorgängen. Aus dem Innenraum der erzählten Welt tritt Christus dem Menschen entgegen und befreit ihn von seiner Lebensangst.

Im „Buch der Gestirne" (1933) begegnen große Künstlergestalten wie Rembrandt, Shakespeare, Bach, Hölderlin und Grabbe. Zentral ist immer wieder der leidende Mensch. „Der Mensch ist Gottes, darum leidet er".

„Nicht weil er Gottes ist, leidet er, sondern weil er nicht ganz Gottes ist." Das Leiden als Ausweis der Gotteskindschaft des Menschen bestimmt *Röttgers* historischen Roman „Kaspar Hausers letzte Tage oder das Leben eines ganz Armen". In dem Maße, wie sich die geschichtliche Welt verdunkelte, wuchs auch die Angst vor den dämonischen Kräften in ihr. In seinem Roman „Dämon und Engel im Land" (1936) gestaltet *Röttger* im westfälischen Raum das zerstörerische Werk der neuen Machthaber und zugleich die Hoffnung auf Frieden, der allem Schmerz folgen muß.

Röttgers essayistische Schriften „Zum Drama und Theater der Zukunft" (1921) und „Das Kindertheater" (1922) begründeten und begleiteten sein Engagement für die Bühne. Neben Märchen- und Legendenspielen entstanden nach dem ersten Weltkrieg Dramen wie z. B. „Haß oder das versunkene Bildnis des Christ", eine dramatische Kampfansage gegen Haß und Krieg und das sinnlose Blutvergießen. Im menschlichen Chaos scheint das Bild Christi untergegangen zu sein. Wie *Otto zur Linde* schwebt *Röttger* eine von Entzweiung und heilloser Ichsucht befreite Welt vor.

In seiner 1911 gegründeten Zeitschrift „Die Brücke", einem Ergänzungsorgan zum „Charon", begab er sich auf die Suche nach einer Gesellschaft aus dem Geist wahrhaften Menschentums. Die Zeitschrift sollte Brücke sein von einer haßerfüllten Gegenwart zu einer künftigen versöhnten Lebensgemeinschaft, in der „Befreiung, Ausgleich, Weite des Blicks und zwangloses Ineinandergefügtsein des Lebens ist". Dem Charon-Kreis ging es um eine „Kunst von innen heraus", um den neuen Menschen in einer neuen Zeit. Bei allen berechtigten Zweifeln an der künstlerisch gültigen Gestalt der einzelnen Werke bleiben doch der sittliche Ernst und das Vertrauen auf die letztlich heilenden Kräfte des Geistes und des Glaubens in der Konfrontation mit einer tiefen Krise der Geschichte und des Menschen.

Die symbolistischen Bild- und Vorstellungsinnovationen sowie die philosophisch-weltanschaulichen Neuorientierungen führten im allgemeinen nicht zu einer wirklich neuen Sprache. Allenfalls läßt sich eine Neigung zur Vollmundigkeit und Üppigkeit des Ausdrucks erkennen, die sich bei den Charontikern in wuchernder Werkfülle niederschlägt.

Ein zunächst verhöhnter, aber zuletzt doch anerkannter Sprachneuerer war erst der 1874 in *Münster* als Sohn eines Eisenbahnbeamten geborene *August Stramm*. Rücksichtslos, ungeachtet ästhetischer Vorbehalte stutzte er die Sprache zurück auf ein reines Ausdrucksmedium. Nicht die Entfaltung sprachlicher Schönheit stand für ihn im Vordergrund, sondern die Zuspitzung auf den Kern der literarisch vermittelten Botschaft.

Stramm verbrachte seine Jugend in *Eupen* und *Aachen*. Dort legte er die Reifeprüfung ab und trat 1893 als Posteleve in die Reichspostverwaltung ein. Nach der höheren Verwaltungsprüfung im Jahre 1902 wurde er nach *Bremen* versetzt, wo er die erfolgreiche Modeschriftstellerin *Else Krafft* heiratete. 1909 promovierte *Stramm* in *Halle an der Saale* zum Doktor der Philosophie. Bald darauf erfolgte die Übersiedlung nach *Berlin,* der Heimatstadt seiner Frau. *Stramm* wurde Beamter im Postministerium. Unmittelbar nach Beginn des ersten Weltkriegs rückte er im August als Hauptmann der Infanterie ins Feld. Im September 1915 fiel er in *Horodec* an der russischen Ostfront. Als Postbeamter, Hauptmann und Dichter bietet *Stramm* ein schillerndes Persönlichkeitsbild. Pflichtbewußt im Beruf und liebevoll als Familienvater, entspricht er oberflächlich betrachtet bürgerlichen Mustervorstellungen. „Das Bild seines häuslichen Sonntagvormittags", erinnert sich seine Tochter, „wäre die Zierde jedes Heftes der seligen ‚Gartenlaube' gewesen." Kaum etwas deutete in diesem geregelten Leben auf den Dichter.

Und doch hatte *Stramm* schon als junger Mann, wenn auch noch weitgehend uncharakteristisch, ein Kohlhaas-Drama, „Die Bauern", und ein tragisches Spiel, „Das Opfer", geschrieben. Mit Dramen wie „Rudimentär" (1914), „Sancta Susanna" (1914), „Die Haidebraut" (1914), „Erwachen" (1915), „Kräfte" (1915) und „Geschehen" (1915) fand er in seinen reifen Jahren zu seinem unverwechselbaren Stil. Ein Jahr nach seinem Tode erschien noch das Drama „Die Unfruchtbaren". Fast alle Stücke, die oft nur aus ein paar Seiten bestehen, sind in einer extrem verkürzten Sprache geschrieben. Die Handlung ist weitgehend zurückgedrängt. An ihre Stelle treten Gebärden und Gefühle, oft gesteigert zum ekstatischen Aufschrei. Mit dem allmählichen Verstummen der Sprache nähern sich die Stücke der Pantomime, indem sie sich auf den mimisch-gestischen Ausdruck, auf die spontane Mitteilung seelischer Erregungen konzentrieren.

Nach erfolglosen Bemühungen bei Zeitschriften und Verlegern führte die Begegnung mit *Herwarth Walden* und dem frühexpressionistischen Sturm-Kreis endlich zum literarischen Durchbruch. *Stramms* Ringen um die intensive Sprachgebärde berührt sich im wesentlichen mit den Intentionen *Waldens*. Er wird zum wichtigsten Beiträger des „Sturm", in dem 1914 sein Drama „Sancta Susanna" erscheint, das von *Paul Hindemith* 1922 vertont wurde. Weitere Dramen werden in den Sturm-Büchern gedruckt. 1920 liegen die gesammelten dramatischen Dichtungen in zwei Bänden vor. Die Bühnen tun sich schwer mit *Stramms* Dramen. Erst 1925 führten die *Berliner* Kammerspiele das Stück „Kräfte" auf.

Literarisch einflußreicher als seine dramatischen Versuche waren *Stramms* lyrische Dichtungen, an denen er etwa ab 1912 arbeitete. Bis Ende 1914 wurden über dreißig Gedichte im „Sturm" abgedruckt. Während eines kurzen Fronturlaubs Anfang 1915 stellte sie *Stramm* zu einer Sammlung zusammen, die im gleichen Jahr unter dem Titel „Du" im Verlag des „Sturm" erschien. Den Liebesgedichten folgten mit „Tropfblut" vier Jahre nach *Stramms* Tod die nachgelassenen Kriegsgedichte. In der ersten Sammlung hatte der inzwischen vierzigjährige Lyriker zu seinem persönlichen Stil gefunden:

Abendgang

Durch schmiege Nacht
schweigt unser Schritt dahin
die Hände bangen blaß um krampfes Grauen
der Schein sticht scharf in Schatten unser Haupt
in Schatten
uns!
Hoch flimmt der Stern
die Pappel hängt herauf
und
hebt die Erde nach
die schlafe Erde armt den nackten Himmel
du schaust und schauerst
deine Lippen dünsten
der Himmel küßt
und
uns gebärt der Kuß!

In der unverbrauchten, ungewöhnlich neuen und kühnen Sprache spiegelt sich die Einmaligkeit des Liebeserlebens. Jenseits von Klang und Rhythmus, von Reim, Metrum und Strophe wird Liebe zum reinen Wort. Durch aus Verben gewonnene Adjektive, dynamisierte Zustandsverben, verbalisierte Substantive, paradoxe Fügungen („hängt herauf") und Aktivierung der Natur durch Personifikation entsteht der Eindruck einer leidenschaftlich bewegten Szene, einer auf Erlösung hindrängenden Spannung.

Beide syntaktisch deutlich abgeschlossenen Teile spitzen sich jeweils auf das „uns" zu, pointieren die Vereinigung von Ich und Du als das eigentliche Ziel des Erlebens. Verschmolzen zu einem Haupt sind die Liebenden, vom Schein, dem Licht des Sterns, in den Schatten gestochen, Zeugnis der kosmischen Integration ihrer Liebe. Im zweiten Teil durchdringen sich in asyndetischer Reihung erneut kosmisches und menschliches Geschehen, eingerahmt von zwei konjunktionalen Anschlüssen, von denen der erste die kosmisch-mystische Erhebung der Erde zum Himmel und ihre Vereinigung einleitet, während der zweite, abschließende den Blick zurück auf die Liebenden lenkt, geboren aus der Verschmelzung von Himmel und Erde. Letztes Ziel des kosmischen Geschehens ist die alle Spannungen lösende Geburt der Liebe. Durch sie werden die Liebenden zu Kindern einer universellen Harmonie.

Stramm konzentriert Dichtung auf Wesensbestimmung im Medium einer eigens geschaffenen Kunstsprache, die in dem Maße an Präzision gewinnt, wie sie Normalität aufgibt. Eine in der Beschreibung von Oberfläche verbrauchte und in der Information abgenutzte Sprache scheint nicht länger imstande, den Kern der Dinge und Vorgänge und ihr tieferes Erleben auszusagen.

In der postumen Sammlung „Tropfblut" bewährt sich der neue lyrische Stil auch dort, wo sich die universelle Harmonie in schrille Mißklänge auflöst und Krieg, Gewalt und Tod über die lebendige Liebe triumphieren.

Krieg

Wehe wühlt
Harren starrt entsetzt
Kreissen schüttert
Bären spannt die Glieder
die Stunde blutet
Frage hebt das Auge
die Zeit gebärt
Erschöpfung
jüngt
der
Tod

In konjunktional unverbundener Reihung simuliert das Gedicht erneut einen Geburtsvorgang. An die Stelle handelnder Personen treten Vorgänge und Reaktionen. Nicht der Mensch handelt, sondern die Zeit. Ein verselbständigtes dynamisches Geschehen entfaltet sich in parallel geführten elementaren Subjekt-Prädikat-Fügungen, mitunter ergänzt durch Zielobjekte. Im sprachlich reduzierten Modell entsteht die Urform des Krieges. Ein schmerzlicher Prozeß, einmal in Gang gesetzt, jeder Kontrolle, jedem Eingriff entzogen, strebt unaufhaltsam seinem Ziel entgegen, pointiert herausgestellt in den drei abschließenden Einzelwörtern, von denen jedes in emphatischer Betonung eine Zeile einnimmt. Die bisherige syntaktische Struktur ist umgekehrt, indem der Tod nun Endstellung einnimmt und dadurch sowohl als Subjekt wie als Objekt des Geschehens erscheint. Typographisch bildet er die äußerste Spitze des tödlichen Prozesses. Aus dem Schoß des Todes werden unaufhörlich neue Tode geboren. In der paradoxen Bildvorstellung vom jungenden Tod spiegelt sich der Widersinn des Krieges, der in äußerster Verkehrung fundamental lebensstiftender Vorgänge immer nur Totes gebären kann. Totgeburten durchkreuzen die Geburt des Menschen aus der Liebe, das Chaos der Zeit überwältigt den Kosmos des Lebens.

Stramms Gedichte sind im elementaren Sinn existentiell und geschichtlich. Der Liebe als kosmisches Erleben in der ersten Sammlung steht in der zweiten Sammlung die chaotische Zeiterfahrung des Krieges gegenüber. Mit einer Dissonanz bricht das lyrische Werk *Stramms* ab. Die Zeit ist definiert durch den Krieg. Er löscht mit dem Existierenden auch das Bewußtsein von der Zeitlosigkeit der Liebe aus. Die Geschichte zerbricht den aus der unendlichen Liebe des Himmels zur Erde geborenen Menschen. Lyrik artikuliert den Schrei angesichts des Widersinns des Lebens.

In seiner innovativen Radikalität blieb *Stramm* nicht nur unter den Lyrikern aus Westfalen ein Einzelgänger. Mehr den postnaturalistischen Strömungen in der Lyrik verpflichtet war der 1892 im sauerländischen *Olpe* geborene *Adolf von Hatzfeld,* dessen Familie in die *Soester* Börde wie ins Münsterland weist. Bei einem Selbstmordversuch 1913 erblindet, begann er schon während seines Studiums zu schreiben. Auf den ersten Gedichtband 1916 folgte 1918 die autobiographische Erzählung „Franziskus". Bis 1933 legte er neun weitere Gedichtbände vor sowie die Erzählung „Die Lemminge" (1925), den im Rheinischen spielenden Roman „Das glückhafte Schiff" (1931) und das Trauerspiel „Das zerbrochene Herz" (1926). Zentral in seinem Werk aber ist die Lyrik. Natur wird ihm zum Ausdrucksmedium seiner Krisen, seines Verhältnisses zu den Menschen, zu Gott und zum geliebten Du. Nur im Erleben der Natur erlebt er sich selbst und die andern und den in ihr wirksamen schöpferischen Geist. Aber Natur ist ihm nicht nur Projektionsraum wie in der Stimmungslyrik, sondern Vergewisserung der eigenen Identität. Indem er sich eins fühlt mit allem wahrhaft Lebendigen, verliert das Draußen seine Fremdheit. Die Begegnung mit *Rilke* bestätigte *Hatzfeld* in den eigenen Intentionen als Lyriker. Wie *Rilke* ging es ihm nicht um objektive Wiedergabe des Außen oder um die Spiegelung subjektiver Innerlichkeit, sondern um das Ineinander von Deskription und Spiritualität, um ein Verwandeln der Welt in Innenwelt und der Innenwelt in Welt. Anders als *Rilke* aber bevorzugt *Hatzfeld* die Naturmotivik. Die Terzette des Sonetts „Dämmerung" lauten:

> Durch dunkle Ähren weht ein sanfter Wind,
> das ist die Stunde, da wir uns begreifen,
> daß wir nur Ding von vielen Dingen sind,
>
> da unsre Seelen mit den Früchten reifen,
> wenn tief durch uns der Erde Atem rinnt
> und unsre Hände ineinander greifen.

Selbstverständlich bezieht *Hatzfeld* in seine Ding und Mensch, Landschaft und lyrisches Subjekt verschmelzende Lyrik auch seine westfälische Heimat ein. Schon in der „Westfalenballade" von 1925 ist dieser Zug zur Regionalisierung, der *Hatzfeld* deutlich von *Rilke* trennt, unverkennbar. Aber Heimat ist ihm keineswegs Bilderbogenlandschaft und borniert Idylle, sondern Identitäts- und Innenraum:

> und um mich jauchzt die ganze Heideerde
> und gießt sich aus in Nacht und blühnde Bläue.
> Du Heimatland, du Heideland, du Blume,
> wie bist du wild in mir und singst ein klingend Lied . . .

Hatzfelds lyrische Sprache ist stets poetisch überhöht, um den schönen Klang und das auserlesene Wort bemüht, der Sprache *Rilkes, Georges* und *Hofmannsthals* nahestehend, im äußersten Gegensatz zu der seines westfälischen Landsmanns *August Stramm*.

Die Einbeziehung des Heimatlichen ließ ihn vor den Augen der Nazis bestehen, obwohl Reisebücher wie „Positano" (1936), eine begeisterte Würdigung der Schönheiten Italiens, und „Der Flug nach Moskau" (1942) unmißverständlich den Weltmann verrieten, der sich schwerlich in die nationalistische Enge fügte. *Hatzfeld,* von *Thomas Mann* schon 1923 in einer Besprechung literarisch gewürdigt, gehört zu den Lyrikern aus Westfalen, die den Anschluß an die neuen Ausdrucksmöglichkeiten gefunden und die Region für sie geöffnet haben.

Gustav Sack, 1885 in *Schermbeck bei Wesel* auf der Grenze zwischen Westfalen und Rheinland geboren, steht bereits an der Peripherie des Betrachtungsraums. Während seines Studiums der Germanistik und der Naturwissenschaften – er war ein begeisterter Biologe – in *Greifswald, Halle* und *Münster* zog es ihn immer wieder in sein Heimatdorf zurück. Ohne akademischen Abschluß begann er seine Militärzeit 1911 in *Rostock.* Bereits im ersten Kriegsjahr war er Soldat an der Westfront, wo er bald zum Leutnant avancierte. 1916 an die Ostfront versetzt, fiel er am 5. Dezember beim Vormarsch auf *Bukarest.*

Sacks erster Roman, „Der verbummelte Student", erschien 1917 postum bei S. Fischer, zwei Jahre später folgte „Der Namenlose". 1920 veranstaltete *Paula Sack* eine Ausgabe der gesammelten Werke ihres Mannes, darin u. a. das Romanfragment „Paralyse", die Gedichtsammlung „Die Drei Reiter", „Der Refraktair" (Kriegsdienstverweigerer), *Sacks* einziges Schauspiel, zwölf Kurznovellen, Essays und Kritiken sowie das Kriegstagebuch „In Ketten durch Rumänien".

Literatur wird für *Sack* zur Sonde, mit der er sein eigenes Ich auszuloten versucht. Mit dem Aufbruch zum Selbst beginnt die Suche nach dem Wesentlichen. Der Kulturkritik *Nietzsches* zuneigend, erteilt *Sack* im „Verbummelten Studenten" der Industrie wie der Technik, dem Kapital wie der Macht eine engagierte Absage. In ständig wiederholten Negationen werden die Sinnlosigkeit, die Verlogenheit und Leere der modernen Welt ansichtig, ohne daß sich allerdings neue Sinnperspektiven auftun. Am Ende steht das Scheitern aller Versuche, über intellektuelle Analyse und philosophische Erkenntnis zum Grund der Welt und zu einem gefestigten Standort des Ichs in ihr vorzustoßen.

Im zweiten Roman, „Der Namenlose", soll in polarer Spannung nicht der Intellekt, sondern der Trieb den Weg ins Innerste der Natur weisen. Aber auch der Rausch geschlechtlicher Liebe ist nur Täuschung. In grausamer Ernüchterung scheitert der Suchende erneut. Wie der erste Roman, so endet auch der zweite mit dem Tod des Helden, mit der völligen existentiellen Kapitulation. Weder Geist noch Trieb bringen den Menschen dem Wesentlichen näher. Verfängt sich das erkennende Fragen nach dem Wesen in Trug und Schein, so mündet der Rausch stets wieder ein in das desillusionierende Bewußtsein. *Sacks* Romane sind im Kern fortgesetzte Monologe. Handlung löst sich auf in innere Bewegtheit. Konzentrischer Punkt ist das Ich zwischen Aufbruch und Scheitern. In „Refraktair" ruft der Dichter Egon, eine Selbstfiguration *Sacks,* den „Phantasmen", den Geschöpfen seiner Phantasie, zu: „Die Fratzen herunter! Die Lappen herunter! Jetzt will ich sehen, was ich bin! Jetzt will ich mich sehen!" Im literarischen Prozeß, sich selbst zu finden, hat der Dichter nur Fratzen geschaffen, Bilder statt des Wesens. Am Ende steht wie am Anfang das verborgene Ich, verfestigt hat sich die Einsicht in die Ohnmacht der Wörter.

Das Romanfragment „Paralyse" schildert den rauschlosen Menschen, „der der Unerklärbarkeit und vollkommenen Haltlosigkeit lachend ins Auge sieht... der ihr zum Trotz lebt." Ich und Welt werden in ihrer vollkommenen Fremdheit zu Stein, fühllos und paralysiert.

Kunst war für *Sack* ein Abstoßen „fremder, quälender Elemente", ein „pathologischer Prozeß, Krankheit und Medizin zugleich". In der Petrifizierung von Ich und Welt löst sich der Künstler von der Verlogenheit und dem Widersinn modernen Lebens und vernimmt die Stimme dessen, wie es im Romanfragment heißt, „... was ich in mir trage und dessen Namen ich nicht kenne und von dem ich nichts anderes weiß, als daß es etwas unvergleichlich Tieferes und Stolzeres ist als alle Sonnen und Nachthimmel". Dieses Namenlose jenseits von Wort und Begriff ist für *Sack* die Verbindung mit der Welt über die sinnenhafte Begegnung mit der Frau.

Mit den Expressionisten, mit Malern wie *Gauguin* und *Cézanne,* empfand er die Sehnsucht nach dem Unmittelbaren und Ursprünglichen. In einem späten Sonett bekennt sich *Sack* zu solch elementarer Sinnenhaftigkeit als Bedingung der Wesenserfahrung und veranschaulicht dabei zugleich die Spannung zwischen unmittelbarem Erleben und reflektierendem Bewußtsein, das immer noch nach Gründen und sprachlich faßbarem Sinn fragt, obwohl wesenhaftes Leben, allen Worten überlegen, sich in praller Anschaulichkeit vor den Augen des Erlebenden entfaltet:

Das Band

Wenn sie die Hüllen wütend von sich reißt,
wenn ihre Brüste ihm entgegenprallen,
wenn ihre Schenkel durstig ihn umkrallen
und fassungslos ihr Leib sich an ihn schweißt,

ruht immerfort sein Auge wie verwaist
auf ihrer Lust und ihrem irren Lallen,

wie ein Korsar die trunkenen Vasallen
müd und verächtlich in die Schranken weist.

Und doch ist ihre Lust das eine Band,
das ihn mit dieser schalen Welt verbindet,
aus deren Mittelpunkt er – wie gebannt

von bösen Zaubern – ihren „Sinn" ergründet,
den Sinn, den nur ein Wort und bunter Tand,
er ewig sucht und den er niemals findet.

Ein Suchender wie *Sack* war auch der 1884 in *Hagen* geborene Erzähler *Hans Roselieb,* der nach seiner Kindheit in *Wiedenbrück* bis zu seinem Freitod 1945 ein unruhiges Wanderleben führte. Unter seinen Romanen sind die frühesten, „Der Erbe" (1919) und „Die Fackelträger" (1920), zweifellos die beachtenswertesten.

Im ersten Roman kehrt Gerd von Asseweeth gebrochen und orientierungslos aus dem Krieg zurück. Aus Ekel vor dem Reichtum und um der Versklavung durch den Besitz zu entgehen, verzichtet er schließlich auf sein umfängliches, durch unrechte Machenschaften zusammengetragenes Erbe und findet sein fundamentales Lebensziel in der christlichen Nächstenliebe. Nicht der Ichmensch ist sein Ideal, sondern der Gemeinschaftsmensch, den die „Not nackten Menschtums" anrührt. Sein Glück findet er in der bäuerlichen Arbeit, nachdem er sich aus der menschlich erniedrigenden Bindung an die Maschine gelöst hat.

Das expressionistische Streben nach Erneuerung und Verwesentlichung des Menschen und nach einer neuen Sinngebung des Daseins bei radikaler Opposition gegen Materialismus und das Maschinenzeitalter bestimmt auch den zweiten Roman. Im Dunkel des Zusammenbruchs nach 1918 treten ideologische Fackelträger in verwirrender Fülle auf. Sozialisten, Kommunisten, Spartakisten, Nationalisten und Kapitalisten spielen sich abwechselnd als die wahren Heilsbringer auf und gehen doch alle unter im Chaos der Zeit. Als der wahre Fackelträger erweist sich am Ende die Schlüsselgestalt Gerd von Asseweeth, der christliche „Narr", keiner Partei zugehörig und frei von egoistischen Interessen. „Wir müssen zu den Menschen heran, damit in der gegenseitigen Berührung aus Dunkelheit Licht, aus Not Duldsamkeit, aus Feindschaft Freundschaft, aus Sehnsucht Tat werde."

Für *Roselieb* war der Weltkrieg ein Fegefeuer der Geldsucht, der Machtgier und der Seelenlosigkeit. Eine Chance zu einem neuen Aufbruch nach den verheerenden Katastrophen des Egoismus. *Peter Hille,* der besitzlose Vagabund, der kindliche Poet, dem Spiel mehr galt als der Zweck, mit seiner Sehnsucht nach Ausgleich und Harmonie erschien *Roselieb* als Vorgänger einer neuen, menschlicheren Welt. *Roseliebs Hille*-Bild (*Peter Hille.* Eine Dichterseele 1920) spiegelt die Auffassung vom idealen Dichter in einer orientierungslosen, auf Erlösung hoffenden Zeit: „Sein Weg ist eine

Spur, die bleibt. Wenn er sie auch nur spielend wie ein Kind und zickzack wandernd wie ein fahrender Scholare ging, wenn sein Lächeln nur Freunden neuen Frühlingsglanz brachte, und sein Wort nur für eine kleine Gemeinde Erlösergüte hat, so ist er dennoch nicht tot. Er hat in einigen Menschen fortgewirkt, neue Kräfte geweckt, schwache Willen gestärkt, neue Wege gewiesen, und sei es auch nur zu uralten heiligen Zielen."

Nur bedingt ist der im hessischen *Frankenau* 1892 geborene *Richard Hülsenbeck* zu den westfälischen Autoren zu zählen. In *Dortmund* und *Bochum* aufgewachsen und 1974 in *Dortmund* beigesetzt, trat er literarisch vor allem in *Zürich* und in *Berlin* hervor. Im Zürcher „Cabaret Voltaire" begründete er mit anderen den Dadaismus. 1916 erschienen seine „Phantastischen Gebete", die mit ihren Sprachexperimenten und Surrealismen zu einem der Hauptwerke des lyrischen Dadaismus wurden.

Mehr als Mitarbeiterin *Bertolt Brechts* denn als eigenständige Autorin ist die 1897 in *Peckelsheim* geborene *Elisabeth Hauptmann* hervorgetreten, die spätere Herausgeberin der „Gesammelten Werke" *Brechts* in 20 Bänden bei Suhrkamp. Nach Hörspielen und Geschichten in Zeitschriften und Anthologien stellte sie sich 1924/25 ganz in den Dienst *Brechts* und seines Werks. 1948 aus dem amerikanischen Exil zurückgekehrt, wo sie mit *Paul Dessau* verheiratet war, trat sie 1956 in das *Berliner* Ensemble ein.

Neben ihrer Tätigkeit als Bearbeiterin und Übersetzerin verfaßte sie eigenständig die Komödie in drei Akten „Happy End" (1929), die lange unter dem Namen *Brechts* bekannt war. *Elisabeth Hauptmann* geht es hier im Gefolge der „Dreigroschenoper" um die Parodierung der trivialen, im Gangstermilieu spielenden „Underworld"-Filme Hollywoods. Der Gangster, der zum Angestellten in einer Großfirma avanciert und sich einreiht in die Heilsarmee, scheint den Wandel zum tüchtigen, tugendhaften Bürger geschafft zu haben. Doch der Schluß ist durchaus doppeldeutig. Das Bürgerliche ist wie die Heilsarmee nur tarnende Fassade, hinter der man nun um so ungenierter über Leichen gehen kann. Verspottet werden vor allem die verlogenen Beschwichtigungsmuster der Trivialkunst.

Ohne Zweifel sind die Beziehungen *Richard Hülsenbecks* und *Elisabeth Hauptmanns* zu Westfalen nicht gerade sehr intensiv, dennoch sollten die nicht unerheblichen Anteile der aus Westfalen stammenden Autoren an der Mitgestaltung der literarischen Moderne nicht verschwiegen werden.

XIII. Arbeiter- und Industriedichtung im Ruhrgebiet

Abseits von primär künstlerischen Intentionen entwickelte sich seit Ende des 19. Jahrhunderts in Westfalen, genauer im Ruhrgebiet, eine Arbeiterliteratur, die sich dem Schicksal und den Lebensbedingungen des Arbeiters in der industriellen Entwicklung verschrieb. Mit *Freiligrath* und *Weerth* waren ihr bereits zwei westfälische Autoren vorausgegangen. In ihren Werken, sofern sie sich der neuen industriellen Arbeitswelt annahmen, verband sich allerdings sozialkritisches Engagement mit künstlerischem Anspruch. Insbesondere in *Freiligrath* sahen die Arbeiter einen Vorkämpfer und Anwalt ihrer Interessen. Noch 1910 gab *Konrad Haenisch* in *Dortmund* eine Auswahl „politischer und proletarischer Gedichte" des *Detmolders* unter dem Titel „Wir sind die Kraft" heraus. Im gleichen Jahr zettelten sozialdemokratische Genossen aus dem Ruhrgebiet anläßlich der Einweihung des *Soester Freiligrath*-Denkmals zur Feier des 100. Geburtstags des Dichters einen Skandal an.

Mit der Erweckung des Selbstbewußtseins der Arbeiter durch *Lasalles* progressive Einschätzung von Maschine und Technik entstand eine Literatur aus den Reihen der Arbeiter selbst. Einen besonderen Platz nahm von vornherein die Lage der Bergarbeiter ein, einmal wegen ihrer stets mit Lebensgefahr verbundenen Arbeitsbedingungen und zum andern wegen der gerade in diesem Bereich einschneidenden sozialen Verschlechterung.

Seit der frühen Neuzeit war der Bergmann geachtet und privilegiert. In Form des Bergregals legte der Staat die Arbeitsbedingungen und die Altersversorgung für den „freien Berggesellen" hoheitsrechtlich fest. Noch *Novalis* sang das hohe Lied vom Bergmannsleben. Das änderte sich jedoch grundlegend mit der Übernahme der Bergwerke durch Bergwerkseigentümer nach 1860. Im Zuge der Liberalisierung verschlechterten sich die Arbeitsbedingungen, die Löhne sanken. Der „freie Berggesell" fand sich als Industriearbeiter und Proletarier im Bergbau wieder. Verlogen klangen die Lieder vom schönen Bergmannsleben und vom herrlichen Lohn. Bergmannsdichtung wurde zum Aufschrei, zur Anklage.

In Westfalen trat als erster Bergarbeiterdichter der 1847 in *Altendorf an der Ruhr* geborene, in *Bochum* aufgewachsene Bergmann *Heinrich Kämpchen* hervor. Als die Folgen der im Allgemeinen Preußischen Berggesetz von 1865 verbrieften Bergbaufreiheit für Privatunternehmer immer drückender und unerträglicher wurden, rief *Kämpchen* mit anderen 1889 den „Alten Bergarbeiterverband" ins Leben. Noch im gleichen Jahr setzte er sich, gestützt auf die gewerkschaftliche Macht, mit an die Spitze des ersten Bergarbeiterstreiks im Revier. *Kämpchen* wurde fristlos entlassen. Als Delegierter und engagierter Dichter verfocht er als Berginvalide bis zu seinem Tod 1912 in *Linden* bei *Bochum* die Interessen seiner ausgebeuteten Arbeitskollegen.

In der Regel erschienen seine gereimten Anklagen und Aufrufe auf der Titelseite der Gewerkschaftszeitung des „Alten Verbands". Manche seiner Gedichte, auf bekannte Melodien gedichtet, waren bei Streiks auf Flugblättern in Umlauf und wurden gesungen. Eine erste Sammlung unter dem Titel „Aus Schacht und Hütte" erschien 1899. Es folgten „Neue Lieder" (1904) und „Was die Ruhr mir sang" (1909).

Kämpchen hat sich literarisch ausschließlich des Gedichts bedient, ohne allerdings jemals Anspruch auf künstlerische Geltung zu erheben. In seinen Versen sah er vor allem Gebrauchstexte, Agitation und Aufklärung im Kampf des Arbeiters gegen Ausplünderung und Entrechtung. Seine Sprache ist unambitioniert, nahe am Umgangston, aber durchaus pointiert und provokant.

> Schikanieren, provozieren
> will man, scheint's, die Kohlengräber,
> als ob Zündstoff nicht auch schon
> überreich vorhanden wäre.
>
> Nichts gelernt und nichts vergessen
> hat man wohl von neunundachtzig –
> Auf die Straße fliegt der Bergmann –
> Ob er hungert – nebensächlich.
>
> Wieder blüht das Paschawesen,
> Grade wie vor neunundachtzig –
> Lohnverkürzung, Schichtverlängerung,
> grade wie vor neunundachtzig.
>
> Spielt man etwa mit dem Feuer?
> Handelt man mit Überlegung?
> Nach dem vielen was geschehen,
> muß es schier uns so bedünken.
>
> Denn die Folgen auch für jene,
> die da spielten mit dem Feuer –
> denn es könnten Stürme kommen,
> Ärger noch wie neunundachtzig.

Insbesondere der 1879 geborene Ostpreuße *Victor Kalinowski,* Setzer in der Druckerei des „Alten Verbands" in *Bochum,* setzte die kämpferische Arbeiterdichtung fort. Verfolgt von den Nazis, starb er 1940 in *Bielefeld.*

Wie er stammen auch die mit dem Revier verbundenen linken Arbeiterschriftsteller *Kurt Kläber* und *Hans Marchwitza* nicht aus Westfalen. *Kläber,*

Mitglied der KPD und Mitbegründer des Bundes proletarisch-revolutionärer Schriftsteller (BRPS). wurde 1897 in *Jena* geboren. Von 1919 bis 1924 arbeitete er im Ruhrbergbau und rief in Zeitungen und Zeitschriften zum Widerstand gegen Ausbeutung und unmenschliche Arbeitsbedingungen auf. Als Leiter der Arbeiterhochschule in *Bochum* setzte er sich für die Bildung eines kritischen Bewußtseins in der Arbeiterschaft ein.

Aus dieser Zeit stammen seine verbotenen Erzählungen „Barrikaden an der Ruhr" und die agitatorischen Gedichte „Empörer! Empor!" (beide 1925), in denen er als überzeugter Klassenkämpfer den Widerstand der Arbeiter an der Ruhr unterstützte. In der „Linkskurve", dem Organ des BRPS, trat er nach seiner Übersiedlung nach *Berlin* weiterhin engagiert für die Interessen des Reviers ein.

Auch der 1890 in Oberschlesien geborene *Marchwitza* war Mitglied des BRPS und Mitarbeiter an der „Linkskurve". Von 1910 bis 1924 arbeitete er im Ruhrbergbau, bis er wegen Beteiligung an Bergarbeiteraufständen seinen Arbeitsplatz verlor. Seine Ruhr-Romane „Sturm auf Essen" (1930) und „Schlacht vor Kohle" (1931) sind Zeugnisse einer proletarischen Tendenzliteratur auf beachtlichem stilistischen Niveau.

Ein Westfale ist der 1898 in *Dortmund* in einer Arbeiterfamilie geborene, zeitlebens der Sozialdemokratie nahestehende *Erich Grisar*. Nach dem ersten Weltkrieg, in dem er schwer verwundet wurde, arbeitete er in der *Dortmunder* Westfalenhütte. Als freier Schriftsteller bereiste er ab 1924 Europa. Erst mit Beginn des zweiten Weltkriegs ging er wieder ein Arbeitsverhältnis in einer *Dortmunder* Maschinenfabrik ein, bis ihn die Stadt *Dortmund* als Bibliothekar einstellte.

Grisar legte mehrere Gedichtbände vor („Morgenruf" 1924, „Das atmende All" 1925, „Gesänge des Lebens", „Brüder, die Sirenen schreien" 1931). Daneben entstanden Romane. In „Siebzehn Brückenbauer – ein Paar Schuh" (1938), „Schreie in der Nacht" (1925), „Heinrich Volkmann, Roman eines Arbeiters" (1926) und „Kindheit im Kohlenpott" (1946) entwirft *Grisar* Zustandsbilder aus dem Ruhrgebiet, verhaltene Anklagen menschenunwürdiger Arbeitsbedingungen und Lebensverhältnisse.

Literarisch bedeutender sind aber zweifellos die Gedichte. Klassenkämpferische Tendenz und Agitation weichen bewußter künstlerischer Gestaltung. Spürbar sind in den frühen Gedichtbänden Anklänge an die Sprache der Expressionisten. Unter weitgehendem Verzicht auf Reim und Strophe formen sich die freirhythmischen Gedichte zum Aufschrei in der Konfrontation mit einer versklavenden, zutiefst ungeistigen Welt entfremdeter Arbeit. Tote Technik erwacht zu einem gespenstischen Eigenleben. Die Fabrik erscheint in expressionistischer Übersteigerung als menschenfressendes Monster mit einem riesengroßen Maul: „Das frißt und schlingt / Dreimal am Tag: Menschen." Die Hochöfen „glotzen wie Augen der Hölle". Am

Feierabend kochen in den Arbeitern angesichts ihres realen Elends Wut und Verzweiflung:

Vier Stockwerke hoch und höher,
In Löchern, enger als Ställe,
Krankheit und Sorgen.
Mißmutig entringt sich ein Fluch ihren Lippen.
Der gilt dem Herrn der Fabrik.

Die Großstadt schildert *Grisar*, vergleichbar mit *Heym* und *Trakl*, als „menschtötend". „Farbloser Himmel schluckt beständig Rauch / Aus den Kaminen der Fabriken, / Aus allen Ecken grinst die Not." In pathetischen Leidensgebärden verweist das Gedicht auf das Elend der Menschen in einer industrialisierten Welt. Versklavung, Häßlichkeit, Enge und Entfremdung rufen die Sehnsucht wach nach dem neuen schönen Menschen:

Von irgendwo
Aus dem Dunkel der Nacht
Tritt hervor in das Dämmern des Tages:
Der neue Mensch.
Wesenlose Göttlichkeit,
Leuchtet sein Antlitz.
Wo er weilt, wird alles Schönheit,
Glanz und Liebe.

In der Situation des Arbeiters spiegelt sich für *Grisar* die conditio humana in der modernen Industriewelt. Der Verlust seiner geistigen Freiheit, seiner persönlichen Würde äußert sich im expressionistischen Leidenspathos. Exemplarisch deuten sich Möglichkeiten an, aus dem vergleichsweise engen Motivkreis der Arbeitswelt zu umfassenderen dichterischen Aussagen vorzustoßen. Der Anschluß an herrschende Kunststile überwindet Tendenz und Agitation.

Gelegentlich trat *Grisar* in dem Kabarett „Gruppe Henkelmann" auf, gegründet von dem 1905 in *Dortmund* geborenen *Paul Polte*. In bissigen Versen im Stil der Agitprop-Lyrik nahm man sich hier des Elends der Industriearbeiter an ohne betont literarische Ambitionen. Zu den politisch aktiven kämpferischen Arbeiterschriftstellern dieser Gruppe gehörte auch der 1900 in *Berlin* geborene, seit seinem 19. Lebensjahr im Ruhrgebiet lebende und arbeitende *Bruno Gluchowski*, der insbesondere in Erzählungen und Romanen („Die letzte Schicht" und „Menschen im Schoß der Erde") die Ausbeutung der Bergarbeiter beklagt, zugleich aber ein deutliches Berufsethos zu erkennen gibt, das sich auf Solidarität und der Überzeugung von der zwar gefährlichen, aber sinnvollen Arbeit gründet. Weder das Arbeiterkabarett noch die Arbeiterliteratur im engeren Sinn erreichen jedoch das literarische Niveau der lyrischen Arbeiten *Grisars*. Die Konzentration auf das eng umgrenzte Arbeitsfeld bleibt letztlich im parteilichen Interesse bzw. in rein thematischer Aufarbeitung und Widerspiegelung stecken.

Zugleich schwächt gerade *Gluchowski* das kämpferische Engagement der Arbeiterdichtung im Stil *Kämpchens* ab, indem er der Arbeit des Bergmanns einen gewissen heroischen Glanz verleiht. Insofern berührt er sich mit dem 1869 in *Überruhr* geborenen *Ludwig Kessing*. In Dichtungen wie „Im Reich der Kohlen" (1900), „Auf zum Licht" (1924) und „Haue und Harfe" (1926) schildert *Kessing* bei zunehmendem künstlerischen Anspruch das Schicksal des Bergmanns, sein Arbeitsethos trotz der stets lauernden tödlichen Gefahr:

> Sagt, kennt ihr seine Lieder?
> Ein Knall, ein Pochen nur,
> im nahen Eichenstempel
> die leise Totenuhr!

Die Bestrebungen, den Sinn der Industriearbeit in literarisch anspruchsvoller Gestaltung zu formulieren, konzentrierten sich im Kreis der „Werkleute auf Haus *Nyland*". Initiator dieses Kreises war der 1881 in *Rheine* geborene *Josef Winckler*. Bereits als *Bonner* Student gab er mit seinen beiden rheinischen Kommilitonen *Jakob Kneip* und *Wilhelm Vershofen* 1902 den Gedichtband „Wir Drei" heraus. *Winckler, Kneip* und *Vershofen* bildeten auch den Kern der „Werkleute", die ihr Programm zwischen 1912 und 1914 zunächst in der „Quadriga" vorstellten, darauf in der Zeitschrift „Nyland. Vierteljahrschrift des Bundes für schöpferische Arbeit" (1918–1921). Die Namengebung knüpft an den Namen des großväterlichen Hofes *Wincklers* aus der mütterlichen Linie nördlich von *Rheine* an. Dort trafen sich Künstler, Wissenschaftler, Industrielle und Arbeiter, unter ihnen *Gerrit Engelke, Heinrich Lersch, Max Barthel, Karl Bröger* u. a. Später stießen noch die Arbeiterdichter *Wohlgemuth* und *Wieprecht* dazu. Arbeiter als Autoren standen jedoch eher am Rande. Die Industrie galt vor allem als neuer erregender Gegenstand literarischer Gestaltung. Für *Winckler* ging es um eine „Synthese von Imperialismus und Kultur, Industrie und Kunst, von modernem Wirtschaftsleben und Freiheit". Wichtig war, die Industrie und die Arbeiter, die innovative Technik und die expandierende Wirtschaft geistig und dichterisch adäquat zu erfassen, eine Industriedichtung von Rang zu schaffen, die dem Fortschritt angemessen war und ihn zugleich geistig durchdrang und vertiefte. In der Kunst sollten die in der Industrie vital wirksamen, schöpferischen Kräfte des Menschen zum Ausdruck kommen. Sprachlich lehnte man sich vor allem an das expressionistische Pathos an. Ungeachtet der überwiegend tragischen Weltsicht der Expressionisten und ihrer Fortschrittskritik sah man gerade in ihrer Sprache ein geeignetes Medium zur künstlerisch gesteigerten Gestaltung industrieller Arbeitswelt. In den 1914 kurz vor Kriegsausbruch vorgelegten „Eisernen Sonetten" erscheinen *Winckler* im industriellen Prozeß die Zyklopen aus der griechischen Mythologie am Werke:

> Die bauen eine neue Welt, sie richten
> Das Maß, glühn Elemente aus und schichten
> Quader auf Quader, rammen, rasen, schmieden,
> Hei! ihr Titanen, hei ihr Herakliden,
> Ich juble glutbeschienen durch die Tür –
> Tanderadei! Die Giganten sind Wir!

Durchaus wirkungsvoll sind die verbale Dynamik und die vorwärtsdrängenden Enjambements. Gerade im Vergleich mit expressionistischen Dichtern, etwa auch mit *Grisar,* fällt jedoch auf, wie das Leidenspathos zu euphorischer Rhetorik verflacht, Sprache nicht länger das Wesen der Dinge hervorhebt, sondern ihnen vielmehr grelle Wortplakate aufklebt, die das Bedrängende und Bedrückende nur verschleiern. Nicht zu übersehen in der sprachlichen Formulierung sind das gewollte und mitunter unfreiwillig Komische.

Winckler selbst hat das Unzulängliche solcher Literatur und der eigenen literarischen Programmatik durchaus gesehen, wenn es ihm auch nicht gelang, seine dichterische Überzeugungskraft wesentlich zu steigern. Im „Irrgarten Gottes" von 1922 erscheinen nach den Kriegserfahrungen alle Hoffnungen zerschlagen. Der Mensch, in den „Eisernen Sonetten" noch verklärt, hat aus der Arbeit eine Folter gemacht und sich und seine Welt verunstaltet. In der Zeit widerhallt das „Chaosgebrüll", der Teufel dreht das große Karussell, bis die Menschen, vom Schwindel ergriffen, in den Abgrund stürzen. Im „Chiliastischen Pilgerzug", ebenfalls aus dem Jahr 1922, desillusioniert *Winckler* alle Weltbeglückungsprogramme. Eine schreckliche Bedrohung geht nun von der Mechanisierung aus, die den Menschen als seelenloses Maschinenfutter verbraucht. Die Zeit versinkt im selbstverschuldeten Materialismus.

Der Mensch hat sich für *Winckler* der ihm zugewachsenen Möglichkeiten nicht würdig erwiesen. Er hat noch nicht gelernt, so formuliert *Winckler* 1930, „aus dem Ungeheuerlichen das Maß zu finden; die lebenspositiven Kräfte entglitten ihm in lebensnegative Wirkung". Im einzelnen wirft er seiner Zeit Wettrüsten, Konkurrenzdenken, Überproduktion, Kapitalhäufung und Imperialismus vor. Auch wenn man diesem Urteil grundsätzlich zustimmen mag, bleibt dennoch ein unguter Eindruck, der vor allem mit der sprachlichen Qualität der Werke *Wincklers* zusammenhängt. Sowohl im Hymnus auf den Fortschritt als auch im literarischen Katzenjammer nach dem Weltkrieg scheint die vollmundig-pathetische Rhetorik eine differenzierte Aussage über den Menschen und seine sittliche Verantwortung zu überlagern. Statt dessen sieht sich der Mensch bei *Winckler* ständig mitfortgerissen, sei es im Strom eines angeblichen Fortschreitens oder im Sog, der ihn in den Abgrund reißt.

Winckler sprachlich bei weitem überlegen war *Gerrit Engelke*, der wohl begabteste Lyriker im Nyland-Kreis, geboren 1890 in *Hannover* und 1918 kurz vor Kriegsende gefallen. *Richard Dehmel* empfahl ihn den Werkleuten. Besonders *Kneip* nahm sich seiner an und sorgte 1921 für die postume Herausgabe der gesammelten Gedichte unter dem Titel „Rhythmus des neuen Europa".

Engelkes Verhältnis zur Industrie ist ambivalent. Niemals ist er wie *Winckler* einem vordergründigen Technikkult erlegen. Sein Hymnus auf den technischen Fortschritt meint nicht den real erreichten Zustand, sondern ein fernes Ziel, das Industrie und Geist vereint. *Engelke* ist Paradiessucher, seine Gedichte gestalten mit expressionistischer Zukunftsgebärde eine Zeit, in der Menschen sich befreien von den selbstgeschaffenen materiellen Zwängen und dem Fortschritt ein menschliches Gesicht geben.

Noch aber ist der Mensch mehr Opfer als Täter in seiner Arbeitswelt. Unter dem Eindruck des schweren Unglücks auf der *Bottroper* Zeche „Radbod" am 12. November 1908 entsteht das bekannte Gedicht „Der Tod im Schacht":

> Der Brandschlund frißt seine Opfer – und lauert.
> Die brennenden Stollen werden zugemauert.
> Rauch steigt aus dem Schacht.

„Der in den letzten Jahrzehnten in allen Ländern Europas riesenhaft aufgestandene Industrie-Materialismus stürzt in blinder Tierheit gegenseitig aufeinander los und zertrümmert sich selbst", schreibt *Engelke* kurz vor seinem Tod an *Kneip*. „Möge dieser Selbstmord vollkommen sein, damit der reinen Vernunft zum Siege verholfen werde und ein neues Leben der Menschheit auf den Ruinen Europas entstehe."

Ähnlich erlebte der 1889 in *Mönchen-Gladbach* geborene, mit den Werkleuten ebenfalls verbundene *Heinrich Lersch* den industriellen Fortschritt als realen Zwang und Möglichkeit der Befreiung.

> O Mensch! Wo bist du? Wie ein Käfertier
> im Bernstein eingeschlossen hockst du rings im Eisen,
> Eisen umpanzert dich in schließendem Gewirr.

Zugleich aber ist ihm die eigene Arbeitswelt höchste Erfüllung:

> Die blanke Amboßfläche ist jetzt meine Welt.
> Die blanke Amboßfläche ist mein Acker, mein Weinberg,
> mein Rheinstrom, mein Ozean!

Die großen Kräfte der Zeit, die industrielle Revolution und der Weltkrieg, fordern widersprüchliche literarische Reaktionen heraus. Euphorie und Defätismus, Hoffnung und Enttäuschung, Freiheitsvision und Leiden unter den realen Zwängen kennzeichnen die Literatur des Nyland-Kreises. In der Ambivalenz der literarische Entwürfe spiegeln sich die Widersprüche der Zeit, die widerstreitenden aufbauenden und zerstörerischen Kräfte. Nach der kämpferischen Phase werden insbesondere bei *Engelke* und *Lersch* Wege der Arbeiterliteratur zu künstlerischem Erlebnisausdruck erkennbar.

Die konsquent negative Darstellung der Industrialisierung und Mechanisierung unter Verzicht auf jeden visionären Ausblick trennt den 1881 im westpreußischen *Briesen* geborenen *Paul Zech,* Sohn eines Lehrers aus Westfalen, von den Werkleuten. Nach seiner Jugend im Sauerland und in *Wuppertal* und seinen Studienjahren arbeitete er zwischen 1906 und 1909 im Ruhrbergbau.

In dieser Zeit entstand die Gedichtsammlung „Das schwarze Revier", eine der herausragenden Leistungen der Industriedichtung. Noch vor *Winckler* stellt *Zech* die Arbeitswelt in der Form des Sonetts dar. Was aber bei *Winckler* zum hohlen euphorischen Pathos verflacht, gewinnt hier Gestalt als Kontrast von schöner Kunst und entfremdeter Arbeit, von ästhetischem Wohlklang und dem Elend der Menschen. Die Arbeiter erscheinen kollektiviert als eine anonyme „aufgescheuchte Herde", als „aufmarschierte Fracht", die man wie ein „Bündel Stroh", im Förderkorb verstaut, in den Schacht hinunterschnellen läßt. Die Arbeitswelt verselbständigt sich. Der „Kolben Anarchie" lähmt und entmachtet. „Tief tobt der Schacht" wie „ein roter Katarakt", der den winzigen Menschen zu verschlingen droht. „Zerstückelt, schwarz verbrannt und rot zerschunden" liegen die Opfer einer mörderischen Industrie „in Reih und Glied". Der Mensch geschunden wie das Grubenpferd, geschieden für alle Zeiten vom Leben, von der Natur, im Schacht, der ihm Gefängnis und Grab zugleich ist:

> So schwarz weint keine Nacht am schwarzen Gitter
> wie in dem schwarzen Schacht das blinde Pferd.
> Ihm ist, als ob die Wiese, die es bitter
> in jedem Heuhalm schmeckt, nie wiederkehrt.
>
> Es wittert durch das schwarze Fleisch der Steine
> den Tod und sieht ihn mit den toten Augen an
> und ist mit ihm die ganze Nacht alleine
> und geht nur widerwillig ins Gespann.

Die Ausdruckskraft, das Pathos des Leidens in den Gedichten *Zechs* ist in der Arbeiterdichtung aus Westfalen kaum je wieder erreicht worden. Allenfalls wäre noch *Grisar* zu nennen, vielleicht auch der 1880 in *Kleinenberg im Kreis Büren* geborene, in *Gelsenkirchen* aufgewachsene *Philipp Witkop. Witkop,* seit 1910 Professor für Literaturgeschichte in *Freiburg,* selbst also nicht integriert in den industriellen Arbeitsprozeß, hatte in seiner Sammlung „Ein Liebeslied und andere Gedichte" (1900) ein vielbeachtetes Gedicht mit dem Titel „Meine Heimat" veröffentlicht, das ohne Beschönigung ein Bild der verunstalteten Industrielandschaft zeichnet, von der sich der Dichter mit Abscheu abwendet:

> Aus tausend Schloten steigt ein dicker Rauch.
> Der wälzt sich langsam durch die Lüfte her,
> Dann sinkt er nieder dicht, und schwarz und schwer
> Und brütet dumpf auf Haus und Baum und Strauch.
> Es lauert rings ein großes, schwarzes Sterben,
> Und alle Blätter sind so welk und grau,
> Als funkelte hier nie ein Tropfen Tau.
> Kein Frühling will die Straßen bunter färben.
>
> O, wüßtet ihr, wie ich in meinen Träumen
> Oft weinend rief nach einem Stückchen Wald,
> Nach ein paar frischen, wipfelstolzen Bäumen,
> Durch die der Sturm sein helles Singen hallt,
> Wie mir die Blume, die am Straßenrande
> Nur schwarzbestaubt und mühsam aufgeblüht,
> War wie ein Gruß aus einem Märchenlande,
> Wie sie mit Glück und Sonne mich durchsprüht. –
>
> Ihr wißt es nicht, ihr könnt es nimmer wissen,
> Und nimmer fühlen könnt ihr all das Leid,
> Das mir die ganze Jugend hat zerrissen,
> Das mich durchbebt so lange lange Zeit –
> Nur Rauch, nur Qualm, der sich voll träger Ruh
> Aus tausend Schloten wälzt in schwarzer Masse –
> Wie ich dich hasse, meine Heimat du!
> Wie ich seit Kindertagen schon dich hasse!

Doch populär wurde diese leidenschaftliche Absage an die häßlich entstellte, naturentfremdete Industrielandschaft nicht. Man zog die verklärende der kritischen Sicht vor. Großer Beliebtheit erfreute sich das „Westfalenlied" („Ihr mögt den Rhein, den stolzen, preisen") von *Emil Rittershaus,* der 1834 in *Barmen* an der Grenze zu Westfalen geboren wurde und zur Zentralgestalt des sog. *Wuppertaler* Dichterkreises avancierte. Neben dem „Westfalenlied" behauptete sich später vor allem die „Nächtliche Fahrt" („Ich bin von Hamm nach Duisburg gefahren"). Der Autor, *Wilhelm Uhlmann-Bixterheide,* 1872 in *Iserlohn* geboren, trat als Schriftsteller und Herausgeber vor allem für die Pflege und Verbreitung westfälischer Dichtung ein.

Mehr und mehr setzte sich eine Haltung durch, die die Härte und Schwere der Arbeit zwar nicht leugnete, die Arbeit selbst aber als ein ehrenvolles Schicksal ansah und nach Wegen suchte, sich in ihr und in der eigenen Welt einzurichten. Der herausragende Vertreter dieser Haltung war *Otto Wohlgemuth,* 1884 in *Hattingen* an der Ruhr geboren. Von seinem 16. Lebensjahr an bis 1923 arbeitete er vorwiegend als Bergmann. Danach übernahm er die Leitung der Stadtbücherei *Buer.* 1933 aus städtischen

Diensten entlassen, zog er nach *Hohnrath bei Siegburg.* Seine letzten Lebensjahre verbrachte er im Heimathaus in *Hattingen,* wo er 1965 verstarb.

Seine ersten Gedichtveröffentlichungen aus den Jahren 1908 und 1909 stehen noch unter dem Einfluß *Gerhart Hauptmanns* und der sozialen Dichtungen *Richard Dehmels.* Sein positives Bekenntnis zur schöpferischen Fülle des Lebens, in die er auch die eigene Arbeitswelt miteinbezieht, lassen ihn sowohl Abstand gewinnen von der kämpferischen Arbeiterdichtung als auch von der tragischen Ausweglosigkeit naturalistischer Darstellung. Die unter dem Titel „Du bist mein Land" 1916 erschienenen Dichtungen versuchen, Arbeiter- und Heimatdichtung im Stil der zeitgenössischen Heimatkunstbewegung miteinander zu verbinden. Auch hier, in der Verknüpfung von Heimat und Industrie, schlägt sich die ausgeprägt versöhnende, um Ausgleich bemühte Haltung *Wohlgemuths* nieder. Seinen Ruf als Dichter des Reviers begründete er vor allem mit seinen Gedichten „Aus der Tiefe" (1922) und mit der Gedichte und Prosa umfassenden Sammlung „Schlagende Wetter" (1923). Nicht zuletzt unter dem Einfluß des *Nyland*-Kreises, dem *Wohlgemuth* nähergetreten war, nahm sein lyrischer Stil expressionistische Züge an. Die nüchterne Berufssprache wich expressiven Sprachgesten, der deskriptiven eine mehr ideell vertiefende Haltung. Die späteren Gedichtveröffentlichungen „Des Ruhrlandes Rauch" (1949) und „Lieder eines Ruhrkohlenbergmanns" (1956) zeigen im Grunde keine neuen Entwicklungen.

Die Arbeit des Bergmanns ist für *Wohlgemuth* Schicksal und Selbsterfüllung. „Der Schacht sind wir selbst", schreibt er in einem Gedicht an einen verzagenden Kumpel. „Wir sind fest eingespannt / vor den Wagen der Pflicht. Er muß voll sein, muß weiter!" „Die Schwere verstehn ist die Freiheit der Seele." „In letzter Verantwortung waltet die Kraft,/ die Weisung des Schicksals." Die moderne Welt des industriellen Fortschritts hat dem Bergmann eine besonders schwere, aber auch verdienstvolle Aufgabe auferlegt. Sein Arbeitswille ist Ausdruck verinnerlichter Pflicht, der Verantwortung vor dem Leben und der Gesellschaft.

> Immer ist in der Tiefe Gefahr und Not.
> Die Schlacht der Arbeit ist hart.
> Dennoch muß alles geschehen,
> in die Zukunft weist die Gegenwart.

Dichtung ist pathetisches Bekenntnis zu der aus innerem Antrieb bejahten Arbeit. *Wohlgemuth* versucht, die Opposition der Expressionisten gegen Technik und Mechanisierung zu überwinden, indem er den Menschen mit der Industrie versöhnt, ihn in letzter Steigerung mit ihr identifiziert. Doch das Pathos der Pflicht wirkt forciert, ebenso wie die Häufung beschwörender Sprachgebärden. Bei aller Einsicht in die Notwendigkeit industrieller

Arbeit und bei allen Versuchen der Selbstermutigung regt sich immer wieder die Sehnsucht nach einem freieren Dasein:

> Ruft mich Gesang? Ist das ein Horn, das Klingen?
> Ich lasse, lauschend, meine Hacke ruhn.
> Den Maienwind fühl ich zu Berge schwingen.
> Den lieben Erdengarten seh ich nun.
> Ach, daß mich wieder Heimatfieber quält. –
> Im Gange droht der Steingrund eng und dunkel.
> Schwül flackert meiner Lampe heiß Gefunkel,
> und Staub und Pulvergiftrauch schwelt.

Heimat und industrielle Arbeitswelt scheinen im Grunde unversöhnbar. Enge, Dunkelheit und das Bedrohtsein unter Tage stehen der Weite, dem Licht und der Geborgenheit im lieben Erdengarten gegenüber. Pflicht und Neigung klaffen im Dasein des Bergmanns weit auseinander. Heimat ist der eigentliche Ort der Erfüllung, im Schacht leistet der Mensch nur Frondienst. Der hohe emotionale Wert der Heimat macht das Pathos des Opferwillens fragwürdig und läßt die Heroisierung des Arbeiters als Kompensation und Selbstbeschwichtigung erscheinen.

Gerade diese ungelöste Spannung macht bei aller ungelenken Wortwahl und bei allem gelegentlich unbeholfenen Versbau die Aufrichtigkeit von *Wohlgemuths* Dichtungen aus. Diese Spannung war es auch, die ihn 1924 zur Gründung des „Ruhrlandkreises" bewegte, dessen Ziel es sein sollte, „dem seelischen Gehalt unserer Industrielandschaft die merkwürdig ergreifende Schönheit abzugewinnen". Zweifellos war es angesichts der zerstörten Landschaft und der Unwirtlichkeit der Lebensbedingungen ein verständliches Bedürfnis, sich dem Lebensraum, an den man durch die Arbeit gebunden war, auch emotional zu verbinden. Aber das Verhältnis zur Industrielandschaft blieb letztlich gebrochen. Die literarische Verknüpfung von Arbeitswelt und Heimat war mehr Wunsch als Wirklichkeit, eine unerfüllbare Sehnsucht im Umfeld rauchender Schlote, der Fördertürme, der Tag und Nacht brennenden Hochöfen und der nie endenden hektischen Betriebsamkeit. Nachhaltig zerstört war der ursprüngliche Zusammenhang von Arbeit und Heimat, höchstens in abgegrenzten Privatidyllen vorübergehend wieder herstellbar.

Repräsentativ für diese Richtung sind die Dichtungen des Volksschullehrers *Adolf Wurmbach* aus dem Siegerland, der einige Jahre in *Gelsenkirchen* lebte. Mit Heimatgedichten wie „Blumen im Brachland" (1919) und „Die schwarze Stadt" (1922) versuchte er ganz im Sinne *Wohlgemuths* und des Ruhrlandkreises, die innere Schönheit des äußerlich eher Abstoßenden zu entdecken. In einem Gedicht läßt er die schwarze Stadt selbst sprechen:

> Geh nicht an mir vorüber,
> als kenntest du mich nicht

im Qualm der tausend Essen.
Schau mir nur ins Gesicht!

Nicht grüne Waldgirlanden
spann ich zum Willkomm dir.
Siehst du die schwarzen Türme
und meiner Feuer Zier?

Hörst die Hallen klingen
in ew'gem Festgetön?
Heiß pulst darin mein Leben –
erleb mich,
du preisest –
mich schön!

Personifikation des Mechanischen, Erfüllung des Toten mit geheimem organischen Leben und euphemistische Ausschmückung des Häßlichen gestalten eine tröstende Illusion, die so nur in der subjektiven Poetisierung des Gedichts Gestalt gewinnt, aber bei der leisesten Berührung mit der Wirklichkeit notwendig zerrinnen muß.

Fast zwanzig Jahre jünger als *Wohlgemuth* ist der 1903 in *Westrich bei Dortmund* geborene Lehrerssohn *Walter Vollmer*. Nach vierjähriger Arbeit als Bauhandwerker und Bergmann studierte er Philologie und Theologie und ließ sich ab 1933 als freier Schriftsteller in *Arnsberg* nieder. In zahlreichen Erzählungen und Romanen („Das Rufen im Schacht" 1926, „Die Ziege Sonja" 1933, „Die Schenke zur ewigen Liebe" 1935, „Land an der Ruhr" 1935, „Der Gang zum Nobiskrug" 1938, „Die Pöttersleute" 1940, „Geschichten aus Westfalen" 1943 u.a.m.) und in seinem „Bekenntnis zum Revier" (1957) setzt *Vollmer* praktisch die Intention des Ruhrlandkreises fort, der Industrielandschaft ein heimatliches Gesicht zu geben. „Die Schlote grüßen, der Fabrikrauch wölkt sich mir vertraut entgegen, die graue Welt lärmt und grüßt mich mit Eisengepolter und Hallengedröhn."

Vollmers Sichtweise ist unpathetisch, realistisch und doch liebevoll anteilnehmend. Im Stil erinnert sein Werk an den poetischen Realismus. Er bejaht die von der Industrie gezeichnete Lebenswelt, ohne sie zu verklären, er engagiert sich für den arbeitenden Menschen, ohne ihn zum Giganten der Arbeit und der Pflicht zu stilisieren. Immer wieder schildert er den Alltag des Arbeiters, sein Heim und die kleine Welt, in der er lebt.

In den späteren Erzählungen „Die Weltreise zur fröhlichen Morgensonne" und „Johannisfest auf Siebenplaneten", beide erst 1950 erschienen, dringt märchenhaft Wunderbares ein und erfüllt die graue nüchterne Arbeitswelt mit Poesie und Phantasie.

Im Grunde finden hier die Vorstellungen des Ruhrlandkreises ihren konsequenten Abschluß. Die Poetisierung des industriellen Lebensraums mündet in die Heiterkeit tröstender, allen Ansprüchen auf Veränderung entsagender Fiktion. Literatur entwirft in einer immer unheimlicher werdenden Wirklichkeit ein Wunschbild der Heimat.

Die Arbeiter- und Industriedichtung im Ruhrgebiet ist Kampf, Kritik und Kompensation. Die klassenkämpferisch agitatorische Phase blieb Episode. Ihre bedeutendsten literarischen Leistungen erreichte sie dort, wo sie auf bemerkenswert sprachkünstlerischem Niveau Kritik übt an entfremdeter Arbeit und menschenverachtender Ausbeutung. Ihre größte Wirkung aber erreichte sie zweifellos dort, wo es ihr gelang, den Arbeiter auf dem Weg illusionierender Fiktion mit einem heroischen Selbstbewußtsein bzw. dem Gefühl heimatlicher Geborgenheit zu versorgen.

Unerwähnt bleiben sollten in diesem Zusammenhang schließlich nicht die zeitkritischen Reportageromane des Rheinländers *Erik Reger* (d. i. *Hermann Dannenberger*), der als journalistischer Mitarbeiter der *Essener* Firma Krupp über detaillierte Einblicke in die Praktiken der Großindustrie an Rhein und Ruhr verfügte. Seine Romane „Union der festen Hand" (1931), „Das wachsame Hähnchen" (1932), „Napoleon und der Schmelztiegel" (1935) u. a. m. schildern im Stil ironisch-distanzierender Reportagen die industriellen Zustände nach dem ersten Weltkrieg und die Übermacht ökonomischer Prozesse, denen Unternehmer wie Arbeiter unterliegen. Bemerkenswert ist die informativ dichte Darstellung zwischen journalistischer Reportage und quasiauthentischer Fiktion.

XIV. Bewahrtes Erbe

„Und ob unser jetziger Kurs auf den Industriestaat der rechte ist? Es ist ja
wohl eine historische Entwicklung, die sich nicht aufhalten läßt. Aber es
geht wohl im Anfang dabei viel schönes Menschentum verloren, ohne daß
man noch sieht, ob man ein neues dafür eintauscht."
Lulu von Strauß und Torney, 1873 in *Bückeburg* im westfälischen Stammes-
gebiet geboren, die wohl bedeutendste Vertreterin einer traditionell bewahrenden Literatur aus Westfalen um die Jahrhundertwende, beschreibt in
einem Brief von 1906 an *Theodor Heuss,* den späteren ersten deutschen
Bundespräsidenten, klar und treffend die zwiespältige Haltung konservativer Kreise dem gewaltigen, von allen Lebensbereichen Besitz ergreifenden
industriellen Fortschritt gegenüber. „ . . . ich bin in meinem ganze Wesen
einer Entwicklung Deutschlands zum Industriestaat feind", wird sie in einem anderen Brief fast noch deutlicher. „Die Amerikaner können wohl
frisch anfangen und sich um keine Tradition scheren, aber wir würden
damit zuviel alte Kultur und echten guten Volksbesitz wegwerfen."
Der Übergang vom Agrar- zum Industriestaat rief in ganz Deutschland,
besonders ausgeprägt in Westfalen, eine Besinnung auf die traditionellen
Bindungen und Orientierungen hervor. Heimatkunst beschreibt im Grunde
nur einen Ausschnitt aus dieser konservativ bewahrenden Kulturbewegung, die sich neben der Heimat im engeren Sinn der Geschichte, der
Religion, der Kultur, der überkommenen Ausdrucks- und Sprachformen
und der vertrauten sozialen Strukturen annahm. Gemeinsam ist den einzelnen rückwärts gewandten Bestrebungen die Skepsis gegenüber Industrialisierung und Verstädterung. Gerade in diesen Prozessen sah man die Gefahr
der Zerstörung vertrauter, bisher sinnstiftender Lebensformen. Literatur
vermochte diesen Prozeß nicht aufzuhalten, aber man traute ihr zu, Erhal-
tenswertes hinüberzuretten in die neue Zeit, zumindest aber Untergehendes
im Wort, in der künstlerischen Gestalt zu bewahren. Dabei verschlossen
Autoren vom Range einer *Lulu von Strauß und Torney* keineswegs die Augen
vor problematischen Zuständen und Entwicklungen in der Heimat selbst.
Im Unterschied zur restaurativen Phase des 19. Jahrhunderts, in der man
sich nach dem Scheitern des revolutionären politischen Aufbruchs des
Alten und Unveränderten ebenfalls zu vergewissern begonnen hatte, bedeutete Restauration angesichts des Triumphs der industriellen Revolution
nicht Anpassung, sondern Auflehnung. Beharrend leistete man Widerstand. Regional-konservative Orientierungen verbanden sich dabei mit

dem nach 1870/71 verstärkt einsetzenden nationalen Engagement. In der Monarchie sah man offenbar die besten Bedingungen für den Erhalt der Tradition. „Meine ganzen ästhetischen Sympathien", bekennt *Lulu von Strauß und Torney,* „sprechen für vieles in der Tradition, für den monarchischen und gegliederten Staat." Weniger um Politisches als um Ästhetisches und Kulturelles ging es, weniger um reaktionäre Macht als um geistiges Erbe. Regionales und Nationales schienen dialektisch durchaus vereinbar.

Eine in diesem Sinne national-konservative Vorläuferin der jüngeren, von der Problematik des Industriestaats stärker betroffenen Generation war die 1847 in *Arnsberg* geborene *Johanna Baltz.* Nach ersten, noch pseudonym veröffentlichten Dichtungen („Immortellen auf das Grab R. Schumanns", „Alpenrosen und Gentianen", beide 1878) fand sie spätestens Anfang der 80er Jahre zu ihrer eigentümlichen Ausdrucksform. In rascher Folge entstand eine Fülle von Bühnenfestspielen, die insgesamt mehr als tausend Aufführungen erlebten. Einen besonderen Platz nahmen die Hohenzollern ein: „Lichte Bilder aus dem Leben der Hohenzollern", „Zollernfrauen", „Wilhelm der Große", „Der alte Fritz und die Westfalen". Im Vordergrund stehen die Wahrung und Pflege deutscher Tradition. Die dramatische Handlung weicht den lebenden Bildern aus großer Vergangenheit und Gegenwart, der Konfliktentfaltung die theatralische Demonstration. Es sind Genrebilder deutscher Geschichte, vergleichbar mit den historischen Gemälden *Hermann Kaulbachs,* zu denen *Johanna Baltz* einige Gedichte verfaßte. Eine unruhig bewegte Geschichte scheint im wilhelminischen Zeitalter endlich zur Ruhe gekommen zu sein. Nach einer Phase schlimmer Kriege ist der Frieden eingekehrt.

Neben historischen hat *Johanna Baltz* auch regionale Genrebilder in Szene gesetzt. Im Festspiel „Der weiße Edelstein" poetisiert sie den Kalkstein des sauerländischen Hönnetals. Gerade im Zugriff auf Räumliches bewährt sich die statisch reihende Bildkomposition ihrer poetischen Inszenierungen. In einem Gedicht aus dem Jahr 1901 benennt *Johanna Baltz* programmatisch die Ziele der konservativ bewahrenden Kulturbewegung um die Jahrhundertwende in ihrer frühen Phase:

> Wohl dem, der seiner Väter gern gedenkt!
> Der ihrem Wesen nachforscht, ihren Sitten,
> Die Wege wandelnd, die sie einst beschritten,
> Zu ihnen rückwärts die Gedanken lenkt;
> Dem die Geschichte seines Heimatlandes
> Das Schönste, Wissenswerteste erscheint,
> Der nie vergißt des wundersamen Bandes,
> Das ihn mit jenem inniglich vereint.

Auch der vier Jahre jüngere *Mindener Friedrich Heinrich Otto Weddigen* trat mit Festspielen hervor. In den „Bildern aus der westfälischen Geschichte"

(1894) veranschaulicht er die historische Bedeutung Westfalens unter dem leitenden Aspekt der Befreiung von der Fremdherrschaft, wie sie im Teutoburger Wald beispielhaft verwirklicht worden war. Geschichte als Freiheitsprozeß steht auch in dem vaterländischen Festspiel „1812–1813" im Vordergrund, in dem der Sieg über *Napoleon* nicht ohne dick aufgetragenes nationales Pathos gefeiert wird.

Neben den dramatisierten Geschichtsbildern legte *Weddigen* westfälische Dorf- und Stadtgeschichten vor. Bewußt bekannte er sich mit der Gattungswahl zu traditionellen Literaturformen. Populär wurde er vor allem mit den „Schwertliedern eines Freiwilligen aus dem Feldzuge 1870–71" (1880). Das entstandene deutsche Reich bewegte ihn jedoch nicht zu chauvinistischen Tiraden, sondern zu ernsten Mahnungen und Forderungen:

> Strahle mild in gold'nem Frieden!
> Sei der Freiheit Schild hinieden!
> Hoch die Fackel der Kultur!
> Öffne weit an allen Orten
> Kunst und Wissen deine Pforten,
> Segen spendet ihre Spur.

Regionales und Nationales durchdringen sich in den Dichtungen *Weddigens* zu einer reich facettierten Einheit. Die Pflege des kulturellen Erbes steht wie in der späteren Heimatkunst im Vordergrund.

Wie nah allerdings die Wahrung regionaler und nationaler Eigenart und die aggressive Ablehnung des Fremden spätestens in wilhelminischer Zeit beieinander lagen, zeigen die auch in Westfalen sehr beliebten Dichtungen und Schriften von *Hermann Löns*. Auch wenn er sich selbst im Rückblick auf einige Vorfahren aus Westfalen gern zum westfälischen Bauern stilisierte und einige frühe Jahre in *Münster* verlebte, kann der 1886 in Westpreußen Geborene und meistens in Niedersachsen Ansässige schwerlich als westfälischer Autor reklamiert werden. Ein knapper Vergleich mit seinem Werk kann jedoch frühe aus der heimatlich orientierten Literatur erwachsende völkische Tendenzen deutlicher hervortreten lassen.

Während *Löns* in Gedichtbänden wie „Der kleine Rosengarten" (1911) und in den Erzählungs- und Skizzenbüchern „Mein grünes Buch" (1901), „Mein braunes Buch" (1906) u. a. m. die niedersächsische Heidelandschaft mit Wald und Moor und ihrer eigenartigen Tierwelt einfühlsam und prägnant erfaßt und insbesondere in seinen Naturgedichten die Stimmung der Landschaft einfängt, schlägt er in seinen von ihm selbst so genannten Tendenzromanen stärkere Töne an. Von den Nazis als Krone seines Schaffens angesehen wurde der 1910 erstmals erschienene Roman „Der Wehrwolf". In dem von niedersächsischen Bauern gegründeten Bund der Wehrwölfe entsteht vor dem Hintergrund des Dreißigjährigen Kriegs ein Urbild nationalen Erwachens und Widerstands gegen fremde Gewalt. Die Erhaltung des eigenen Stammes steht unter dem Leitspruch: „Besser fremdes Blut am Messer als fremdes Messer im eigenen Blut!" Gerade in der Verknüpfung regionaler bzw. nationaler Eigenart mit der Ideologie des Kämpferischen zeichnet sich ein verhängnisvoller Weg ab.

Doch die Heimatkunst mit deutlich aggressiven Untertönen findet unter den westfälischen Autoren zunächst keine Nachfolger. Verantwortlich dafür sind vor allem die christlichen und betont traditionell rückwärts gewandten Bindungen. Am anschaulichsten und greifbarsten treten sie zunächst in den plattdeutschen Dichtungen zutage, eine Entwicklung, die hier nur angedeutet werden kann. Im Plattdeutschen scheinen überkommenes Denken und Empfinden aufbewahrt. Die vertraute Sprache spiegelt eine heile und heitere Welt. In den Dorfgeschichten und Schwänken des 1846 in *Dortmund* geborenen *Karl Prümer* („De westfölische Ulenspeigel", 1880) herrscht ein deftiger, harmonisierender Humor. Die bäuerliche Tradition und der in ihr geborgene Mensch werden im Angesicht einer sich bedrohlich verändernden Welt sprachlich authentisch beschworen.

Dies gilt auch für die frühen Arbeiten *Augustin Wibbelts,* 1862 in *Vorhelm bei Beckum* geboren. Seine „Drüke-Möhne"-Geschichten (1898) bilden gleichsam den Höhepunkt der heiter-versöhnlichen Bauerndichtung. Eine andere Richtung kündigt sich bei dem 1843 in *Beckum* geborenen *Ferdinand Krüger* an. In seinem Roman „Rugge Diäge" (1882) gewinnt das Plattdeutsche eine kritische Dimension, indem es zum Medium des Konflikts von bäuerlicher Tradition und industriellem Fortschritt wird. Den Hintergrund bildet das Vordringen des Bergbaus vom Ruhrtal in die Emscherniederung um 1850. An *Krügers* Werk knüpfen die reifen erzählenden Dichtungen des Pfarrers *Augustin Wibbelt* an, der zwar auch hochdeutsche Dichtungen vorlegte („Die goldene Schmiede", „In der Waldklause", „Der versunkene Garten", „Ein Spruchbuch" u. a. m.), aber fast ausschließlich mit seinen plattdeutschen Dichtungen wirkte. In Romanen wie „Hus Dahlen" (1903) und „Schulte Witte" (1906) entwirft *Wibbelt* satirische Zeitbilder mit versöhnlich humoristischer Tendenz. Kritik trifft den Wertverfall im Zuge der Industrialisierung. Verstädterung, Egoismus und Geldsucht, die selbst auf dem Lande mehr und mehr um sich greift, bedrohen das traditionsbewußte, im Christlichen wurzelnde Bauerntum, dessen ethische Überlegenheit und zukunftsweisende Kraft jedoch außer Zweifel stehen.

Mit dem Roman „Ut de feldgraoe Tied" (1917 f.) gelingt es *Wibbelt,* aus dörflicher Sicht das Elend des Kriegs anschaulich zu machen. In den engen konkreten Lebensraum dringen Grauen und Tod ein und drohen, elementare Bedingungen menschlicher Existenz zu vernichten. *Augustin Wibbelt,* der zwischen 1909 und 1915 mit dem „Kiepenkerl" einen literarisch beachtlichen westfälischen Heimatkalender herausgab, gehört zusammen mit *Fritz Reuter* und *Klaus Groth* zu den herausragenden niederdeutschen Autoren.

In Westfalen verdient neben ihm vor allem der 1869 in *Lüdinghausen* geborene *Karl Wagenfeld* genannt zu werden, Geschäftsführer des „Westfälischen Heimatbundes" und seit 1926 alleiniger Herausgeber der „Heimatblätter der Roten Erde". Das Niederdeutsche ist für ihn wie für *Wibbelt* Literatursprache, Ausdruck einer dingverbundenen, in der Sitte und der Tradition gründenden Weltsicht. Der Verlust der Tradition und der kulturellen Eigenart durch die voranschreitende Industrialisierung und Verstädterung bedeutet nicht nur formale Einbuße, sondern berührt ganz wesentlich die Substanz.

Insbesondere in den Versdichtungen „Daud un Düwel" (1912), „De Antichrist" (1916), „Usse Vader" (1918) und „Luzifer" (1920) liegen Liebe und Haß, Christ und Antichrist in unauflöslichem Widerstreit. Sittlicher Niedergang, Triebentfesselung und Materialismus beherrschen eine Welt vor dem Abgrund. In apokalyptischer Suggestivität breitet sich das Chaos als Folge der Sünde aus. Der Mensch, nicht das Fatum, ist verantwortlich für den durch industriellen Fortschritt und Krieg zerrütteten Zustand der Welt. Mit voller Wucht trifft die Zerstörung der alten Ordnung den zerstörenden Menschen selbst. Einen Ausweg aus dem Chaos kann nur die Rückkehr zur alten Ordnung weisen, so wie sie der Vertreter der jüngeren Generation in *Wagenfelds* Bauerndrama „Hatt giegen hatt" (1917) vollzieht, indem er sein bäuerliches Erbe gegen Industrie und Kapital verteidigt und sich den Götzen der neuen Zeit auf eigenem Grund und Boden in den Weg stellt.

Heimat wird zum Ort der sittlichen Selbstbehauptung des mit seiner Religion und seiner Tradition verbundenen Menschen. Anläßlich der Verleihung des John Brinckmann-Preises 1924 an *Wagenfeld* formulierte der Rektor der *Rostocker* Universität: „Jarhunnertlang hett de plattdütsche religiöse Dichtung slapen. He hätt er dörch düsse Warke en nieg Leben geben un wiest, dat uns Sproak ok vandaag noch für deipe Minschheitsfragen döcht." Die Hochwertung des Heimatlichen, bei *Wagenfeld* sicher noch frei von chauvinistischer Überschätzung, mußte dann problematisch werden, wenn man die Bindung an die christlichen Werte zu lösen begann.

Von den weiteren plattdeutschen Autoren, in deren Werk Heimatverbundenheit und künstlerische Ausdruckskraft eine gelungene Einheit eingingen, seien genannt die mit *Wagenfeld* gleichaltrige sauerländische Lyrikerin *Christine Koch* aus *Herhagen bei Reiste* („Wille Räousen" 1924, „Sunnenried" 1929), der 1882 in *Sankel im Sauerland* geborene *Fritz Linde,* der mit Gedichten und Geschichten hervortrat („In diar Lechterstunne" 1924, „Durch Hien un Strüke" 1927 u. a.) und *Anton Aulke,* geboren 1887 in *Warendorf* („Nies" 1936, „De Düwel up'n Klockenstohl" 1940 u. a.).

Die noch für *Wibbelt* und *Wagenfeld* selbstverständliche Verbindung des Heimatlichen mit dem Religiösen, die Überzeugung von der letztlichen Einheit weltlicher und geistlicher Heimat, tritt in der betont traditionellen hochdeutschen Literatur der Zeit in den Hintergrund. Lediglich im engeren ostwestfälischen Raum wurde diese Tradition weiterhin gepflegt.

Der 1876 in *Paderborn* geborene *Johannes Buse,* zunächst mit christlichen Ritterdramen hervorgetreten, griff in seinen beiden Erzählbänden „In der Herrgottsau" und „Westfälisches Dorfleben", beide postum 1926 erschienen, auf die traditionelle Form der Dorfgeschichte zurück. Die Herrgottsau, „eine fruchtbare Talung, die wie ein Gottesgarten zwischen bewaldeten Hängen und Hügeln daliegt", ist reales Sinnbild der im Glauben eingebetteten Heimat. Anders als *Wibbelt* und *Wagenfeld* entwirft *Buse* Bilder idyllischer Eintracht. Gottes Segen liegt über dem Menschen und der Natur, die abgeschirmt sind gegen die Wirren der Zeit. Heimat und Glauben verschmelzen zur Utopie einer erlösten Welt. Nicht immer entgehen die Geschichten dabei der Gefahr, in rührselig religiösen Heimatkitsch abzugleiten.

Auf höherem literarischen Niveau steht der 1940 erschienene Roman „Der Kreuzträger" von *Heinrich Schlütz* (Ps. H. Schlüter), 1875 in *Erwitzen bei Nieheim* geboren. Schlütz, Verehrer von *Weber* und *Hille* und befreundet mit dem geistlichen Rat *Johannes Hatzfeld* aus dem *Wagenfeld*-Kreis, realisiert in seinem Roman das Brudermordmotiv nach einem wirklichen Vorfall in seinem Heimatdorf. Nach dem Totschlag seines Bruders irrt Johannes Wilberg unstet wie Kain umher. Erst am Ende, als Kreuzträger bei der Karfreitagsprozession in *Hohenstein/Pömbsen,* findet er die ersehnte Sühne. Heimat ist nicht länger eine gottgefällige Idylle, sondern Schauplatz von Gewalt und schweren persönlichen Krisen.

In gewalttätiger Zeit wird der Roman zur Parabel von der Gewalt, ihren Folgen und ihrer letztlichen Überwindung in der Nachfolge Christi. Im regionalen Rahmen spiegelt *Schlütz* die verheerenden Auswirkungen menschlicher Aggressionen, die auf den Schlachtfeldern des 2. Weltkriegs Tag für Tag Tausende von Opfern forderten, wo der Bruder fortgesetzt den Bruder erschlug. In gleichnishafter Spiegelung zeigen sich Möglichkeiten, den engen Rahmen des Dorfromans auszuweiten. Wahre menschliche Heimat kann nur aus dem Geist der Gewaltlosigkeit und der Bruderliebe geschaffen werden.

In seinem zweiten, zwischen 1946 und 1948 im *Paderborner* „Dom" in Fortsetzungen erschienenen Roman „Der Burvogt von Bekenhusen" schildert *Schlütz* im Spiegel der Situation nach dem Ende des Dreißigjährigen Kriegs das Elend der Menschen nach 1945. Konfrontiert mit den Trümmern sinnloser Zerstörung, appelliert der Chronist an die Opfer, den Mut nicht sinken zu lassen. Hoffnung auf Wiederaufbau im Verein mit der Konstruktivität christlicher Liebe führen zu einem fruchtbaren Neuanfang, zur Auferstehung des Menschen aus Gewalt und Haß. Bei aller zugestandenen Weitschweifigkeit des Erzählens gehören die Romane von *Heinrich*

Schlütz in ihrer parabolischen Erweiterung und ihrer religiösen Vertiefung des Heimatgedankens zu den überzeugendsten Leistungen einer Literatur, die Heimat und Glauben zu verbinden suchte.

Das schmale literarische Werk des 1887 in *Holzhausen bei Nieheim* geborenen *Alois Vogedes* fällt demgegenüber deutlich ab. Seine 1947 unter dem Pseudonym Stefan Stamm veröffentlichte Erzählung „Die silberne Sichel" verbindet bäuerliches Milieu und religiösen Kultus mit dem Mythischen der Sage. Gottvertrauen und Opferbereitschaft überwinden die dämonische Bedrohung und mit ihr zugleich die Gefährdung des bäuerlichen Menschen durch den ins Dorf eingedrungenen Maler aus der Großstadt. Nur der aktive Glaube scheint imstande, die gefährdete Idylle vor der unheimlichen Bedrohung von außen zu schützen. Vage Mythisierungen in Verbindung mit der Diffamierung des Städtischen auf der einen und der unkritische Hymnus auf die bäuerliche Glaubenswelt auf der andern Seite verengen das Heimatliche erneut auf das Ländlich-Dörfliche. Das gleiche gilt für die Lyrik von *Vogedes*. („Lied bricht den Turm", ausgew. Gedichte 1961). In einem seiner beliebtesten Gedichte beschwört er die angeblich heile und heilende Kraft der traditionell bäuerlichen Daseinsform:

> Bauer mein Vater und Bauer mein Ahn!
> Packte das Leben auch rauh sie an,
> haben's gemeistert nach Sitte und Brauch –
> wär ich ein Bauer – ich meistert's auch!

Die Verdienste von *Alois Vogedes* liegen vor allem in der Pflege heimatlicher Kultur. 1947 legte er „*Weber*-Erinnerungen" und den Band „*Peter Hille. Ein Welt- und Gottestrunkener*" vor. Daneben setzte er sich zusammen mit der plattdeutschen Dichterin und Sagenerzählerin *Therese Pöhler* aus *Paderborn* für die plattdeutsche Dichtung in Ostwestfalen ein („Bey us doheime", 1952).

Die Verbindung von Heimat und Glaube beginnt sich, vordergründig betrachtet, in dem Zeitraum der Betrachtung deutlich zu lockern. Gerade die Werke von *Hedwig Dransfeld, Ilse von Stach* und *Gottfried Hasenkamp* zeigen, daß der Begriff Heimatkunst zu eng gefaßt ist und irreleitende Vorstellungen erweckt. Wenn die Dichtungen mit betont religiösen und heimatlichen Orientierungen zusammengefaßt werden, so deshalb, weil es sich in beiden Fällen um den Ausdruck bewahrenden Denkens im Zuge einer konservativen Wendung gegen die ebenso traditions- wie wertvergessene Zeit handelt, in der der Mensch sich nicht länger heimisch zu fühlen vermochte. Nur wenn man Heimat, fern von vordergründiger Fixierung und falscher Verklärung, als den Lebensraum auffaßt, in dem der einzelne sinnlich und geistig geborgen ist, wird der innere Zusammenhang von

Glaube und Heimat sichtbar. Die Dichtungen mit vorwiegend religiöser Bindung akzentuieren dabei den geistigen Aspekt von Heimat.

In den Gedichten, Novellen und Erzählungen von *Hedwig Dransfeld* spielt das Heimatliche im engeren Sinn kaum eine Rolle. Der 1871 in *Dortmund-Hacheney* geborenen Autorin, Vorsitzende des katholischen Frauenbunds in Deutschland, Lehrerin am Ursulinen-Kloster in *Werl* und engagiert tätig im Caritasverband, ging es in ihren didaktisch gefärbten literarischen Arbeiten ähnlich wie in ihren zahlreichen Vorträgen um die Vermittlung christlicher Werte in einer zunehmend materiell orientierten Welt. Ihr 1903 veröffentlichter Gedichtband „Erwachen" enthält neben einfühlsamen Naturgedichten im neuromantischen Stil auch religiöse Gedichte voll aufrichtiger menschlicher Anteilnahme:

> Herr, mach mich mild! Gib mir für fremden Schmerz
> Ein göttlich Neigen und ein warm Erkennen,
> Und laß um ein zertretenes Menschenherz
> In meiner Seele tausend Wunden brennen.

Unbeirrbar konfrontierte sie den Egoismus der Zeit mit dem Gebot christlicher Nächstenliebe, den Götzendienst am eigenen Ich mit dem Dienst am Nächsten. In Erzählungen und Novellen wie „Theo Westerholt. Erzählungen für die Jugend" (1899), „Nach harter Prüfung" (1910) und insbesondere in ihrem wohl erfolgreichsten Werk „Das Grafendorli. Erzählungen für junge Mädchen" (1897; 11. Auflage 1925) warnte sie eindringlich vor einer Freiheit, die nur dem einzelnen schmeichelt, ihn aber vom Mitmenschen entfernt. Nachdrücklich setzte sie sich in ihren Erzählungen ein für den Erhalt der Familie und für die gesellschaftliche Verantwortung des Christen.

Literatur ist ihr niemals ästhetischer Selbstzweck, sondern Vermittlerin einer im Glauben verankerten sozialethischen Praxis. Nicht von ungefähr stellt *Hedwig Dransfeld* in ihrem Legendenbuch „Il Santo" (1902) in Erzählungen und Gedichten den heiligen Antonius von Padua in den Mittelpunkt, von dessen ans Wunderbare grenzender Begabung, sich selbst fremden Völkern durch seine mitreißenden Reden verständlich zu machen, berichtet wird. Legende, Jugenderzählung und das zu ihrer Zeit verbreitete sogenannte Mädchenbuch sind der Autorin literarische Formen eines intensiven Bezugs vor allem zum jungen Leser. Im „Grafendorli" gelingt es ihr, die Backfischgeschichten im Stil von *Thea von Gumpert, Emmy von Rhoden* und *Johanna Spyri* mit ihren Einübungen in gesellschaftliche Sitte und rollenangepaßtes Verhalten christlich zu vertiefen und der heranwachsenden Frau das Vorbild einer eigenverantwortlichen Christin vorzustellen.

Das auffällige Hervortreten westfälischer Autorinnen um die Jahrhundertwende hängt zusammen mit dem erwachenden weiblichen Selbstbewußtsein der Zeit. Eine beachtliche Stellung nehmen in dieser Entwicklung die Romane der 1872 in *Hamm* geborenen *Klara Ratzka* ein, die als Jugendliche und junge Frau in *Münster* lebte, bevor sie nach *Berlin* umsiedelte, wo sie 1928 verstarb.

Insbesondere ihre Romane „Juliane" (1919; bereits 1917 unter dem Titel „Der letzte Freund" erschienen) und die „Familie Brake" (1919) setzen sich kritisch mit dem zeitgenössischen Frauenbild auseinander. In der „Familie Brake" stehen sich traditionelles und modernes weibliches Bewußtsein gegenüber. Während Monika und Ella noch ein „angenehmes Mittelmaß" verkörpern, so daß „es kein großes Problem war, wer wohl als Lebensgefährte für sie taugen möchte", zeigt ihre ältere Schwester Hede ein markantes, eigenwilliges Profil vor. Weniger um eine betont kämpferische Haltung geht es als vielmehr um die Bewahrung weiblicher Würde in der Lebensgemeinschaft mit dem Mann. „Und Jan dachte, daß er hier sein großes, rasches herzliebes Mädchen im Arm hielte, aber daß Adolf doch recht gehabt hatte, als er sagte, sie hätte auch etwas von einer Königin. Und so sollte es bleiben."

Der in *Münster* spielende Roman begreift Heimat als den Raum, wo lebendige Entwicklungen stattfinden, die die uneingeschränkte Gültigkeit tradierter Rollenbilder in Frage stellen. Heimat ist für die Frauen dort, wo die Männer umzudenken lernen. Mit der Verknüpfung von Heimat- und Frauenroman, mit der Einbettung modernen weiblichen Bewußtseins in den authentischen Raum, gelingt *Klara Ratzka* ein ebenso zeitgemäßer wie eigenständiger Romantypus.

Betont heimatliterarische Tendenzen verfolgen demgegenüber die meisten Erzählungen der 1855 in *Berleburg* geborenen *Luise Koppen,* Tochter des späteren Detmolder Generalsuperintendenten. In ihren Büchern „Kleinstadtzauber" (1908) und „Kinderleben in einer kleinen Residenz" (1922) mit deutlichem Bezug auf *Detmold* zeichnet sie idyllische Genrebilder der Heimat von allerdings bestenfalls nur noch regionaler Bedeutung.

Mehr ins Innere gewendet, hierin der 1876 zufällig im westfälischen *Minden* geborenen *Gertrud von Le Fort* nahestehend, sind die religiösen Dichtungen der Münsterländerin *Ilse von Stach,* geboren 1879 als jüngstes Kind einer streng protestantischen Familie auf dem Wasserschloß *Haus Pröbsting bei Borken.* Nach Absolvierung des Altenburger „Freiadligen Stifts" in der Mark Brandenburg kam sie in *Berlin* in Berührung mit modernen Literaten wie *Julius Hart* und *Peter Hille.* Unruhige Jahre geistiger Orientierungslosigkeit folgten, in denen zwei Ehen scheiterten. 1908 trat sie in *Rom* zur katholischen Kirche über und heiratete drei Jahre später den *Münsteraner* Kunsthistoriker *Martin Wackernagel.*

Ein Jahr nach ihrer Konversion legte sie mit der dramatischen Dichtung „Der heilige Nepomuk" ihre erste literarische Arbeit vor. Im Mittelpunkt steht der Glaube an das Aufgehobensein des Sünders in der Gnade Gottes.

Diese erweist sich der Rache des Königs an dem Liebhaber seiner Frau ebenso überlegen wie dem Mord an dem Beichtvater Nepomuk, der sich standhaft weigert , das Beichtgeheimnis zu brechen. Unter den weiteren religiösen Dramen („Griseldis" 1921, „Petrus" 1924, „Die Kreuztracht von Stromberg" 1930 u. a.) ragt insbesondere die christliche Tragödie „Genesius" (1919) hervor. Der römische Schauspieler Genesius zur Zeit des Kaisers Maximin spielt nach eingehenden Studien in den Katakomben die Rolle eines Christen, die in ihm einen wirklichen religiösen Wandel auslöst. Als nunmehr überzeugter Christ erleidet er den Märtyrertod. Effektvoll schlägt das fiktive Spiel in den Ernstfall des Glaubens um.

Auch in ihren Romanen stellt *Ilse von Stach* immer wieder radikale Entwicklungen und innere Wandlungen des Menschen dar. Ihr erster Roman „Die Sendlinge von Voghera" (1910) schildert vor dem Hintergrund der Reformation den Lebensweg eines verwaisten deutschen Jungen von seinem Eintritt in ein italienisches Dominikanerkloster unter der Obhut eines väterlichen Mönchs, seinem mitreißenden Predigertalent, seiner Konversion zum Luthertum und seiner Heirat in Wittenberg bis hin zur Rückkehr ins Kloster. Konfrontiert mit den Wirren der Reformation, im Widerstreit von Luthertum, Calvinismus und Zwinglianismus, findet er nach langer persönlicher Irrfahrt den Frieden des Glaubens in der katholischen Kirche.

Ilse von Stachs Romane sind Spiegel der eigenen religiösen Entwicklung und zugleich Reaktion auf eine weltanschaulich bewegte, aufgewühlte Zeit. Trotz gelegentlich abrupter Handlungsführung, Brüchen in der Erzählhaltung und unzureichender Charakterisierung der Figuren überzeugen die Romane durch ihr bohrendes Fragen nach einer tragfähigen Sinnorientierung menschlicher Existenz. Eine Schlüsselstellung im Gesamtwerk nimmt nach dem vorwiegend in Westfalen spielenden Roman „Haus Elderfing" (1915) der Roman „Weh dem, der keine Heimat hat" (1921) ein. Der Titel ist Zitat aus einem Gedicht *Nietzsches,* dessen Philosophie die Romanheldin zur radikalen Absage an den Gottesglauben bewegt. Ähnlich war auch *Ilse von Stach* durch den Philosophen, der den Tod Gottes verkündet hatte, in eine Glaubenskrise gestürzt worden. Im Roman bedeutet Heimat nach dem Verlust des Stammhauses und der heimatlichen Umgebung ganz allgemein das Aufgehobensein des Menschen in bejahten geistig-ideellen Sinnentwürfen und sozialen Bezügen. Der Roman schildert eine Reihe scheiternder Aufbrüche. Weder die Philosophie noch die Kunst, weder Liebe, Ehe und Familie vermögen in einer entgötterten Welt Heimat zu sein. Erst am Ende ihres Lebens, den Tod vor Augen, kehrt die Heldin zum alten Gottesglauben zurück, ohne den es keine wirkliche Geborgenheit des Menschen geben kann.

In ihren Gedichtsammlungen „Missa poetica" (1912) und „Requiem"

(1917) sowie in den Meditationen „Der Rosenkranz" (1929) beschäftigt *Ilse von Stach* immer wieder die Frage nach der letzten Heimat, in der der Mensch aufgeht, ohne sich selbst aufgeben zu müssen, in der sein unsterbliches Selbst, aus dem Dunkel des Irrens und Leidens heraustretend, ganz sinnhaft eins wird mit Gott.

> Mir ist in tiefer Mitternacht
> das Herz im Grunde aufgewacht,
>
> da warst Du mir so innig nah,
> daß ich Dich spürte, griff und sah.
>
> Da war mein Selbst nicht mehr bei mir
> und schwang sich auf und floh zu Dir
>
> und ging, als sollt es ewig sein,
> ganz in Dein süßes Wesen ein.

Weniger bekenntnishaft als parabolisch ist die Lyrik *Gottfried Hasenkamps,* 1902 in *Bremen* geboren, aber viele Jahre als Schriftsteller und Journalist in *Münster* mit Westfalen verbunden, seit 1946 Verlagsleiter der „Westfälischen Nachrichten". Auch er konvertierte zum katholischen Glauben. Seine Gedichte, in den klassischen Fügungen des Distichons, des Alexandriners, des Sonetts und in der hymnischen Sprache *Hölderlins* verfaßt, vertiefen die sinnliche Erfahrung in bewußt traditioneller Formung zur Glaubenserkenntnis. In den „Hymnen" (1924), im Zyklus „Das Meer" (1938), in den „Carmina in nocte" (1946) und im „Totenopfer" (1948) wird das Gedicht zum Medium metaphysischer Kontemplation. Zurückgenommen scheint die Unmittelbarkeit des Erlebens. Das lyrische Ich spricht aus der Gewißheit des Glaubens. Die Ergebung in den Glauben spiegelt sich in der Unterwerfung unter die strenge dichterische Form.

Der rückwärtsgewandten Geschichtsutopie einer christlichen Reichsidee in „Der Königsstuhl von Aachen" (1932) steht in der Tradition des Mysterienspiels die mittellateinische Nachdichtung „Das Spiel vom Antichrist" aus dem gleichen Jahr gegenüber. Unverkennbar sind die Zeitbezüge, die warnenden Signale unmittelbar vor der nationalsozialistischen Machtergreifung.

Eine heimatliche Welt, das machen die Dichtungen *Hedwig Dransfelds, Ilse von Stachs* und *Gottfried Hasenkamps* immer wieder deutlich, kann es nur durch die Rückbesinnung auf den christlichen Glauben geben. Das Hervortreten des Katholischen mag in der besonderen konfessionellen Situation in Westfalen begründet sein, vor allem aber drückt sich darin das traditionsgeleitete Vertrauen auf die älteste christliche Kirche und ihre alle gleichermaßen umfassende Botschaft aus.

Den religiösen stehen die mehr innerweltlichen Heimaterkundungen gegenüber. Hier liegt zweifellos ein Schwerpunkt der westfälischen Heimatkunst zwischen 1890 und 1933, die sich bei näherem Hinsehen jedoch als um einiges differenzierter als in den gängigen Darstellungen beschrieben erweist. Literarisch von geringer Bedeutung sind die Loblieder auf den engeren Raum, in den man hineingeboren ist. An die Stelle des Nachdenkens über Bedingungen und Möglichkeiten von Geborgenheit und dem Bewußtsein problematischer Zustände und Entwicklungen tritt die problemlose Verklärung der Enge.

Heimattümelnd in diesem Sinn sind die Gedichte des 1870 in *Münster* geborenen *Konrad Hoffschulte*. Die 1911 unter dem Titel „Von weißen Wolken träumt das stille Land" veröffentlichten Gedichte und insbesondere der episch-lyrische Sang „Mein altes Münster" von 1919 sind poetisch geschönte Ansichten, die die Heimat in dem Maße herausputzen, wie die moderne Entwicklung sie unansehnlich macht. Das Unbehagen der neuen Zeit gegenüber führt zur idyllischen Überhöhung des Alten.

Beispielhaft für diese Richtung ist das Werk von *Friedrich Castelle,* 1879 in *Appelhülsen bei Münster* geboren, der bis 1926 zusammen mit *Wagenfeld* die „Heimatblätter der Roten Erde" herausgab. Als beliebter Vortragskünstler und Autor projizierte er sein Wunschbild von Heimat zurück in eine poetisch verklärte Vergangenheit, Maßstab für die unerfreuliche Gegenwart und Zufluchtstätte zugleich.

In seiner Geschichte „Das Haus in der Dreizehnmännergasse" führt er den Leser in eine altmodisch betuliche und versponnene Welt absonderlicher Schicksale. Die Erinnerungsperspektive der alten Männer, ihr Eintauchen ins Gestern, läßt das Heute versinken. „Heilige Erde" nennt *Castelle* seinen Bauernroman aus dem Jahr 1922, in dem er das Hohelied der Treue zum Alten und zum angestammten Hof anstimmt, der gegen alles Neumodische entschieden verteidigt wird. Noch 1950 erscheinen mit „Heidideldum" ebenso forciert fröhliche wie wirklichkeitsfremde Dorferzählungen.

Romantische Reminiszenzen in Stil und Motivik formen sich in den Gedichten *Castelles* zu beschwörenden Abwehrgesten gegen eine ungeliebte Gegenwart. In den plattdeutschen Gedichten „Min Mönsterland" aus dem Jahr 1949 ist Heimat der Traum von der heilen Welt, in dem man sich abschirmt gegen das Trümmerelend und die Hungersnot der anderen und die Wunden der jüngsten Vergangenheit mit regionalem Optimismus zudeckt:

> Un geiht et drunner auk un drüöwer,
> un wädd de Welt no ümmer grüöwer, –
> hebb kine Angst, min Mönsterland:
> Wi hebbt no ümmer satt to iätten,
> un't giww no ümmer junge Hiätten:
> De Hochtiedskutsken rullt dör't Land!

Nach seinen nicht sehr gelungenen Versuchen, Industriemotive mit expressionistischem Stil zu verbinden, wandte sich *Josef Winckler* ebenfalls der Heimatkunst zu. Enttäuscht von der industriellen Entwicklung zur Nivellierung und Uniformierung, stellte er nun Originale und ganze Kerle dar. An die Stelle der pathetisch überzeichneten Helden der Arbeit traten Giganten des Lebensgenusses im Gefolge Pantagruels. Überschäumende Lebensfreude, sprudelnde Phantasie, aber auch schwankhaft verunglimpfender Witz sollten die Überlegenheit des einmaligen Individuums demonstrieren und die graue Anonymität der neuen Gesellschaft entlarven. Unverstellte Heimat ist für *Winckler* vor allem der Boden, auf dem allein eigentümliche und unverwechselbare Persönlichkeiten gedeihen können.

Seinen größten Erfolg hatte er 1922 mit dem westfälischen Schelmenroman „Der tolle Bomberg", dem er bis heute eine gewisse Popularität verdankt. Modell gestanden hat der Freiherr Giesbert von Romberg (1773–1859) auf *Haus Brünninghausen* bei *Dortmund*. Bei den geistlichen Herren ein „Besessener, bei den adligen ein Trottel, bei den Spießern ein Hundsfott, bei den Militärs ein Saufgenie, bei den Damen ein Wüstling, aber beim Volk ein Kerl", ist für *Winckler* der Baron der Repräsentant „des dämonisch Einmaligen". Erzähltypisch entspricht er der zentralen Schwankfigur ebenso wie dem Pikaro. Wie diese figuriert er als personale Klammer, durch die die einzelnen, willkürlich aufeinanderfolgenden Episoden zusammengehalten werden. Ihm zur Seite steht Professor *Landois*, das bekannte Original aus *Münster*. In skandalösen Streichen, üppigen Zechgelagen, denkwürdigen Jagden und burlesken, das Obszöne nicht scheuenden Liebesabenteuern tobt sich der Spießerschreck aus, regelmäßig Empörung und Entrüstung auslösend. Der zwischen Eulenspiegel und Münchhausen changierende Held verachtet alles Kollektive und protestiert zugleich gegen die kollektivierende moderne Industriewelt, in der die originale Einzelpersönlichkeit nur noch als Schelm zu überleben vermag.

Im Roman „Doctor Eisenbart" (1929) tritt der Pikaro als Gauner und Quacksalber auf. *Winckler* verzerrt den durchaus respektablen Heilkünstler *Johannes Andreas Eysenbarth* (1661–1727) aus der Oberpfalz zu einem Erzbetrüger, der aber gerade durch seine betrügerischen Machenschaften die Torheiten der Welt an den Tag bringt und sie dem hämischen Gelächter aussetzt.

Wieder in Westfalen spielt der „Schneider Börnebrink" (1935), auch er einer authentischen Figur nachgebildet, und zwar dem Schneider Wilberding (1822–1895), dessen Döhnkes und Vertellkes *Winckler* in früher Jugend kennenlernte. Im Zentrum des Erzählens steht der Alte Fritz, in Sagen und Legenden vielfach mit dem Münsterland verbunden. Auf ihn überträgt der fabulierende Schneider seine Wunschträume und unheimlichen Gesichte, seine Ängste und seine Lust am Schabernack. In den Geschichten um den Preußenkönig lebt sich die Phantasie des Schneiders aus, indem er sich mit seinem Helden auf den Höhenflug begibt. Die große einmalige

Persönlichkeit im Gefolge des tollen Bomberg und des Doctor Eisenbart ist diesmal deutlich als bloße Fiktion erkennbar, zu der nicht die geschichtliche Wirklichkeit, sondern allein die Phantasie des Erzählers den Weg bahnt. Unter dem Andrang nivellierender Anonymität scheint das originale Individuum zum Tagtraum zu zerrinnen. Was bleibt, ist der vordergründige Spaß am Skurrilen, hinter dem die eigentlich tragische Zeiterfahrung *Wincklers* verblaßt ist.

Der Erzählband „Pumpernickel" (1926) hat sein Zentrum nicht in einer verbindenden Einzelgestalt, sondern in Haus Nyland, dem Geschäfts- und Wohnhaus *Theodor Werner Nielands,* des Großvaters *Wincklers* mütterlicherseits, des letzten sogenannten „Töddenkönigs". Die Stelle der zwischen Authentizität und Fiktion angesiedelten Figuren nimmt nun der konkrete Hof ein. Aber sein eigentliches Leben, seine innerste Wirklichkeit gehören längst der Vergangenheit an. Die Zeit, in der sich hier persönlich erfülltes Leben abspielte, ist Geschichte geworden.

Winckler läßt die Heimat noch einmal in seinen Erzählungen und Romanen erstehen, aber es ist in elegischer Brechung eine versunkene Heimat. Er stimmt kein Loblied, sondern einen Schwanengesang an in der Gewißheit des Verlusts des unverwechselbar Einmaligen und original Geprägten. Auch er erliegt zweifellos der Gefahr der Verklärung, doch, indem er sie nur in der Erinnerung zum Ausdruck kommen läßt, verweist er realistisch auf die Übermacht anonymer Prozesse. Heimat verliert sich im Dunstkreis von Geschichte und Fiktion.

Weniger den originalen Persönlichkeiten als den geschichtlichen Prozessen wendet sich *Lulu von Strauß und Torney* zu. Eine sinnerfüllte Gegenwart kann immer nur aus dem Vergangenen herauswachsen. Heimat setzt das Bewußtsein des Gewachsenen und Gewordenen voraus. Aus ihm entspringt die Verantwortung vor dem vielfach in das Jetzt hineinwirkenden Einst. Für *Lulu von Strauß und Torney* ist es „jedes reifen Menschen Pflicht und Aufgabe ... weiterzugeben, was er empfangen hat, sei es nur schlicht von Mund zu Mund, sei es in bleibender Form. Damit die lebendige Kette nicht abreißt, die aus dem ewig versinkenden Heute ins ewig junge Morgen hineinführt". Heimat ist der von jedem einzelnen, jeder Generation mitgeformte und zugleich ihn und sie formende Geschichtsraum zwischen Vergangenheit und Zukunft. Nicht um „Heimatliteratur mit Kirchturmhorizont" geht es, sondern um eine aus dem dynamischen Heimatbegriff entwickelte Dichtung. Deutlicher als je zuvor muß der ins Anonyme und Geschichtslose abgleitenden Gegenwart das erst identitätsstiftende Vergangene vor Augen gestellt werden.

Aus diesem Geist sind die Novellen, Romane und Chroniken der *Bückeburger* Erzählerin zu verstehen, die 1916 im reifen Alter den bekannten Verleger *Eugen Diederichs* heiratete und nach *Jena* übersiedelte, wo sie fortan in der Verlagsarbeit aufging. Ihr erstes Prosawerk mit novellistischen Dorfgeschichten aus dem Weserland erschien 1901. Die Titelnovelle „Bauernstolz" behandelt den traditionellen Konflikt von Herkunft und Gefühl. Als die Tochter des reichen Meierhofbauern den Knecht heiratet, wird sie von ihrem Vater aus hochmütigem Standesdünkel verstoßen. Die Erzählerin steht auf der Seite des Opfers, während sie den im Hochmut erstarrten Bauern negativ zeichnet. Die Tradition wird keineswegs verklärt, ihre Kenntnis aber ist unumgänglich, um das Handeln der Menschen zu verstehen, ihre Erstarrung im Althergebrachten zu erkennen und die Irrwege des Vergangenen nicht weiter zu beschreiten. Nicht die „Herrenrasse" hat recht wie in der späteren völkischen Literatur, sondern der für alle gleichermaßen geltende Anspruch auf lebendige Entwicklung.

Aus authentischen Quellen entstand die 1906 erschienene Novelle „Der Hof am Brink". Unter der Last des Dreißigjährigen Krieges greift eine Bauernfamilie am Hang der Weserberge zur Selbsthilfe, indem sie Gewalt mit Gewalt beantwortet und selbst unter den anderen Bauern Angst und Schrecken verbreitet. Das Faustrecht und das Pochen auf die eigene Stärke beschwören einen Krieg aller gegen alle und damit einen zutiefst rechtlosen Zustand herauf. Anders als *Löns* in seinem „Wehrwolf"-Roman verurteilt *Lulu von Strauß und Torney* die Eskalation der Gewalt. Auch hier wird Geschichte zum lehrreichen Exempel. Heimat ist kein für alle Zeiten erreichter Zustand, sondern bleibender Auftrag an die Menschen, sie aus der Kenntnis vergangener Heimsuchungen und vergangenen Unheils stets neu zu entwickeln. In einem Gedicht bekennt sich *Lulu von Strauß und Torney* ausdrücklich zum Frieden und zur Brüderlichkeit:

> Ich weiß ein Wort, das den Krieg, den eisernen zwingt,
> Ein Wort, das wie Weckruf der Zukunft klingt,
> Das Wunder tut und Ketten zerreißt,
> Das heilige Wort, das da Bruder heißt!

Die gefährdete, durch menschliches Handeln bedrohte Heimat steht im Zentrum der Romane „Judas" (1911; 1937 unter dem Titel „Der Judashof") und „Der jüngste Tag" (1922). Beide Romane spielen in Westfalen, der eine zur Revolutionszeit im Lippischen, der andere im *Münster* der Wiedertäufer. Politischer bzw. religiöser Aufruhr stürzen die Menschen in Gewalt und Unfrieden. Revolution und abergläubischer Wahn, Krieg und menschliche Selbstüberhebung verwandeln die Heimat in einen Schreckensort. Der Blick zurück in eine heillose Vergangenheit stellt erst den wahren Wert einer künftigen Heimat vor Augen. Krisenerfahrung führt zur Einsicht in die Notwendigkeit des solidarischen Aufbaus einer befriedeten menschlichen Gemeinschaft.

Gerade die militante wilhelminische Ära, der Krieg und der aggressive

Nationalismus der *Weimarer* Zeit mißachteten fortwährend alle geschichtlichen Lehren. Die ungeheure industrielle Expansion führte zur maßlosen Selbstüberschätzung und zur Selbstaustreibung des Menschen aus den Lebensformen, die ihm Schutz für sich und vor sich selbst geboten hatten. Bereits 1907 stellte *Lulu von Strauß und Torney* in ihrem Roman „Lucifer" das Böse als eine verheerende Macht in der menschlichen Geschichte dar. Luzifer ist die vierte Person, die Nachtseite der Gottheit. In einer Zeit, die dem Krieg zutrieb, in der Industrialisierung und Chauvinismus sich aneinander steigerten, beschwor der Roman das unweigerlich drohende Chaos, den selbstverschuldeten Verlust der Heimat. Nur Brüderlichkeit und Friedensliebe sind imstande, sie zu schaffen und zu erhalten, Haß und Krieg aber zerstören sie unweigerlich und mit ihr zerstört sich der Mensch selbst. Heimat ist bei *Lulu von Strauß und Torney* fern aller Heimattümelei die Chance zu humaner Selbstverwirklichung.

In ihren lyrischen Gedichten und Balladen, erschienen zwischen 1898 und 1907 („Gedichte" 1898, „Balladen und Lieder" 1902, „Neue Balladen und Lieder" 1907), gesammelt 1919 und 1926 unter dem aus der Ballade „Mara" entnommenen Titel „Reif steht die Saat", gestaltet sie in konzentrierten Sinnbildern die natürlichen elementaren Daseinsbedingungen des Menschen und seine unauflösliche Bindung an sie.

> O Sonnenglanz, o blauer Tage Traum!
> Die Linden duften über Gartenmauern:
> Und meine Seele bebt in Sonnenschauern,
> Ein grünes Blatt am großen Lebensbaum ...

Lulu von Strauß und Torney selbst hat ihre Versdichtungen am höchsten geschätzt. In ihrer 1943 erschienenen schmalen Autobiographie „Das verborgene Angesicht" schreibt sie: „ ... von welchen deiner Bücher wünschest du am meisten, daß es ein Weilchen über dein eigenes Leben hinaus lebendig bleiben möge? Ich brauche mich nicht zu besinnen. Ich greife noch einmal in die Reihe und hole den Gedichtband ‚Reif steht die Saat' heraus." Insbesondere im Bereich der Ballade, die sie um die Jahrhundertwende neben *Börries von Münchhausen* und *Agnes Miegel* aus dem Geist der Tradition neu belebte, ohne allerdings in nationales und heroisches Pathos zu verfallen, liegt ihre bleibende literarische Leistung. Immer wieder beschwört sie in einer Welt der Technik und der Industrie die Kräfte des Lebens. In der Ballade „Judith von Kemnade" um das ehemalige Benediktinerinnenkloster an der Weser bekennt sich die Äbtissin noch im Angesicht des Todes gegen den spirituell asketischen Geist für die Lust am sinnenhaften Leben. „Die Jungfer von Haarlem" knüpft an die Nixensage an. Das Meer, zentrales Sinnbild des Lebens, ist die Heimat des Naturwesens, von der es keine Macht auf Erden auf die Dauer fernhalten kann. „Tulipan", die wohl weiterhin bekannteste Ballade *Lulu von Strauß und Torneys,* schildert die Überführung eines Mörders durch die verletzte Natur, indem sie aus der Knochenhand des Erschlagenen die entlarvende Blume herauswachsen läßt. Wo der Mensch Leben zerstört, wird er unweigerlich zur Rechenschaft gezogen. Zum Leben gehört aber auch die letztliche Ergebung in den natürlichen Tod, wie sie die Ballade „Mara" gestaltet.

Der Konflikt zwischen Leben und technischem Fortschritt steht im Mittelpunkt der balladischen Szene „Hertje von Horsbüll". Das Geschehen aus dem 15. Jahrhundert an der nordfriesischen Küste um den Deichbau und um eine der typischen Opfergeschichten – Hertjes Kind fällt dem Aberglauben des vermeintlichen Fortschritts zum Opfer – spiegelt die Zeit der industriellen Revolution und die Bedrohung des Menschen:

> Es geht um des Strandes Harden ein starker güldner Ring,
> Ihr kooget und ihr deichet, wo weiland der Schiffskiel ging,
> Aber wehe über die Marschen, weh über Sand und Strand!
> Es weint da unter dem Deiche, der Ring hat nicht Bestand!

Die altertümelnde Sprache ist intendiert. Sie weist auf das, was es zu bewahren gilt und was die moderne Zeit zu zerstören unternimmt. In ihrer Balladendichtung stellt *Lulu von Strauß und Torney* die Erde und die Natur als die eigentliche Heimat des Menschen dar und appelliert an ihn, sie zu schützen und zu bewahren.

Eine dritte Variante der Heimatliteratur gestaltet die 1884 auf *Haus Hesseln* im Ravensbergischen im *Kreis Halle* geborene *Margarete Windthorst.* Im Zentrum ihres Werks steht weder die Persönlichkeit noch die Geschichte, sondern die Landschaft selbst. An die Stelle von Aktion und dramatischer Bewegtheit treten Zuständlichkeit und wiederkehrende Vorgänge. Plastisch gewinnen der Lebensraum und die in ihn eingebetteten Daseinsformen Gestalt.

Margarete Windthorsts erste Buchveröffentlichung aus dem Jahr 1911 enthält eine Sammlung früher Gedichte im Gefolge des Lübeckers *Gustav Falke,* aber auch *Theodor Storms* und *Conrad Ferdinand Meyers.* Symbolisch vertiefte Naturbilder verbinden Sinnlichkeit und Sinn. Mit *Storm* und *Falke* teilt *Margarete Windthorst* die Liebe zum Motiv der Heide, der sie noch ihre letzte Veröffentlichung widmete. Lyrik entsprach ihrer Neigung zur inneren Durchdringung und Verarbeitung des Erfahrenen, dem Verharren im Zuständlichen. Bis zu ihrem Lebensende 1958 sind unveröffentlichte Gedichte, oft zu Zyklen geordnet, entstanden, unter ihnen „Die Pansflöte", „Der königliche Weg", „Das Buch der Psalmodien" und „Die Äolsharfe".

Margarete Windthorsts Weg führte nach der Lyrikpublikation weiterhin konsequent nach innen. *Nietzsches* „Zarathustra" beeinflußte die Symbolsprache und die rhythmische Prosa ihrer Dichtungen „Die Seele des Jahres"

(1919), „Wenn der Gärtner kommt" (1922), „Höhenwind" (1926) und „Die Sonnenseherin" (1928). Die Seele, mystisch vergegenwärtigt im Bild des Gartens, entdeckt auf der Suche nach sich selbst die Natur als vitalen Urgrund allen Seins. In der Erkenntnis der Identität von Seele und Natur geht der Dichterin die soziale Verantwortung ihres Schreibens auf.

Vermischen sich in den frühen Romanen „Die Tau-Streicherin" (1922) und „Der Basilisk" (1924) mit dem Untertitel „Roman aus der westfälischen Adelswelt" noch mystisch-dämonische Elemente mit dem Natur- und Gesellschaftserleben – Ausdruck des Glaubens an das mythische Belebtsein des Organischen –, so tritt in den späteren Romanen die empirische Realität ohne mythische Vertiefungen hervor. Insbesondere mit ihrer Trilogie „Die Sieben am Sandbach" (1937) – ab 1949 unter dem Titel „Mit Leib und Leben", „Mit Lust und Last" (1940) und „Zu Erb und Eigen" (1949) – wendet sich *Margarete Windthorst* dem konventionellen Bauernroman zu. Oft steht eine tüchtige und entschlossene Frauengestalt im Mittelpunkt, wie Elsche im ersten Teil der Trilogie, auf deren Schultern die Last des Hofes und der Familie ruht. Uneigennützig geht sie auf in der sozialen Verantwortung. Noch in ihrer Altersdichtung „Der schlafende Löwe" erfährt die Frau in der Verehrung der Madonna eine ins Religiöse gesteigerte Hochschätzung.

Die drei Romane entwerfen ein Panorama westfälischen Lebens und des bäuerlichen Milieus zwischen 1820 und 1930. Erfüllte Heimat ist das Einssein des Menschen mit seiner Landschaft, mit der Natur, an der er sich abarbeitet, die ihn nährt und die sein Empfinden prägt. Zwischen Restauration und Weimarer Republik, im hektischen Auf und Ab der politischen und wirtschaftlichen Mächte, bildet sie den unwandelbaren Lebensgrund. Literatur hält fest, was verlorenzugehen droht. Dem Wechsel der Geschichte stellt *Margarete Windthorst* die Dauer der natürlichen Symbiose von Mensch und Landschaft gegenüber, die so lange überdauern wird, wie der Mensch sich den inneren Gesetzen seines Lebensraums unterwirft. Von dieser Überzeugung sind auch die Erzählungen „Hoftöchter" (1947), „Weizenkörner" (1954) und der Nachlaßroman „Erde, die uns trägt" (1964) bestimmt.

Neben der realistischen Schilderung einer erfüllten äußeren Wirklichkeit hat sich *Margarete Windthorst* immer wieder der tragenden inneren Kräfte angenommen und sie im mythischen Sinnerleben gestaltet. Unter dem Titel „Meer und Mythe" veröffentlichte sie 1943 Balladen und Gesänge nach Stoffen und Motiven aus den deutschen Mythologien von *Grimm* und *Simrock*. Eine sagenhaft imaginäre Welt entfaltet sich, eine von geheimnisvollen Wesen und Elementen beseelte Wirklichkeit. „Mimirs Brunn" spielt an auf den Brunnen der Weisheit unter den Wurzeln der Weltesche, bewohnt von einem göttlichen Wesen. Weise ist der Mensch, der im Wasser des Lebens die belebende Gottheit erkennt und ehrt:

Erkenn in jedem Tropfen mich, der da fließt,
im Wasserquell, der sich aus der Erde ergießt,
in jedem Bach, der vom Berge hernieder springt,
in jedem Flusse, der meine Weise singt.

Ihre Weltsicht faßt *Margarete Windthorst* in dem Buch „Das lebendige Herz. Aufzeichnungen vor Tau und Tag" (1952) zusammen. Im subjektiv reflektierenden Stil des Essays nimmt der Ich-Schreiber aus dem Münsterland, der sich ins Ravensbergische begeben hat, kritisch Stellung zu den verändernden Einflüssen der Neuzeit und beschwört die enge Verbindung von Mensch und Landschaft als Überlebenschance. „Es ist vielleicht alles weniger naturhaft und nicht mehr so innig wie damals, aber – es ist noch, und wenn wir es aufgeben, hier das Bleibende zu sehen, so fürchte ich, ist alles verloren." Der industrielle Fortschritt bedroht den Lebensraum und den mit ihm symbiotisch verbundenen Menschen. Heimat ist nur möglich, wo solche Symbiose fortbesteht. Hellsichtig warnt *Margarete Windthorst* angesichts der Abholzungen und Ausrodungen vor der zunehmenden Umweltzerstörung: „Der Menschheit Jammer faßt mich an. Wahrlich nicht fortgeschritten, zurückgegangen sind wir. Man muß nur dankbar sein, daß der Blick auch nochmal auf dem Alten ruhen darf, das wie aus der Landschaft herauswuchs. Der Geist ist nicht tot, er schläft nur. Der Mensch ist auch nicht für alle Zeit allein gelassen, wie er es heute zu sein scheint. Die Landschaft wird einmal wieder das Ihrige von ihm fordern."

Schwingt im verinnerlichten Stil und im Lebenspathos *Margarete Windthorsts* noch die Geisteshaltung des expressionistischen Aufbruchs ins Wesenhafte mit, so ist die nüchterne Prosa der *Margarete zur Bentlage* geprägt von der Neuen Sachlichkeit. In ihren Romanen und Erzählungen „Unter den Eichen" (1933), „Das blaue Moor" (1934), „Geheimnis um Hunebrook" (1943), „Am Rande der Stadt" (1949) u. a. m. dokumentiert die 1891 in *Menslage* im Emsland geborene Autorin, im strengen Sinn also keine Westfälin, verheiratet in zweiter Ehe mit dem Verleger *Paul List,* das bäuerliche Leben ihrer Region ohne Beschönigung und Kritik. In lakonischer, schmuckloser Sprache entsteht eine Bestandsaufnahme der Heimat auf der Schwelle zum Industriezeitalter, die Dokumentation eines Lebens, das vielleicht bald der Vergangenheit angehören wird. Der große Wirklichkeitsgehalt der Erzählungen beugt sowohl gefühlsseliger Heimattümelei als auch ideologischer Verfälschung vor. Ländliche Heimat erscheint, wie sie ist, ohne Höhen und Tiefen, bestimmt von Einförmigkeit und Gleichmaß.

Dichtung und Kulturgeschichte verbinden sich in den Werken zweier lippischer Autoren. Die 1855 in *Lemgo* geborene *Dorothee Theopold* wandte sich in ihren Arbeiten vornehmlich ihrer Heimatstadt und dem Land Lippe zu. In dem umfangreichen Band „Der Hexenrichter von Lemgo und andere

Novellen und Erzählungen aus dem Land der Rose" (1919) gelangen ihr im Stil der kulturhistorischen Novellen Riehls literarische Geschichtsbilder von zum Teil überregionaler Bedeutung. Insbesondere die Darstellung der berüchtigten Hexenprozesse in der Zeit zwischen 1665 und 1681 unter dem „Hexenbürgermeister" Cothmann gibt in Gestalt einer regionalen Miniatur bestürzende Einblicke in die abergläubische Menschenverachtung einer finsteren Zeit. 1921 folgte noch ein weiterer Prosaband mit dem Titel „Aus einer alten Hansestadt. Erzählungen aus Lippe". Gerade der Blick in die geschichtliche Vergangenheit, das zeigen die Erzählungen *Dorothee Theopolds,* bewahrt vor bloßer Heimattümelei und heimatlichem Dünkel.

Karl Meier (– Lemgo), 1882 in *Detmold* geboren, ist vor allem mit Arbeiten über *Engelbert Kaempfer* (1651–1716) hervorgetreten. 1937 erschien seine bis heute gültige Monographie über den ersten Asien- und Japanforscher aus *Lemgo.*

Neben graphischen und landeskundlichen Arbeiten hat *Meier* darüber hinaus einige literarische Werke vorgelegt, die sich wie „Maria Rampendahl und der Hexenbürgermeister" (1935) ebenfalls mit kulturgeschichtlichen Themen beschäftigen. Im Vordergrund steht dabei wiederum der Hexenrichter Cothmann. Dies gilt auch für die spätere Veröffentlichung „Hexen, Henker und Tyrannen" (1949). Beeindruckend ist *Meiers* engagiert kritische Darstellung. Sein Roman „Die standhafte Katharina" um die Gräfin Katharina zur Lippe stammt im wesentlichen aus der Feder *Dorothee Theopolds,* die ihn unter dem wenig zugkräftigen Titel „Aus alten Tagen" bereits 1925 in der Zeitungsbeilage „Heimat und Welt" veröffentlich hatte.

Mehr der Heimatgeschichte verpflichtet sind auch die Romane der 1902 in *Wolbeck bei Münster* geborenen *Illa Andreae.* Im gleichen Jahr mit ihrem Roman „Hellerinkloh" (1942) um eine westfälische Wasserburg erschien ihr erfolgreicher Erzählband „Der sterbende Kurfürst", der neben der Titelerzählung mit Clemens August von *Köln* im Mittelpunkt zwei weitere Erzählungen enthält, die vor dem Hintergrund der Wiedertäufer bzw. des Westfälischen Friedens spielen. Auch spätere Veröffentlichungen wie „Das Geheimnis der Unruhe. Geschichte eines westfälischen Geschlechts" (1947) und „Elisabeth Telgenbrook" (1948) sind im westfälischen Geschichtsraum angesiedelt und lassen ihn in seiner historischen Bedeutung lebendig werden. Heimat ist für *Illa Andreae* nicht nur ein gegenwärtig erreichter Zustand, sondern vor allem eine in der Vergangenheit wurzelnde, aus der geschichtlichen Tradition herausgewachsene Lebenssphäre.

Mit *Illa Andreae,* aber auch mit *Lulu von Strauß und Torney* vergleichbar ist die 1903 geborene Pfälzerin *Lene Bertelsmann,* die einen großen Teil ihres Lebens in *Bielefeld* verbrachte. In ihrem Roman „Die Möller von Möllenbeck" (1933) aus den Weserbergen schildert sie dörfliches Leben unter dem

Druck des Dreißigjährigen Kriegs. Im Mittelpunkt steht die durch Haß und Gewalt gefährdete Heimat.

Die 1904 in *Düsseldorf* geborene, aus alter westfälischer Familie stammende *Ellen Soeding,* verheiratet mit einem Fabrikanten in *Hagen,* akzentuiert in ihrem wohl erfolgreichsten Roman „Das Höfchen" (1939) den unversöhnlichen Gegensatz von traditionell ländlicher Lebensform und industriell veränderter Welt. Die Heldin, eine junge kinderlose Frau, verläßt ihren Mann, einen erfolgreichen Industriellen, und wendet unter Verzicht auf Wohlstand und städtischen Komfort all ihre Aktivität einem heruntergekommenen Kotten auf dem Lande zu. Die „Geschichte einer Liebe", so der Untertitel des Buches, ist die Geschichte einer Restauration ländlicher Daseinsformen. In harter, aber erfüllter Arbeit entsteht aus dem „Lausekotten" das ansehnliche „Höfchen".

Deutlich treten nostalgische Züge hervor. Die ursprüngliche Verbindung des Menschen mit Natur und Landschaft gehört der Vergangenheit an und kann nur restaurativ im Rahmen einer Erzählfiktion wiederhergestellt werden. Die wiederbelebte, inzwischen versunkene ländliche Heimat gerät zum Privatidyll. Vorindustrielle Heimat ist Geschichte geworden.

Neben der Heimatkunst mit regionalen Bezügen entstanden im Zuge der konservativen Kulturbewegung Werke mit allgemein kulturhistorischen Inhalten. Zentral blieb aber auch hier der Aspekt des Bewahrenden in einer Phase hektischer Veränderungen. Die 1873 in *Hohenlimburg* geborene *Gertrud Bäumer,* Mitarbeiterin *Friedrich Naumanns,* Ministerialrätin am Reichsministerium des Innern, Mitglied des deutschen Reichstags (Demokratische Partei) bis 1933 und engagierte Frauenrechtlerin („Handbuch der Frauenbewegung"), legte eine Reihe kulturgeschichtlicher Romane vor. In „Adelheid, Mutter der Königreiche" (1936) porträtiert sie die Gemahlin Ottos I. in ihrer sozialen Verantwortung und politischen Gestaltungskraft als eine vorbildliche, dem Manne ebenbürtige Frauengestalt. Bei großer geschichtlicher Treue gelang ihr auch in den historischen Romanen „Der Jüngling im Sternenmantel. Größe und Tragik Ottos III." (1949) und in „Otto I. und Adelheid" (1951) die Gestaltung beispielhaften Menschentums. Geschichte ist für *Gertrud Bäumer* nicht nur vergangenes Geschehen, das es zu archivieren gilt, sondern sittliche Herausforderung für die Zukunft. In ihrem Werk „Der ritterliche Mensch, die Naumburger Stifterfiguren" (1941) stellt sie das in vollendet plastischer Gestalt veranschaulichte Ritterideal des Mittelalters als weiterhin gültiges Ziel humaner Entwicklung und Veredlung dar. Neben den großen historischen Gestalten wendet sich *Gertrud Bäumer* herausragenden Künstlern zu. *Dante* („Die Macht der Liebe, der Weg des Dante Alighieri", 1942) und *Goethe* („Das geistige Bild Goethes", 1950) erscheinen als Vollendete durch ihr Werk, das als Spiegel humaner Vollendung zum Leitbild künftiger Generationen werden soll.

Antike Kunst und humanistische Kultur prägen die historischen Romane und Novellen von *Victor Meyer-Eckhardt,* 1889 in *Hüsten* geboren. In entschiedener Ablehnung des Expressionismus, der ihm chaotisch erschien, trat er ein für die Form. Neuklassizistische Tendenzen in Sprachzucht und strenger Gattungsgebundenheit zeigen sein Gedichtband „Der Bildner" (1921) und seine Novelle „Stern über dem Chaos" (1936). Die klassisch strengen Dichtungen „Dionysos" (1924) und „Orpheus" (1939) bekennen sich zur beispielhaften geistigen Weltdeutung durch die griechische Mythologie.

Den Aufbruch zu einem großen, befreiten Menschentum sah *Meyer-Eckhardt* vor allem in den herausragenden Gestalten der französischen Revolution. Von leidenschaftlichem Geschichtshandeln und tragischen Verwicklungen erzählen die Novellen „Menschen im Feuer" (1939) und „Der Graf Mirabeau" (1940). Auch durch die Romane „Die Möbel des Herrn Berthélemy" (1924) und „Madame Sodale" (1950) zieht sich die Frage nach der Bedeutung der Geschichte für die Gegenwart. Erreichte Größe und vollendete Form sollen wegweisend für die Zeitgenossen sein. Ähnlich wie für *Gertrud Bäumer* ist für *Meyer-Eckhardt* Geschichte kulturelles und ethisches Vermächtnis für die Nachgeborenen.

Frankreich ist auch das große Thema des 1893 in *Altena* geborenen *Friedrich Sieburg.* Doch sein Bild ist kritischer und differenzierter, weniger dichterisch gestaltet als essayistisch kommentiert und verarbeitet. Berühmt wurde er durch sein 1929 erstmals erschienenes Buch „Gott in Frankreich?", das 1954 in einer erweiterten Neuauflage vorlag. Frankreich ist für *Sieburg* das Land „des Individualismus und der persönlichen Freiheit im landläufigen liberalen Sinne". Was sich jedoch auf der einen Seite als berechtigter Widerstand gegen eine seelenlos anonyme, perfekt organisierte moderne Welt erweist, artikuliert sich auf der anderen Seite als Unduldsamkeit gegen alle deutschen Versuche, eine eigene nationale Individualität auszubilden. Frankreich könne in Zukunft nur dann in seinem Eintreten für die persönliche Freiheit überzeugen, wenn es sein Hierarchiestreben und sein Sendungsbewußtsein revidiere und sich der fortschreitenden Europäisierung anschlösse. In großen Romanbiographien wie „Robespierre" (1935), „Napoleon" (1956) und „Chateaubriand" (1959) spürt *Sieburg* dem nationalen Selbstverständnis der Franzosen nach, indem er auf die Gefahren der Selbstüberhebung ebenso entschieden verweist wie auf das leidenschaftliche französische Engagement für die Würde des Individuums. *Sieburg* gehört zu denen, die in der Moderne den Essay zu einer literarischen Kunstform von hohem Rang entwickelt haben.

Anders als die bisher Genannten akzentuiert der 1892 in *Osnabrück* geborene *Ludwig Bäte* neben Geschichte und Kultur die Landschaft als prägende Kraft. Nicht zuletzt erwachsen für ihn aus der landschaftlichen Bindung große künstlerische Leistungen, wie die eines *Tilman Riemenschneider* (Novelle, 1929), eines *Theodor Storm* („Aus Theodor Storms Lebensgarten", 1921) und der *Droste* („Annette am Bodensee", 1937).

Der „Gang ins Gestern", so der Titel einer Novelle von 1927, vergegenwärtigt eine versinkende, liebgewonnene Vergangenheit. Als humane Lebensformen bevorzugt *Ludwig Bäte* die von der industriellen Entwicklung bedrohten ländlichen und kleinstädtischen Idyllen. In Gedichten und Prosa läßt er noch einmal eine heile, bergende Welt entstehen („Mondschein und Giebeldächer", 1919; „Aus goldenen Gassen", 1923; „Mond über Nippenburg, 1924). Aber es ist bereits eine Welt zwischen Sein und Erinnerung, zwischen Gestern und Heute. Dichtung gestaltet das elegisch gebrochene Erleben versinkender ursprünglicher Heimat, besonders eindringlich beispielsweise in einem Gedicht aus dem Bändchen „Die Amsel" (1922):

> Im Eichenkampe schlief grün der Hof.
> Verloren und vergessen.
> Und doch sucht manchmal das Auge Blau
> im Dunkel der qualmenden Essen.
>
> Manchmal atmet die Lunge weit,
> als tränke sie Waldesodem,
> und sinkt erschlafft und hoffnungslos
> im giftigen, gelben Brodem.
>
> Fern über die Felder geht Lerchenlied,
> Sensen dengeln im Winde,
> und ein verlassenes Bauerndach
> träumt vom verlorenen Kinde.

Ganz in den Dienst geistiger Erneuerung aus großem idealistischen Erbe stellt der 1874 in *Bielefeld* geborene *Ernst Bacmeister* sein im wesentlichen neuklassisch geprägtes Werk. Mit seinem 1938 in *Frankfurt* uraufgeführten Stück „Der Größere", aber auch mit weiteren Tragödien, griff er zurück auf das historische Ideendrama. Dem französischen König Heinrich IV. gelingt es in den Wirren der Religionskriege, Toleranz und Freiheit durchzusetzen.

Die zeitgeschichtlichen Entwicklungen führten *Bacmeister* in der Folgezeit immer tiefer hinein in eine pessimistische Weltsicht, nachdem bereits sein Heimkehrerdrama „Hauptmann Geutebrück" 1933 von den Nazis wegen seiner humanen Tendenz verboten worden war. In der Tragödie „Der indische Kaiser" scheitert der Kaiser letztlich bei seinem Versuch, zwischen Moslems und Hindus zu vermitteln. Tragische Erkenntnis erwächst aus der räumlich und zeitlich verfremdeten Konfrontation mit einer blinden, im Strudel der Affekte mitfortgerissenen Geschichtswelt.

In seinem Gedichtband „Lyrik im Licht" aus dem Jahr 1942 erinnert *Bacmeister* die Soldaten im Felde an ihre geistige Selbstbestimmung, die allem blinden Geschichtshandeln unendlich überlegen ist. Doch im faschistischen Deutschland blieb ihm nur die Rolle des Rufers in der Wüste:

> Sterbt nicht zu leicht, ihr Söhne!
> Jawohl, dem Vaterland!
> Doch daß euch nicht der schöne,
> Vereinte Herzensbrand
> Das klare Wissen raube
> Vom stolzen Eigenwert,
> Bis euch der blinde Glaube
> Die freie Tat verwehrt.

XV. Im Sog des Völkischen

Literarische Heimatkunst und NS-Schrifttum sind grundsätzlich voneinander zu scheiden. Was als Entwicklung und Übergang erscheint, ist in aller Regel das Ergebnis ideologischer Verfälschung. Im Grunde besteht ein unaufhebbarer Widerspruch zwischen der regionalen und der nationalen Sichtweise, zwischen dem Beharren im heimatlich Partikulären und der völkischen Totalitätsidee.

In „Heimat und Reich", den Monatsheften für westfälisches Volkstum (Schriftleiter: *Josef Bergenthal,* der auch das Amt eines Landesleiters der Reichsschrifttumskammer innehatte), schreibt der Herausgeber und Landeshauptmann der Provinz Westfalen *Karl Friedrich Kolbow:* Gerade die „landschaftlichen und stammlichen Eigenarten und Unterschiede innerhalb des deutschen Volkstums begründen den Reichtum des deutschen Kulturlebens; sie bergen in sich freilich auch die Gefahr des Partikularismus ... Nationalsozialistische Volkstumsarbeit ist sich indessen dieser Gefahr stets bewußt und weiß ihr zu begegnen; sie verbindet die beiden Pole, die auch im Titel unserer Zeitschrift verbunden sind: Heimat und Reich, zu einer Leben weckenden und das Reich tragenden Kraft." Wichtig müsse es für den „aus Blut und Boden, aus Rasse und Landschaft gewachsenen Menschen" sein, zu „den Quellgründen seiner menschlichen und völkischen Art" zurückzugehen. „Von dort führt der Weg in die gemeinsame große deutsche Heimat." Es gelte, „die besten Kräfte der Heimat dem Reich dienstbar zu machen."

Heimat erfüllt sich erst, indem sie aufgeht im Ganzen, im deutschen, alle Eigenarten und individuellen Nuancen einebnenden Reich. Ihm hat sich jeder einzelne zu unterwerfen und vorbehaltlos zu dienen. Nicht um die Einheit des Mannigfaltigen geht es, sondern um die Vereinheitlichung zur Uniformität.

Nationalsozialistische Volkstumsarbeit liquidiert das Eigenatige nach der Norm völkischer Ideologie. Völkische Heimatpflege zielt ab auf die Nivellierung des heimatlich Unverwechselbaren. Das Individuelle geht unter im Kollektiv, in dem sich das Deutsche vollenden soll. Deutsch zu sein bedeutet, einem auserwählten Volk anzugehören, gebildet aus den ursprünglichen deutschen Volksstämmen, einem freiheitsbewußten, wehrhaften Volk mit geschichtlichem Sendungsbewußtsein. Als Antwort auf die Niederlage im ersten Weltkrieg und die „Schmach von Versailles" entfaltete sich ein aggressiver Chauvinismus, der schließlich auch das eigentümlich Regionale im Strudel nationaler Ressentiments mitfortriß und bis zur Unkenntlichkeit verzerrte.

Völkische Literatur ist Instrument der kollektiven nationalsozialistischen Denkmuster, geprägt vom Dienst am Reich, von Opfer und Führergefolgschaft, getragen vom Pathos des Nationalen und Kämpferischen und erfüllt von der Abwertung und Verachtung alles Fremden und „Undeutschen". Literatur wird zum Vehikel völkischer, den nationalen Instinkten schmeichelnder Propaganda. Bereits 1929 schreibt der schon erwähnte *Friedrich Castelle* zum sechzigsten Geburtstag *Wagenfelds*: „Wagenfeld weist nicht den Weg in die Vergangenheit eines absterbenden Volkstums, sondern in die Zukunft einer heranwachsenden höheren und edleren Menschlichkeit, die wir brauchen, wenn wir als Deutsche wieder groß und gebieterisch mitwirken wollen in der Welt." Inwiefern damit *Wagenfelds* Position getroffen ist, mag dahingestellt bleiben, treffend aber ist hier ein Weg vorgezeichnet, der über das enthusiastisch übersteigerte Deutschgefühl vom Heimatlichen zum Völkischen führen mußte.

Literatur leistet erzieherische Volksarbeit. In diesem Sinne schreibt der Studienrat *Josef Risse,* Mitbegründer der *Dortmunder* „Literarischen Gesellschaft", in „Heimat und Reich": „Pflege, Stärke und Vertiefung wehrhafter Gesinnung ist daher ebenso sehr ein Gebot der Selbsterhaltung und der Lebensbehauptung als auch der natürlichen Förderung deutscher Wesensart."

Der eine oder andere am Heimatlichen orientierte, an früherer Stelle genannte Autor, wie etwa *Adolf von Hatzfeld* oder *Walter Vollmer,* nahm sich völkischer Sicht- und Schreibweisen gelegentlich an, ohne allerdings darin aufzugehen; andere, die noch zu behandeln sind, ließen sich in größerem Umfang vereinnahmen und entfernten sich nach dem Maß ihrer Solidarisierung und Identifizierung von den Aussagen und vom Stil individualisierender Heimatkunst. Für westfälische NS-Autoren wie *Klucke* und *Hymmen* schließlich spielte das Heimatliterarische keine Rolle mehr. Völkisches gewann in überregionaler Verallgemeinerung Gestalt. Neben die allmähliche Überführung des Regional-Individuellen ins National-Kollektive trat das direkte Bekenntnis zum völkischen Kollektiv.

Ernst Heinrich Wilhelm Meyer-Mölleringhoff, 1870 in *Overstedt* an der Weser geboren, später Anwalt und Justizrat in *Bielefeld,* gehörte der älteren Generation völkischer Heimatschriftsteller an. Heimat ist für ihn weniger Möglichkeit des Daseins, die der einzelne gestaltend ergreift, als schicksalhafte Gebundenheit. Die Menschen handeln nach dem „Gesetz des Blutes", so der Titel einer Novelle aus dem Jahr 1939. Aktiv gilt es, die Herausforderung des Lebensschicksals anzunehmen, das zu tun, was verhängt ist. Das Ich und die Reflexion gehen gleichermaßen unter im Strom eines pseudomythischen Lebensvollzugs, für den der Autor in seinen Romanen „Wenn das

Meer ruft" (1938) und „Der Schuldträger" (1935) sinnbildlich die Weser bemüht. Sowohl die Heringsfänger im ersten wie die Torfstecher im zweiten Roman bilden verschworene Schicksalsgemeinschaften, ein von den Kräften des Blutes zusammengeschweißtes Kollektiv. Wichtiger als die Bindung an den Boden ist die Bindung an das Blut. Deutsche Wesensart setzt sich in jeder Umgebung durch.

Im Stil von *Hans Grimms* „Volk ohne Raum" (1926) greift *Meyer-Mölleringhoff* in den Romanen „Die ewigen Wasser" (1941) und „Heimat im Osten" (1943) das Thema der nationalsozialistischen Ostkolonisation auf. Ravensberger Bauern gründen im Osten eine artgerechte deutsche Heimat als wehrhaftes Bollwerk gegen alle Mächte der Welt. „Ein hartes Bauerngeschlecht wird erstehen, das neben den Pflug und die Wiege das Schwert stellt, ein Wall lebender Leiber, den keine Macht der Erde überrennen wird ... In diesem neuen kämpferischen Deutschtum, das von den Schlacken der alten Stämme befreit ist, wird der Stamm sich bilden, der gleich dem Preußentum der letzten Jahrhunderte zum Rückgrat des deutschen Volkes werden wird." Beispielhaft lösen sich regionale Bezüge im Dienst einer imperialistischen Ostpolitik auf. Als vorbildlich gilt das Preußentum. Nicht um die Symbiose von Mensch und Raum innerhalb regionaler Grenzen wie in der traditionellen Heimatkunst geht es, sondern um die grenzüberschreitende Landnahme durch den in einem nebulösen geschichtlichen Auftrag handelnden deutschen Herrenmenschen.

Mit dem Ravensberger Raum ist auch der 1885 in *Siegleben* bei *Gotha* geborene *Hjalmar Kutzleb* verbunden. Zwischen 1919 und 1935 war er Lehrer in *Minden*. Westfalen wurde ihm zur Wahlheimat. Die nationalsozialistische Literaturkritik schätzte vor allem seinen 1934 erschienenen historischen Roman „Der erste Deutsche", der den Cheruskerfürsten Hermann als Erretter eines artreinen Germanentums und als Muster des kämpferischen germanischen Menschen feiert.

Die germanisierende Tendenz mit unverhohlener Abwertung des Fremden und „Undeutschen" tritt deutlich in *Kutzlebs* von der Reichsschrifttumskammer geförderten Jugendbüchern hervor. Das germanische Island erscheint in „Dirk Winlandfahrer" (1936) als die Wiege eines vorbildlichen Menschentums, als dessen Erben sich die Deutschen fühlen dürfen. Immer wieder propagieren *Kutzlebs* Bücher das Ideal des völkischen Helden, der charismatischen Führergestalt im Dienst der Geschichte. Spott trifft dagegen diejenigen, die nicht auf ein fragwürdiges autoritäres Heldentum, sondern auf Demokratie setzen. In seinem Roman „Morgenluft in Schilda" (1933) mit unverhohlenen Anspielungen auf *Minden* verhöhnt *Kutzleb* die bürgerlichen Anhänger der Weimarer Republik als ewiggestrig und feige. Die Zukunft gehört den Faschisten. Von ihnen, von ihrer kämpferischen Haltung, solle die Erneuerung der Geschichte ausgehen.

Nationalsozialistische Orientierungen zeichneten sich literarisch jedoch nicht erst um 1933 ab. Bereits im und nach dem ersten Weltkrieg bekannte sich der 1886 in *Detmold* geborene *Friedrich Fischer-Friesenhausen* zu radikal nationalistischem Denken. In Feldzeitungen erschienen seine Kampfgedichte. Nach der Niederlage sprach er in polemischen Versen vom Verrat am Vaterland und warf den bürgerlichen Kräften der *Weimarer* Zeit Zersetzung patriotischer Gesinnung vor. Mit demagogischem Eifer zog er in der eigens gegründeten Wochenschrift „Die Fackel" gegen die Juden zu Felde, die er für den Niedergang des Vaterlands in erster Linie verantwortlich machte.

Neben drittklassiger, sentimental heimattümelnder Lyrik in der *Löns*-Nachfolge erzielte *Fischer-Friesenhausen* mit seinem ersten Roman „Sieghaftes Blut" (1928) einen bedenklichen Erfolg. Vor dem Hintergrund des Dreißigjährigen Kriegs entfaltet sich eine durchsichtige Parabel der zeitgeschichtlichen Situation. Tragischer Held ist Godefried, Verkörperung des reinen Sachsentums, auf der Seite Gustav Adolfs gegen den überfremdeten Katholizismus. Im Kampf um die Falkenburg spiegelt sich der Kampf um die Befreiung Deutschlands. Ursache für die Niederlage ist in Parallele zum ersten Weltkrieg nicht die militärische Unterlegenheit, sondern das Komplott der Juden mit den Slawen, Verweis auf die spätere ideologische Parole von der jüdisch-bolschewistischen Verschwörung gegen das deutsche Volk. Die Niederlage beschwört jedoch keineswegs Resignation herauf, sondern soll alle Deutschen mobilisieren, der Nation aus der Kraft des Blutes zum Sieg zu verhelfen – daher der siegesgewisse Titel. *Fischer-Friesenhausens* Buch ist ein frühes Beispiel des völkischen Geschichtsromans, für den Geschichte immer nur die Kulisse für die nationalistische Ideologie bildet. Nicht um Geschichtsdeutung im Medium der Fiktion geht es, sondern um Propaganda mittels literarischer Geschichtsklitterung.

Mehr im bäuerlichen Heimatmilieu verwurzelt ist der 1890 in *Hultrop bei Soest* geborene Lehrer und Erzähler *Heinrich Luhmann*. „Mein Halt war und ist der Grund, aus dem ich erwachsen bin." Aus der Bindung an die heimatliche Landschaft entstehen zunächst eine Reihe ebenso besinnlicher wie sinnhafter Erzählungen, in denen sich Schwankhaftes und Anekdotisches, Derbheit und naive katholische Frömmigkeit zu einer im ganzen volkstümlichen Erzählweise verbinden. In den westfälischen Geschichten „Wo die Wälder Wache halten" (1918) nicht anders als im Roman „Walddoktor Willibald" (1921) und in den Legenden „Die Heiligen in Holzschuhen" (1923) präsentiert sich ein launig fabulierender, heimatverbundener Erzähler, von vornherein auf einen engen Wirkungskreis beschränkt, mehr unterhaltsam als tiefgründig.

Mit dem Roman „Das Sündenwasser" von 1926 zeichnet sich ein Wandel zum Schwerblütigen und Schicksalhaften ab. Lebten die Gestalten *Luh-*

manns bisher im heiteren Einklang mit ihrer heimatlichen Welt, so verstricken sie sich nun in Krisen und Konflikte. Unverändert bleibt das Bekenntnis zum Lebensraum, in den der einzelne hineingeboren ist und der seinen weiteren Lebensweg bestimmt. Wer sich selbst, sein Begehren und seine persönlichen Wünsche höher stellt als die Heimat, ist in Gefahr, Schuld auf sich zu laden. Menschliches Glück kann sich immer nur in den engen heimatlichen Grenzen entfalten. Die kompromißlose Unterwerfung des Individuellen unter das Kollektive nähern *Luhmanns* Erzählwerk dem Völkischen an. Harmonisches Lebensgefühl und humoristische Daseinsbewältigung der ersten Phase weichen kämpferischer Verbissenheit.

Deutlich tritt diese Tendenz in den Romanen „Pflug im Acker" (1933) und „Der Bauernreiter" (1935) zutage bei deutlicher Verstärkung des antizivilisatorischen Effekts. Durch das Blut ist der Bauer schicksalhaft an den Boden, an seine Scholle gebunden. Im „Bauernreiter" spürt der Ich-Erzähler des in der Gegenwart spielenden Rahmens das Blut seiner Ahnen aus der Zeit des Dreißigjährigen Kriegs in sich pulsieren. Der Ahn, der seinerzeit aus Liebe zu einer Stallmagd das Erbe ausgeschlagen hatte und Soldat geworden war, kehrte, nachdem er den Tod der Eltern verschuldet hatte, reumütig auf den Hof zurück. Erst die Besinnung auf die Wälder, auf Blut und Boden und Sippe und Art garantiert den Erhalt der völkischen Substanz. Rein muß das Blut bleiben. Deshalb paßt auch die Stallmagd, die schließlich zur Dirne herunterkommt, schlecht in die bäuerliche Ahnenreihe.

Die vorbildliche Frau erscheint fern individueller Selbstbestimmung als Weib und Mutter. Sie ist wie der Acker, den es zu bestellen gilt, damit er Frucht trägt. Dienend und gebärend erfüllt sie ihre gesellschaftliche Rolle: „Ich will dir und deinem Acker Magd sein."

Bauer und Bäuerin gehen auf im Dienst an Deutschland. Selbst *Friedrich Spee,* der bemüht wird, sie vor Gott zusammenzugeben, scheint von nationalistischer Begeisterung ergriffen. „Wohl will ich es, auf daß ihr euren Kindern ein neues Deutschland schafft." Nicht nur die Heimat, sondern auch die katholische Kirche ist damit eingebunden in die große nationale Aufgabe.

Ähnlich wie bei *Fischer-Friesenhausen* die Falkenburg ist bei *Luhmann* der Hof Sinnbild des angestammten urdeutschen Lebensraums. Die Beschränkung auf die engen heimatlichen Grenzen offenbart die Beschränktheit ihrer Verfechter. Die Bestimmung durch Blut und Boden löscht das selbstbestimmende Individuum aus. Ein Vergleich von *Luhmanns* Bauerngestalten mit dem ebenfalls in der *Soester* Börde angesiedelten Hofschulzen *Immermanns* zeigt den eklatanten Verlust an geistiger Souveränität und menschlicher Weite.

Standen die bisher behandelten Literaten mehr im Hintergrund der nationalsozialistischen Literaturszene, so trat mit *Richard Euringer* einer der führenden NS-Autoren mit Westfalen in Verbindung. Nach seiner Teilnahme am ersten Weltkrieg, zuletzt als Leiter einer Fliegerschule, übernahm der 1891 in *Augsburg* geborene *Euringer* die Leitung der Stadtbücherei *Essen*, bevor er sich als freier Schriftsteller in die Nähe von *Bad Salzuflen* zurückzog. Veröffentlichungen in westfälischen Zeitschriften und Kontakte mit westfälischen Autoren verbanden ihn bald enger mit seiner Wahlheimat. In „Öhme Orgelkösters Kindheit" (1936) und „Die letzte Mühle" (1939) griff er Stoffe aus Westfalen auf. Bekannt geworden war er vor allem durch sein Festspiel zum deutschen Wiederaufbau „Der neue Midas" (1920), in dem er das Judentum in der Gestalt des Mephisto als die zersetzende Negation deutschen Volkstums verunglimpfte, sowie durch die 1929 erschienene „Fliegerschule 4", einen Soldatenroman mit penetranter Betonung kämpferischen Durchhaltewillens, unbedingter nationaler Opferbereitschaft und unbeirrbaren Mannschaftsgeists.

In dem Roman „Die Fürsten fallen" (1935) mündet der Untergang der Kaiser- und Königszeit in die Apotheose nationaler Volkwerdung. Erst die unter dem Führer geeinte Nation beendet aus *Euringers* Sicht die feudale Anarchie, die auch noch für das Chaos der *Weimarer* Republik verantwortlich gemacht wird. Für seine an mittelalterliche Mysterienspiele anknüpfende „Deutsche Passion" (1933) erhielt *Euringer* den 1934 erstmals verliehenen Nationalen Buchpreis. Die Weltkriegstoten stehen auf und mahnen die Zeitgenossen, Elend und Chaos durch die Besinnung auf deutsche Stärke und völkische Eintracht zu überwinden.

> Wir, die Vermoderten,
> Schlagen noch drein.
> Trotzig gefallen
> stehen wir
> einzig von allen.
> Und ihr?

Euringers Soldatendichtungen repräsentieren mit ihrem kämpferisch-aggressiven Ton und ihrer demagogischen Hetzrhetorik einen der exponierten Stränge der NS-Literatur. Sein Wort hatte Gewicht im faschistischen Literaturbetrieb.

Unumwunden bekennt die Sauerländerin *Josefa Berens-Totenohl:* „Als wichtige Begegnung muß ich hier einen Namen aussprechen, den Namen *Richard Euringer.* Dieser Dichter hat sich mit der ganzen Kraft seiner Persönlichkeit für mein Schaffen eingesetzt." Über *Euringer* fand die 1891 in *Grevenstein* geborene *Josefa Berens,* die sich nach einem Ort bei *Gleierbrück* später den Beinamen *Totenohl* zulegte, den Eingang in die vorderste Reihe der NS-Autoren.

Mit ihren beiden thematisch eng verknüpften, zur Zeit des Mittelalters im heimatlichen Sauerland spielenden Romanen „Der Femhof" (1934) und

„Frau Magdlene" (1935) errang sie den 1934 gestifteten „Westfälischen Literaturpreis" (1935), der nach 1945 in „Droste-Preis" umbenannt wurde. Magdlene, die Tochter des Wulfsbauern, ist die unbeirrbare, ihr Lebensschicksal unerschrocken auf sich nehmende Heldin. Gegen den Willen ihres Vaters wendet sie sich Ulrich, dem Mann aus der Fremde, zu, von dem sie bald ein Kind erwartet. Nachdem Ulrich, von der Feme verurteilt, durch die Hand des eigenen Vaters gefallen ist, verzweifelt und hadert sie nicht, sondern stellt sich der Verantwortung für ihr Kind und den Hof. Der Mord an ihrem Geliebten, so schmerzlich er sie auch trifft, erscheint als höhere Fügung. Nicht das persönliche Lebensglück ist entscheidend, sondern die überpersönliche Lebensaufgabe. Der gewaltsame Tod bildet geradezu die Voraussetzung für die Erkenntnis unausweichlicher Pflicht. Damit ist selbst die Gewalt gerechtfertigt. Der „helle Tag ihres Lebens und ihrer Liebe" bricht für Magdlene trotz aller Schicksalsschläge an, als sie erfährt, daß ihr Kind entgegen der bösen Verleumdung einer Zigeunerin reinen Blutes ist. Als Dienende, ihrem Lebensschicksal unbedingt Ergebene, macht Magdlene ihrem Namen fortan alle Ehre. Sie wird zum Muster der völkischen Frau, für die eigenes Glück und persönliche Erfüllung nicht vorgesehen sind. „Wir sind alle auf einem weiten und beschwerlichen Wege, und noch ist keiner von uns am Ziel. Wir wollen vom Schicksal sprechen und davon, wie wir ihm begegnen. Das ist es ja, daß wir nicht auf halbem Wege bleiben, sondern unser Stück zu Ende bringen. Wie es uns selber dabei ergeht, ist nicht das Wichtigste." Das fatalistische Ethos einer solchen Lebenshaltung paßte gut ins nationalsozialistische Menschenbild. Seine Verinnerlichung war die Voraussetzung für die unbegrenzte Verfügbarkeit des einzelnen, von dem das Opfer der Selbstaufgabe erwartet wurde.

Im Jahr nach dem Literaturpreis erschienen unter dem Titel „Das schlafende Brot" die bereits vor den Romanen entstandenen Gedichte. Deutlich klingt auch hier die Unterwerfung der Frau unter das über sie verhängte Lebensschicksal an:

> Tief bog Gott unser Haupt
> und groß die heilig-dunkle Schale
> aus über uns, als er uns weihte,
> daß ewig sich bereite
> geheimnisvolles Leid:
> Wegzehr der Liebe.
>
> Millionen sind wir.
> Schweigend tragen wir unser Los.
> Schweigend geben wir unser Leben.
> Selig sind wir.

Faßbar werden gerade in den Gedichten die pseudometaphysischen Positionen und die Rückwendung zum Irrationalen und Mystischen, wie sie für die

Diskreditierung der Vernunft und des Intellekts durch die Nationalsozialisten typisch sind. Das lyrische Ich fühlt sich ergriffen von der Sehnsucht, eins zu werden mit der Erde, in ihrem Schoß das Bewußtsein auszulöschen, um schließlich im Vegetativen aufzugehen.

Eng verbunden mit einer solch biologistischen Auffassung ist das auf das Zoologische reduzierte Menschenbild. In dem epischen Gedicht „Einer Sippe Gesicht" (1941) geht es um das Problem des reinen Blutes. Der vom Bauern mit der Magd gezeugte Bastard gefährdet und durchkreuzt das Streben der reinblütigen Sippe.

> Unselig, wenn des Blutes Strom
> zu Seiten sich ein Bette gräbt, . . .

Die Einteilung in wertvolles und minderwertiges Leben drückt den Menschen auf die Stufe des Zuchtviehs. Wenn es hier auch nicht ausdrücklich um die Unterscheidung in arisch und nicht-arisch geht, so steht die rassistische Einstellung außer Frage.

Essayistisch faßt *Josefa Berens-Totenohl* ihre Grundeinstellungen in ihrer 1938 gedruckten Rede von der „Frau als Schöpferin und Erhalterin des Volkstums" zusammen. Im Germanischen scheint es nun verankert, daß die Frau dem „Mann im Hause diente, daß sie den Kindern diente". Anders als der vom Verstand bestimmte Mann lebt sie als die Empfangende, Tragende und Gebärende aus dem Gefühl, als ein Glied des unbewußten Lebensprozesses. Ganz in Anspruch genommen von ihrer mütterlichen Aufgabe, „wird draußen nur wenig von ihrem Leben sichtbar". Als schöpferische Erhalterin deutschen Volkstums tritt sie am ursprünglichsten und gesundesten im bäuerlichen Milieu entgegen, während das Städtische den Blick für das Eigentliche zu trüben droht. „Ahnend nur trägt der dunkle Strom des Lebens weiter, . . . selbst wenn er die Trägerin, die Frau, vernichtet. Es ist die Vernichtung um des Lebens willen."

Diejenigen aber, die sich auflehnten gegen die biologistische Reduktion der Frau und in der Literatur und der Kunst vor 1933 für die weibliche Emanzipation eintraten, trifft der diffamierende Zorn der vom NS-Literaturbetrieb hofierten Dichterin: „Es war die Zeit der Fäulnis und der Verderbtheit unseres Kulturlebens durch fremdrassige jüdische Kunst und Literatur." Analog zur Ackerfurche ist die Frau nur der zu befruchtende Schoß, reduziert auf ihre biologische Rolle. Ihr Schöpfertum beschränkt sich auf Gebären und Nähren.

Josefa Berens-Totenohl beschwört im Einklang mit den faschistischen Pseudomythen gegen die helle Welt des Bewußtseins das dunkle Unbewußte, gegen die Freiheit des Geistes das schicksalhafte Gebundensein an die Kräfte der Erde, gegen das schöpferische Ingenium den Instinkt und eine gebärende Unterwelt, in der das Heimatliche aufgeht. Heimat ist in unüberbietbarer Verschwiemelung Lebensschicksal, mystifiziert zum Urgrund völkischer Blutsgemeinschaft. Dies gilt weitgehend auch noch für ihre späteren Erzählungen und Romane. Doch weder „Der Fels" (1943) noch „Im Moor" (1944) und der letzte, 1960 veröffentlichte Roman „Die heimliche Schuld", vermochten an die Erfolge der „Femhof"-Bücher anzuknüpfen.

Gleichaltrig mit *Josefa Berens-Totenohl* war die in *Wesel* geborene, einer sauerländischen Familie entstammende *Maria Kahle,* die später ihren Wohnsitz in *Olsberg* nahm. Bereits in jungen Jahren war sie zwischen 1913 und 1920 Auslandskorrespondentin in Rio de Janeiro und Sao Paulo. Nach ihrer Rückkehr übernahm sie zunächst die Schriftleitung der Tageszeitung „Der Jungdeutsche", bevor sie als Fabrikarbeiterin in *Bielefeld* und *Berlin* die industrielle Arbeitswelt vor Ort kennenzulernen unternahm. In ihrem Tagebuch „Akkordarbeiterin" (1929) beschreibt sie die Arbeitsbedingungen und Lebensverhältnisse der Industriearbeiterinnen und stellt ihnen das wahre Glück der traditionell-ländlichen Lebensformen entgegen. Vortragsreisen führten sie durch Europa und nach Südamerika.

Im Zentrum ihres Interesses stand das Schicksal der deutschen Auswanderer im fremden Land. Während sie ihre deutschen Zuhörer und Leser mit Gedichten wie „Urwaldblumen" (1921) im Stil der exotischen Dichtung der Zeit faszinierte, malte sie den Auswanderern in glühenden Farben ein Bild der fernen Heimat und mahnte sie, ihr Deutschtum nicht zu vergessen.

Ihre Schilderungen der vielfachen Bedrohungen deutschen Volkstums in der Fremde und ihr Eintreten für das, was sie für die deutsche Identität hielt, verbanden sie nach 1933 schnell mit den neuen Machthabern. Schon in ihrer ersten Gedichtveröffentlichung „Liebe und Heimat" (1916), immer wieder aufgelegt und erweitert, 1942 im 23. Tausend, trägt sie stolz ihr Deutschtum zur Schau:

> Ich bin eine Deutsche! Wißt ihr, was das heißt?
> Das heißt, eine Tochter zu sein
> Des Landes, das loht mit unsterblichem Geist
> In das Dunkel der Völker hinein!
> Jawohl! Ich bin eine Deutsche!

Der chauvinistische Dünkel ist unüberhörbar. Am deutschen Geist sollte wieder einmal die Welt genesen, wobei es von der geistigen Überheblichkeit zur militanten Aggression nur ein kleiner Schritt war, wie der erste Weltkrieg gezeigt hatte. Im Jahr des Kriegsausbruchs 1914 dichtete Maria Kahle:

> Da wurde es uns plötzlich klar,
> Was unser Volk, was Deutschland war!
> Da klang es laut ins Land hinein:
> „Stolz, o Wonne, deutsch zu sein!"

Deutschnationales Pathos geht einher mit poetischem Dilettantismus. Die katastrophale Niederlage ist der Verseschmiedin nicht Anlaß zur Besinnung, sondern Anstoß, trotzig zum nationalen Heldenopfer aufzurufen:

> Eh wir denn zu Knechten werden,
> Die beim Feind in Demut flehen,
> Laß uns, stolzer Gott der Freien,
> Laß uns lieber untergehen!

In Gedichten und Essays („Deutsches Volkstum in der Welt", 1930; „Deutsches Volk in der Fremde", 1933; „Deutsches Herz zwischen Heimat und Fremde", 1937) und im Jugendbuch („Deutsche jenseits der Grenze", 1934) wird *Maria Kahle* nicht müde, für das Deutschtum, und nach 1933 massiv für das „Dritte Reich" zu werben. Von der nationalsozialistischen Kulturkritik wurde sie bald als „Kämpferin fürs Reich" und als „Fahnenträgerin des Deutschtums" gefeiert. 1934 sandte sie der Volksbund für das Deutschtum im Ausland (VDA) zu einer siebenmonatigen Propagandareise nach Südamerika.

Zwei Jahre nach *Josefa Berens-Totenohl* erhielt sie 1937 den „Westfälischen Literaturpreis". Mit ihrer Vorgängerin teilte *Maria Kahle* das völkische Ideal der Frau als Mutter. Begeistert nahm der „Völkische Beobachter" ihre Veröffentlichung „Die deutsche Frau und ihr Volk" (1934) auf: „In kraftvollen Versen singt *Maria Kahle* das Hohelied der Mutter. Daneben erzählt sie ... von der volksbewußten, mütterlichen, verantwortungsbewußten Frau, wie sie das Dritte Reich braucht."

Auffälliger als bei *Josefa Berens-Totenohl* tritt bei *Maria Kahle* der regionale Aspekt zurück. Ob im „Sauerlandlied" oder im Gedicht „Münsterland", überall in Westfalen herrscht das trotzige deutsche Wesen, das sich eines Tages aufbäumen wird gegen die nationale Demütigung:

> Doch kommt ein Tag, wo aus dem tiefen Schweigen
> Der Vorzeit trotzig wilde Götter steigen,
> Dann wird das Blut in heißen Fluten schäumen.

Maria Kahle repräsentiert in Westfalen den Typus der bewußt für die völkische Ideologie eintretenden Schriftstellerin. Gerade in ihren Gedichten, Erzählungen und Essays wird klar, wie die regionale Heimatorientierung im nationalen Pathos untergeht.

Weniger Propagandist des Nationalsozialismus als parteilicher Chronist der Entwicklungen, die ihn vorbereiteten und zu ihm hinführten, ist der 1899 in *Lüdenscheid* geborene Lehrer *Fritz Nölle*. Besondere Bedeutung kommt dabei seiner Romantrilogie „Das Haus der Väter" (1934), „Die jungen Leute" (1936) und „Das hinkende Jahrzehnt" (1938) zu.

Der erste Teil setzt in den Gründerjahren ein und schildert vor dem

Hintergrund *Lüdenscheids* das behaglich idyllische Leben der Kleinbürger zwischen Beruf, Familie und Stammtisch. Anklänge an die humoristische Erzähltradition der Realisten wie an *Wincklers* Westfalenromane sind spürbar. Doch der Humor scheint abgeflacht zu vordergründigem Witz, und von *Wincklers* schwankhafter Phantasie bleibt selten mehr übrig als bloßer Bierulk.

Die an sich harmlose kleinbürgerliche Spießeridylle erweist sich jedoch bereits im zweiten Teil der Trilogie als Nährboden nationaler Borniertungen. Die neue Macht des Kapitals beginnt die Leute von ihrer ursprünglichen Art zu entfremden. Mit dem wachsenden antikapitalistischen Affekt verbindet sich das Bekenntnis zum unverstellt deutschen Wesen. Als befreiendes und reinigendes Ereignis wird der Ausbruch des ersten Weltkriegs erlebt. Die „Arbeiter jubelten, hoben die Arme und sangen das Deutschlandlied ... ein totes Volk war dem Leben wiedergegeben ... Deutschland über alles!" Die Niederlage droht alle nationalen Gefühle zu ersticken. Vom Verfall der „bürgerlichen Ideale" ist die Rede. „Sprach noch jemand den Namen Vaterland auf der Straße aus? Nein, veworrenes Gerede von Weltfrieden und Völkerbund füllte die Köpfe." Kritik trifft die *Weimarer* Zeit und deren Parteiengerangel. Zu der antikapitalistischen tritt eine betont antiparlamentarische Einstellung. Den *Weimarer* Ministern fehlen offenbar Nationalbewußtsein und soldatische Solidarität. „Politik sollte nur von Leuten aus dem Schützengraben gemacht werden."

Begeistert begrüßt man die sich neu formierende NSDAP, von deren Versammlung eine zündende Wirkung ausgeht. „Und an den Abenden vorher marschierten zwanzig Männer durch die Stadt, ganz in Braun gekleidet, und sangen – ein altes Soldatenlied!" Natürlich sind die Juden und die Kommunisten ausgeschlossen, diejenigen, die sich dennoch eingeschlichen haben und bezeichnenderweise „die Internationale gröhlten (!) und pfiffen", werden kurzerhand hinausgeworfen. „Ganz neu war den Leuten, was Hugo über die Juden und ihren Einfluß auf Weltpolitik, Kulturleben, Justiz und Wissenschaft sagte." Es geht um den „Zusammenschluß aller Deutschen, ... deutsches Wesen über alles."

Nölle schildert mit unverhohlener Parteinahme für die nationalistische Bewegung den Aufbruch der Nation aus dem Ungeist des wirtschaftlich deklassierten und in seinem nationalen Dünkel verletzten Kleinbürgers, den es im Bewußtsein der eigenen Bedeutungslosigkeit nach völkischer Integration verlangt: „ ... o käme doch etwas, das in alle Herzen einzöge und sie eines Sinnes machte!" seufzt der sterbende Vater, und der Sohn antwortet siegessicher: „Es kommt, Vater – sei gewiß. Und bald wird es kommen!"

Die Romantrilogie führt die geschichtliche Entwicklung bis an das Jahr 1933 heran. Das kommende „Dritte Reich" erscheint als Vision völkischer Erneuerung und nationaler Erlösung aus der Parteiendemokratie der jüdisch-kapitalistischen wie der linksideologischen internationalen Überfremdung. Mit bemerkenswerter Konsequenz wird die Entfesselung kleinbürgerlicher Beschränktheit und Ressentiments vorgeführt und das Kleinbürgertum selbst als Brutstätte und Stütze des Faschismus deutlich. *Nölles* Trilogie liest sich heute wie das Psychogramm einer eskalierenden nationalistischen Verwirrung, in die sich der Autor selbst mehr und mehr verstrickt.

In weiteren Romanen und Novellen beschwört *Nölle* angesichts des zweiten Weltkriegs die Soldatenkameradschaft („Der Weg nach Hause", 1940) und den unbeugsamen männlichen Durchhaltewillen („Die gläserne Wand", 1940). „Sickingens Ring" (1942) und „Die Getreuen" (1943) erzählen von deutscher Wehrhaftigkeit und unverbrüchlicher Gefolgschaft. Daneben besinnt er sich in „Eisenbart vor Gericht" (1941) und „Die Auferstehung des Kandidaten Jobs" (1941) im Rückgriff auf bewährte Erzählmuster auf sein Talent zu anspruchslosen unterhaltsamen Schnurren und bedient damit das in den Kriegsjahren steigende Bedürfnis nach Ablenkung. *Nölles* breit angelegtes Spießerpanorama dekuvriert in unfreiwilliger Ironie den kleinbürgerlichen Ungeist, aus dem der Nationalsozialismus erst erwachsen konnte.

Einer der jüngeren NS-Autoren ist der 1915 in *Holzwickede* bei *Dortmund* geborene *Max Wegner*. Als HJ-Kulturstellenleiter galt sein Interesse vor allem der ideologischen Indoktrinierung und Emotionalisierung der jüngeren Leser („Jungen und Mädel im Krieg" „Wir sahen den Führer", beide 1941) und der Förderung des schreibenden Nachwuchses. Junge Dichtung der Gegenwart gab er 1937 unter dem Titel „Wir glauben!" heraus. Aus den gesammelten Gedichten, Zeugnisse der völkischen Glaubensbewegung in der jungen Generation, spricht fast durchgehend eine pseudoreligiöse Bindung an den nationalsozialistischen Mythos. In dem Prosaband „Pflicht" (1939) sammelt *Wegner* authentische Schicksalsberichte, wie er sagt, die im Leser die Bereitschaft zum persönlichen Opfer stärken sollen, emotionale Appelle, die neue Ideologie mit dem Herzen aufzunehmen. Auffällig ist die betont antiintellektuelle Tendenz. Um den Erweis der zeitlosen Gestaltungsmacht und Offenbarungskraft deutschen Blutes geht es *Wegner* in den Panoramen deutscher Landschaften „Muttererde – Vaterland". In Erzählungen, Bildern und Gedichten einer Reihe von jungen Autoren soll die Vielfalt stammesmäßiger Eigenarten in Verbindung mit der Landschaft zum Ausdruck kommen, eine Vielfalt allerdings, die letztlich im Völkischen aufgeht. Deutlich wird, wie die Blut- und Boden-Ideologie bei den Jüngeren längst zum selbstverständlichen, verinnerlichten Orientierungsmuster geworden ist.

Auch der Künstler schafft für *Wegner* aus der Kraft des Blutes. Insbesondere der Bildhauer und Bildschnitzer *Tilman Riemenschneider* (1460–1531) wird ihm zum Inbild des deutschen Künstlers. In der Erzählung „Die gebrochenen Hände" und in einer knappen Monographie mit zahlreichen Abbildungen erscheinen *Riemenschneiders* idealisierte Gestalten mit ihren Leidensgebärden als Vorläufer der Entindividualisierung und des Opferpathos in der NS-Kunst. Immer wieder ging es der nationalsozialistischen Traditionspflege darum, die künstlerischen Werke der Vergangenheit mit den eigenen ideologischen Positionen zu verknüpfen.

Wegners umfangreichstes eigenes Werk ist der 1939 erschienene Roman „Borius Wichart" um den im Zuge der Gegenreformation 1604 in *Paderborn* hingerichteten protestantischen Bürgermeister. Während die katholische Kirche unter der Führung des Fürstbischofs *Dietrich von Fürstenberg*, im Bunde mit den intriganten Jesuiten, als fremd und undeutsch dargestellt wird, vertreten die Lutherischen urdeutsches Wesen. Ist *Rom* nur darauf aus, die Deutschen und ihr eigenartiges Volkstum der eigenen Macht zu unterwerfen, so treten die Protestanten für die Souveränität des deutschen Volkes ein, das sich gegen jeden Versuch der Knechtung trotzig aufbäumt. Der Roman, im Jahr des Kriegsausbruchs erschienen, spiegelt in historischer Einkleidung die Situation nach 1918. Deutschland, gedemütigt durch die Niederlage und durch das „Schanddiktat" von Versailles, sah sich den Zugriffen der fremden Siegermächte ausgesetzt, im Roman repräsentiert in den katholischen Machtträgern, den „schwarzen Würgern". Dem grell gezeichneten Feindbild steht das notleidende, aber nach nationaler Freiheit dürstende deutsche Volk gegenüber. Borius Wichart wächst zum erklärten Volkshelden heran. „Wir müssen doch um das kämpfen, was wir als Lehen von Gott erhielten, um unser Land, um seinen Bestand, um seine Freiheit!" Der Kampf ist wichtiger als der Mensch selbst. „Es hat der Kampf noch nie nach den Wünschen des einzelnen gefragt!" „Der Kampf ist unsere Heimat. Der Kampf gibt uns das Recht zum Leben." Streckenweise erscheint der Roman montiert aus dem Zitatenarsenal der NS-Propaganda mit dem Ziel, dem Leser die faschistischen Parolen einzubleuen.

Mit dem Bekenntnis zum Kämpferischen einher geht das Bewußtsein schicksalhafter Gebundenheit. „Noch wissen wir nicht, was über uns beschlossen ist. Es ruft mich. Ich muß folgen." Der völkische Held ist bis zur Selbstaufgabe seinem Schicksal im Dienst nationaler Befreiung ergeben. Der Zorn gilt den Ausbeutern und Ausplünderern, im Roman den Schwarzen, in Wirklichkeit jedoch den Mächten, die in Versailles Abtretungen, Abgaben und Reparationen beschlossen hatten. „Totschlagen muß man die Ratten, die sich dickfressen an der Stadt Gut und alles unterwühlen." „Es ist eine brennende Schande, daß sie das Land verschachern, verkaufen und darum würfeln. Das Reich ist in tödlicher Gefahr." Unausweichlich scheint in dieser Lage der Krieg. Nur er ist imstande, eine freie deutsche Nation zu schaffen, die zur Heimat für alle Deutschen werden kann. „Wandle alles

Blut, das um unser Land fließt, in einen herrlichen Sieg! – Gib uns die unrömische, freie Heimat und Nation."

Der Kampf geht durch Verrat verloren, sein Held Wichart stirbt auf dem Schafott. Sein tragisches Opfer für sein Volk aber erhebt ihn zum wahrhaften heroischen Führer. Auf der Schwelle zum zweiten Weltkrieg versucht der Roman, seine Leser durch die Fiktion einer unausweichlichen schicksalhaften Lage der Nation einzuschwören auf den Krieg für ein freies deutsches Reich und auf den Führer, der sein Leben hinzugeben bereit ist im Schicksalskampf seines Volkes. Konsequent funktioniert *Wegner* den heimatlichen Geschichtsroman zum Instrument nationalsozialistischer Propaganda um.

Heimatdichtung ist nur noch Köder und Vehikel, im Grunde bloß als fadenscheinige Kostümierung brauchbar. Die Verbindung völkischen Schrifttums mit der Heimatkunst ist, recht besehen, eher vordergründig. Der 1899 in *Wattenscheid* geborene *Walther Gottfried Klucke* wendet sich bereits vor 1933 ganz von ihr ab. Seine bevorzugte literarische Ausdrucksform wird das von den Nationalsozialisten wegen seiner kämpferischen Konfliktspannung und seiner objektiven Darbietung besonders geschätzte Drama. 1934 debütierte er mit dem 1928 entstandenen „Einsiedel", einer dramatischen Legende vom unbekannten Soldaten, an den Städtischen Bühnen *Wuppertal*. Im Mittelpunkt steht ein 1917 durch einen Kopfschuß verletzter Soldat, der fortan ohne Gedächtnis elf Jahre in einem Heim zubringt. Nach seiner Entlassung beginnt ihm in der Begegnung mit der indifferenten, verbürgerlichten Gesellschaft der *Weimarer* Zeit zu dämmern, welche Schuld der Bürger trägt an dem Verlust nationaler Würde und nationaler Freiheit. Als lebendes Mahnmal des hohen persönlichen Einsatzes der Kriegsteilnehmer wird er zum Rufer in der Wüste. Nur die echte vaterländische Begeisterung kann das zerrüttete Deutschland wieder erneuern und vollenden. Die Ankunft des messianischen Retters steht kurz bevor: „. . . und die unbekannten Soldaten werden einen aus ihren Reihen entsenden, der mit ihren Zungen singen wird, der ihres Blutes, der ihres Geistes ist." Im Medium der dramatisch inszenierten Wiedererinnerung erscheint das faschistische Deutschland als Erbe und Vollender des wilhelminischen Chauvinismus. Sein Architekt ist der unbekannte Soldat, der Gefreite Hitler.

Als Höhepunkt von *Kluckes* Schaffen galt der nationalsozialistischen Literaturkritik das dramatische Gedicht „Alja und der Deutsche" (1938). Die Handlung spielt in den letzten Jahren Heinrich I., der 933 mit den vereinigten deutschen Stämmen die Ungarn vernichtend schlug und damit den gefährlichsten Feind des Reiches ausschaltete. Der dramatische Konflikt erwächst aus der Mesalliance seines Sohns, des späteren Kaisers Otto I., mit der slawischen Fürstentochter Alja. Doch die Falschheit und Tücke der

Slawin zusammen mit der in ihm erwachsenden Verantwortung für das Reich bewegen Otto zur Umkehr. In seinen Armen erstickt er die Geliebte, die sich anmaßte, über den sächsischen Königssohn zu herrschen. Damit ist der Fortbestand des Reichs gesichert. Mit visionär nach oben gerichtetem Blick und dem Abschiedswort „Deutschland" stirbt Heinrich. Charakteristisch für das nationalsozialistische Geschichtsdrama ist die historische Rechtfertigung des faschistischen Machtanspruchs. Der auf Volksgemeinschaft und Herrschaft der NSDAP beruhende Einheitsstaat erscheint als legitimer Erbe des mittelalterlichen Reichsgedankens. Literatur wird einmal mehr zum ideologischen Instrument.

Neben seinen Dramen trat *Klucke* mit Kurzgeschichten und Novellen hervor. Vom KdF preisgekrönt wurde „Der Adler". Auf einem frühmorgendlichen Pirschgang treffen Ausflügler, die aufgebrochen sind, einen Adler zu beobachten, auf einen Mann auf einer Brücke. „Seine Augen strömten gleichsam Licht wie Schatten, wie es bei Menschen ist, die unendlich mehr geben als sie empfangen mögen . . . Sein Antlitz war von ruhiger Entschlossenheit und seine Hand, die auf der Brüstung lag, schien uns der verkörperte Wille." Spätestens, nachdem der Leser erfahren hat, daß dieser Mann am Abend eine Rede im *Berliner* Sportpalast halten wird, weiß er, mit wem er es zu tun hat. In der pathetischen Manier nationalsozialistischer Heldenverehrung entsteht ein Porträt des Führers. Nur er sieht den Adler, weil er, dem Adler gleich, über allen anderen schwebt. Sein Blick ist nach oben gerichtet, der Blick der anderen aber ruht auf dem Führer. Das emblematische Zeichen verweist auf imperialen Herrschaftsanspruch und legitimiert ihn zugleich durch die denkwürdige Art des Zusammentreffens. Kompromißlos stellt *Klucke* sein Schreiben in den Dienst des Völkischen.

Der Sohn aus einer einmaligen Liebesbegegnung, der seinen Vater nie gesehen hat, rettet diesem an der Ostfront in der Novelle „Begegnung in Polen" (1941) das Leben, weil er allein die gleiche Blutgruppe wie sein Vater hat. Die private Familie spielt keine Rolle. Entscheidend ist allein die Volksgemeinschaft, für die man zeugt, gebärt und sein Blut hingibt. „Du und unser Volk und ich sind die irdische Dreifaltigkeit, an die unser Kind ehrfürchtig glauben soll", schreibt die Mutter in pseudoreligiöser Symbolik an den Vater. Weitere persönliche Begegnungen sind überflüssig.

In dem Briefwechsel zwischen einer Mutter und ihrem Sohn im Felde („Liebe Mutter", 1941) schreibt der Sohn: „Ich bin mit Leib und Seele Soldat, und da muß ja alles Persönliche zurücktreten". Parallel zum Zurücktreten des Regionalen radikalisiert *Klucke* die Zurücknahme des einzelnen bis zu seiner gänzlichen Auslöschung. *Kluckes* Ansehen innerhalb des NS-Schrifttums schlug sich u. a. in der Veröffentlichung einer Auswahl seiner Werke im *Dortmunder* Westfalen-Verlag, dem Gauverlag der NSDAP, nieder.

Wie *Max Wegner* ist der 1913 in *Soest* geborene *Friedrich Wilhelm Hymmen* mit der HJ verbunden. Nach seiner Schul- und Studienzeit in *Münster* zog er 1934 nach *Berlin*, wo er zum HJ-Bannführer in der Reichsjugend avancierte. Seine 1936 erschienene Geschichte der HJ „Zehn Jahre Hitler-Jugend, 1923 – 1933" wurde zum Standardwerk der Bewegung. Als stellvertretender Hauptschriftleiter der nationalsozialistischen, vor allen an jüngere Leser adressierten Zeitschrift „Wille und Macht" (Hrsg. *Baldur von Schirach*) faßte er bald Fuß in der publizistischen Szene. Weniger seine kleinen Novellen „26 Häuser", die Polemik gegen die *Weimarer* Republik „Die Pfuscher", das Jugendbuch für Mädchen „Zwischen schiefen Wänden" (alle 1936) noch die abenteuerliche Italienfahrt „Tramp mit Malkasten" (1937) charakterisieren ihn als vielmehr seine Bühnenstücke.

1937 kam sein 1934 entstandenes Drama „Der Vasall" bei der ersten Theaterwoche der HJ in *Bochum* zur Uraufführung. Der Held ist bezeichnenderweise ein General, der österreichische Feldherr Ludwig August Benedek, der im Rahmen des deutsch-österreichischen Kriegs gegen seinen Willen vom Kaiser von der Süd- zur Nordarmee versetzt wurde, ein schwerwiegender Fehler, der nicht unerheblich zur Niederlage bei Königgrätz beitrug. Doch selbst als man Benedek später den Prozeß machte, nahm er stillschweigend alle Schuld auf sich, um dem kaiserlichen Haus die Schmach eines verlorenen Kriegs abzunehmen. *Hymmen* gestaltet das Geschehen als Tragödie der Pflicht, als Schauspiel soldatischer Treue und des Opfers für den Staat. Die Selbsthingabe des greisen Heerführers, seine unbedingte Gefolgschaftstreue verbinden sich mit der schicksalhaften Objektivität des alles Subjektive ausschließenden Dramas, so wie es von der nationalsozialistischen Kritik gefordert wurde. Selbst schwerwiegende Fehlentscheidungen des obersten Staatsträgers entlassen seine Getreuen nicht aus der Pflicht. Im blinden Gehorsam ist der Vasall für alle Zeiten an seinen Lehnsherrn gebunden, weil sich in ihm die Idee des Volks, der Nation und des Reichs verkörpert. Kritik und Kontrolle sind ausgeschlossen.

Folgerichtig geht es *Hymmen* in seinem 1938 in *Dessau* uraufgeführten Symboldrama „Beton" um den von der Idee ergriffenen und besessenen Menschen. Im Bau einer Brücke, zentrales dramatisches Ereignis, siegen Idee und Glaube über Technik und Berechnung und über das ständig drohende Scheitern. Die Brücke ist das Ergebnis einer großen Idee und zugleich der Weg, der hinüberführt in eine Geschichtsphase, in der die Idee Wirklichkeit werden wird. Der Erbauer ist nur Werkzeug und Ausführungsorgan einer ihn transzendierenden Macht. Der noch weitgehend dem Historischen verpflichteten Darstellung der Vasallentreue folgt in symbolischer Mythisierung die Gestaltung des charismatischen Führerprinzips. Linientreu ist die Gestaltung des dramatischen Helden: der eine als ergebener Jünger, der andere als Messias der Geschichte im Auftrag eines Höheren.

In seinem dritten 1940 gleichzeitig in *Stuttgart* und *Erfurt* uraufgeführten Stück „Die Petersburger Krönung" zeigt *Hymmen* die geniale Führernatur im Zwielicht, was trotz großer Anfangserfolge schließlich zu einem Verbot des Stückes führte.

Im Mittelpunkt steht Burkhard Christoph von Münnich aus Oldenburg, der nach Teilnahme am Spanischen Erbfolgekrieg unter Prinz Eugen und nach Anlage des Weserhafens *Karlshafen* in russische Dienste trat, wo er zum Premierminister aufstieg. Das Drama behandelt die Zeit vor dem Eintritt in die Dienste des Zaren, für den Münnich später den Ladogakanal baut, bis zu seiner Verbannung nach Sibirien. Die Zeit seiner Rehabilitation unter Peter III. und Katharina II. ist ausgespart. Indem Münnich das russische Angebot annimmt, verletzt er das Gesetz der Heimat, wie es die Mutter formuliert:

> Doch lieber Holzknecht auf dem Hof der Väter,
> als russischer Minister! Ein Gesetz
> ist dir vom Blute auferlegt. Es heißt:
> Du sollst dem Volk und deiner Heimat dienen.

Der herausragende Mensch wird schuldig, indem er sich allein auf sein Genie beruft und damit das Gesetz der Heimat verletzt. Mit Münnichs Sühne für sein Fehlverhalten schließt das Stück.

Anders als im „Vasall" kann auch der zum Führer berufene Mensch falsche Entscheidungen treffen und dafür zur Rechenschaft gezogen werden. Während das Gesetz der Heimat noch durchaus linientreu formuliert ist, weicht die zugestandene Fehlbarkeit des Führers vom nationalsozialistischen Führer-Mythos entscheidend ab.

Mit der Problematisierung des Führer-Charismas verstummt *Hymmen* als Dramatiker. Sein Märchen- und Tanzspiel „Die sieben Schönsten", 1944 in *Prag* vor dem BDM uraufgeführt, enthielt sich aller Probleme im Dienst der unterhaltsamen Ablenkung von der immer bedrohlicher in Erscheinung tretenden Kriegskatastrophe.

Wie *Hymmen* im besonderen Maße mit der Reichsjugend verbunden war der 1914 in *Hagen* geborene *Herbert Reinecker,* heute vor allem bekannt als erfolgreicher Fernsehautor („Der Kommissar", „Derrick"). Seine Anfänge als Schriftsteller weisen zurück in die NS-Zeit.

Nach der Schriftleitung einer HJ-Zeitschrift für Westfalen wurde er bereits 1935 in die Presseabteilung der Reichsjugendführung nach *Berlin* berufen, wo er die Monatsschrift „Der Pimpf" für das nationalsozialistische Jungvolk redigierte und entscheidend mitwirkte an der frühen ideologischen Indoktrination der Zehn- bis Vierzehnjährigen. Zusammen mit Büchern wie „Jugend in Waffen" (1936) und „Pimpfenwelt" (1938) trieb er wirkungsvolle Propaganda für völkische Ideale und den Führerkult. Ab

1942 übernahm er zusätzlich die Hauptschriftleitung der Reichszeitschrift der HJ „Junge Welt".

Im gleichen Jahr entstand mit „Das Dorf bei Odessa" sein erstes, in *Berlin* uraufgeführtes Bühnenstück. Auf dem Hintergrund des Rußlandfeldzugs befreien einmarschierende deutsche Truppen die deutschstämmige Bevölkerung eines ukrainischen Dorfs von der kommunistischen Diktatur. Ziel ist die propagandistische Rechtfertigung des militärischen Überfalls, verbunden mit der Vision eines großgermanischen Reichs.

Noch 1944 schrieb *Reinecker* das Durchhaltedrama „Leuchtfeuer" und veröffentlichte in der Zeitschrift „Junge Welt" unter dem Titel „Die Grundlagen" ein Gespräch zwischen einem Ritterkreuzträger und einem 15jährigen Hitlerjungen. Der altgediente Soldat formuliert ganz auf der Linie der Nationalsozialisten die „Überzeugung von der Gerechtigkeit des Auftrages, den zu erfüllen er mit der Waffe angetreten ist. Die Überzeugung von seiner politischen Mission, von seinen weltanschaulichen Idealen." Nach der Katastrophe von Stalingrad und der berüchtigten Sportpalastrede galt es, auch propagandistisch die letzten Reserven zu mobilisieren.

In das Jahr 1944 fällt schließlich der Hitlerjugendfilm „Junge Adler", der bei seiner Uraufführung in *Berlin* von der NS-Prominenz begeistert begrüßt wurde. Die Idee stammte von *Reinecker,* der zugleich als Koautor zeichnete. Im Fliegermilieu geht es um die bedingungslose Integration des einzelnen Jugendlichen in die Gemeinschaft der Hitlerjugend und in die Volksgemeinschaft. Angesichts der drohenden Niederlage appelliert der Film an den Einsatzwillen der Jugendlichen bis zur Selbstaufgabe, indem er an die Flugbegeisterung der Zeit anknüpft. Wichtiger als Familie, Bildung und Schule ist die Kriegsproduktion und die Handhabung modernen Kriegsgeräts in der ideologisch verschworenen Gemeinschaft der Hitlerjugend.

Als Redakteur, Dramatiker sowie als Buch- und Drehbuchautor stellte *Reinecker* Literatur vorbehaltlos in den Dienst der NS-Propaganda, bevor er nach 1945 zum Starautor beim ZDF aufstieg.

August Stramm (1874–1915)

Peter Paul Althaus (1892–1965)

Ernst Meister (1911–1979)

Heinrich Hart (1855–1906)

Julius Hart (1859–1930)

260

XVI. Auseinandersetzungen mit Geschichte und Gesellschaft

Nach 1945, vereinzelt schon früher, entfaltet sich auch in den Werken westfälischer, bzw. in Westfalen ansässiger Autoren verstärkt die kritische, im Faschismus unterdrückte Dimension von Literatur. Im Vordergrund steht zunächst die Auseinandersetzung mit dem Nationalsozialismus. Seine beispiellose Menschenverachtung, der durch ihn ausgelöste verbrecherische Krieg und seine Spuren in der Nachkriegsgesellschaft fordern die Autoren heraus und bestimmen die literarische Thematik entscheidend. Im Zuge des wirtschaftlichen Aufschwungs und seiner Folgen nimmt die Literatur sich zusehends sozialer und ökologischer Probleme an. In der Auseinandersetzung mit Geschichte und Gesellschaft gewinnt die Literatur Westfalens ein durchaus kritisches Profil.

Besonders markant prägt sich die gegen den Ungeist und die Unmenschlichkeit des NS-Staats gerichtete Kritik in der Exilliteratur aus. Die erbitterten Angriffe gegen die braunen Machtträger politisieren die Literatur und radikalisieren ihr humanes Engagement. Zwei jüdische, aus Westfalen gebürtige Autoren, gehören in den Kreis der Exilliteraten. Beide, sowohl im regionalen wie im nationalen Kontext vergessen, stehen zur Neuentdeckung an.

Arnold Bender, als Sohn jüdischer Eltern 1904 in *Bochum-Werne* geboren, in *Dortmund* aufgewachsen und 1934 über Dänemark und Schweden nach England emigriert, ist einem breiteren literarischen Publikum bis heute unbekannt geblieben. Sein Nachlaß in der *Dortmunder* Stadt- und Landesbibliothek umfaßt zwölf Romane und umfangreichere Prosaarbeiten, Essays, Erzählungen, Berichte, Gedichte, Tagebücher, Briefe und Rezensionen. Das weitaus meiste ist unveröffentlicht und liegt nur im Manuskript vor. Erste Gedichtveröffentlichungen brachte der „Dortmunder Generalanzeiger" ab 1930.

Benders Bedeutung liegt in seiner Prosa. Zwischen dem 8. 8. 1941 und dem 28. 10. 1941 erschien in 69 Fortsetzungen sein Roman „Winter in Schweden" in dem deutschsprachigen, vom *Londoner* Informationsministerium gegründeten Londoner Blatt „Die Zeitung".

Unter dem Titel „The Farm by the Lake" legte ein Verlag in *London* den Roman 1943 in englischer Übersetzung vor. Fünf Jahre später folgte in *Paris* die französische Ausgabe: „Il est plus tard que vous ne pensez" (Es ist später denn ihr wißt). Mit seinem Erstling errang *Bender* 1940 den *Thomas-Mann-*Preis der American Guild for German Cultural Freedom für den besten

Exilroman eines Flüchtlings. Zu den Preisrichtern zählten neben *Thomas Mann Lion Feuchtwanger* und *Alfred Neumann.*

Auffällig sind wie bei allen Prosaarbeiten *Benders* die betont autobiographischen Bezüge. Sie bestimmen Perspektive und Struktur der Darstellung. Die Auseinandersetzung mit der verlorenen Heimat und ihrer Überwältigung durch den Faschismus provoziert die Suche nach der eigenen Identität. Als Flüchtling in Schweden verarbeitet *Bender* ganz persönliche Erfahrungen nach der nationalsozialistischen Machtergreifung. Von bemerkenswerter Hellsichtigkeit und Schärfe ist die kritische Durchdringung der unheilvollen Entwicklungen unter dem Hitler-Regime, die *Bender* bereits kurz nach 1933 dazu bewegten, seine westfälische Heimat endgültig zu verlassen. Aus der räumlichen Distanz, in der Einsamkeit der schwedischen Landschaft, formiert sich der humane Protest gegen die Unterdrückung des Menschen und des menschlichen Geistes. Mahnend richtet sich der ursprüngliche Titel „Es ist später denn ihr wißt" an die Landsleute, die vor dem drohenden Unheil die Augen schließen, aber auch an die europäischen Nachbarn, die das Ausmaß der nahen Katastrophe nicht einmal ahnen. Literatur ist für *Bender* kritische Früherkennung schlimmer Entwicklungen, gespiegelt im unmittelbar betroffenen einzelnen.

Bis zu seinem Lebensende hat er liebgewordenen Vorstellungen wie Vaterland und Heimat mißtraut, weil sie blind machen für nationale Borniertheit. Noch in seinem letzten Werk, dem unveröffentlichten Roman „Postille für ein leichtes Leben", der abwechselnd im Ruhrgebiet und in England die Entwicklungen vor 1933 bis zur Nachkriegszeit verfolgt, heißt die Antwort auf die Frage, ob es noch Heimweh gibt: „Was fühle ich, wenn ein deutscher Wagen vorbeifährt? Gar nichts. Nicht einmal den Wunsch, ihm Guten Tag nachzurufen. Ich kann mir zwar einreden, daß das ein Bote aus der Heimat war, aber ich würde mich sofort fragen, ob das was Besonderes bedeutet. Heimat ist, wo es einmal Sauerkraut gab und Mainzer Käse, Heimat ist, wo ich als Junge gespielt habe, Heimat ist, wo die Stimmen laut und die Manieren überpoliert sind und die Teufeleien des täglichen Lebens genauso nah unter der Oberfläche sitzen wie in der Nichtheimat. Es liegt zuviel Sentimentalität in dem Wort Heimat, ein gefälschtes Zusammengehörigkeitsgefühl, ein Versuch, deine fünf Sinne zu beschwindeln."

Nach dem vielbeachteten Erstling gelang *Bender* erst 1960 wieder die Veröffentlichung eines Romans. In französischer Übersetzung erschien in *Paris* „Der Brückenheilige" unter dem Titel „L'homme sans passé". Die Resonanz war gering, obwohl *Bender* erneut kritisch und engagiert in die menschliche Problematik der Kriegszeit hineinleuchtete. Im Mittelpunkt steht in radikaler Zuspitzung der einzelne als Opfer einer inhumanen Geschichte. Die Handlung spielt in Belgien, *Paris* und in den Vogesen. Der Insasse eines Kriegsgefangenenlagers zerbricht an seinem Gewissenskonflikt mit den Nazis und an der unbegründeten Anklage, einen Widerstandskämpfer getötet zu haben. Verwickelt in die Konflikte der Zeit, in das Wirrwarr feindseliger Verdächtigungen und persönlicher Irrtümer, verliert der einzelne mit seiner Vergangenheit auch seine Identität.

Eine Wende zur Humanität setzt für *Bender* die Überwindung bornierten Heimatdenkens und das Einüben in gute Nachbarschaft voraus. Diesem Ziel diente vor allem sein 1970 in *Frankfurt* erschienenes Sachbuch „Die Engländer", das der Fischer-Verlag 1977 nachdruckte. Der britische und deutsche Staatsbürger *Bender* versucht Verständnis für die englische Mentalität zu erwecken, indem er die Geschichte und die Kultur Englands von ihren Anfängen bis zur Gegenwart darstellt. Insbesondere das Kapitel über den britischen Humor verrät die Fähigkeit zu einfühlsamem Verstehen. Der Frieden in Europa kann für den Autor nur dann gesichert werden, wenn man aufhört, das Fremde mit Vorurteilen zu diffamieren, und beginnt, das ganz andere in seiner unverwechselbaren Eigenart zu verstehen und zu achten. Gerade *Benders* größere Prosaarbeiten vereinigen wichtige Vorzüge der Exilliteratur: die kritische Distanzierung vom deutschen Faschismus, das radikale Engagement für den Menschen, ungeachtet seiner nationalen Zugehörigkeit, und das Werben um Verständnis für den europäischen Nachbarn im Zuge einer friedenssichernden Verständigung unter den Völkern.

Die 1917 als Jenny Rosenbaum in *Paderborn* geborene jüdische Schriftstellerin *Jenny Aloni* ist nur bedingt zu den Exilliteraten zu zählen, weil ihre wichtigen Veröffentlichungen erst Anfang der sechziger Jahre einsetzen. Ihre erste Gedichtveröffentlichung fällt in das Jahr 1939, das Jahr ihrer Auswanderung nach Palästina. Ihre Eltern und Geschwister blieben zurück und wurden 1944 in Theresienstadt ermordet. Das Bewußtsein, sprachlich und kulturell fortan in zwei Welten zu leben, in der deutschen Vergangenheit und der israelischen Gegenwart, prägt die Werke *Jenny Alonis,* die ab 1949 auch in Hebräisch publizierte. Bei weitem überwiegen jedoch ihre deutschsprachigen Arbeiten. 1956 erschien ihr erster Gedichtband in *Ratingen.* Lyrik wird zur Erinnerungsarbeit, zur ganz persönlichen Auseinandersetzung mit einer heillosen Vergangenheit. Bei einem Besuch *Paderborns* heißt es:

> Wo jetzt die Wasser spülen, stand ein Haus,
> das alles barg, was dann verloren ging,
> das alles barg, was man zertreten hat ...

Lyrisches Sprechen gelingt in einfachen, vertrauten Sinnbildern, in einer prosanahen Sprache. Wo sich der Sprachduktus gelegentlich zu spätexpressionistisch ekstatischer Bildlichkeit steigert, wirkt er forciert und weniger überzeugend. Im Verlust des Hauses, der Heimat, der Kindheit und der Vergangenheit spiegelt sich elegisch eine fragmentarische Existenz, der jähe Abbruch eines Lebens, das fortan allen neuen Aufbrüchen mißtraut. Das Haus, das es nicht mehr gibt, die zerstörte Geborgenheit, verweisen auf das Schicksal der Exilantin, auf Unbehaustheit und Ausgesetztsein. Wem das Fundament fortgerissen wurde, ist unfähig, Tragendes und Überdauerndes zu bauen, wer die Vergangenheit verloren hat, für den bleibt die Zukunft gesichtlos. Noch im zweiten Gedichtband „Die schmalen Stunden der Nacht" von 1980 heißt es:

> Türpfosten, die
> zu keinem Haus mehr führen,
> kahle Feldsteine,
> einer auf den andern gesetzt.

Zentral bleibt nach der furchtbaren persönlichen Erfahrung das Erlebnis der existentiellen Obdachlosigkeit. Unter den Händen zerrinnen alle Versuche, Bleibendes zu schaffen. In den „Gedichten in Prosa" sieht sich der einzelne konfrontiert mit der sich ausbreitenden Leere: „Steine zerfallen in unseren Händen. Alles wird Wüste und Meer, die keine Formen halten, weil sie alle enthalten. Womit können wir noch eine Hütte bauen, Obdach für die Nacht, Schutz vor uferlosem Versanden?" Weniger in aphoristischer Pointierung als im Stil räsonierender Reflexion äußert sich pessimistische Lebenserfahrung im anschaulichen Sinnbild. Die Geborgenheit des Hauses scheint untergegangen in der Endlosigkeit des Meeres, begraben in der Öde der Wüste. Gerade im schlichten sinnbildhaften Sprechen gewinnt das Leiden des Menschen an der Geschichte Gestalt. Vergleichbar mit *Arnold Bender* und den meisten Exilliteraten geht es auch *Jenny Aloni* um die persönliche Aufarbeitung tiefgreifender persönlicher Verunsicherungen.

Neben das subjektiv lyrische Bekenntnis tritt der stark autobiographisch gefärbte Roman. In ihrem ersten, 1961 erschienenen Roman „Zypressen brechen nicht" schildert *Jenny Aloni* in deutlicher Parallele zu ihrem eigenen Lebensschicksal den Lebensweg einer jungen deutschen Jüdin zwischen Abschied und Ankunft, zwischen dem Versuch der Loslösung von der alten deutschen Heimat und dem Versuch, in der neuen israelischen Heimat Fuß zu fassen. Doch im Grunde scheitern beide Versuche. Die Vergangenheit bricht immer wieder in die Gegenwart ein, und die Gegenwart selbst erweist sich als karg und abweisend. Schmerzliche Erinnerung und enttäuschte Erwartung durchkreuzen alles Bemühen, eine tragfähige Identität zu errichten. Das Motiv verlorener Heimat bestimmt den Roman in doppelter Weise. Dem Verlust folgt kein neuer Gewinn. Die Heldin wird zur Grenzgängerin zwischen dem Gestern, das nur in der Erinnerung überlebt, und dem Heute, dem ein erfülltes Leben versagt bleibt. Das Scheitern der Heimat führt hinein in eine nicht aufhebbare Orientierungskrise.

Jenny Alonis zweiter Roman „Der blühende Busch" (1964) setzt sich auseinander mit der Situation nach der Gründung des Staates Israel im Rahmen einer konkreten israelischen Siedlung. Zentral ist die Zuwendung zur Gegenwart. Angesichts der aus allen Erdteilen zusammengewürfelten Menschen und der Sprachprobleme bricht immer wieder Skepsis durch gegenüber einem Staat vom Reißbrett. Deutlich werden auch die Verständnisschwierigkeiten zwischen denen, die eine Vergangenheit haben, und der erinnerungslosen, bereits in Israel geborenen Generation. Auch hier thematisiert *Jenny Aloni* ihre persönliche Problematik, die Schwierigkeiten, vergessen zu können, heimisch zu werden in einem fremden Land. Der dritte Roman „Der Wartesaal" (1969) spielt in einer Klinik für Geisteskranke. Im Mittelpunkt steht eine Halbjüdin, die in die NSDAP eintritt, zur Leiterin einer Dienststelle avanciert, die Andersdenkende und Juden verhört und in den Tod schickt, schließlich entlarvt wird und sich nun ihrerseits in Verhöre und Verfolgungen verwickelt sieht. Der Wartesaal einer psychiatrischen Anstalt ist der Ort eines tief verstörten Bewußtseins. Die Grenzen zwischen Täter und Opfer werden fließend, Schuld und Schuldigwerden scheinen unentrinnbar. Was bleibt, ist die Scham über die Schwäche und Anfälligkeit des Menschen. Vergangenheit, hier in radikaler Steigerung als schuldhaft erlebt, erschüttert erneut die Stabilität gegenwärtiger Existenz. Auch in ihren Erzählbänden „Jenseits der Wüste" (1963) und „Die braunen Pakete" (1983) ist die Vergangenheit im Erzählvorgang stets gegenwärtig. Erzählen mündet in Erinnern. Insbesondere das letzte veröffentlichte größere Prosawerk läßt die Jahre zwischen 1933 und 1983 noch einmal vorübergleiten und das Bewußtsein derer Gestalt gewinnen, die auf der Seite der Täter wie der Opfer gestanden haben, die die Augen verschlossen haben vor der sich ereignenden Unmenschlichkeit, die nach 1945 unfähig waren, sich zu rächen, weil die Scham über den Menschen sie überwältigte und die die alte Heimat nicht vergessen können, weil sie dort jung gewesen und herangereift sind. *Jenny Aloni* beschwört immer wieder die Sehnsucht nach Heimat als Grundbedingung menschlicher Existenz, eine Sehnsucht, die weder Vergangenheit noch Gegenwart zu erfüllen vermochten, eine Sehnsucht dennoch, die Heimat als eine der großen Zukunftsaufgaben der Menschen wachhält.

Eine Literatur der kritischen Auseinandersetzung mit der jüngsten Vergangenheit und der Nachkriegszeit formierte sich vor allem in Deutschland selbst. Die Beiträge westfälischer Autoren verdienen allein auf Grund der Aufrichtigkeit ihres Engagements Beachtung. Im Jahre 1953 erhielt *Werner Warsinskys* Roman „Kimmerische Fahrt" den Europäischen Literaturpreis. Mit einemmal stand der bis dahin völlig unbekannte, 1920 in *Barlo-Bocholt* geborene Autor im Mittelpunkt literarischen Interesses. Dieses eine Buch machte seinen Namen bekannt, während seine anderen Arbeiten unbeachtet blieben. Für *Gottfried Benn* ist der Roman „ein großer tragischer Wurf" „genial und makaber". Dennoch geriet auch dieser Roman nach beachtlichen Anfangserfolgen bald in Vergessenheit, unverdient gewiß, gerade mit Blick auf die Brisanz des Themas.

Es ist bei intensiver Reduktion äußerer Handlung die Geschichte eines Verwundeten, der sich nach dem Verlust seines Gedächtnisses Schritt für Schritt in seine Vergangenheit zurückbegibt, die ein wesentlicher Teil seiner Identität ist, ohne die die Gegenwart Fragment bleiben und er sich selbst verlieren muß. Es beginnt ein Gang in die Unterwelt, die kimmerische Fahrt, anspielend auf die Kimmerier bei Homer, die Anwohner des Hades. Die Erinnerung an das Inferno des Weltkriegs wird zu einem Abstieg in die kimmerische Finsternis, in eine Totenwelt des Grauens und der Verlorenheit. Aus dem tief verstörten Bewußtsein steigen Bilder furchtbarer Zerstörung und Verstümmelung herauf. „Ich schaute hilfesuchend umher und bemerkte, an die Dunkelheit gewöhnt, Soldaten in einer Ecke auf dem Boden hocken, von Zeltbahnen und Mänteln bedeckt. An diese wollte ich mich wenden. Ich raffte mich auf, rüttelte den erstbesten an der Schulter – und sah, daß es allesamt Tote waren." „Dort ragte ein blutiger Fuß unter dem Mantel hervor. Dort ein Beinstumpf, dort ein weißer Wickelverband, . . . dort quillt es eitrig aus einer geöffneten Hose." Emotionales Betroffensein und das Pathos eines unsäglichen Leidens bestimmen den Stil, oft grell und plakativ, gerechtfertigt aber durch die erinnerte Konfrontation mit dem Unfaßbaren.

Verwickelt in die Automatik des Grauens, muß der einzelne über kurz oder lang zerbrechen. „So lernte ich die Maschinerie des Krieges von der Pike an auswendig, war schließlich selbst ein gutgeschmiertes, sich drehendes Rädchen – einstweilen jedenfalls. Bis es einmal kracht, hier drinnen, dachte ich, und das gewisse Rädchen ist gesprungen." Der Erinnerungsmonolog holt die verlorene Wirklichkeit in die Gegenwart zurück, indem er die Schattenwelt des Krieges als Vermächtnis und Warnung für die Überlebenden formuliert. Der Roman frischt für alle, die vergessen und verdrängt haben, das Gedächtnis an eine Vergangenheit auf, die nicht abhanden kommen darf. Ekel, Scham und Trauer über den Menschen und sein zerstörerisches Handeln bieten die Chance für eine von der Vergangenheit kontrollierte Zukunft.

Ähnlich wie *Warsinsky* ist auch der 1917 in *Soest* geborene *Erwin Sylvanus* im Grunde nur mit einem einzigen Werk ins allgemeine literarische Bewußtsein getreten. 1957 kam sein Stück „Korczak und die Kinder" in der Regie von *Hans Dieter Schwarze* an den Vereinigten Bühnen *Krefeld-Mönchengladbach* zur Uraufführung. Die vorausgegangenen literarischen Arbeiten, der

Gedichtband „Die Muschel" (1947) und der Roman „Der Paradiesfahrer" (1949), hatten nur geringe Resonanz gefunden. Regional viel beachtet wurde dagegen das „Soester Friedensspiel" von 1953 in Erinnerung an den verheerenden Bombenangriff auf *Soest* im Jahr 1944. Deutlich zeichnete sich hier bereits die genuin dramatische Begabung des Autors ab. Mit „Korczak und die Kinder", von Bühnen in Polen, England, der Tschechoslowakei, den USA, in Israel und in Mexiko übernommen, glückte *Sylvanus* ein Welterfolg. Die *Paderborner* Kammerspiele eröffneten mit einer Inszenierung des Stücks.

Die Personen des Stücks und sein Hintergrund sind im Kern authentisch. Doktor Korczak, als Henry Goldszmidt 1878 in *Warschau* geboren, spezialisiert sich während seines Medizinstudiums auf Kinderkrankheiten und wirkt nach seinem Examen als Arzt, Pädagoge in Kinderkolonien und als Schriftsteller, u. a. als Kinderbuchautor. Sein besonderes Engagement gilt den verwaisten Kindern. 1908 gründet er in *Warschau* ein Waisenhaus, in dem er polnische und jüdische Kinder allgemeinmedizinisch und psychisch betreut. Für die zahlreichen Waisen nach dem ersten Weltkrieg verschafft er unter oft demütigenden Bedingungen Nahrung und Kleider. Das Ende des Waisenhauses fällt in die Zeit des Nationalsozialismus. Am 5. August 1942 umstellen Feldgendarmen das Gebäude und verschleppen die Kinder und ihren Betreuer in das Konzentrationslager Treblinka. Dr. Korczak, dem die Nazis die Freiheit versprochen hatten, sofern er die Kinder unter einem Vorwand zu den Vernichtungsstätten führte, lehnt ab und geht mit seinen Schützlingen in den Tod.

Anders als *Max Frisch,* der in seinem Stück „Andorra" den Faschismus parabolisch einfängt, wählt der Westfale *Sylvanus* die realistische Ausdrucksform des Dokumentartheaters, in der Nachfolge *Brechts* episch verfremdet. Neben dem Sprecher, der organisierend und kommentierend stets präsent ist, treten vier Schauspieler unkostümiert bei extrem reduziertem Bühnenbild und äußerst verknappten Requisiten auf. Innerhalb der 20 Szenen spielen die Schauspielerin und das Kind jeweils zwei Rollen, während die beiden Schauspieler auf eine Rolle festgelegt sind. Dr. Korczak und der Leiter eines nationalsozialistischen Einsatzkommandos sind in ihrer positiven bzw. negativen Einmaligkeit fixiert. In beispielhafter Weise verkörpert der polnische Arzt humanes Verhalten und aktives Mitleiden in einer Geschichtsphase brutaler Menschenverachtung. Ihm gegenüber steht der aus dem Kleinbürgertum stammende Nazi, gierig nach Einfluß und Macht, der in seiner gefühllos automatischen Befehlsausführung ebenso unmenschlich wie erschreckend ist. Als Spieler und Gegenspieler verkörpern die beiden den eigentlichen dramatischen Konflikt und können daher aus ihren Rollen nicht entlassen werden.

Anders die Schauspielerin und das Kind. Sie vertreten die an jedem Ort und zu jeder Zeit betroffene Menschheit. Als Frau des Naziofiziers ergreift sie ebenso Partei für das Recht auf Leben wie als Krankenschwester im Waisenhaus. Im Rollenwechsel spiegelt sich das über alle Grenzen hinaus wirksame, allgemein gültige Gebot der Lebensbewahrung, nicht zufällig vertreten von der mütterlichen, aufopferungsvollen Frau. Das Kind, ob als Nazi-Sprößling oder als jüdisches Waisenkind oder gar als Verkörperung aller Waisenkinder, ist im allgemeinen Sinn Repräsentant der nachwachsenden Generation und von daher weder national noch parteilich festlegbar. Gerade der Rollentausch unterstreicht auch hier das kollektive Lebensrecht. Mitmenschlichkeit und Menschenverachtung sind demgegenüber singuläre Erscheinungsformen. Der Naziterror erweist sich als Widersacher des Lebens überhaupt. Erst seine endgültige Überwindung würde die Menschenliebe aus ihrem Ghetto befreien und zur allgemeinen Grundlage des Verhaltens aller Menschen machen.

Doch das Dokumentartheater muß dem authentischen Gang der Dinge ohne Beschönigung folgen. Die epische Verfremdung bewahrt dabei vor bloßer folgenloser Emotionalisierung, indem sie aus der Distanz zum Nachdenken darüber anstößt, wie denn das Entsetzen Raum greifen konnte und wie es für alle Zukunft zu bannen sei.

Daher endet das Stück dennoch nicht mit dem Absinken in die Katastrophe, sondern mit einer Vision der Hoffnung. Im Rahmen der distanzierenden epischen Verfremdung spielt der Sprecher in der letzten Szene auf Ezechiels (Hesekiels) Weissagungen von der Wiederherstellung Israels an, insbesondere auf das Kapitel 37 im Alten Testament. Neues Leben wird erstehen aus den Gebeinen, den Menschen werden nach den Worten des Propheten die steinernen Herzen weggenommen und fleischerne Herzen gegeben werden. Ein Urvertrauen, ohne das der Wiederaufbau in der Nachkriegszeit wohl nicht möglich gewesen wäre.

Das gleiche Bewußtsein zwischen Kahlschlag und Inventur schlägt sich in einem der beeindruckendsten Gedichte der Zeit aus der Feder von *Sylvanus* nieder, der 1945 auf dem zerstörten *Soester* Friedhof nicht einmal das Grab seines Vaters wiederfinden kann.

> Vater, hier war Dein Grab. Hier? Wo? Wo?
> Erde: schutzloser Leib. Baum: ein Skelett im Licht.
> Und die Vögel des Himmels
> singen, singen und sind. Kein Gras.
>
> Wunde Steine. Kein Grab. Moos, zerhackt, entgrünt.
> Vater, wo ist Dein Grab. Wo soll ich beten? Wo?
> Soll ich fluchen? ich hebe
> Diese Krume der Erde auf.

Die Sinnlosigkeit der Zerstörung auf ihrem Höhepunkt. Der Heimkehrer, eine immer wieder beschworene Figur jener Tage, findet nicht einmal das

Grab des Vaters wieder. Abgerissen sind die Verbindungen zur Familie, zur Heimat, zur Tradition. Kahlschlag, ein Bündel Fragen und keine Antwort. Und doch sind da die Vögel des Himmels in Anspielung auf den 104. Psalm, in dem es heißt: „Du lässest Brunnen quellen, daß alle Tiere auf dem Felde trinken. An demselben sitzen die Vögel des Himmels und singen unter Zweigen." Die Schöpfung selbst sorgt für ihre Geschöpfe, sofern sie nur vertrauen. Doch auch dieses Vertrauen scheint brüchig. Während der Psalm fortfährt: „Du lässest Gras wachsen . . .", heißt es im Gedicht lapidar: „kein Gras". Doch am Ende, nach einer Reihe neuer aufwühlender Fragen, ist es der Mensch selbst, der Hand anlegt: „Ich hebe diese Krume der Erde auf." Dem einzelnen ist es aufgegeben, den Schöpfungskeim wiederzuentdecken. Kaum ein anderes Gedicht nach 1945 beschwört mit solcher Eindringlichkeit die Notwendigkeit des Wiederaufbaus, die Erhebung neuen Lebens aus Ruinen.

Mit seinen folgenden Arbeiten vermochte *Sylvanus* nicht an den großen Erfolg anzuknüpfen. Die Dramen „Zwei Worte töten" (1959)) „Unterm Sternbild der Waage" (1960) und „Der rote Buddha" (1961) wurden zwar von *Heinz Hilpert* am Deutschen Theater in *Göttingen* inszeniert, aber danach, abgesehen von einigen Aufführungen im Ausland, kaum nachgespielt. Mehr und mehr konzentrierte sich *Sylvanus* in den folgenden Jahren auf das Thema des Widerstands gegen Macht und Gewalt. *Kurt Tucholsky* steht im Mittelpunkt des Schauspiels „Sanssouci" (1974). Victor Jara, der von der chilenischen Militärjunta ermordete Freiheitssänger, ist der Held des gleichnamigen Stücks von 1977. In „Jan Palach" (1972), in *Hamburg* uraufgeführt, nimmt sich *Sylvanus* des Schicksals jenes tschechischen Studenten an, der sich beim Einmarsch der Roten Armee in *Prag* verbrannte. Obwohl in pointierter Konflikthandlung der Mißbrauch der Gewalt und die Sinnlosigkeit des Hasses zum Ausdruck kommen, blieb den genannten Stücken der Erfolg versagt. Ob die Einwände der Kritik: der Mangel an Formung und emotionaler Distanz, den Kern treffen, oder ob sich hinter diese Einwänden lediglich der Versuch verbirgt, sich der spontanen Betroffenheit zu entziehen, muß offen bleiben.

Fast ausschließlich an der Nachkriegszeit und ihren zentralen Problemen orientiert ist das erzählerische und essayistische Werk des 1922 in *Warendorf* geborenen *Paul Schallück*, Mitglied der Gruppe 47. Bereits in seinem ersten Roman „Wenn man aufhören könnte zu lügen" (1951) fällt eine deutliche Neigung zur Reflexion auf. Handeln ist im Rückblick auf das Desaster der jüngsten Geschichte problematisch. Es gilt, gleichsam anzuhalten, um nachdenkend und verarbeitend eine neue, tragfähige Orientierung zu finden. Bedingungslos der Wahrheit verpflichtet, zerreißt der Student Thomas im Roman den Schein der Lügen und Illusionen. Das Furchtbare der Vergangenheit darf nicht verschleiert werden, wenn das Handeln in der Gegenwart glaubwürdig sein soll. „Oh gewaltiger, anbetungswürdiger Erfolg des Sichvergessens, des Rausches, der Beschäftigung jeglicher Art, daß man das so gründlich verdecken kann, was ich mir vorgenommen habe zu erfragen, auszustehen." In seinem zweiten Roman „Ankunft null Uhr zwölf" (1953) stellt *Schallück* das Sterben eines Mädchens in den Mittelpunkt. Konfrontiert mit der Unausweichlichkeit des Leidens, erscheinen die Lebensentwürfe der Familienmitglieder, vom verwitweten Vater am Sterbebett versammelt, plötzlich fadenscheinig. Die Wahrheit des Todes provoziert in Erinnerung und Rückblenden eine illusionslose Auseinandersetzung mit dem Krieg und der unmittelbaren Nachkriegszeit. Zentral um das Problem der Täuschung geht es in dem Roman „Die unsichtbare Pforte" (1954). Der gebrochene Held, ein kriegsversehrter Rauschgiftsüchtiger, weicht vor der Realität seiner beschädigten Existenz immer wieder in den trügerischen Rauschzustand aus. Gerade im Extremfall wird die Verführbarkeit des Menschen durch Täuschung und Selbstbetrug deutlich.

In seinem bedeutendsten Roman, „Engelbert Reineke" (1959), erzählt *Schallück* die Geschichte eines Studienassessors, dessen Vater im KZ umgekommen ist. Betroffen muß er feststellen, daß diejenigen, die den Vater dorthin gebracht haben, nun wieder seine Kollegen sind. Mutig setzt er sich der Vergangenheit und dem Vermächtnis des Vaters aus und stellt die Unmenschen von damals bloß, die jetzt so tun, als hätten sie alles vergessen. „Wann und wo war der Wind gesät worden; Wind zum Sturm aufgebläht dann, roch nach Blut und war rot wie Blut von Horizont zu Horizont; roch nach Asche, und Vaters Asche über uns hin, die alle Gesichter verfärbte, der eine sah es, der andere war blind; Wind oder Sturm, der verebbte, weil nicht immer Sturm sein kann; und wir träufelten darüber Parfüm, das uns vergessen ließ." Der Sturmwind der Erinnerung aber, das ist *Schallücks* engagierte Überzeugung, darf sich niemals legen, muß hineinblasen in die Gegenwart, damit wir in der Windstille des Wohlstands nicht träge und selbstgefällig werden.

Bezeichnend für *Schallücks* Erzählen ist ein plakativer, oft drastischer Realismus, der, von der Kritik mißbilligt, durchaus wirkungsvoll alle Versuche durchkreuzt, die Vergangenheit zu verdrängen und zu vergessen. Gerade die oft ungeschminkte realistische Darbietung entlarvt die Täuschung als haltlose Beschwichtigung. In seinem letzten Roman „Don Quichotte in Köln" (1967) erzählt *Schallück* die Geschichte eines Funkredakteurs, der es immer wieder unternimmt, in eine Phantasiewelt auszuweichen und in fortgesetzten Don Quichotterien zur Scheinexistenz verkommt.

Schallück hat niemals aufgehört, für die Aufrichtigkeit vor der Geschichte und für die Wahrhaftigkeit eines neuen Aufbruchs einzutreten. Realistische Enttarnung und reflektierende Verarbeitung sind seine hervorstechenden Mittel, die Wahrheit zurückzugewinnen. Ein Autor, der so sehr der Reflexion verpflichtet war, mußte zwangsläufig zu essayistischem Schreiben neigen. In zahlreichen Rundfunkbeiträgen und insbesondere in seiner 1962 veröffentlichten Essaysammlung „Zum Beispiel" setzt sich *Schallück* mit seiner Zeit auseinander. Kritisch bewertet er die wachsende Ökonomisierung aller Lebensbereiche, da sie den einzelnen, seine Solidarität und seine geistige Freiheit, verkümmern läßt. Scharf prangert er die zur Profitgier pervertierte deutsche Tüchtigkeit an, die aus allen Fugen geratene Arbeitswut. Nicht müde wird er, die jüngste Vergangenheit ins Bewußtsein zurückzurufen, den Krieg, der nur Opfer gefordert hat. Ausdrücklich warnt er vor jeglicher Form der Heroisierung und des Revanchismus. In diesem Sinne tritt er ein für die junge deutsche Demokratie, für einen Neuanfang aus dem Geist des Friedens und der Solidarität. *Schallück* ist konsequenter Pazifist. Menschenunwürdig ist ihm der „kalte Krieg" wie der „Atombomben-Frieden". Das Arsenal der Nuklearwaffen empfindet er als eine gigantische, nie dagewesene Bedrohung. Skeptisch nähert er sich dem nationalistisch mißbrauchten Heimatbegriff. Für ihn ist Heimat nicht ein Wert an sich, sondern bestenfalls eine Chance, Gemeinschaft zu bilden und Vertrauen zu begründen. Heimat ist weniger unverzichtbare, zu verteidigende Tradition als aktive Herausforderung an die Friedfertigkeit der Menschen.

Wenig Beachtung fanden *Schallücks* 1974 veröffentlichte Gedichte „Hierzulande und anderswo". Unter den sprachlich oft allzu weitschweifig der Prosa angenäherten Versen gibt es aber auch Gedichte wie das folgende, das die kompromißlose Offenheit und das wache Engagement des Autors pointiert zum Ausdruck bringt:

> Sprich dich aus
> nutze jede Gelegenheit
> sag was du denkst
> sag was du siehst
>
> . . . .
>
> mals an die Wand
> auch wenn niemand da ist
> der darauf wartet.

In der oft krassen realistischen Darstellung *Schallück* nahestehend ist der 1909 in Mülhausen/Elsaß geborene *Willy Kramp*, der von 1950 bis zu seinem Tod 1986 in *Schwerte-Villigst* lebte. In dem Erzählband „Was ein Mensch wert ist" (1952) schildert er in beklemmender Lebensnähe die äußere und innere Verwahrlosung deutscher Kriegsgefangener in Rußland, ihren Hunger und ihren Kampf ums nackte Überleben, aber auch den Opfermut und die Opferbereitschaft für andere. Die Erzählung „Das Lamm" (1959) spielt in *Dortmund*. Niemand lebt aus sich allein, sondern stets von anderem Leben. Aus solch demütiger Haltung erwuchs noch der Altersroman „Herr Adamek und die Kinder der Welt" (1978) um einen alten Sonderling, der in intensivem Umgang mit seinem Garten zum Lebensweisen wird. „Nicht durch Ausbeutung wird die Welt erhalten, sondern durch Opfer."

Gleichaltrig mit *Schallück* ist der aus *Weilburg an der Lahn* stammende *Thomas Valentin,* der von 1947 bis 1962 als Lehrer in *Lippstadt* tätig war und dort wieder von 1966 bis zu seinem Tod 1980 lebte. *Valentin* ist vor allem als Erzähler und Dramatiker hervorgetreten. Oft entwickelten sich aus den Erzählungen Theaterstücke und Filmvorlagen. Gestaltungsimpuls war für ihn die kritische Analyse der Zeit, weniger auf dem Hintergrund der Vergangenheit als im unmittelbaren Zugriff auf die bundesrepublikanische Gegenwart und ihre spezifischen Probleme. In Romanen und Erzählungen wie „Die Fahndung" (1962), „Natura morte", 1967 unter dem Titel „Stilleben mit Schlangen" erschienen, „Der Fisch im roten Halstuch" (1969), „Ginster im Regen" (1971) und „Jugend einer Studienrätin" (1974) erzählt *Valentin* Geschichten vom moralischen Opportunismus, von der Scheinheiligkeit und der politischen Reaktion im Wirtschaftswunderland und von der Humanität, die zur wohlfeilen Phrase verkommen ist. Hervorstechend sind der fast protokollarische Realismus, die prägnante Charakterisierung und die pointierten Dialoge. Treffsicher gelingt die Nachahmung bestimmter Jargons und sozialer Verhaltensweisen.

Besondere Aufmerksamkeit erregte *Valentin* mit seinem 1963 erschienenen Roman „Die Unberatenen". Die in *Bremen* uraufgeführte dramatisierte Fassung bildete die Grundlage für den Zadek-Film „Ich bin ein Elefant, Madame". Als Kenner der pädagogischen Szene und der Konflikte zwischen den Generationen schildert *Valentin* Autoritätsprobleme zwischen Lehrern und Schülern. Wort und Tat, moralischer Anspruch und tatsächliches Verhalten klaffen bei den Älteren weit auseinander und entlarven sie als bloße Phrasenhelden. Der Roman „*Grabbes* letzter Sommer" von 1980, der im gleichen Jahr auch als Fernsehfilm ausgestrahlt wurde, bedeutet in zeitlicher Verfremdung eine Endabrechnung mit der bürgerlichen Scheinwelt. Der Roman erzählt von der letzten Lebensspanne des *Detmolder* Dichters zwischen dem 26. Mai und dem 12. September 1836. Die monologischen Partien kreisen um das eigene Scheitern, fahnden nach den Ursachen, verwerfen letztlich alle Erklärungsversuche und münden in Wut und Haß, gerichtet gegen die eigene Zeit und die Zeitgenossen. In entlarvenden Szenen erscheinen die Menschen als Affen im Frack, als geldgierige Spießer und lavendelduftende Gecken. Im Ungeist von Gewinnsucht und Egoismus spiegelt sich die Entfremdung des modernen Menschen. Gerade in den Dialogszenen gelingt es, die unversöhnlichen Begegnungen des sensiblen Individuums mit dem borniert Zeitgeist ins Bild zu rücken. Im monologischen Zurückgeworfensein des Menschen auf sich selbst, im Scheitern des Dialogs kommt moderne Krisenstimmung zum Ausdruck. „*Grabbes* letzter Sommer" wird zur verfremdeten Folie für die lieblose Gegenwart, in der der

Schrei des einzelnen nach Mitgefühl und Anteilnahme ungehört verhallt, in der das fühlende Subjekt unter der Herzlosigkeit des Egoismus zerbricht. Im Jahr, als der Roman erschien, schied *Valentin* freiwillig aus dem Leben.

Vornehmlich als Lyriker ist der 1926 in *Wetter* an der Ruhr geborene *Albert Arnold Scholl* hervorgetreten, der daneben Hörspiele und Essays, vornehmlich über moderne Literatur und Kunst, vorlegte. Neben Einzelveröffentlichungen u. a. in „Akzente", „Deutsche Rundschau", „Deutsche Lyrik, Gedichte seit 1945", trat er mit den Gedichtbänden „Die gläserne Stadt" (1953) und „Keiner zu Hause" (1960) an die Öffentlichkeit. Trotz deutlicher Anklänge an *Benn,* gelegentlich auch an *Trakl,* ist das Bemühen um einen eigenen, sachlich benennenden, das Pathos in aller Regel vermeidenden, dialogischen Stil unverkennbar. Bohrende Fragen nach tragfähigen Sinn- und Wertorientierungen durchstoßen immer wieder die glatte Oberfläche des vordergründig geregelten Lebens, lassen den schmerzlichen Verlust an Humanität und Glauben ahnen. *Scholls* Gedichte reklamieren die Hohlheit materieller Selbstzufriedenheit und provozieren die Frage nach tieferen Sinngebungen.

> Nicht länger reden
> von einer eventuell in Aussicht stehenden
> zehnprozentigen Rentenerhöhung,
> nicht reden von Schlußverkäufen
> mit billigen Restposten
> in der kleinen Welt.
>
> Augenblicklich stehen andre Frage
> im Vordergrund des Interesses;
> die wirklichen Probleme sind anders gelagert.

Illusionslos stellen sich die Gedichte im Rückblick auf das Kriegsdesaster der realen Aggression und prangern die pervertierte Emotionalität unter den Menschen an:

> Sie schossen einander
> lächelnd und ohne zu zögern
> Bleigarben in den Rücken –
> aber sie fielen in Schreikrämpfe,
> wenn auf belebten Boulevards
> eine von ihren Doggen
> unter ein Automobil geriet.

Und doch sind inmitten von Korruption und Entstellung Spuren von Menschlichkeit auffindbar, Erinnerungen an eine verschüttete, aber nicht zerstörte ursprüngliche Schönheit:

> Manchmal jedoch
> waren sie schön
> in ihrem Schmerz –
> wenn sie um ihre Liebe weinten
> oder um ihren verlorenen Glauben, ...

Trauer bedeutet Erinnerung des Verlorenen und zugleich Hoffnung, das Verlorene eines Tages zurückzuholen und fruchtbar zu machen für ein erfülltes Leben. Kritik öffnet in *Scholls* Gedichten immer wiede Perspektiven, läßt prinzipiell die Möglichkeit eines humanen Wandels offen. Doch ein wirklicher Wandel kann nur herbeigeführt werden durch den einsichtigen, handelnden Menschen, den die Unmenschlichkeit der jüngsten Vergangenheit aufruft, der Gegenwart ein menschliches Gesicht zu geben:

> Einiges muß noch geschehen,
> Ehe die Sonne sinkt:
> Die Hungernden sind noch hungrig,
> Die Dürstenden durstig,
> Die Weinenden ungetröstet.
> Das einjährige Lamm ohne Fehl
> Ist noch nicht geschlachtet,
> Die Pfosten der Tür
> Sind noch nicht bestrichen
> Mit seinem Blut.

In Anspielung auf das Passahlamm verweist *Scholl* auf die Notwendigkeit der Sühne im Bewußtsein des Krieges und des schuldhaft vergossenen Blutes. Erst die aufrichtige Sühne vermag den Weg zum Frieden und zur Solidarität zu bereiten. *Scholls* Gedichte bleiben nicht beim Widerspruch, bei der Unruhestiftung stehen, wie etwa die lyrischen Polemiken *Peter Rühmkorfs,* der zwar in *Dortmund* geboren, aber schwerlich zu den westfälischen Autoren zu rechnen ist, da er bereits in jungen Jahren Westfalen verließ. *Scholls* Gedichte sind gespannt zwischen Trauer und Hoffnung, zwischen dem Bewußtsein des Sinnverlusts und dem Glauben an die Fähigkeit des Menschen, den Sinn wiederzugewinnen.

Vornehmlich als Lyriker bekannt geworden sind auch zwei mit *Bielefeld* verbundene Autoren. *Walter Neumann,* 1926 in *Riga* geboren, lebte von 1946 bis 1990 in *Bielefeld* und leitete dort die Autorenlesungen im Bunker am Ulmenwall. Neben Kurzgeschichten, Hörspielen, Reiseberichten und Kritiken legte er mehrere Gedichtbände vor. Engagiert setzt er sich mit Vergangenheit und Gegenwart auseinander. Der Krieg ist für ihn nicht nur geschichtliches Ereignis, sondern latente Drohung, solange er nicht öffentlich ein für alle Male geächtet wird:

> Die Fleischfetzen ausgegraben,
> die Knochenreste gesammelt,
> die Anklage erhoben.

Wo aber ist
die Instanz,
die verhindert den
nächsten Anlaß?

Die lapidare, das Drastische nicht scheuende Sprache und der zerhackte
Zeilenrhythmus bei pointierter Fragehaltung rütteln auf und stiften Unruhe. Tief sitzt nach den schlimmen Erfahrungen das Mißtrauen der modernen Welt gegenüber.

Die frühe Lyrik des 1929 in *Weißenfels* geborenen *Wolfgang Hädecke*
(„Leuchtspur im Schnee", 1963), der seit 1958 ebenfalls in *Bielefeld* lebt, ist
demgegenüber verhaltener, mehr der behutsamen Andeutung als dem
aufrüttelnden Aufruf vertrauend:

ich schwenke die Arme
man erklärt mich zur Vogelscheuche

ich bereite eine Rakete vor
die Zündungen versagen

Nunmehr verlasse ich mich
auf Löwenzahnfallschirme
auf die Zufälle der Luft
auf die zufällig fallenden Federn
von Zugvögeln
und warte zu.

In seinem 1977 erschienenen Roman „Die Leute von Gomorrha" wird
Hädeckes Kritik an der modernen Welt drängender und direkter. Schockierende Bilder beschwören die drohende ökologische Katastrophe, sofern die
Mächtigen nicht aufhören, die Ressourcen der Erde rücksichtslos auszu-
plündern und den industriell-technischen Fortschritt zu vergötzen. Im Stil
der schwarzen Utopie entwirft Hädecke die makabre Vision einer unterge-
henden Welt.

Der Auseinandersetzung mit der industriellen Arbeitswelt hat sich die
von *Fritz Hüser* ins Leben gerufene *Dortmunder* „Gruppe 61" verschrieben,
die die Tradition westfälischer Arbeiterliteratur bewußt fortsetzt, wenn
man sich auch vom Pathos der „Werkleute" skeptisch distanziert. Gestaltet
wird aus dem Bewußtsein des Arbeiters. Die soziale Verengung der kritischen Perspektive trägt zur schärferen Erfassung eines wichtigen, in der
Literatur häufig vernachlässigten Gesellschaftsausschnitts bei. Auch wenn
man programmatisch ausdrücklich betont, daß die künstlerischen Arbeiten
„individuelle Sprache und Gestaltungskraft aufweisen oder entwicklungsfä-
hige Ansätze zu eigener Form erkennen lassen" sollen, sind die Arbeiten der
Gruppe geprägt von einem eher konventionellen Realismus unter Verzicht
auf innovative Schreibweisen. Aber gerade die realistische Darbietung und

die problemlose Lesbarkeit, die Umsetzung wirklicher Verhältnisse in leicht identifizierbare Fiktion lassen die Menschen im Betrieb und das, was der Betrieb aus den Menschen macht, anschaulich hervortreten.

Das an literarischer Fiktion orientierte Konzept blieb allerdings innerhalb der Gruppe nicht unwidersprochen. Neun Jahre nach ihrer Gründung spaltete sich der Werkkreis 70 um *Erasmus Schöfer* und *Hans-Günther Wallraff* ab. Ihnen ging es weniger um Literatur im engeren Sinn als um Aufklärung mit den Mitteln dokumentarischer Reportage. Nahe steht ihnen der 1937 in *Oer-Erkenschwick* geborene *Hans Dieter Baroth,* der mit Dokumentationen und Reportagen wie „Das Gras wuchs ja umsonst" (1983) und „Jungens, Euch gehört der Himmel" ein authentisches Bild des Ruhrgebiets entwirft. Innerhalb des Werkkreises entwickelte sich die „Werkstatt" um *Horst Hensel, Heinrich Peuckmann* u. a. Ihnen geht es vor allem darum, schreibend „die gesellschaftlichen Verhältnisse im Interesse der Arbeiter zu verändern".

Die mit Westfalen enger verbundenen Autoren der ursprünglichen Gruppe wie *Max von der Grün, Josef Reding* und *Wolfgang Körner* blieben bei aller Unterschiedlichkeit der literarischen Temperamente dem ursprünglichen programmatischen Konzept verbunden, wenn sie auch den Umfang der industriellen Arbeitswelt erheblich ausweiteten.

Der Mitbegründer und Sprecher der Gruppe 61, der 1926 in *Bayreuth* geborene, seit 1951 als Bergmann, später als freier Schriftsteller im Ruhrgebiet, seit langem in *Dortmund,* ansässige *Max von der Grün* ist zugleich ihr erfolgreichster Repräsentant. Sein erster Roman, „Männer in zweifacher Nacht", erschienen 1962, erzählt die Geschichte von drei bei einem Grubenunglück unter Tage eingeschlossenen Kumpels. Die extreme Situation löst kritische Fragen aus und läßt die Arbeitsbedingungen im Zuge einer inhumanen Grubenrationalisierung im Zwielicht erscheinen. Mit „Irrlicht und Feuer" (1963) errang *von der Grün* seinen wohl größten Erfolg. Nachgezeichnet wird der exemplarische Weg eines Arbeiters im Ruhrgebiet, der sich nach Schließung seiner Zeche einem strapaziösen Arbeitsplatzwechsel ausgesetzt sieht, bis er am Fließband einer Elektrofirma landet. Der persönliche Weg gibt dem Leser Gelegenheit, die Probleme der Schichtarbeit, der Arbeitslosigkeit, der Arbeit am Fließband, der Lohnpolitik, des Streiks und der Schwarzarbeit mitzuverfolgen. Daneben treten private Probleme, Eheleben, Berufstätigkeit beider Eheleute, die Stellung des Manns im Haushalt, Zahlungsschwierigkeiten und anderes. *Von der Grün* entwirft ein breites Panorama eines Arbeiterlebens, dessen ebenso detaillierte wie präzise Beschreibung die Voraussetzung schafft, für kritische Urteile. Diagnose und Kritik gehen ineinander über.

In „Stellenweise Glatteis" (1973) nimmt sich *von der Grün* der Gastarbeiterproblematik an. „Flächenbrand" (1979) behandelt die Gefahr des Neofaschismus und patriotistischer Umtriebe in der Arbeiter- wie in der Bürgerschicht. Deutlich wird vor allem, wie tief rechtsradikale Tendenzen im Arbeitermilieu des Ruhrgebiets verwurzelt sind. In seinen neueren Arbeiten beginnt *von der Grün* zusehends, seinen prinzipiell sozialkritischen Ansatz auszuweiten. Die Erzählung „Späte Liebe" (1982) wendet sich den Problemen der Älteren zu, ihrem Alleinsein und ihrem Verlangen nach Gemeinschaft und Geborgenheit. Im Zentrum des Romans „Die Lawine" (1986) steht die Kritik an der korrumpierenden Orientierung an Profit und Herrschaft, in die die Parteien ebenso wie die Gewerkschaften und die Kirche verwickelt sind. Gemeinsam ist den Trägern öffentlicher Macht die Angst vor Veränderungen, weil diese den Gewinn gefährden könnten. Eine Lösung scheint nur möglich durch solidarisches und basisdemokratisches Handeln. Erörtert wird nach dem Foto-Porst-Modell eine Übernahme des Betriebs durch die Belegschaft. Der Roman liest sich wie eine späte Abrechnung mit dem Triumph restaurativer und reaktionärer Kräfte nach dem radikaldemokratischen Aufbruch der 68er Bewegung.

Gerade die Entwicklung des erzählerischen Werks *von der Grün* zeigt, daß die thematische Bindung an den Arbeiter und seine spezifische Problematik auf die Dauer nicht trägt. Dies gilt auch für das letzte Erzählwerk „Springflut" (1990), in dem die Asylantenfrage am Beispiel eines polnischen Einwanderers aufgegriffen wird. Problematisch erscheint die Berichterstattung in den Medien. In dem Maße, wie die Probleme der Randgruppen und Minderheiten und die fragwürdigen Machenschaften der wirtschaftlichen und politischen Eliten und die Manipulation der Meinungsmacher mit einfließen, weitet sich die Arbeiterliteratur zur allgemeinen sozialkritischen Literatur aus.

Es ist kein Zufall, daß *Max von der Grün* mit dem Jugendbuch „Vorstadtkrokodile" (1976) eine seiner besten literarischen Arbeiten vorgelegt hat. Nicht um Arbeiterprobleme geht es hier in erster Linie, sondern um die schwierige Situation eines behinderten Jungen. Die Erzählung demonstriert, wie der einzelne trotz unüberwindlich scheinender Hindernisse den Zugang zur lebensnotwendigen Gruppe findet und die Gruppe ihrerseits im Zuge des Eingliederungsprozesses an sozialem Profil gewinnt.

Vornehmlich als Erzähler ist auch der 1929 in *Castrop-Rauxel* geborene *Josef Reding* hervorgetreten. Im Unterschied zu *von der Grün* bevorzugt *Reding* knappere literarische Ausdrucksformen. Am Anfang stehen Erzählungen für Jugendliche. 1952 erschien „Silberspeer und roter Reiher", zwei Jahre später folgte „Trommlerbub Ricardo", eine kritische Aufarbeitung der Eroberung Mexikos und der Ausrottung indianischer Kultur durch goldgierige Konquistadoren unter christlichem Deckmantel. Geschichtlich orientiert ist auch die Erzählung „Der spanische Winter", die in Westfalen zur Zeit des Dreißigjährigen Krieges spielt. Es gilt im Namen christlicher Humanität, Partei zu ergreifen für die Unterdrückten und die Opfer der Geschichte. *Reding* setzt auf die Heranwachsenden als Adressaten, weil es an ihnen ist, die Zukunft menschenwürdiger zu gestalten.

Auffällig sind immer wieder die betont authentischen Züge, da das reale Elend des Menschen sich nicht in bloße Fiktion auflösen darf. In dem Montagetext „Friedland. Chronik einer Heimkehr" (1956) nähert sich *Reding* der Dokumentarliteratur, indem er die wirklichen Leiden der Aussiedler und Heimatvertriebenen zu Wort kommen läßt.

Insbesondere ist der Name *Redings* mit der modernen Kurzgeschichte verbunden. Auf die erste Sammlung „Nennt mich nicht Nigger" (1957) folgten u. a. „Papierschiffe gegen den Strom" (1963), „Ein Scharfmacher kommt" (1967), „Schonzeit für Pappkameraden" (1977), „Kein Platz in kostbaren Krippen" (1979), „Und die Taube jagt den Greif" (1985).

Reding realisiert die Kurzgeschichte als Krisensituation des von inhumanen Verhältnissen bedrängten Menschen. Er verweigert bequeme Lösungen, ohne allerdings in Hoffnungslosigkeit abzugleiten. Die situative Darbietung menschlicher Not provoziert die Einsicht in die Heilsbedürftigkeit der Kreatur, in die Notwendigkeit sittlicher Orientierung, die für Reding nur im Christlichen wurzeln kann. Die Form der Kurzgeschichte vertraut auf die Fähigkeit und das Bedürfnis des Menschen zu erkennen. „Ich bitte im Grunde darum", schreibt Reding in einem programmatischen Aufsatz, „den Menschen nicht absacken zu lassen, ihn nicht aufzugeben." Von diesem sittlichen Ernst sind auch seine Tagebücher („Reservate des Hungers", 1964; „Menschen im Müll", 1983) und seine Reportagen („Menschen im Ruhrgebiet", 1974) getragen. *Reding* ist fern von einer Verengung auf das Arbeitermilieu ein engagierter Anwalt der sozial Schwachen, der Unterdrückten und leidenden Minderheiten. Seine Arbeiten sind mehr ethisch als ästhetisch, mehr didaktisch als literarisch akzentuiert, stets auf den Dialog mit dem Leser bedacht.

Auch der kritische Ansatz *Wolfgang Körners,* 1937 in *Breslau* geboren, seit 1952 ansässig in *Dortmund,* beschränkt sich nicht auf die industrielle Arbeitswelt. Mit seinem ersten Roman „Versetzung" (1966) nimmt er die Welt der Angestellten aufs Korn, die Monotonie und Entpersönlichung der Arbeitsbedingungen. Die Anonymität des Büros verdrängt das Private. Der Dienst vereinnahmt den Menschen. Deutlich tritt bereits hier *Körners* spezifische Begabung zu räsonierender Analyse und satirischer Pointierung hervor, allerdings weniger emotional als literarisch kalkuliert.

In seinem zweiten Roman „Nowack" (1977) erscheint die satirische Szene phantastisch verfremdet. Jack the Ripper, wiedererstanden als der Großmetzger Hans Rippa, verkörpert den brutalen Unternehmer und Kapitalisten, während Doktor Frank N. Stein, der verrückte Wissenschaftler aus dem berühmten Roman Mary Shelleys, als agitierender Systemgegner und skrupelloser Demagoge auftritt. In der Sechszwölfteljungfrau (demivierge) schließlich gewinnt die seelenlose, automatisierte Sexualität moderner Zivilisation Gestalt. Die Perspektive des drogenabhängigen Kunstfotografen tut ihr übriges, die Wirklichkeit zu einem phantastischen Szenario zu verzerren. *Körners* satirisches Temperament hat sich neben den Romanen vor allem in seinen bei Rowohlt erscheinenden ironischen Ratgeber-Büchern niedergeschlagen, die er selbst satirische Essays nennt: „Der einzig wahre Opernführer" (1985) „Der einzig wahre Anlagenberater (1987), „Der einzig wahre Karriere-Berater (1988), „Der einzig wahre Kultur-Führer" (1990).

Körners Jugendbücher gestalten weniger satirische Szenen als Wege zur persönlichen Identität. Sowohl in dem Mädchenroman „Ich gehe nach München" (1977) als auch in der zwischen 1967 und 1978 veröffentlichten Deutschlandtrilogie („Der Weg nach drüben", „Und jetzt die Freiheit", „Im Westen zu Hause") geht es um die Suche nach Heimat als der elementaren Existenzbedingung des Menschen. Heimat ist nicht identisch mit dem Land der Kindheit, sondern muß nach persönlicher Entscheidung von dem reifen Erwachsenen erobert und mit Sinn erfüllt werden.

Westfälische bzw. in Westfalen ansässige Autoren haben einen nicht unwesentlichen Anteil an der Ausbildung des modernen kritische Jugendbuchs. Dies gilt sowohl für den 1936 in *Essen* geborenen *Jo Pestum* (d. i. Johannes Stumpe), der im münsterländischen *Billerbeck* lebt, als auch für *Otti Pfeiffer,* 1931 in *Wesel* geboren mit Wohnsitz in *Herdecke. Pestum* hat vor allem mit seinen „Kater"-Büchern um den hartgesottenen. aber human engagierten Kommissar Katzbach den Typus eines spannenden kritischen Jugendbuchs geschaffen, in dem Jugendalkoholismus, Drogenabhängigkeit, Rechtsradikalismus und Ausländerfeindlichkeit in realistischer Schärfe zur Sprache kommen.

Otti Pfeiffer führt insbesondere in ihren „Nelly"-Romanen(„Nelly wartet auf den Frieden", 1984 u. a.) die Heranwachsenden zur Distanzierung von einer inhumanen Erwachsenenwelt, indem sie die Eigenständigkeit und die Kritikfähigkeit der jungen Menschen zu fördern sucht. Mit dem Roman „Der Nachlaß" (1987) wendet sich *Otti Pfeiffer* darüber hinaus an die erwachsene Frau, ihr traditionell fürsorgendes Rollenverhalten zu überdenken und im Zuge der Selbstbefreiung abzulegen. Lesenswert ist in diesem Zusammenhang weiterhin die Erstveröffentlichung der Autorin „Widerworte aus der Küche" aus dem Jahr 1971. „Ich nehme wahr: Das ist die Küche, ein paar Krümel unter dem Tisch, die lese ich auf, den Flecken am Schrank wische ich weg. Das war es doch nicht, was ich wollte."

Der 1933 in *Lemgo* geborene *Eckart Kleßmann* ist in erster Linie als Sachbuchautor hervorgetreten. Mit Biographien über den Prinzen Louis Ferdinand von Preußen (1972), Caroline Schlegel-Schelling (1975) und Monographien über die deutsche Romantik (1979) und *E. T. A. Hoffmann* (1988) hat er sich in lebendiger Darstellung vor allem geschichtlicher und kulturge-

schichtlicher Themen angenommen. Daneben entstanden einige Gedichtbände: „Einhornjagd" (1963), „Undines Schatten" (1974), „Seestücke"
(1975) und „Botschaften für Viviane" (1980). In der Abfolge der einzelnen
lyrischen Veröffentlichungen spiegeln sich jeweils die wechselnden literarischen Sichtweisen und Stile, ohne daß unbedingt ein eigener Ton erkennbar
wird. Weder die frühen Gedichte in traditionellen Formen noch die späteren im Stil der Neuen Subjektivität vermögen zu überzeugen. Die eindrucks-
vollsten Gedichte *Kleßmanns* wie die meisten in seinem zweiten Gedichtband sind lyrisch formulierte Kritik an der allgemeinen Umweltmisere:

> Die vergifteten Fische
> Weißbäuchig kieloben:
> Fortschrittsheraldik.
> Wie in Sodom
> Riecht die Luft
> Nach Schwefel.
> Brechts Gespräch über Bäume
> Wird nachgeholt im Disput
> über Umweltverseuchung.
> Man spricht resigniert
> Von Verbrechen,
> Unsühnbar freilich
> Durch die Aura.

XVII. Existentielle Erkundungen

Unmittelbare Auseinandersetzungen mit Geschichte und Gesellschaft bilden einen wichtigen Teil literarischer Praxis. Sie entspringen dem Zorn und dem Abscheu, aber auch der Trauer und der Scham über eine Welt, in der die Menschlichkeit weiterhin am Menschen scheitert. Literatur in diesem Sinn entwirft in fiktiver Pointierung das Porträt einer veränderungsbedürftigen Wirklichkeit, indem sie weder verschweigt noch beschönigt, sich weder beschwichtigen noch blenden läßt.

Daneben hat es aber von jeher eine Literatur gegeben, die anscheinend der problematischen geschichtlichen wie sozialen Welt den Rücken kehrt, sich zurückzieht ins Subjektive und Private. Was sich auf den ersten Blick als Flucht darstellen mag, ist in Wahrheit jedoch nur ein Wechsel des Blickwinkels. Nicht die Ursachen, sondern die Folgen, nicht die Schadensstifter, sondern die Beschädigungen fordern zur literarischen Gestaltung heraus.

Die menschliche Existenz selbst wird zum Mittelpunkt, der existentielle Befund ebenso wie die Überlebensfrage in einer unwirtlichen, menschlich ungenügenden Welt. Weniger unmittelbar als vermittelt über das Unbehagen und das Betroffensein des einzelnen artikuliert sich Kritik. Die Literatur der existentiellen Erkundung nach 1945 reklamiert den subjektiven Heimatverlust in Geschichte und Gegenwart und probiert Möglichkeiten, Heimat im Subjekt selbst bzw. in Bereichen zu etablieren, die dem unmittelbar geschichtlich-gesellschaftlichen Einfluß entzogen sind. Unbeirrt stellt sie die Frage nach dem Standort des Menschen und nach den Verwirklichungschancen für die Menschlichkeit.

Gerade die Suche nach neuen Sicherungen verrät den tief verunsicherten einzelnen und wirft ein kritisches Licht auf die Prozesse, die ihn zusehends aus allen traditionellen Geborgenheitsräumen hinausdrängen. Im Zwielicht erscheint gelegentlich die Tradition selbst. Autoren aus Westfalen, einige von ihnen überregional hervorgetreten, haben die skizzierte Entwicklung mitgetragen und individuell akzentuiert.

Peter Paul Althaus, 1892 in *Münster* geboren, 1922 nach *München* übergesiedelt und dort als „Poet von Schwabing" bekannt geworden, gehört zwar der Autorengeneration der Heimatkunstbewegung an, geht aber in seinen Dichtungen ganz andere Wege. Mit seinen Freunden in der Künstlerkolonie in *Gimbte* bei *Münster* persiflierte er schon in jungen Jahren den zeitgenössischen Kulturbetrieb durch eine plattdeutsche Aufführung des „Lohengrin". Einem Freund schreibt er am Ende seines Lebens. „ . . . ich bin kein Heimatdichter geworden, ich habe nie die Schönheit der Stadt *Münster* besungen, nie die Reize des Aasees".

Obwohl *Althaus* noch in seiner *Münsteraner* Zeit zwei kritisch-satirische Zeitschriften („Das Reagenzglas", „Der Send") herausgab, Mitarbeiter beim „Simplicissimus" war, 1928 die Albert Einstein gewidmete Dichtung „Das vierte Reich" veröffentlichte, die ihn noch 1941 die Stelle des Chefdramaturgen am *Berliner* Deutschlandsender kostete, 1935 die Komödie „Der Zauber der Stimme" vorlegte und als Kabarettist hervortrat („Der Zwiebelfisch", „Schwabinger Laterne", „Monopteross"), setzte sein literarischer Ruhm doch erst nach 1945 mit den Gedichten ein.

Gleich sein erster Gedichtband „In der Traumstadt" von 1951 liest sich wie das Programm des Poeten *Peter Paul Althaus*, so wie ihn die literarische Nachwelt aufbewahrt hat. Die Traumstadt ist der imaginäre Ort der Poesie, aus dem Boten dem Dichter „Kunde bringen aus den unverstellten Welten", wo der Dichter, dem „für das Diesseits die Lizenz entzogen" wurde, selbst zu Hause ist. In der Traumstadt haben Phantasie und der Geist des Spiels, Freude und Freundlichkeit überlebt. Es ist eine Welt, die mit feiner Ironie das bloß Wirkliche in Frage stellt, eine Welt, in der alles möglich scheint:

> In der Traumstadt stehen Litfaßsäulen
> buntbeklebt
> und bestrebt
> anzupreisen, kundzugeben, mitzuteilen
> unerhörte Dinge, die dir selbst im Traum
> nicht begegnen oder kaum.

Die Versuche, die Traumstadt in Schwabing oder im bayerischen Tutzing zu lokalisieren, sind müßig. Sie hat ihren Sitz allein im poetischen Bewußtsein des Dichters, der sich nach dem Widersinn des Weltkriegs endgültig entschloß, die Welt nicht länger ernstzunehmen und sich nach innen wandte.

> In der Traumstadt ist ein Lächeln stehn geblieben;
> niemand weiß, wem es gehört.
> Und ein Polizist hat es schon dreimal aufgeschrieben,
> weil es den Verkehr, dort wo es stehn geblieben, stört.
>
> Und das Lächeln weiß auch nicht, wem es gegolten;
> immer müder lächelnd steht es da,
> kaum beachtet, und gescholten
> und geschubst und weggedrängt, wenn ja.
>
> Langsam schleicht es sich von hinnen;
> doch auf einmal wird es licht verklärt
> und dann geht es ganz nach innen –
> und du weißt, wem es gegolten und gehört.

Mit dem „Dr. Enzian" des gleichnamigen Gedichtbands aus dem Jahr 1952

schaffte *Althaus* eine Rollenfigur für seinen skurrilen Tiefsinn. Der wort-
wörtliche Umgang mit der Sprache führt zu überraschenden Einsichten und
Wahrheiten. Fragwürdig erscheint in dem Gedicht „Existentialismus" die
philosophische Modeströmung:

> Dr. Enzian, als Existenzialist, beweist
> den Begriff des Daseins, das er nie verreist.
> Wenn er reise, sagt er, würd' er fort sein,
> und sein Dasein wäre dann ein Dortsein.

Das Beharren auf dem Dasein offenbart sich durch das Wortspiel als bornierter Widerstand gegen Veränderung als Grundbedingung menschlicher
Existenz. Gerade die Bindung an das, was da ist, an die bloße Gegenwart,
widerspricht für *Althaus* der Sehnsucht nach Ausweitung und Entgrenzung.
„Sind die Wörter ‚gegenwärtig' respective ‚widerwärtig' nicht dasselbe?"
läßt er Dr. Enzian an anderer Stelle fragen und gibt durch den scheinbar
beliebig austauschbaren Gebrauch der Präpositionen sein Unbehagen an
der Gegenwart und jeder ausschließlichen Gegenwartsorientierung zu erkennen.

Der Mensch verwirklicht sich nur in der Spannung zwischen Hier und
Dort, Jetzt und Einst, zwischen Leben und Tod. In dem Gedichtband „See-
lenwandertouren" (1961), dem die Bände „Flower tales – Laßt Blumen
sprechen" (1953) und „Wir sanften Irren" (1956) vorausgegangen waren,
sieht sich der Dichter „hinausgestellt in eine Welt, die in der Wirklichkeit
nicht hält, was sie verspricht, wenn man Vollendung träumt."

Auf die Frage nach dem Menschen und seiner Bestimmung gibt *Althaus*
im Grunde eine romantische Antwort. Die endliche, beschränkte Welt mit
ihren unaufhörlichen Krisen und Katastrophen kann keine Heimat sein für
den, der nach Glück und Erfüllung verlangt, dessen Phantasie keine Grenzen duldet. Mitten in einer enttäuschenden Endlichkeit besteht der Poet
Peter Paul Althaus auf der elementar menschlichen Sehnsucht nach unendlicher Vollendung. Hoch über den Dächern *Schwabings,* wo er 1965 verstarb,
bekannte er sich zu einer Existenz im Imaginären. In einem Gedicht aus
dem Nachlaßband „PPA läßt nochmals grüßen" (1966) steht sein poetisches
Vermächtnis:

> Wirklich lebe ich nur nachts in meinen Träumen,
> weil mein Hirn da unbelastet
> und nicht überhastet
> spazierengeht. Ganz gemächlich schlendert.
> Und dann ist nichts mehr gerändert.
> Alles ist Weite.

Weniger in hintersinnig verspielten Versen als in hochpoetischer Diktion
entsteht in den Gedichten des 1897 in *Stadtlohn* geborenen *Erich Jansen* nach

seinen eigenen Worten so etwas wie eine „imaginäre Beglänzung" der Welt. Gemeinsam ist *Althaus* und *Jansen* aber die Wendung gegen eine phantasielose, unpoetische Wirklichkeit. Dichtung ist für beide die Kunst geistigen Überlebens.

Bereits 1937 war *Erich Jansen* als Vierzigjähriger mit den Pflanzen- und Landschaftsbildern „Die grüne Stunde" zum erstenmal an die Öffentlichkeit getreten. Die ganz auf das subjektive Empfinden abgestimmte kurze Prosa mit ihrer kostbaren Bildlichkeit läßt bereits den Lyriker ahnen. In den nächsten Jahren setzte *Erich Jansen* seine Versuche in der Kurzprosa fort, legte aber erst 1950 mit dem Bändchen „Skurrilia" weitere Beispiele vor. Dabei handelt es sich um teilweise spukhafte, teilweise märchenhafte kleine Erzählungen, in denen mit skurriler Phantasie in der Regel auf ein harmonisches Ende hingearbeitet wird.

Sechs Jahre später erschien mit der Legende „Michael Orsenjew" eine längere Prosaarbeit, in der von der schwierigen Liebe zwischen dem musikalisch hochbegabten, aber armen Orsenjew und einem Mädchen aus reichem Hause die Rede ist. Kunst und materielle Bürgerwelt stehen sich unversöhnlich gegenüber, eine Antinomie, die bereits auf das spätere lyrische Werk vorausweist. Die Hauptgestalt ist eine Art Selbstfiguration: „Ein beseligendes und zugleich schmerzhaftes Ausgeliefertsein an die Macht des schönen Objekts, ein unerklärliches Sehnsuchtsgefühl beherrschten ihn. Nie war es Freude allein, die er beim Anblick einer Blume empfand, sondern immer waren es die zum Symbol erhobenen Mahnzeichen Gottes, die aus Blüte, Blatt oder Kristall zu ihm sprachen". Als ganzes muß die Erzählung wegen ihrer figuralen Klischees, aber vor allem wegen der der epischen Inszenierung ständig im Wege stehenden Lyrismen als mißlungen betrachtet werden. Wie bereits in der Kurzprosa überzeugt *Jansen* jedoch dort, wo er innere oder äußere Zuständlichkeiten schildert, epische Vorgänge scheinen sich weitgehend seiner Gestaltungskraft zu entziehen.

Kurz nach der Legende erschien im Jahre 1957 „Die Galerie", *Jansens* erster Gedichtband. Verse, nicht ohne verspielten Witz, stehen hier neben solchen mit exquisiter, teilweise pretioser Bildlichkeit. Störend und häufig banal bis gewaltsam wirkt der konsequent durchgehaltene Endreim. *Jansen* selbst sprach später von der „Scheinkunst des Reims", der ihm nicht gelingen wollte. Seine eigengesetzlich flutenden Bildsequenzen, sein auf die schildernde Ausmalung des schönen Details angelegter Stil, aber vor allem die Unmöglichkeit einer letztgültigen Harmonisierung ließen sich nicht in das Prokrustesbett einer antiquierten Prosodie zwängen, ja, widersprachen im Grunde dem Gleichklang des Reims. In dem zweiten 1958 erschienenen Lyrikband „Der Schildpattkamm" treten daher konsequent die endgereimten Gedichte hinter die freien Verse zurück.

Charakteristisch für *Jansens* Poesie ist ihre Harmonisierungstendenz, der schöpferische Versuch, natürliche Schönheit dort wiederherzustellen, wo sie gestört ist, oder gar Schönheit inmitten eines unpoetischen Alltags zu etablieren.

Im Vorwort zu dem Gedichtband „Aus den Briefen eines Königs" (1963) spricht *Jansen* bezeichnenderweise vom „Tag der Freude aus Dornen und imaginärer Beglänzung". Schmerz und ästhetische Phantasie bilden eine dialektische Einheit. Aus der Trauer über den realen Verlust der Harmonie erwächst die harmonisierende Imagination des Künstlers. Das Gedicht wird zur ästhetischen Gebärde des sensiblen Melancholikers in einer dissonant zerrissenen, die Schönheit mißachtenden Welt.

Jansens letzte Publikation von Gedichten und Kurzprosa „Die nie gezeigten Zimmer" lag postum 1968 vor. Eine besondere Stellung kommt dem rheinischen *Linnich,* der Heimat von *Jansens* Großeltern zu. Dort lag die Glasbild-Fabrik, in deren Innenhof der Jugendliche aus dem Fenster des großelterlichen Hauses hineinsehen konnte.

Die Tochter des Glasbild-Fabrikanten

Immer in der Nacht,
wenn sie in weißer Seide
über das mondne
Katzenkopfpflaster des Innenhofs
schreitet und
alle Uhren im Hause verstummen,
ziehen dreißig Künstler
ihre schwarzen Tellerhüte
und malen ihr Bild
in die Madonnen ihrer Glasfenster;
breitwangig,
mit dem Duft hellweißer Oblaten;
die Augen aber,
in Malvenwasser gebadet,
innen ganz blau,
und die Arme malen sie
rund, französisch kalt,
wie auch die Nächte sind,
wenn sie im weißen Kleid
den Innenhof durchschreitet
und zurückschaut.
Sie sieht nicht,
wie am Apfelbaum
das violette Blut entlangläuft.

Es handelt sich um eines der zweifellos schönsten Gedichte *Jansens,* dem schon *Bobrowski* ungeteilte Bewunderung zollte. Bereits die Wahl der Tageszeit schirmt die Szene ab gegen das räumliche Umfeld. Dazu tritt die Verengung des Blicks auf den mondbeschienenen Innenhof. Der Eindruck einer verzauberten Insel entsteht, räumlich und zeitlich entrückt, alle Uhren verstummen, das einzig Wirkliche scheint die nächtliche Wiederkehr des traumhaft erlebten Zaubers.

Die suggestive Blickverengung lenkt die Aufmerksamkeit des Betrachters auf eine Kunstszene. Madonnenglasbilder entstehen, nicht von einem, sondern gleich von dreißig Künstlern gemalt, den Kunsteffekt gleichsam vervielfachend. Das Mädchen, in weiße Seide gekleidet, scheint zu einem romantisch schönen Bild verklärt und durch die Übernahme ihres Gesichts und ihrer Gestalt in die Madonnenbilder endgültig zur Kunstfigur stilisiert. Ihre allmähliche Überführung in Kunst bestimmt den poetischen Prozeß des Gedichts.

Die vollendete Schönheit ist anschaubar, der persönliche Eintritt in ihre hermetisch abgeschlossenen Bezirke bleibt dem Betrachter jedoch verwehrt. Zwar tritt die entfremdete Realität selbst nicht in Erscheinung, aber im Schmerz über die offenbare Unmöglichkeit, unmittelbaren Zugang zum Reich des Schönen zu finden, drückt sich der unüberbrückbare Gegensatz zwischen Alltag und Poesie elegisch aus.

„Die Welt kennt keine Poesie", sagt *Jansen* am Schluß seiner autobiographischen Skizze und verweist damit auf den eigentlichen Stimulus seines Dichtens. Im schmerzlichen Bewußtsein unpoetischer Welt schafft der Künstler poetische Gegenentwürfe, die aber in ihrer Unerreichbarkeit immer fühlbar bleiben. *Jansen* verzichtet weitgehend auf eine kritische Zustandsschilderung, sein imaginär beglänztes lyrisches Reich legt immer aufs neue die Armseligkeit der Welt bloß, die sich anmaßt, die einzig wirkliche zu sein. Der tiefste Sinn eines Gedichts wie des vorliegenden erschöpft sich darin, die Sehnsucht nach dem Schönen durch poetische Anschauung zu erwecken und davor zu warnen, sich mit der Phantasielosigkeit des Alltags resignierend abzufinden.

In den gelungensten Gedichten *Johann Sprattes*, 1901 in *Hagen am Teutoburger Wald* an der westfälischen Grenze geboren, beschwört die Poesie die Erinnerung an eine erfüllte, stets vergehende und längst vergangene Zeit. Wirklicher aber auch zeitgebundener als die zeitlosen Kunstwelten *Jansens* ist die erinnerte einstige Gegenwart konkreter Lebensfülle. Ob in den Gedichtsammlungen „Treibholz" (1969) und „Zeit der Schwalben" (1975), die in ihrer leisen Melancholie an *Ludwig Bäte* erinnern, oder in den Geschichten vom Lande „Kindheit in Holzschuhen" (1977) und in den Erinnerungen an ein altes Dorf „Zeit hat keine Bleibe" (1978), stets erlebt der Mensch seine Existenz zwischen einem Abschied von allen Erfüllungen und einem Aufbruch, der unweigerlich ins Ende mündet. Nur im lyrischen Augenblick der Erinnerung scheint die Zeit aufgehoben:

> Heimkehren,
> wieder zu Hause sein,
> als wäre nichts gewesen . . .

Durch die angelehnte Gartenpforte tritt das Ich wieder ein in das Paradies seiner Kindheit, die im Gedicht mit ihren „Margeriten und Mohn" und ihrem herben Geruch „von rauchigen Bohlen, von gelber Butter und Gerstenstroh" leibhaftig aufersteht. Heimat ist dort, wo man zu Hause ist, der Raum vertrauter Beziehungen und sicherheitsstiftender Ordnung.

> Schwalben zirpen
> und hüten das Haus,
> alles hat Sinn und Bestand
> im Gefüge der Zeit.
> Die Welt ist geborgen,
> und eingesäumt
> mit Wäldern und Wolken,
> dahinter wohnt Gott.

Heimat und Himmel, Welt und Gott bilden hier noch eine selbstverständliche Einheit, in der der Mensch aufgehoben ist. Aber dieser Zustand überlebt nur in der Erinnerungsschrift des Gedichts. Die Zeit ist längst über ihn hinweggegangen:

> Aber die Schwalben
> bleiben nur einen Sommer lang –

Reagieren *Althaus* und *Jansen* auf die häßlich entstellte und verzweckte Kriegs- bzw. Nachkriegszeit mit der Phantasie und der Schönheit der Poesie, so reagiert die 1904 in *Altena* geborene Erzählerin *Hertha Trappe* auf Haß und Egoismus mit dem fiktiven Entwurf des Liebesglücks. Während weder frühere Erzählungen wie „Karl und Thomas", gedruckt 1949 in Reindls Zeitschrift „Die Erzählung", noch die 1963 veröffentlichten Erzählungen „Clemens und Balbina", „Grüne Katzen", „Die Judenmühle" u. a. Beachtung fanden, errang *Hertha Trappe* mit ihrem 1954 bei Suhrkamp erschienenen Roman „Was ich wandre dort und hier" im gleichen Jahr auf Anhieb den Schweizer „Charles Veillon-Preis". Mitglieder der Jury waren u.a. *Werner Bergengruen* und *Albrecht Goes*. Der Titel, einem Gedicht *Paul Gerhardts* entnommen, verweist auf das eigentliche Thema:

> Was ich schlafe, was ich wache,
> Was ich weine, was ich lache,
> Was ich wandre dort und hier,
> Was nur fühlt und denkt in mir,
> Alles gilt dem süßen Herzen.

Es ist bei weitgehendem Verzicht auf äußere Handlung ein Roman der Innerlichkeit. Rückblenden, Gespräche und Dialoge halten den Geschehensfluß an und öffnen Einsichten in innere Beweggründe und Zustände. Die Orte beschränken sich in aller Regel auf Innenräume. Ziele des Erzählens sind das verstehende Eindringen in eine kleine geschlossene Welt und die Entfaltung von Empfindung und Gefühl.

Der Roman spielt 1947 in einer westfälischen Kleinstadt, hinter der sich unschwer *Altena* ausmachen läßt. Frisenius, eine der vielen Heimkehrergestalten der Nachkriegsliteratur, findet hier Arbeit und einen neuen Lebensanfang. Während der Roman mit dem Ende der äußeren Wanderschaft einsetzt, steht im Mittelpunkt des Erzählens die eigentliche innere Wanderschaft, der Aufbruch nach persönlicher Erfüllung nach der erlittenen Kriegsmisere. Nicht die Bilder der Zerstörung beherrschen die Szene, nicht die bittere Anklage des kriegerischen Widersinns und die Klage über seine Folgen, beherrschend sind allein, gemäß dem vorangestellten *Jean Paul*-Motto, die Sehnsüchte und Wünsche des Herzens: „Nur unser Herz ist eigentlich unsere Geschichte, die Begebenheiten teilen wir mit Stadt und Land." Um die allmähliche Entfaltung einer solchen Geschichte geht es im Roman, um die Gründung der Existenz auf innere Erfüllung.

Neben dem Heimkehrer Frisenius taucht geheimnisvoll und erregend die junge Frau Friederike auf. In Gesprächen mit den Honoratioren erfährt Frisenius von der Vergangenheit der Frau, die, nachdem ihr Mann gefallen war, sich in einen Offizier verliebte. In Unkenntnis seines gewaltsamen Todes wartet sie auf ihn, bis ihr die grausame Wahrheit nicht länger verborgen bleiben kann. Daneben erfährt Frisenius aber auch von den anonymen Briefen Friederikes, verschickt an die Geschäftsleute der kleinen Stadt, deren Kriegsgewinnlertum sie anprangert, einerseits, um ihren Mann vor übler Nachrede zu schützen, andrerseits aus persönlichem Abscheu. Gerade die zum Teil authentischen Enthüllungen haben in *Altena* Empörung und Zorn hervorgerufen und der Autorin eine Menge Unannehmlichkeiten bereitet. Man sprach von einem Schlüsselroman, dessen einziges Ziel es sei, mit den Honoratioren in der Provinz abzurechnen.

Doch im Rahmen des Romans entwerfen die Briefe lediglich das Gegenbild zu einem von aufrichtiger Liebe erfüllten Leben. In ihnen gewinnt die profitsüchtige, lieblose Welt Gestalt. Bezeichnend für die Intention des Romans aber bleibt diese abstoßende Wirklichkeit nur Episode, den Kern bildet die Liebesgeschichte, das eigentlich innere Geschehen.

Allmählich nähern sich die Lebensläufe des Heimkehrers und Friederikes an. Er ist nach langer Irrfahrt endlich am Ziel, für sie geht eine lange Zeit schmerzlichen Wartens zu Ende. Es ist der Roman einer Ankunft und eines Wiedergewinns, der Entdeckung der Liebe am Schnittpunkt zweier Wege, die ziellos zu werden drohten. Nach dem Erleben der äußeren Krise, von der Frisenius wie Friederike gleichermaßen betroffen sind, sucht der Roman eine innere Lösung, nicht als Flucht, sondern als Neuanfang bei der Wahrheit des Gefühls. Bereits der Anfang mit dem heimkehrenden Frisenius betont nicht, was hinter den Menschen, sondern was vor ihnen liegt:

„Hinter ihm schließt sich der Weg gleich wieder, als hätte ihn der Nebel geschluckt. Der Mann spürt das und hätte das gern selbst gesehen, wie er so verschluckt wird. Aber das weiß er aus den letzten Jahren, daß es nicht immer gut ist, hinter sich zu sehen."

Das äußere Geschehen, das geschichtliche Handeln der Menschen tritt auch im Werk des 1906 in *Dortmund-Benninghofen* geborenen *August Kracht* ganz zurück. Das Interesse des Kunsthistorikers und Redakteurs, u. a. in *Soest* und *Münster,* richtete sich vor allem auf die Kunst- und Landesgeschichte. *Kracht* veröffentlichte eine Reihe bis heute lesenswerter Sachbücher: „Dome, Kirchen und Klöster in Westfalen" (1965), „Das Alte Westfalen" (1969), „Die Rittergüter der Provinz Westfalen" (1972), „Burgen und Schlösser im Sauerland, Siegerland und an der Ruhr" (1984) u. a. m. Daneben entstanden zwischen 1925 und 1985 zahlreiche Gedichte, die meisten von ihnen in Sammelbänden zusammengefaßt: „Gesang in der Börde" (1935), „Olympische Gedichte" (1935), „Soester Gloria" (1953) und „Lichtspur und Schattenspiele" (1976).

Einige Gedichte zeigen unverkennbare Anklänge an *Trakl* und *Benn,* doch setzt sich mehr und mehr ein eigener Ton durch. Natur- und Landschaftsmotive überwiegen. Auffällig ist die Vorliebe für in sich abgeschlossene Situationsbilder, für den sinnenhaft erfüllten Augenblick in statisch ausgewogener Gestaltung. Nicht das Handeln, sondern das Sein bildet den Kern der Aussage. In den Gedichten lebt der große Atem der Schöpfung, die souverän in sich selbst ruht. Von großer Gelassenheit sind die Verse über die Tropfsteinhöhle:

> Erdorgel, da sitzt
> am Manuale die Zeit,
> Zeit, die sich Zeit nimmt,
> eingeheimnist
> dem steinernen Wald,
> Wald, der sich austropft
> eine Stunde nach dem Regen,
> Stunde der anderen Zeit.

Der Lyriker tut es dem Maler in dem gleichnamigen Gedicht gleich, dessen „Entzücken" über das Geschaute „in das Bild" eingeht, wo es durch den schöpferischen Akt zur Ruhe kommt. An die Seite von Natur und Landschaft treten in den Gedichten zusehends Kunstbilder und Bauwerke. Auch in ihnen scheint die Zeit stillzustehen, den Betrachter zum Innehalten und zur Besinnung auffordernd. Der Künstler erfüllt sich für *Kracht* in seinem Werk, in ihm ist alle Zeit aufgehoben.

Eine Reihe von Gedichten wendet sich den Künstlern selbst zu, unter ihnen Courbet, *Riemenschneider, Grabbe* u.a. In einem Gedicht an die *Droste* heißt es zum Schluß: „Lorbeer umzweigt ein Bild im Vätersaal". Der

Mensch ist tot, die Dichterin aber überlebt. Ähnlich äußert sich *Kleist* in einem Sonett *Krachts*, das die Metapher der Lebensbühne ausgestaltet:

> Wir spielen ohne Gnade und Gehör,
> Unendlich im Unendlichen zu enden.

Hineingestellt in die Unendlichkeit der Zeit, in die Ewigkeit der Schöpfung ist das Dasein des Menschen. Sinnlos ist es, sich an den eigenen, individuellen Lebensausschnitt zu klammern, da alles seine Zeit hat und zugleich doch auch wieder aufgehoben ist in der Unendlichkeit, in der zyklischen Wiederkehr:

> Es ist noch kein Sommer ausgeblieben,
> Und was blüht, hat seinen Monat,
> Und die Sterne haben ihre Stunde.
> Das ist alles, was ich weiß.

Zum Gleichnis der Schöpfung wird dem Lyriker die „Vogelinsel", „befreit vom Menschen, namenlos im Stillstand der Zeit". *Krachts* Gedichte rufen zur Bescheidenheit auf. Nicht im Erhalt des einzelnen, sondern im Erhalt der Schöpfung liegt das Ziel. Das endliche menschliche Geschichtshandeln ist bedeutungslos angesichts der Unendlichkeit des Seins. Im Rückblick auf eine verheerende Vergangenheit, auf die katastrophalen Machenschaften des Menschen hat sich solche Haltung in den späten Gedichten *Krachts* eher noch verstärkt. Menschliche Existenz ist ohne Sonderrechte eingelassen in die Dinge. Sie überleben auch ohne den Menschen und außerhalb von ihm, der Mensch aber überlebt nur mit und in ihnen:

> Das Überdauern der Dinge
> tröstet mich.
> Ich werde Zukunft haben
> im Gedächtnis der Flechte
> auf meinem Stein.

Beschwört *August Kracht* in seinen Gedichten immer wieder die Zeitlosigkeit und Unendlichkeit der Schöpfung, so konkretisiert der gleichaltrige, in *Meschede* geborene *Hannes Tuch* den Glauben an das Geschaffene, in dem der Mensch aufgehoben ist, im Seinszusammenhang des Waldes. Das frühe Gedicht „Bitte des Waldes", 1927 erstmals gedruckt, präludiert programmatisch *Tuchs* zentrales Thema:

> Oh Mensch!
> Ich bin deiner Wände Wärme, wenn der Winterwind weht,
> Bin schirmender Schatten, wenn die Sommersonne sengt.
> Ich bin der hütende Helm deines Hauses,
> Die Tafel des Tisches.
> Ich bin das Bett, das dich birgt, . . .

Der Wald, altehrwürdig, auf eine lange Vergangenheit zurückblickend, wendet sich in der altertümlich getragenen Form alliterierenden Versbaus und im Präsens als Ausdruck der Dauer an den Menschen, dem er von jeher Schutz und treuer Begleiter gewesen ist. Schicksalhaft scheint menschliche Existenz an ihn gebunden, seine Erhaltung ist fundamentaler Auftrag. *Tuchs* frühes Gedicht berührt die uralte Koexistenz von Mensch und Natur, ihren symbiotischen Überlebensbund. Schon bald nach dem Erstdruck wurde das Gedicht ins Französische und Englische übertragen und stand schließlich auf Tafeln in vietnamesischer Sprache am Rande vieler Wälder Südvietnams. Als Sgraffitto war es in Englisch und Hindi an die Wand der Hochschule im indischen Dehra Dun geschrieben.

Die einmal angeschlagene zentrale Thematik bestimmt auch die größeren Werke *Tuchs,* der seit 1936 als Forstbeamter im Forsthaus *Schwedenbusch* im *Kreis Warburg* lebte. Im „Jagdhüttenbuch" von 1948 mit eigenen Zeichnungen des Autors ist der Wald eigentlicher Lebensraum, kein Bereich, in dem der Mensch herrscht, sondern wo er sich als Geschöpf unter Mitgeschöpfen bewegt. „Und ich bin immer wieder froh, daß ich mich darin bewegen kann wie ein Lebewesen, das nicht plump stört darin oder das als Fremdkörper sich roh dahineingedrängt hat, sondern daß ich dahinein passe und von den Tieren und den Pflanzen als ein Stück dieses Waldes angesehen werde."

Anschauung und Reflexion sind in *Tuchs* Prosa eng verknüpft. Erst die sinnliche Wahrnehmung führt zur Sinnstiftung, der geistig gestiftete Sinn aber begründet die Liebe zum Wahrgenommenen, zur Natur. Nach den Wirren der jüngsten Geschichte sucht *Tuch* nach unwandelbaren, fundamentalen Orientierungen für den Menschen. Zum Sinnzeichen des schützenden und schützenswerten Lebens wird ihm dabei der Wald.

Der unmittelbare Dialog schafft vitale Beziehungen, indem der Mensch das Leben der Bäume zu verstehen beginnt und in ihnen die brüderliche Verwandtschaft entdeckt. Ablegen aber muß er vorher das bloße Nützlichkeits- und Verwertungsdenken. In den „Gesprächen mit Bäumen" (1951) heißt es mahnend: „Er denkt wohl gar nicht daran, daß die Bäume lebendig sind, daß in ihnen die Säfte kreisen, genau wie in Dir und mir, daß sie sorgsam Zelle auf Zelle bauen, genau wie wir. Er will gar nicht wissen, daß sie Kinder haben, daß sie lieben und sterben müssen wie Du und ich."

Ebenfalls 1951 erschien „Chronos und der Waldläufer", eine hochpoetische Naturbetrachtung unter dem Leitaspekt der Zeit. Chronos in der antiken Mythologie ein Kind der Erde und des Himmels, Herrscher in einem goldenen Zeitalter, in dem der Tod nichts anderes als ein Schlaf ist, verkörpert die zyklische Zeit zwischen Vergehen und Erblühen, Tod und Geburt. Die Abfolge der Kapitel, überschrieben mit den alten Monatsnamen, bildet den immerwährenden Zyklus ab. Sie beginnt mit dem Hartung-Januar und endet im Christmond-Dezember. Das Ende geht über in den

Anfang, der Anfang hebt das Ende auf und setzt es fort. Einen Stillstand gibt es nicht. Im natürlichen Rhythmus des Zeitablaufs erfährt der Mensch das überdauernde, ewige Sein. Doch andere Zeiger sind es, die diese Zeit, „ihren Ablauf anzeigen, als schrilles Geklingel blecherne Schläge oder Sirenengeheul. Harmonisch spult sich die Zeit ab in Schatten und Lichtern, in Vogelflöten und Tierlockruf, im Blumenblühen und Blumenvergehen, ... "

Kündigen sich im „Chronos" neben der beschreibenden Betrachtung bereits episch erzählende Züge an, so treten diese um die Mitte der 50er Jahre noch deutlicher in den Vordergrund. Auffällig in den Erzählungen und Novellen „Schüsse im Nebel", „Das Recht des Stärkeren" und „Das versunkene Schloß". In seinen Büchern „Der Horst der großen Vögel" (1955) und „Der graue Würger" (1961) gelingt es *Tuch,* den erzählenden Stil mit seinem Kernthema zu verbinden.

Handlungsträger des Tierromans „Der Horst der großen Vögel", vom damaligen Bundespräsidenten *Heuss* 1955 als „bestes Tierbuch des Jahres" ausgezeichnet, sind die aus den Winterquartieren heimgekehrten Waldstörche. Gestalt gewinnt die ureigene Umwelt und Wirklichkeit der Tiere, ihr Einklang mit der Natur. Ihr unverstelltes Einssein mit dem Leben spiegelt sich in ihrem natürlichen Lebensrhythmus. Als Wiege des Lebens ist der Horst der zentrale räumliche Bezugspunkt des Erzählens.

Tuchs zweiter großer Tierroman „Der graue Würger. Einsam unter Wolfen" stellt neben das Tier auch den Menschen. Hauptgestalten sind der graue Wolf und der Landfremde Pjotr, beide auf der Flucht vor dem „großen Krieg" aus dem Osten in den Westen vorgestoßen. Ohne Sentimentalität und falsche Annäherung schildert die Handlung die ursprüngliche Koexistenz von Mensch und Tier. Das friedliche Nebeneinander gründet auf gegenseitige Achtung vor der Eigenart des anderen. Beide sind prinzipiell gleichberechtigt im gemeinsamen Lebensraum der Natur, jeder innerhalb der vom andern tolerierten Grenzen. Deutlich wird aber in der Verfolgung durch die Jäger auch, wie der Mensch seinen Anspruch ausdehnt und damit das Lebensrecht seiner Mitkreaturen beschneidet.

Tuchs Naturbetrachtungen und Tiererzählungen erinnern an den jederzeit möglichen und notwendigen Zustand des friedlichen Zusammenlebens von Pflanze, Tier und Mensch. Eigentlicher Integrationsraum ist der Wald mit seinen vielfältigen, komplexen Lebensformen, in symbiotischer Harmonie miteinander verbunden. Nur mit Blick auf alle Geschöpfe ist die Frage nach dem Wesen und der Möglichkeit menschlicher Existenz zu beantworten.

Wo der Wald, die Pflanzen und die Tiere überleben, überlebt auch der Mensch, wo menschliches Tun aber in blindem Anspruchsdenken Leben zerstört, verfällt der Täter zusammen mit seinen Opfern dem Untergang. Angesichts des katastrophal gestörten Verhältnisses von Mensch und Natur

sind *Tuchs* literarische Arbeiten, heute ausnahmslos vergriffen und vergessen, von bedeutender Aktualität. Bereits während der letzten Lebensjahre
Tuchs auf dem von *Josefa Berens-Totenohl* erbauten Femhof in *Gleierbrück* hatte
die moderne Welt erfolgreich einen Autor verdrängt, der zeit seines Lebens
in beachtlicher literarischer Qualität um das Lebensrecht aller Geschöpfe
geworben hatte, unter denen dem Menschen ein herausgehobener Platz
nicht zukommt. *Tuchs* eingangs zitiertes Gedicht endet mit einem eindringlich formulierten Appell des Waldes an ihn:

> Erhör meine Bitte:
> Zerstöre mich nicht!

Kracht und *Tuch* setzen bei der Schöpfung und dem Sein an und sehen im
Menschen einen selbstverständlichen Teil des Ganzen. Der 1911 in *Hagen*
geborene *Ernst Meister* fragt ihnen gegenüber vom Subjekt aus, das aus allen
Zusammenhängen herausgefallen scheint, dem das Ganze keine Antworten
und keinen Trost mehr gibt.

Aufgehobensein weicht der Verlassenheit, Weltgelassenheit der tiefen
Beunruhigung des Selbst. Das monomane Kreisen um die eigene Subjektivität und ihr Schicksal macht *Meister* zum Lyriker. Trotz einiger Versuche mit
dramatischen und erzählenden Formen bleibt das aphoristisch zugespitzte
Gedicht seine genuine Ausdrucksweise. Daran ändern auch die 1985 vorgestellten Texte aus dem Nachlaß nichts, eine im ganzen eher etwas spärliche
Ausbeute.

Meister starb 1979 als Vollendeter, sein bis dahin vorgelegtes lyrisches
Werk bedeutete einen Abschluß. Nach dem ersten Gedichtband „Ausstellung" von 1932 folgte mit „Unterm schwarzen Schafspelz" erst 1953 ein
zweiter. Bis 1979 erschienen dann in kürzeren Abständen noch dreizehn
Sammlungen, unter ihnen „Zahlen und Figuren" (1958), „Zeichen um Zeichen" (1968), „Sage vom Ganzen den Satz" (1972), „Im Zeitspalt" (1976)
und als letzte Buchveröffentlichung zu Lebzeiten „Wandloser Raum"
(1979). *Meisters* herausragende Stellung innerhalb der modernen Lyrik
wurde früh erkannt. Kein westfälischer Autor ist so sehr mit Preisen überschüttet worden wie er. Nach dem westfälischen Droste-Preis (1957) und
dem Großen Kunstpreis von Nordrhein-Westfalen (1963) folgten 1976 der
Petrarca-Preis, 1978 der Rilke-Preis und postum der Büchner-Preis im
Herbst 1979.

Meister war es offenbar gelungen, dem modernen, vom Scheitern bedrohten, tief verunsicherten Ich überzeugende lyrische Gestalt zu geben. Nicht
die willige Bejahung der Seinszusammenhänge, sondern die existentiellen
Spannungen sprachen unmittelbar an. Auf die äußeren Scheinsicherungen
des wirtschaftlichen Aufschwungs antwortete das lyrische Ich mit wachsender innerer Verunsicherung. Hinter den kosmetisch herausgeputzten Fassa-

den lauerten weiterhin Verfall und Tod und forderten den einzelnen zur Stellungnahme heraus. *Meisters* lyrische Sprache ist von Anfang an knapp und klar. Das Hermetische und Kryptische sind lediglich wiederkehrende Vokabeln der Literaturkritik, die das Werk leider bis heute um eine breitere Wirkung gebracht hat.

„Im Nichts hausen die Fragen", heißt es bereits im ersten Gedichtband. Die Schöpfung aus dem Nichts, Offenbarung göttlicher Schaffenskraft, bedeutet für den transzendental obdachlosen Dichter in Erwartung des Nichts, in das er eingehen wird, sich sprachlich zu behaupten, seine Existenz trotz der Endgültigkeit des Todes zu formulieren:

> Ohnmacht zieht ihren Strich
> quer über den Himmel
> der Kreatur
> und ihrer Propheten.
>
> Und kein Wunder
> kommt aus dem Abend.
> Demütig blinkt
> sein Stern.

Der Himmel ist leer, die Hoffnung ausgestrichen. In der abendlichen Stunde der Wahrheit erscheint die Welt der Kreatur ohne Zukunft und Wunder, eine Szene vor dem Finale im bald verlöschenden Licht des Abendsterns. Lakonische Aussagesätze, geradlinig, ohne syntaktische Verästelungen, konstatieren das Ende ohne Neuanfang. Epigrammatische Verse, Aufschriften im Präsens auf das menschliche Leben, dem diesseits von Vergangenheit und Zukunft nur eine Gegenwart gegeben ist. Zu solcher Überzeugung passen nicht die Harmonie und der Wohlklang von Metrum und Reim. Menschliche Existenz verliert sich in einer illusionslos pointierten Prosa, die lyrisch verknappt, konsequent jedes Zugeständnis an epische Breite verweigert.

Verse wie die zitierten kehren immer wieder und schlingen sich wie eine unendliche Elegie durch das Werk *Meisters*: „Verbrieft ist Moder", „Wir sinken wir werden Grund", „Zu sterben, das ist Grammatik!", „Tod immer", „Ach, in der eigenen, ach, in der Todeshaut", „Es gibt im Nirgendblau ein Spiel, es heißt Verwesung", „Der Gipfel der Ohnmacht ist unten." Die Sätze, aus Gedichten unterschiedlicher Schaffensphasen entnommen, bleiben in der Aussage mit sich identisch, jeder in sich abgeschlossen, ein deutliches Ende markierend und doch unendlich fortsetzbar wie das Leiden des Menschen an seiner Endlichkeit.

Alle Anfänge sind Anfänge zum Ende. Wo immer das lyrische Ich anhebt, seine existentielle Situation neu zu formulieren, ist das Ziel, die endgültige Auslöschung der Existenz, schon vorherbestimmt. Auffällig ist im Satzbau die vorherrschende Nebenordnung. Anschlüsse und Verzweigungen treten zurück. Jeder Prozeß trägt sein unweigerliches, allein zu vollziehendes Ende in sich selbst. Mitunter scheint der elegische Duktus einem lyrischen Humor zu weichen, der das Unabänderliche nicht leugnet, dem es aber gelingt, mit ihm zu leben, trotz des sicheren Absturzes in die ewige Bewußtlosigkeit die kurze Zeit des Bewußtseins zu genießen:

> Hier
> gekrümmt
> zwischen zwei Nichtsen,
> sage ich Liebe.
> Hier, auf dem
> Zufallskreisel
> sage ich Liebe.
> Hier, von den hohlen
> Himmeln bedrängt,
> an Halmen
> des Erdreichs mich haltend,
> hier, aus dem Seufzer geboren,
> von Abhang
> und Abhang gezeugt,
> sage ich Liebe.

Aus dem Nichts kommend, geht der Mensch wieder ein in das Nichts. Aber dazwischen liegt das Bewußtsein zu leben. Sinnvoll wird die menschliche Existenz nur durch die Liebe. Der einzelne stellt der unaufhaltsamen Auflösung das Ja zum Leben entgegen, solange er Atem hat. Ein vitaler Humor spricht aus den Versen, der sich in trotzigem Widerstand entfaltet gegen andrängende Sinnlosigkeit. Von den Himmeln, von jenseitigen Versprechungen verlockt, läßt sich der einzelne dennoch nicht verführen, denn die Himmel sind hohl. Jeder einzelne ist ein Abhang, bereits einer abschüssigen Entwicklung zugeneigt, und doch gilt es dieses Leben, das ein Leben in das Nichts ist, zu bestehen, und nur der besteht es, der liebt.

Zwei Tage vor *Ernst Meisters* Tod am 15. 6. 1979 entstand ein letztes lyrisches Bekenntnis zur flüchtigen Gegenwart des Vergänglichen, zur Schönheit des Augenblicks in der Gewißheit der letzlich alles auflösenden Zeit:

> O Blumen!
> Hier auf dem Balkon
> seh ich euch stehn
> im Sonnenlicht
> das lösliche Gewölke.
> Ihr andern auch
> seid gegenwärtig.

Bei dem 1915 in *Recklinghausen* geborenen Erzähler *Heinrich Schirmbeck* mündet das Verfallserlebnis in eine Prosa mit deutlicher Fin-de-siècle-Stimmung.

In Erzählungen wie „Die Fechtbrüder" (1944), „Gefährliche Täuschungen" (1947), „Träume und Kristalle" (1968) und „Tänze und Ekstasen" (1973) sowie in Romanen wie „Ärgert dich dein rechtes Auge" (1957) verbinden sich aktuelle Situationsbilder, gelegentlich im Lichte moderner Naturwissenschaft, mit phantastischer Verfallsmetaphorik. In der weltschmerzlichen Spannung von *Schirmbecks* Erzählprosa spiegeln sich parallel zur Existenzphilosophie die vor allem zeitgeschichtlich bedingten Ängste und Sorgen des von einer verheerenden Geschichte verunsicherten und verstörten Menschen. Welt scheint sich nur noch artistisch bewältigen zu lassen („Schönheit und Schrecken", 1977; „Die Pirouette des Elektrons", 1980).

Literatur als immer wieder neu gestellte Frage nach der eigenen Existenz erhält bei dem *Münsteraner* Autor und Regisseur *Hans Dieter Schwarze,* Jahrgang 1926, durch die Einbeziehung des Spielerischen eine eigenwillige Pointierung. In Versen aus den „Memoriermurmeln" (1980) mit der Überschrift „Biographische Notiz" heißt es:

Mein Brotberuf ist, Wörter, anbefohlen,
freundlich zu wiederholen, wiederholen.

Mein Lustberuf ist, Wörter clownig weiß zu streichen,
um damit rutschend auf dem dunklen Gleis
des Dauernden mich irgendwann mal zu erreichen.

Rollenspiel und Identitätssuche sind eigentümlich miteinander verknüpft. Die Rolle ist verordnetes Kostüm und zugleich Medium der Verfremdung. Hinter den clownig weiß gestrichenen Wörtern gilt es, das eigene Selbst zu entdecken. Erst im Spiel mit Rolle und Maske scheint eine Annäherung an den Ernstfall der Existenz möglich.

Am Anfang des literarischen Werks stehen vor allem Gedichte: „Quersumme" (1952), „Flügel aus Glas" (1954/56), „Clowns" (1959) u. a. Behutsam nähert sich der Lyriker nach furchtbaren Kriegserfahrungen und bedrückender Gefangenschaft dem wiedergeschenkten Leben, vergewissert sich der neuen Möglichkeiten, indem er sie gleichsam verbal in Szene setzt. „Auf der Gleisanlage gefurchter Äcker/ warten die Züge der Sehnsucht", dem Aprilwind klappern „voller Erwartung/ die grünen Läden der Fenster entgegen", und das Gedicht „Zum Lob der Mansarde" schließt mit der Strophe:

Alles Blinken der Frühe
trifft zum Empfange bereit
uns, die Liebenden, hier
– knapp unterm Himmel.

Neben die lyrische Selbstvergewisserung, sie allmählich in den Hintergrund drängend, tritt im folgenden die existentielle Erkundung. Der szenischen

Öffnung folgt das eigentliche Rollenspiel, der lyrischen Unmittelbarkeit die fiktive Verfremdung in Drama und Erzählung. Nach dem ersten Jubel über das zurückgewonnene Leben findet sich der einzelne wieder auf den Trümmern enttäuschter Hoffnungen.

In dem Schauspiel „Faustens Ende", 1957 in *Düsseldorf* uraufgeführt, ist Faust nur noch ein Gescheiterter auf dem Rummelplatz, ein alter Mime, der bis zur Unkenntlichkeit eins geworden ist mit seiner Rolle. Die ursprüngliche Botschaft persönlicher Vollendung verkommt zur Farce, der Mensch zur Maske. Literatur ist für *Hans Dieter Schwarze* der Ort versuchter Selbstannäherungen. Epigrammatisch pointiert formuliert er in „Sterben üben – was sonst" (1973):

Das Papier als Partner:
Ihm gegenüber wie dir
Zärtlich,
Zeile um Zeile.

In den fiktiven Familienaufzeichnungen „Die Brandebusemanns" (1980) und im Roman „Ludwig Leiserer" (1981) treibt der Autor wechselnde Rollenspiele. Während er im Medium des Hotelportiers Leiserer eigene Kriegserfahrungen aufarbeitet, erklärt er sich im anderen Fall mit den Brandebusemanns verwandt. „Wir schämen uns nicht, weder voreinander noch gegen uns." Es sind Geschichten aus dem Alltag, von Menschen mit den üblichen Bornierungen. Erzähltes, das im Grunde des Erzählens nicht wert ist, führt sich ständig selbst ad absurdum. Der Autor, „Schreibstift der Familie Brandebusemann", entlarvt mit den anderen sich selbst, ihre Hohlheit, die auch die seine ist. Das existentielle Rollenspiel in der Öde der bundesrepublikanischen Gesellschaft mündet unausweichlich in die Banalität. In den Tagebuchnotizen „Sieben Tage Ruhe auf dem Lande" (1985) wird ein Versicherungsvertreter durch ein Mißgeschick bewegungsunfähig und gelangt in dem Maße, wie er von seinem bisherigen Alltag Abstand gewinnt, zu sich selbst. „Ob mir die weitere Entwicklung Zeit lassen wird, über meine Existenz als Versicherungsvertreter nachzudenken?" Immerhin ist mit solcher Frage ein Weg über die Brandebusemanns hinaus angedeutet. Bezeichnend für *Schwarzes* Erzählstil sind die Reflexion und die Episode auf Kosten von Handlung und Entwicklung. Im Zwang zur Aufarbeitung und in der kritischen Momentaufnahme spiegelt sich die Fragwürdigkeit des einzelnen und seiner Lebensumstände. Eine Chance liegt offenbar allein im konsequenten Bekenntnis zum eigenen Selbst. Mit „Caspar Clan" (1983/84) hat *Schwarze* eine unverhohlene Selbstfiguration in gewachsener Distanz zum sozialen Umfeld geschaffen. Hinter der Maske des heiter-skurrilen Querdenkers tritt sein Autor selbst hervor. Das räsonierende Subjekt, durch die Wahl des Knittelverses markant profiliert, entzieht sich jeder Einpassung in ein geglättetes vorgegebenes Persönlichkeitsmuster.

> Zwischen Einzelwitz und Massenwahn
> bewegt sich kühl Herr Caspar Clan.
>
> Bedrängen ihn die frohen Vielen
> Tut er sich selbst ins Innere schielen.

Dem „Caspar Clan" vorausgegangen waren *Schwarzes* Begegnungen mit *Wilhelm Busch*: „Mein lieber Wilhelm" (1982). Im Zentrum stehen die späten Briefe von *Busch,* in denen er in weiser Gelassenheit die Welt und ihre kleinen und großen Ereignisse vorüberziehen läßt, selbstverliebt und zugleich selbstironisch. Auch *Wilhelm Busch* wird dem Autor zur Charaktermaske, hinter der er sich spielerisch selbst verbirgt. Die Fremdbegegnung wird zur Selbstbegegnung. Er nähert sich dem anderen „nicht zuletzt, um mir selbst einmal näherzukommen." Aus den Briefbetrachtungen entwickelte *Schwarze* ein Hörspiel und ein Schauspiel („Ein wunderlicher Kerl"), in dem er selbst die Hauptrolle übernahm.

In dem Stück „Sieh mir ins Auge" (1988) thematisiert *Schwarze* noch einmal die Bedeutung des Spiels als Medium existentieller Erkenntnis und der Wirklichkeitsbewältigung. In Szene gesetzt ist die *Meersburger* Begegnung *Annette von Droste-Hülshoffs* mit *Levin Schücking* und seiner jungen Frau. Der Versuch Annettes, den Schmerz über die endgültige Trennung von *Schücking* zu überspielen, mißlingt. Der Ernst usurpiert das Spiel, der Mensch die Rolle. Die Spiele in wechselnden Masken und Rollen stoßen offenbar an Grenzen.

Es scheint nur konsequent, wenn *Schwarze* in seinem bisher letzten vorgelegten Werk „Geh aus mein Herz" (1990) unverstellt sich seiner selbst annimmt, indem er rückblickend seine Jugendzeit zwischen 1926 und 1945 darstellt, die frühen Jahre in *Münster* bis zu seiner Entlassung aus der Kriegsgefangenschaft. Das Werk rundet sich. Was lyrisch begann, endet nach den Masken- und Rollenspielen der Zwischenzeit autobiographisch. In der Selbstdarstellung scheint der Autor auf der Suche nach der eigenen Identität am Ziel. „Im siebten Lebensjahrzehnt belebt mich aber immer noch Neugier. Jetzt, nach vielen Fragen an die Weggenossen, auch Neugier auf mich selbst."

Von der lyrischen und autobiographischen Selbstaussprache bestimmt ist auch das Werk des 1930 in *Verl* bei *Gütersloh* geborenen *Norbert Johannimloh.* Mit hoch- und plattdeutschen Gedichten, zahlreichen Hörspielen in Plattdeutsch, Erzählungen und seinem Roman „Appelbaumchaussee" (1983) hat er über Westfalens Grenzen hinaus auf sich aufmerksam gemacht.

In stark autobiographisch gefärbter Fiktion wendet er sich in seinem bisher einzigen Roman dem dörflichen, katholisch geprägten Milieu seiner Kindheit und Jugend zu. Nicht länger verklärt er Heimat zum Idyll, sondern setzt sich kritisch mit ihr auseinander. Heimat wird dem heranwachsenden Ich-Erzähler zum Alptraum. Die Enge der ländlichen, bäuerlich-kleinbürgerlichen Welt, die restriktive Triebmoral mit ihren körperfeindlichen Verdikten und immer wieder die Angst einflößende Drohbotschaft der katholischen Kirche gefährden von Kindesbeinen an die Ausbildung eines selbstbewußten, wetterfesten Ich. Der Untertitel „Geschichten vom Großundstarkwerden" klingt angesichts dieser dem einzelnen eher feindlichen Lebensbedingungen ironisch. Zuwendung, Zärtlichkeit, Spiel und das Glück sinnlicherotischer Begegnung sind aus dieser Welt verbannt, bedroht vom Bannstrahl einer unmenschlichen Moral bzw. erstickt im empfindungslosen Alltag. Großes wird kleingemacht, Starkes geschwächt. Es sind Geschichten vom Kleinkriegen und Schwachmachen. Die einzelnen Geschichten mit dem von Beschädigung bedrohten einzelnen im Zentrum sind fragmentarische Erlebnisminiaturen einer zerbrechenden und zerbrochenen Lebensganzheit. Auf der andern Seite sind es aber auch die vom verschmitzten Humor getragenen Versuche eines Erzschelms, den drohenden Verletzungen von außen durch subversive Schalkheit und Schläue zu entgehen.

In der Geschichte „Mein Reich im alten Bombentrichter" stiehlt sich der Erzähler aus der bedrückenden Welt der Erwachsenen in sein eigenes, selbst angelegtes Refugium. Seine Phantasien und Träume tragen ihn weit über die Grenzen seines engen Lebensraums hinaus, entwerfen Möglichkeiten des Lebens als schöpferische Antwort auf die erstarrte Wirklichkeit.

Johannimloh weitet die traditionelle Dorfgeschichte mit ihrem schmalen, idyllisch verklärten Wirklichkeitsausschnitt erheblich aus. In der Gestaltung beispielhafter Krisen und Konflikte, wie sie aus der Enge erwachsen, steht er in der Nachfolge der *Drosteschen* „Judenbuche". Zeichnete die *Droste* zerbrechende Menschenschicksale unter dem Druck einengender Verhältnisse, so läßt *Johannimloh* den Menschen letztlich in ein Reich des Spiels und der Phantasie entkommen.

Sinnenhafte Freude und der phantasievoll spielerische Umgang mit den Dingen prägen auch *Johannimlohs* Lyrik, in der sich gelegentlich eine verschmitzt bukolische Erotik zu erkennen gibt:

> *Evas Beichte*
> Ich bin durch Hohen Roggen gegangen
> und habe die Ähren schlagen lassen
> auf meine nackte Brust.
> Ich habe dem Südwind zugerufen:
> „Wer kommt in meine Arme?"
> Als er schlief,
> habe ich ihn mit Nesseln gekitzelt,
> bis er munter wurde,

dann habe ich ihm die Haut eines Apfels gezeigt
und - das Löwenmäulchenspiel,
weil ich den schwarzen Kater
singen hörte.[32]

Es ist eine naive, unbeschwerte Eva, die uns begegnet, keineswegs niederge-
drückt von Sündenlast. Wie eine vorchristliche Erscheinung der Mutter
Erde tritt sie auf, eine Fruchtbarkeitsgöttin, inmitten der reifenden Natur,
Ähre und Brust berühren sich, Lebenssymbole von anschaulicher Fülle.
Natur ohne den Makel der Sünde, die sich dem Menschen zuneigt und in
die er eintaucht, weil sie sein ursprüngliches Lebenselement ist. Auffällig ist
von vornherein die Distanz von allem Störenden, dem lauten Treiben der
Menschen. Eine Naturidylle entsteht, keineswegs aber ein Phantasieland,
ein unerreichbares Utopia, sondern die Kernregion des Lebens selbst. Bereits die ersten Zeilen sind getragen von einem naiven Vertrauen, das
gerade in seiner Naivität anrührt. Die Eva *Johannimlohs* ist eine liebende
Frau, ein Naturgeschöpf, lebensprall und verschwenderisch. Sie gibt aus der
Fülle und will erfüllend genommen sein. Der Apfel deutet nicht länger auf
sündhafte Verstrickung, sondern ist Teil eines bukolischen Liebesspiels.

Evas Beichte ist kein Sündenbekenntnis, sondern ein freies Bekenntnis
zum Glück der Kreatur. Die schuldbeladenen Vorstellungen lösen sich auf
in ein heiteres Spiel, das den Menschen befreit und ihn zur Freude am
Leben und der Liebe führt. Vertrauen auf die Unverwüstlichkeit des Lebens
und der Preis des Lebenswunders sprechen aus den meisten Gedichten des
Bandes „Wir haben seit langem abnehmenden Mond" (1953), dem auch
das vorstehende Gedicht entnommen ist. Das lyrische Subjekt scheint bei
aller Gewißheit seines persönlichen Endes aufgehoben im vitalen Kreislauf
der Natur, dem es sich willig ergibt:

Schließlich
fügt sich auch die Lerche
dem Gesetz des freien Falles.
Aber da ist noch das Kleid,
unverändert gelb und rot
im weißen Wiesenschaumkraut;
und da sind noch
– unter der Regenrinne –
die unsterblichen Spatzen.

Bereits in dem plattdeutschen Gedichtband „Ein Handvöll Rägen" aus dem
Jahr 1963 erfüllt sich lyrisches Sprechen im intimen, einfühlsamen Umgang
mit der Natur. Die lakonisch knappe Sprache ist Ausdruck intensiver sinnlicher Wahrnehmung und zugleich Sinnzeichen. Wahrgenommenes benen-
nend, offenbart sie stets die Wahrheit der Dinge, geht ihnen auf den Grund,
ohne aufdringlich zu symbolisieren.

Der bisher letzte veröffentlichte Gedichtband „Riete-Risse" (1991) enthält neben Gedichten aus den beiden vorausgegangenen Bänden neue plattdeutsche Gedichte. Die Sichtweise ist nüchterner, illusionsloser geworden. Ironisch hintergründig stellt das lyrische Sinnbild das vitale Lebensvertrauen in Frage. Die Altersperspektive verengt die existentielle Erkundung auf das Ende:

> Twe Fläigen fläögen huckepack
> up den Hanig-Fläigenfänger
> un kaimen nich mä laoss.
> Äis zappeln se un sousen se na,
> bis dat auk de Flügel faste saiten.
> Dann schworen se sick tröie Läiwe
> – bis in den Daut.

Der aus *Beverungen* gebürtige *Hermann Multhaupt*, Jahrgang 1937, hat sich nach zahlreichen Gedichtveröffentlichungen („Bilder im Brunnen", 1968; „Singst du noch einmal, Orpheus?", 1973 u. a.) sowie einer Reihe von Jugendbüchern („Feueralarm", 1973; „Der Fall Rotlicht", 1974; „Das muntere Kleeblatt", 1975 u. a.) und nach Spielen zur Advents- und Weihnachtszeit sowie nach Meditationstexten in letzter Zeit vor allem als christlicher Erzähler profiliert. Diesseitige Antworten auf die Frage nach dem Standort menschlicher Existenz reichen für *Multhaupt* nicht aus. An die Stelle existentieller Verunsicherungen und der Lebensangst rückt konsequent die Erlösungshoffnung aus der Perspektive des gläubigen Christen.

In dem Roman „Jeder Grashalm hat einen Engel" (1986) nach authentischen Zeugnissen schildert er das Schicksal einer deutschen Familie, die jüdischen Geschäftsleuten nach dem Pogrom vom 9./10. November 1938 vorbehaltlos beisteht und sich danach vielfältigen Schikanen und psychischem Terror ausgesetzt sieht. Noch viel später rechtfertigt der Sohn die damalige Handlungsweise, auch wenn sie die eigene Familie in äußerste Not gebracht hat, weil ein Versagen vor dem jüdischen Mitmenschen „einem Verstoß gegen unser Herz, gegen unsere Überzeugung, gegen das Gebot der Nächstenliebe gleichgekommen wäre." *Multhaupt* leistet Vergangenheitsbewältigung aus der zukunftsweisenden Kraft des Glaubens. Nicht die kritische Abrechnung mit den Mächtigen steht bei ihm im Vordergrund, sondern die bezwingende Macht mitmenschlicher Praxis.

In dem „Roman um einen Schutzengel": „Und mein Versprechen in deine Hand" (1988) macht *Multhaupt* ernst mit den Verheißungen des Glaubens, indem er in das konventionell und materiell erstarrte Leben eines Planungsbeamten einen Engel, den persönlichen Schutzengel, eintreten läßt. Die Realisierung des Wunderbaren im Alltag stellt diesen selbst und seinen Wirklichkeitsanspruch unerwartet in Frage. Der Engel als Botschafter Gottes entlarvt das bisher gelebte Leben als vor Gott und den Mitmenschen unwürdig. „Bedenke das eine", läßt der Erzähler den Engel sagen, „tue du immer den ersten Schritt. Den ersten Schritt auf den anderen zu. Den ersten Schritt, dem ein Lächeln folgt, ein Wort der Anerkennung, auch des Verzeihens, wo er not tut."

In der Befremdung, die der Leser auf den ersten Blick beim leibhaftigen Auftritt des Engels empfinden mag, spiegelt sich die Fremdheit des Glaubens in einer ungläubigen Welt. Das christliche Versprechen eröffnet dem gläubigen Menschen eine neue Perspektive, sofern er seine Existenz als einen Weg begreift, dessen Ziel jenseits seines Alltags liegt. Anders als die weitgehend skeptische Literatur der Gegenwart gestaltet der geistliche Roman positive Sinnentwürfe angesichts wachsender Orientierungslosigkeit.

XVIII. Zwischen Engagement und Skepsis - Ein Ausblick

Die in den vierziger und fünfziger Jahren geborenen Autoren aus und in Westfalen auch nur annähernd zu erfassen und ihnen gerecht zu werden, ist allein wegen der großen Zahl der Schreibenden unmöglich. Fehlende Namen und Werke bedeuten daher nicht unbedingt Werturteile, sondern sind in aller Regel die Konsequenz aus der gebotenen Beschränkung. Ausgewählt werden solche Autoren und Werke, die für das geistig-künstlerische Bewußtsein der jüngeren Schriftstellergeneration repräsentativ erscheinen.

Inhaltliche und strukturelle Tendenzen in der unmittelbaren Gegenwartsliteratur anzugeben, ist von vornherein tentativ und kann immer nur eine erste Annäherung sein. Über die Treffsicherheit wird die Zeit entscheiden.

Was sich nach der 68er Bewegung zunächst deutlich abzeichnet, ist ein Abrücken von ideologischer Analyse und Kritik. Nicht länger verlaufen die Fronten zwischen Links und Rechts. Drängender als die Vergangenheitsbewältigung erscheint die Bewältigung unmittelbarer Gegenwart. Überhaupt ist die Skepsis gegenüber globaler Kritik gewachsen. Zu komplex und unübersichtlich sind die Verhältnisse, als daß man ihnen mit ideologisch vorformulierten Konzepten beikommen zu können glaubt.

Mit der Verengung des Sujets nehmen die Schärfe des Blicks und die Konkretheit des Details zu. Es genügt nicht länger, im Stil dessen, was man die Neue Subjektivität genannt hat, die eigenen Beschädigungen vorzuzeigen, um im subjektiven Spiegel auf die Schadensstifter zu verweisen bzw. dem, was einen bedrückt, in der privaten Isolation zu entrücken. Vielmehr distanziert man sich vom nur Privaten und begreift das im persönlichen Erfahrungsbereich und am eigenen Leib erlebte Unbehagen als repräsentativ für den gesellschaftlichen Zustand und die Situation der in ihn verwickelten Individuen.

Man resigniert nicht unbedingt, sondern räsoniert angesichts der Fremdheit einer Welt, in der sich der Mensch mehr und mehr an den Rand gedrängt sieht. Skeptisch allen Idealen und Rezepten gegenüber, beginnt man sich auf das zu besinnen, was menschliches Dasein elementar ausmacht und mehr und mehr verlorenzugehen droht. Es überwiegen die satirischen und elegischen Töne, die Erfahrungen einer wachsenden Kluft zwischen Mensch und Mensch, Mensch und Gesellschaft, zwischem dem

Menschen und seinem Lebensraum. Wo hoffnungsvollere Töne angeschlagen werden, sind sie gebrochen, mehr Wunsch und Beschwörung als ohne weiteres erfüllbare Wirklichkeit.

Eine Literatur zwischen Engagement und Skepsis, zwischen Sich-Einlassen mit der unbefriedigenden Wirklichkeit und dem Zweifel an ihrer Veränderbarkeit. Doch gerade der Zweifel, gegründet auf Erkenntnis des Tatsächlichen und frei von ideologischer Verstellung, ist Ausdruck anhaltenden Unbehagens, beunruhigend und verunsichernd, eine permanente Weigerung, sich zufriedenzugeben.

„Politik, Philosophie, die Pflege und Kultivierung schöner Ideale und sozialer Utopien, Welt verändern, Karl Marx und so: alles Putendreck!" Mit dieser entwaffnenden Aussage einer seiner Figuren leitet der 1942 in *Hiltrup* bei *Münster* geborene Erzähler *Otto Jägersberg* gleich die erste Geschichte in dem Band „Der letzte Biß" (1977) ein. *Jägersberg* steht in der kritischen Intensität weder *Schallück* noch *Sylvanus* und *von der Grün* nach, aber seine Perspektive ist enger, weniger auf das Ganze als auf das Detail gerichtet. Wichtiger als die Entwicklung einer epischen Handlung ist die szenische Darbietung. Bezeichnenderweise nennt *Jägersberg* seine erste größere Prosaarbeit „Weihrauch und Pumpernickel" (1964) im Untertitel „ein westphälisches Sittenbild". In schwankhaften, gelegentlich grotesk überzeichneten Einzelbildern entsteht aus ironischer Distanz eine kritische Szenenfolge aus dem westfälischen Landleben. Bloßgestellt werden neben der katholischen Bigotterie allgemeine Scheinheiligkeit und doppelte Moral, neben der Einförmigkeit und Dumpfheit des Alltags die Heimattümelei und das dümmliche Kulturgeschwätz. Wohl gewählt ist als begrenzter Schauplatz das mit der *Fürstin Gallitzin* und der „familia sacra" verbundene *Angelmodde* bei *Münster*. In der borniertierten ländlichen Idylle gedeihen provinzielle Selbstgefälligkeit und Aberglauben, selbst die angeblich drogenabhängige Fürstin bleibt am Ende nicht ungeschoren.

Was bleibt, sind im Grunde nur Verweigerung und Flucht. *Jägersberg* parodiert nicht ohne Bissigkeit die Klischees der Heimatdichtung und läßt mit boshaftem Gelächter die Akteure in ihrer unveränderten und unveränderbaren Beschränktheit zurück. In der spöttischen Aggressivität spiegelt sich die Ratlosigkeit des Satirikers einem leerlaufenden Alltag gegenüber, vor dem sittliche und geistige Ansprüche längst kapituliert haben.

Kleinstädtisches Milieu beherrscht auch den 1967 erschienenen Roman „Nette Leute". Die Handlung beschränkt sich auf einen Tag im Leben eines Drückers, der zu einem Kunden reist, um mit ihm einen Vertrag über den Kauf eines Lexikons abzuschließen. Die absolute Ereignislosigkeit, die Wiederkehr banaler Details und die Monotonie des Provinzalltags bilden den Gegenstand eines im Grunde überflüssigen Erzählens. In der Diskrepanz zwischen Erzählaufwand und Erzählaussage gewinnt die heillose Verspießerung der Lebensverhältnisse Konturen. Im Leben zwischen Eigenheim und Kneipe bewegt sich nichts mehr. Unwillkürlich fühlt sich der Drücker aber dennoch von der Miefigkeit des Milieus angezogen, in dem er sich selbst wiederfindet. Rückblenden entlarven zusätzlich seine geistige Bedürfnislosigkeit, sein Dasein zwischen Nahrungsaufnahme, Berufsroutine und Geschlechtsverkehr. *Jägersbergs* Fiktion schafft Gestalten und Verhältnisse, um sie zu erledigen. Erzählen kommt einer Exekution gleich, auf der Strecke bleibt der ewige Spießer.

Im Roman „Der Herr der Regeln" aus dem Jahr 1983 liquidiert eine der fiktiven Figuren selbst das, was sie beengt und einschränkt. Erstarrt in einem bis in die Intimitäten hinein geregelten Alltag, unternimmt der Held schließlich einen erfolgreichen Ausbruch, indem er einen seiner wöchentlichen Skatbrüder erschießt, einen möglichen Mitwisser kaltblütig beseitigt und sich anschickt, selbst zum Herrn der Regeln zu avancieren. Erst die Auflehnung gegen das Regeldiktat von außen macht ihn frei und läßt ihn die Verlogenheit des bisher gelebten Lebens durchschauen. Nicht länger ergreift der einzelne vor der grassierenden Sinnentleerung die Flucht, sondern nimmt in makaber-satirischer Zuspitzung die Initiative selbst in die Hand. Nur im Aufbrechen der Erstarrung, im Zerschlagen der täglichen Versteinerungen, liegt eine Chance für den Menschen.

Wie alle Satiriker will *Jägersberg* aufklären über das, was den Menschen an den Rand drängt. Menschenunwürdiges an den Pranger zu stellen, ist ihm wichtiger als die Verkündung irgendwelcher Ideale. Diese Ziel verfolgt er neben seinen Erzählungen und Romanen auch in „Cosa nostra" (1971), Stücke aus dem bürgerlichen Heldenleben, in satirischen Reportagen wie „Seniorenschweiz" und „Der industrialisierte Romantiker" (beide 1976) und in einer Reihe von Fernsehspielen wie „Immobilien", „Klarwäsche" (beide 1973) u. a. m.

Ebenfalls um eine kritische Bestandsaufnahme geht es dem 1944 in *Büren* geborenen, heute bei *Bielefeld* lebenden *Werner Völker*. Sein 1981 erschienenes Sachbuch „Als die Römer frech geworden..." (1982) räumt auf mit den ideologischen Verfälschungen der Schlacht im Teutoburger Wald, mit dem nationalen Pathos und den Heldenverklärungen um den Cherusker *Arminius*. Gerade die quellentreue, auf sorgfältige Recherchen gründende Darstellung macht den immer noch virulenten deutschen Nationalismus fragwürdig, der sich in chauvinistischer Überheblichkeit weiterhin auf den Triumph der Deutschen über die Fremden beruft. In Wahrheit stießen hier fernab von nationalen Bestrebungen zwei Kulturen aufeinander, die eine im Untergang, die andere im Aufbruch begriffen.

Völkers betont sachliche Darstellung im Medium des geschichtlichen Sachbuchs bzw. des Geschichtsromans entlarvt die deutschnationalen Geschichtsklitterungen und die ideologischen Borniertheiten. Es ist der Versuch, eine nüchterne Orientierung jenseits von Phrase und Pathos zu etablieren.

Schonungslos dringt *Völker* in die wohlgehüteten Reservate angeblich deutscher Größe ein und konfrontiert die Wahrheit mit dem Wahn. In seiner 1992 erschienenen Biographie „Der Sohn: August von Goethe" enttarnt er *Goethe,* den gefeierten größten Dichter der Deutschen, als miserablen Vater, der seinen Sohn überfordert und bevormundet, ihn ohne väterliches Einfühlungsvermögen nie zu sich selbst kommen läßt und letztlich mitschuldig wird an seinem frühen Tod. Mensch und Dichter, genialer Geist und der tyrannische Patriarch, geraten in einen schockierenden Widerspruch.

Kratzer auf dem lackierten Profil klassischer Größe, Anstöße für die Leser, die Großen von der Kehrseite des Alltags zu betrachten und Ehrfurcht und schwärmerische Bewunderung durch nüchterne Erkenntnis zu kontrollieren. Auch hier setzt *Völker* die gehätschelten Heiligtümer der Nation der Wirklichkeit und der Wahrheit aus. Vor dem Blick, herab von den selbst errichteten Gipfeln, muß notwendig das Wirkliche verschwimmen und unklar werden. Es gilt, den Blick zu schärfen für das, was der Fall ist, um sich von Ideologien und Idolen nicht den Verstand rauben zu lassen.

Friedel Thiekötter, 1944 in *Neheim-Hüsten* geboren, erlebt das krisenhafte Verhältnis des einzelnen zu seiner Umwelt weniger satirisch als elegisch. Nach dem 1967 erschienenen Gedichtband „Zum Beispiel Immergrün" fand er mit den vier Erzählungen unter dem gemeinsamen Titel „Reisebekanntschaften" (1974) zu seinem zentralen Thema. In wiederholten Annäherungen an den andern versucht der einzelne, aus der eigenen Isolation herauszutreten, und scheitert regelmäßig dort, wo er die Beziehungen vertiefen möchte. Ich und Du bleiben trotz aller Anstrengungen einander fremd, verstrickt in festgeschriebene Verhaltensmuster und Konventionen.

In seinem Roman „Schulzeit eines Prokuristen" (1978) spürt *Thiekötter* den Ursachen der Beziehungskrisen nach, indem er die normierenden und kollektivierenden Einflüsse auf den einzelnen herausstellt. Ziel der Entwicklung ist nicht das eigenartige, unverwechselbare Individuum, sondern der angepaßte Durchschnittsmensch. In einer anonymen Gesellschaft haben persönlich erfüllte Beziehungen zwischen Individuen keinen Platz.

Die Problematik zwischenmenschlicher Beziehungen unter dem Druck gesellschaftlicher Erwartungen und Standards führte *Thiekötter* konsequent zum Jugendbuch. Sowohl in „Jans Reifezeugnis" (1983) als insbesondere auch in „Jeden Tag Schule" (1981) treten die primären Agenturen gesellschaftlicher Dressur ins Blickfeld. Der Unterricht in der Schule ist ein fortgesetzter Dressurakt. Am Ende steht der dressierte einzelne, dem die Institution in ironischer Pointierung die Reife bescheinigt.

Das Verhältnis von Lehrer und Schüler ist belastet von Zuchtmeisterei und institutionellen Zwängen. Der Jugendroman „Jeden Tag Schule" endet mit dem unerfüllbaren Traum des Studienrats Theising: „Ach, so gerne möchte er mal wieder in die Bretagne fahren. Aber nicht allein, bestimmt nicht. Er würde Martin mitnehmen, seinen Lieblingsschüler fragen, ob er mitkomme, und der würde tatsächlich freudig ja sagen." Die Wirklichkeit aber durchkreuzt alle Träume. Zwischen Lehrer und Schüler, Erzieher und Zögling gibt es keine Annäherungen. „Und dann, nach sechs Wochen wird Theising wieder vor dieser oder jener Klasse stehen. Er wird müde sein und froh und seine Schüler vergeblich gern haben."

Dominierte bei *Jägersberg* der Zorn, so bei *Thiekötter* die Trauer angesichts einer funktionellen Gesellschaft. Unter den starren Regelungen ersticken der einzelne und seine Beziehungen zum andern. Die zunehmenden monologischen Erzählpartien, Reflexionen und Wachträume münden werkbiographisch fast zwangsläufig in die lyrische Aussageform. In den beiden Gedichtbänden „Kopfschatten" (1984) und „Einladung zur Kahnfahrt" (1988) sieht sich das Subjekt auf sich selbst zurückgeworfen, nach dem Scheitern der Beziehungsversuche zurückgedrängt in den Monolog:

er ist mir entfallen
im Augenblick
dein Augenblick

mithin
der Schnittpunkt
den wir uns versprachen
verhakt ineinander
und vielfach geteilt

Ist das lyrische Ich bei *Friedel Thiekötter* nach vielen mitmenschlichen Enttäuschungen nur eine Notlösung, so wird das Ich in den Gedichten der 1945 in *Steinheim* geborenen *Anne Steinwart* zum Dreh- und Angelpunkt lyrischen Sprechens. Beide Gedichtbände „Wer hat schon Flügel" (1984) und „Nicht aufzuhalten" (1987) wurden ausgesprochene Absatzerfolge, obwohl die Autorin in prosaischer Alltagssprache und abgegriffenen Bildern nicht gerade originell die Verhaltensmuster der Neuen Subjektivität für das moderne weibliche Bewußtsein lediglich neu formuliert. Das Aussageinteresse des lyrischen Subjekts gilt in monomaner Ausschließlichkeit dem „vernachlässigten Innenleben". Gerade solche Einstellung aber schließt den Dialog mit dem andern und der Welt aus und wirkt im Generationenvergleich atypisch, überholt und unzeitgemäß.

Bei zugestandenen sprachlichen Unzulänglichkeiten sind die Gedichte der 1950 in *Hövelhof* geborenen *Gabriele Diermann* schon eher repräsentativ für das Bewußtsein der Jüngeren. Der bisher einzige Gedichtband „Winter der Liebe" (1985) kreist um die Möglichkeiten einer erfüllten Ich-Du-Beziehung. Neben das Ich tritt gleichberechtigt das Du als Hoffnung und Enttäuschung, als Versprechen und Verweigerung. Nur im Du vermag das Ich aufzuerstehen:

> Da unbelehrbar leide ich
> am selben – immer wieder –
> Du, meine Auferstehung
> und Du, mein unendlicher Tod.

In den Gedichten *Ralf Theniors,* 1945 im schlesischen *Bad Kudowa* geboren, seit über zehn Jahren aber wohnhaft in Westfalen, zuerst im Münsterland, dann in *Dortmund,* ist das Ich Repräsentant des Gesellschaftlichen und Medium gegenständlich konkreter Begegnungen. Das zufällig Private hat im literarischen Werk keinen Platz. Unrhetorisch und unpathetisch nähern sich die prosanahen Gedichte und die Kurzprosa der ersten Buchveröffentlichung „Traurige Hurras" (1977) dem sinnlich erfahrbaren Umfeld, Details einer notwendig begrenzten Welterfahrung, in denen der Zustand des Ganzen sichtbar hervortritt. Das Gedicht läßt sich spontan mit der Wirklichkeit ein, indem es die gewohnten Sichtweisen durchbricht. Lyrisches Sprechen ist jenseits festgefahrener Orientierungsmuster der Versuch einer unmittelbaren Begegnung.

In den neuen Gedichten „Sprechmaschine Pechmarie" (1979) belebt *Thenior* in Sprachspielen und Collagen die im Informations- und Unterhaltungsbetrieb instrumentalisierte Sprache und eröffnet in knappen Momentaufnahmen überraschende Einblicke in Alttagssituationen und in den Umgang mit den medialen Angeboten.

Ein Autor, der sich selbst so sehr an sein Umfeld bindet, ständig nach neuen Eindrücken unterwegs ist, bedarf der Vielfalt der Eindrücke ebenso wie der Veränderungen des Blickwinkels. Nur dann kann er seiner Intention gerecht werden, in immer wieder neuen Annäherungen aus den Gegenständen zu lernen, ihr Verborgenes durch Sprache an den Tag zu bringen.

Das Reisegedicht, in den „Traurigen Hurras" bereits präsent, wird in zwingender Konsequenz zum tragenden Ausdrucksmedium in *Theniors* letzter Gedichtsammlung „Drache mit Zahnweh im Wind" (1990). Der Titel geht auf die Zeile eines Gedichts von 1977 zurück.

> An den Klippen Schaum und Gedonner,
> Wolken färben die See grau
> Hier komme ich auf dem Küstenpfad,
> eine Wolke in Turnschuhen,
> ein Drache mit Zahnweh im Wind.

Die ziellose Bewegung, die Überwindung hektischer Geschäftigkeit führen zur unverstellten Begegnung mit dem, was ist, lösen die gegenständliche

Welt aus ihrem Zweckverbund und machen sie jenseits von Verwertungs- und Nützlichkeitserwägungen wieder anschaubar. Erst dann tritt der einzelne ins Blickfeld, bemerkbar für den Aufmerksamen. „Notiznehmen, notiznehmen von jemandem oder etwas, aufmerksam werden, auf jemanden oder etwas."

Theniors Gedichte sind Orientierungshilfen, Plädoyers für die sensible Erfassung komplexer Wirklichkeit, die fortgesetzt verlorenzugehen droht. Die Beachtung des Details führt zur Achtung vor dem Ganzen, im Augenblick des Erkennens fällt dem Subjekt die Kenntnis der Bedingungen zu, unter denen wir leben.

Aus der Zuwendung zur Alltagssituation und zur konkreten Wirklichkeit entwickelt sich auch die Prosa *Theniors*. In den Geschichten „Radio Hagenbeck" (1984) und „Die Nachtbotaniker" (1986) sind es die Dinge, die die Formel- und Floskelhaftigkeit konventioneller Sprache zusammen mit der totalen Verplanung der Welt in Frage stellen und auf eine Wahrnehmung des Wesentlichen jenseits der Sprachschablonen und der pausenlosen Verwertung drängen. Es gilt die großen Worte und die an sie geknüpften Gewohnheiten mit der technologischen Entfremdung zu überwinden, um die konkrete Wirklichkeit wieder Gestalt werden zu lassen.

Dazu nötig aber ist ein Heraustreten aus den eingefahrenen Alltagsgleisen. In seinem Roman „Ja, mach nur einen Plan" (1988) stellt *Thenior* drei arbeitslose Männer am Rande der Gesellschaft vor und entwirft vornehmlich von ihnen aus ein Bild alltäglichen menschlichen Zusammenlebens. Konkreter Handlungsort ist die Ruhrgebietsstadt *Dortmund*. Wie in seinen Geschichten so verzichtet *Thenior* auch hier weitgehend auf eine zwingende Handlungsführung. In einzelnen Szenen und Situationen entsteht eine Welt ohne Vorurteile und Illusionen, die in dem Maß an Wirklichkeit gewinnt, wie sie sich der Geschäftigkeit und der Phrase entzieht. Der Titel ist ironisch gemeint. Verplant und planend entgeht dem einzelnen in einem industriell erstarrten Alltag die Konkretheit eines Daseins, wie es in der planlosen Existenz der drei Hauptgestalten Konturen gewinnt. Nicht auf irgendwie vorgefaßte Meinungen und Wertungen kommt es an, sondern auf Wirklichkeit, wie sie tatsächlich ist, bzw. jenseits moderner Entstellung noch am Rande existiert. Der ideologischen Gesellschaftsanalyse und der subjektivistischen Nabelschau setzt *Thenior* einen neuen Realismus entgegen.

Auf der Suche nach der tatsächlichen Wirklichkeit stieß er nach seinem Umzug aus *Hamburg* nach *Herbern* im Münsterland auf Spuren ursprünglichen Lebens, das in der Beton- und Industrielandschaft der Großstadt längst erstarrt zu sein schien. In den sinnlich farbigen Landschaftsnotizen „Westerwinkler Hundegras" (1989) wird etwas von der Ursprünglichkeit faßbar, das, im Untergang begriffen, in seiner Fülle und Vitalität jenes Lebens- und Überlebensraum ahnen läßt, der in der Umklammerung durch einen abstrakt sich verselbständigenden Fortschritt endgültig unterzugehen droht. *Theniors* Landschaftsnotizen sind Mahnung und Warnung und treten ein für ein authentisches Leben.

> Manchmal ist es nur
> eine Winzigkeit,
> in der man erkennt,
> wie sich alles bewegt.
> Noch.

Thenior ist unter den Jüngeren heute zweifellos einer der bekanntesten mit dem Ruhrgebiet verbundenen Autoren, die sich der Themen und Probleme der Region sozialkritisch annehmen. In der Sachlichkeit des Zugangs steht ihm der 1944 in *Winterberg* geborene, heute in *Bochum* lebende *Rainer W. Campmann* am nächsten. In Erzählungen und Reportagen (u. a. „Schichtarbeit", 1973), aber auch in Gedichtbänden wie „Totes Inventar" (1983) entsteht ein ungeschöntes, unsentimentales Bild der Industriewelt.

Der in *Gelsenkirchen* wohnende, 1952 in *Brilon* geborene *Michael Klaus* bevorzugt in Romanen und Erzählungen wie „Nordkurve" (1982), „Unheimlich offen" (1985), „Brüder zur Sonne zur Freizeit" (1987) und in dem Theaterstück „Rostrevier" (1991) die satirische Darbietung einer von Fehlplanungen und Krisen gebeutelten, in zukunftslosem Konsumdenken versackten Region.

Plakatives Gegenwartstheater macht der 1953 in *Wanne-Eickel* geborene *Willi Thomczyk*. In „Random Access" (1989) dramatisiert er die spektakuläre Geiselnahme von Gladbeck und stellt den grassierenden Egoismus und die beispiellose Menschenverachtung als die Hauptgefährdungen einer Gemeinschaft heraus, die nur in der wirklichen Solidarisierung eine Zukunft hat. Hemmungslose Brutalität des einzelnen dem andern gegenüber steht auch im Mittelpunkt des Stücks „Foxtrott" (1990) um einen Vater, der die eigene Tochter sexuell mißbraucht.

Spannung und Gesellschaftskritik verknüpfen *Peter Schmidt* und *Werner Schmitz* in ihren Erzählungen und Romanen. In Polit-Thrillern wie „Mehnerts Fall" (1981), „Die Regeln der Gewalt" (1985), „Der Agentenjäger" (1986) u. a. schildert der 1944 in *Gescher* geborene *Schmidt* mit den Mitteln des schwarzen Humors die schockierende Kriminalisierung politischen Geschehens. „Linders Liste" (1988) ist die Geschichte eine Mordserie, in der fiktive Ermordungen von Verlegern in makabrer Nachahmung in die Tat umgesetzt werden. Mit hintergründigem Witz entsteht eine Parabel von der Spannung zwischen geistiger und wirtschaftlicher Produktivität. *Werner Schmitz,* 1948 in *Bochum* geboren, stellt in „Dienst nach Vorschuß" (1985), „Auf Teufel komm raus" (1987) und in weiteren satirischen Kriminalromanen Korruption und Wirtschaftskriminalität in spannenden und zugleich kritisch aufrüttelnden Handlungen bloß

„Meine Sehnsucht entspringt dem genauen Hinsehen auf die Wirklichkeit." Dieser Satz charakterisiert das Schreiben der jüngeren Autoren im allgemeinen wie das Schreiben der 1946 im sauerländischen *Brachthausen* geborenen *Ulla Hahn,* von der dieser Satz stammt, im besonderen. *Ulla Hahns* Wirklichkeit, so wie sie in ihren Werken erscheint, konzentriert sich jedoch im Unterschied zu dem sozial breiter gespannten Panorama in den Werken der vorausgegangenen Autoren auf die Liebe zwischen Mann und Frau. In ihren Gedichtbänden „Herz über Kopf", 1981; „Spielende", 1983; „Freudenfeuer", 1985; „Unerhörte Nähe", 1988 und in ihrem bisher einzigem Roman „Ein Mann im Haus", 1991 kreist sie um Möglichkeiten erotischer Erfüllung, um das Glück, das in der Nähe zum Geliebten liegt, und um Enttäuschung und Leiden, die aus der Trennung entspringen.

Ulla Hahns Domäne ist das Liebesgedicht, Bekenntnis zur vorbehaltlosen Hingabe und zur Erfüllung des Ich in der Vereinigung mit dem Du, Erkenntnis aber auch der Gefährung und Brüchigkeit der Liebesbeziehung. Gerade der, der sich ganz öffnet und preisgibt, empfindet die kurzfristige bloße Vereinnahmung und die Abwendung als persönliche Katastrophe, am Ende stehen Enttäuschung und Vereinsamung. Dennoch bleibt die Sehnsucht nach Liebeserfüllung, weil nur sie eine lohnende, überlebensfähige Wirklichkeit zu begründen vermag. Das skeptische Liebesgedicht zwischen Zweifel und Sehnsucht spiegelt in betont sinnlicher Symbolsprache das gestörte Verhältnis der Geschlechter, aber auch die Gewißheit, daß eine Welt ohne Liebe zwischen Mann und Frau eine unerträglich arme Welt ist.

Mit Haut und Haar

ich zog dich aus der Senke deiner Jahre
und tauchte dich in meinen Sommer ein
ich leckte dir die Hand und Haut und Haare
und schwor dir ewig mein und dein zu sein.

Du wendetest mich um. Du branntest mir dein Zeichen
mit sanftem Feuer in das dünne Fell.
Da ließ ich von mir ab. Und schnell
begann ich von mir selbst zurückzuweichen

und meinem Schwur. Anfangs blieb noch Erinnern
ein schöner Überrest der nach mir rief.
Da aber war ich schon in deinem Innern
vor mir verborgen. Du verbargst mich tief.

Bis ich ganz in dir aufgegangen war,
da spucktest du mich aus mit Haut und Haar.

Im scheinbar unausweichlichen Scheitern der Liebe artikuliert sich eine unüberhörbar kritische Haltung einer Pseudowirklichkeit gegenüber, in der flüchtiger Konsum und vordergründiges Genußstreben von allen Lebensbereichen Besitz ergriffen haben. Das weibliche Subjekt im Gedicht reklamiert den Verlust individueller Liebe in einer anonymen Verwertungsgesellschaft.

> Niemand hört sie
> sie weiß es sie liebt
> ins Leere
> Schaut einen Strauß Narzissen an
> als hätte es ihn gegeben
> Schaut auf ein Paar Tage und Nächte zurück
> als hätte sie davon gelesen.

Das Gedicht bewahrt die Erinnerung an eine Liebe auf, die immer unwirklicher wird und dennoch einmal gewesen ist. Solange die Orientierung an oberflächlicher Bedürfnisbefriedigung anhält, muß die Liebe indes ein Glücksfall bleiben, der in literarischen Anspielungen auf mittelalterliche Dichtungen, religiöse Texte und Märchen in seiner Allgegenwart durch die Zeiten immer wieder neu beschworen wird. Die Liebesgedichte *Ulla Hahns* verleugnen niemals den gesellschaftlichen Zustand, der sie bedingt und gefährdet, sie hören aber auch nicht auf, diesen Zustand im Namen der Liebe in Frage zu stellen.

In ihrem Roman „Ein Mann im Haus" rechnet *Ulla Hahn* mit dem Mann ab, der aus dem lust- und leidenschaftslosen Ehealltag in außereheliche erotische Nebenstunden flieht, sooft die Gelegenheit günstig ist und die Lust ihn treibt. Liebe wird zum Pausenfüller, ein unkomplizierter Lustgewinn, scheinbar folgenlos für den Ernstfall. Hansegon, der Küstermann, degradiert die Geliebte zur beliebig verfügbaren Prostituierten, und während sie noch auf Dauer hofft, genießt er unter fadenscheinigen Versprechungen die kurzfristig erlebten Freuden.

Die eigentliche Romanhandlung setzt dort ein, wo die Frau ein schwankhaft satirisches Strafgericht über den Mann hereinbrechen läßt. Gefesselt und geknebelt, ist er es nun, über den verfügt wird, wehrloses Opfer der Frau, die er sich bisher gefügig gemacht hatte. Ein Spiel mit vertauschten Rollen nimmt seinen Lauf, bis das Maß voll ist und sie ihn einfach abkippt: „Endlich, da sie versuchte, ihn an den Beinen nach draußen zu zerren, gab er auf, rutschte vom Sitz aus der Tür in den naßkalten Kiessand, sie kippte ihn zur Seite und warf die Autotür zu." Die Scham über das Erlittene, vielleicht aber auch über das eigene Verhalten, das ihn in diese Lage gebracht hat, verschließt ihm fortan den Mund.

Die Fiktion einer Abrechnung, bewußt durchsetzt mit degoutanten Details und obszöner Drastik, ist kein emanzipatorisches Husarenstück, sondern Ventil des beleidigten weiblichen Gefühls, die Inszenierung eines grausamen Spiels, in dem die Frau die Standardrolle des Mannes übernimmt, um ihn heilsam bloßzustellen. Auf der Strecke bleibt der ewige Macho, eine Entwicklung, weniger Wirklichkeit als Wunsch, ein Wunsch aber, wenn er in Erfüllung ginge, die Wirklichkeit menschlich bereichern müßte. „Schreibend suche ich die Möglichkeiten", bekennt *Ulla Hahn,* „die über das, was ich weiß, bevor ich die Worte setze, hinausgehen. So vernehme ich mich selbst und die Wirklichkeit auch."

Brigitta Arens, 1948 in *Oeventrop* bei *Arnsberg* geboren, schreibt gelebtes Leben auf, „daß nichts verlorengeht in der Zeit". In ihrem bisher einzigen Roman „Katzengold" (1982) halten sprunghaft wechselnde Rückblenden den linearen Zeitverlauf immer wieder an, die vergegenwärtigte Erinnerung verdrängt die in das Vergessen abgleitende Gegenwart. Und dennoch, trotz aller Versuche, die Grenzen erzählend aufzuheben, geht das Leben weiter. Am Ende sind Kindheit und Jugend unwiederbringlich verstrichen, und die Erzählerin steht auf der Schwelle des Erwachsenseins, dem sie erfolglos zu entrinnen versuchte.

Der temporalen entspricht die modale Struktur des Erzählens. Ständig vermischen sich Reales mit Fiktivem, Träume, Wünsche, Märchenhaftes und literarische Reminiszenzen dringen in die Wirklichkeit ein, gewinnen ein scheinbar reales Eigenleben und lösen sich vor dem andrängend Wirklichen letztlich wieder auf. Wie die Gegenwart vor der erinnerten Vergangenheit, so behauptet der reale Alltag vor dem Träumen und Wünschen sein Recht. Wirklichkeit ist für die Erzählerin der Komplex von Vergangenem und Gegenwärtigem, von Realität und Bewußtsein, von Alltag und Poesie. Wirklich ist nicht nur, was ist, sondern auch, was sein könnte und im Sinne individuellen Glücks sein sollte. Wirklich sind Enttäuschung, Leiden, Altern und Sterben, aber auch die erträumte Erfüllung, die Wünsche, zu leben und glücklich zu sein. Wirklich ist die Enge erlebter Welt und die Weite des Erlebbaren in der Phantasie.

„Die Geschichte eines gewöhnlichen Lebens . . . ist die Geschichte eines Scheiterns. Und daß sich all die unerfüllten Hoffnungen am Ende wenigstens noch als Schmerz bemerkbar machen, erscheint mir fast ein Grund zu neuer Hoffnung." Erzählen heißt, die Enttäuschungen, aber auch die Hoffnung auf Erfüllung aufzubewahren, den Märchenglauben an eine Zeit, als das Wünschen noch geholfen hat, aufrecht zu erhalten, den Glauben daran, daß sich eines schönen Tages das trügerische Katzengold des Lebens in lauteres Gold verwandeln wird. „Und wo versteckt sich das Leben? In einem Buch. Kann man so rechnen: zwei Seiten Entsetzen, eine Seite Wut und Verzweiflung, eine halbe Seite Hoffnung. Die andere Hälfte bleibt frei. Zur Sicherheit."

Brigitta Arens ist eine realistische und zugleich poetische Erzählerin, die Wirklichkeit und Möglichkeit miteinander verknüpft, indem sie sich nie-

mals abfindet mit dem, was ist. Das Lebensbuch bleibt zur Hälfte unge-
schrieben, Platz genug für die Erfüllung der Lebensträume.

Ähnlich begreift auch der 1949 in *Lüdenscheid* geborene *Christian Linder*
Literatur als Erweiterung des Wirklichen um das Mögliche, als Lebensentwurf schlechthin. Werktitel wie „Leben & Schreiben" „Schreiben & Leben"
(1974) und „Die Träume der Wunschmaschine" (1981) unterstreichen bereits die utopische Dimension von Literatur, die bei aller Wirklichkeitsnähe
niemals das für eine humane Existenz Wünschenswerte aus den Augen verliert.

Dem 1955 in *Münster* geborenen *Uwe Wolff,* der bereits 1982 für seine
Erzählung „Thomas Mann auf der Seefahrt nach Oslo" (1980) mit dem
Thomas-Mann-Förderpreis ausgezeichnet wurde, geht es weniger um die
Darstellung und den Entwurf von Wirklichkeit als um die Destruktion einer
nur in Worten lebenden Pseudowelt mit den Mitteln der Parodie. Sein 1982
erschienener Roman „Papa Faust" parodiert den Ökokult und die New-Age-
Bewegung ebenso wie den Emazipationsjargon und die neue Sensibilität.
Symbolfigur ist der provinziell vertrottelte Papa Faust „auf einer Bank unter
den weitausladenden Wipfeln eines schattenspendenden Baumes... um
ihn herum das Gewimmel der Schafe", der, „alles hektische Treiben der
Welt hinter sich gelassen hat", auch wenn die Welt hinter seinem Rücken
bereits unterzugehen beginnt.

Der neue sensible Mann mutet seiner Frau, die gerade die „Scheißpille"
abgesetzt hat, nicht ohne weiteres eine Schwangerschaft zu: „Juttas Eier-
stock muß erst wieder zu sich selbst finden." Die emanzipierte Frau doziert,
das Märchen vom Rotkäppchen sei nichts anderes als eine „Vergewalti-
gungsparabel", eine Drohbotschaft an die Adresse der Frau, „niemals das
Haus zu verlassen und sich immer unter den Schutz des Mannes zu stellen".
Wolff entlarvt die Wortmaskeraden, die Jargonrituale und den esoterischen
Kitsch der New-Age-Szene, das soziologische und psychoanalytische Phra-
senrepertoire, die Pseudowirklichkeit aus fortgesetztem Geschwätz.

Bei aller parodistischen Treffsicherheit indes wirkt der Roman gelegentlich langatmig, das Parodistische überdehnt. Deutlicher noch tritt dies im
zweiten Roman „Der ewige Deutsche" (1984) zutage. Die „Geschichte aus
jugendbewegten Tagen" spielt in Deutschland vor dem ersten Weltkrieg.
Mit den Mitteln parodistischer Sprachmasken und Zitatmontagen soll eine
geistig verworrene Zeit dekuvriert werden, der *Rilke*-Kult, die Wandervogel-
bewegung und die Männerbünde, die germanisierende Mystik, die nationalistische Ideologie sowie das hohle Pathos und der kollektive Rausch. Erneut
versucht *Wolff* eine verbale Pseudowirklichkeit zu treffen, die mehr und
mehr die eigentliche Wirklichkeit verdrängte und ins Chaos führte.

Weniger allerdings wäre hier mehr gewesen. Die Prosa-Parodie läuft
zusehends leer, ermüdet und verfehlt am Ende ihre kritische Intention.

Wolff ist ein begabter Parodist der Phrase, die vorgibt, letzte Wahrheiten zu verkünden und regelmäßig Verwirrung und Verirrungen stiftet. Verfehlt scheint nur das Genre, das die gebotene parodistische Pointierung durch epische Breite und wiederholtes Persiflieren des Gleichen entschärft.

Vielbeachtete Beiträge zur jüngeren Lyrik haben die beiden westfälischen Autoren *Hans Georg Bulla* und *Hans-Ulrich Treichel* geleistet. Trotz einiger Veröffentlichungen, die wie „Landschaft mit langen Schatten" (1978), „Nachtaugen" (1983) und „Auf dem Landrücken" (1985) neben Gedichten auch Kurzprosa enthalten, ist der 1949 in *Dülmen* geborene *Bulla* in erster Linie Lyriker. Sein erster reiner Lyrikband „Weitergehen" von 1980 ist noch im wesentlichen bestimmt von Ichbefragung und Selbsterforschung. In der Situation des lyrischen Ichs spiegelt sich der krisenhafte Zustand des einzelnen auf der Suche nach Orientierung. Das Gedicht wird zum Medium individueller Verunsicherung und Verstörung:

> Was wissen wir noch: wie es gewesen
> ist und wie lange es dauern wird
> bis wir wieder heimisch werden
> in der gewohnten Verzweiflung.

Im Wir artikuliert das Ich das Beispielhafte seiner Situation, die drohende Verzweiflung als existentielles Schicksal. Aufmerksam registriert das Gedicht die Realität verunsicherten Bewußtseins. In präzis verknappter Sprache entsteht das Protokoll einer exemplarischen Krise. Die schmerzhaft gesteigerte Sensibilität verweigert bequeme Lösungen und durchkreuzt alle Versuche, sich problemlos einzurichten.

> Wie sollen wir leben, wenn
> die Haut durchsichtig wird.

Doch das Gedicht hält die Krise aus, faßt sie in Sprache und deutet bei zunehmender Objektivierung und Erkenntnis Möglichkeiten der Entspannung an. *Bullas* Gedichte lesen sich wie die lyrische Biographie einer existentiell repräsentativen Rolle. Aus der Enge und Eindimensionalität der Selbsterforschung tritt das lyrische Ich im zweiten Gedichtband „Der Schwimmer" (1982) schließlich „Ins Freie", so der Titel des einleitenden Gedichts:

> Wasser unterm Eis,
> es fließt, die wärmren
> Tage werden kommen.
>
> Eine Tür, die offen steht,
> ist alles, was ich brauche,
> ist alles, was ich will.

Mit dem Aufbrechen der Ich-Erstarrung ist der Weg zum Du bereitet. Die

Freiheit zur vorbehaltlosen Begegnung mit dem andern setzt die Selbstbefreiung voraus. Erst die krisenhafte Erfahrung des Ungenügens an sich selbst öffnet das Bewußtsein für das Erleben erfüllter Gemeinschaft und hebt die monologische Isolation in der dialogischen Annäherung auf. Das Bedeutung evozierende Bild tritt an die Stelle empfindsamer Bewußtseinsaussprache und konkretisiert das lyrische Sprechen.

Bullas dritter bei Suhrkamp erschienener Band „Kindheit und Kreide" (1986) nähert sich nach der Selbstanalyse und der Selbstbefreiung der Wirklichkeit des sinnenhaften Augenblicks. Das Hinaustreten aus der subjektiven Verengung ins Freie wird zur Bedingung eines neuen Welterlebens. In der lakonischen Prägnanz des Gedichts liegt die Chance, den wahrgenommenen Sinn der Dinge im Kern zu erfassen.

> Vom Rand her
>
> Haubentaucher auf dem
> See noch jedes Jahr
> sehen wir sie wie
> plötzlich sie fort sind
> und wieder dort wo
> wir sie nicht erwarten
> über Wasser unter Wasser
> ein doppeltes Leben
> zwei umeinander in eigenen
> Kreisen die sehen wir
> beide vom Rand her

Wirklichkeit ereignet sich im Augenblick sinnenhafter Wahrnehmung. Das lyrische Subjekt legt nichts in das Wahrgenommene hinein, sondern macht in spontaner Erkenntnis das Bedeutungsvolle sprachlich anschaubar. Dadurch, daß das Ich selbst an den Rand tritt, treten die Dinge und ihre Botschaft um so deutlicher hervor. Mit seinem dritten Gedichtband öffnet *Bulla* das Gedicht für die Wirklichkeit. Der Lyriker, indem er den Blick von innen nach außen wendet, wird zum Mittler zwischen Sinnlichkeit und Sinn, zwischen Sein und Bewußtsein. In dem Band „Verspätete Abreise" (1986) betonen die beigegebenen Zeichnungen die Verbindung von Text und Bild, wie denn überhaupt eine Reihe von Gedichten *Bullas* vom konkreten Bild ihren Ausgang nehmen.

Mit der Zuwendung zu dem, was ist, gewinnt das lyrische Ich seine Kritikfähigkeit zurück:

> Zäune, frisch gezogen
> gegen den gewohnten Lauf,
> einen andren Weg neu
> auszutreten, wieviel Zeit
> bleibt uns noch und Geduld

für diesen Flecken Erde,
verdrahtet, aufgeladen.
Ein Rasenstück hebe ich
mir auf die Hand und
dir vor die Augen:
Ein Leben, das kleiner
wird und kleiner.

Widerspruchsvoll stehen sich gewachsene und gemachte Wirklichkeit gegenüber, unmittelbares Leben und vermittelte Leblosigkeit, die vertraute natürliche Heimat und die Anonymität technischer Entfremdung. Das Leiden an der menschlichen Existenz weicht dem Leiden an der modernen Welt. Geblieben aber ist die empfindsame Art der Annäherung, das aufmerksame Registrieren im Augenblick lyrischer Erkenntnis.

Die Lyrik des 1952 in *Versmold* geborenen *Hans-Ulrich Treichel* ist mehr durch expressive Sprachgesten geprägt als durch das Bedeutung evozierende Bild. Der leidenschaftlich pathetische Ausdruck verdrängt die ruhig verharrende Anschauung. Insbesondere unter dem Einfluß *Brechts* versteht *Treichel* das Gedicht zunächst als eine spezifische Art kritisch eingreifenden Handelns. In seiner ersten großen Veröffentlichung „Ein Restposten Zukunft" (1979) fühlt er sich „aufgefordert / Hand anzulegen / mitzutun / zu vollenden / was die Freunde begannen." Deutlich spricht aus den Zeilen noch die Aufbruchstimmung der Studentenbewegung der 70er Jahre.

Doch bereits in der zweiten Gedichtpublikation „Tarantella" (1982) scheint der Restposten Zukunft vertan, das bißchen Zuversicht aufgebraucht. „Schlimmstenfalls ist ausgeträumt / Was wir wollten längst verloren." Trotz Ausbeutung und Aufrüstung, trotz sozialer Ungerechtigkeit und industrieller Umweltverhunzung triumphiert das satte bundesrepublikanische Spießerdasein über den lebendigen Willen zur Veränderung. In *Treichels* Lyrik spiegelt sich beispielhaft die Enttäuschung der linken Studentenbewegung, die Niederlage der Hoffnung auf eine menschlichere Welt.

Schwärzeste Resignation spricht aus den 9 vertonten Liedern für *Arthur Rimbaud* „Aus der Zeit des Schweigens", ein Oratorium, das 1984 in der Musikhochschule *Köln* uraufgeführt wurde. Die Gedichte kommentieren und pointieren Briefe *Rimbauds* an seine Mutter und an seine Schwester von der Küste des Roten Meers und aus Abessinien. „Es sind die Briefe eines einsamen, immer wieder scheiternden und schließlich sterbenden Mannes." *Treichels* Gedichte lesen sich wie ein Requiem, ein Schwanengesang am Ende eines großen Aufbruchs, erstickt in der Saturiertheit eines sich ausbreitenden restaurativen Klimas. *Rimbaud* wird zur Identifikationsfigur.

Das große Verbrechen der Hoffnung
ist nicht zu sühnen
Auch wenn die Tränen
bezahlt sind, das Gebet und das Grab.

Mit den *Rimbaud*-Liedern ist der tiefste Punkt erreicht. Aus der Hoffnungslosigkeit und der Ohnmacht scheint kein Weg mehr herauszuführen. Eine Welt, die sich der Veränderung entzieht, der Generation der Jüngeren die Mitgestaltung versagt und sich der Unmenschlichkeit eines blinden Fortschrittswahns verschreibt, gibt sich selbst preis und treibt unweigerlich in den Untergang.

In diesen Mörderzeiten

Die Engel tragen Totenhemden
In diesen Mörderzeiten

Die Küsse sind aus Blut gemacht
Was längst verdarb ist aufgewacht

Es lärmt von allen Seiten
Es brüllt nach Krieg und Untergang

Wir fürchten uns ein Leben lang
Wir lieben uns nur einen Tag

Die Stummen trifft der erste Schlag
Nur eine Nacht die uns gehört

Die Engel leben unbeschwert
Sie singen Galgenlieder

Bring heute deine Liebste heim
Du tust es niemals wieder

Das Gedicht aus dem 1985 erschienenen Band „Liebe Not" beschwört in irritierendem Kontrast eine todgeweihte Welt im Wohlklang des Reims. Gegen das unaufhörliche Morden, gegen das Ende der Liebe und das Absterben der Engel, gegen die Häßlichkeit des Chaos setzt *Treichel* die Schönheit der Form. Eine Sprachgeste steht am Ende der Hoffnung, Relikt und Refugium. Wie „alle echten Radikalen" heißt es an anderer Stelle, hat das lyrische Ich „die Liebe zur Oper entdeckt". Doch die Dichter lügen angesichts der für sich selbst sprechenden *Arnimschen* Gräber in Wiepersdorf in dem bisher letzten Gedichtband „Seit Tagen kein Wunder" (1990):

Kein Hügel aus Rosen
Kein Morgen voll Licht
So reden die Dichter
Sie lügen – ihr nicht.

Prometheus, den Heils- und Segensbringer der Menschen, dem *Treichel* gleich zwei Gedichte widmet, bleibt nichts anderes, als sich ohnmächtig abzuwenden von einer Welt unaufhörlicher Geschäfte und Kriege. Angesichts der „Gärten wie Asche", der baumlosen Steppe und des leeren Himmels bewegt ihn der Wunsch, sich selbst zu zerreißen. Der *Treichel*sche Prometheus verkörpert das verzweifelte, trauernde lyrische Ich in einer offenbar hoffnungslosen Gegenwart. Doch solange das melancholische Pathos des Gedichts Verzweiflung und Trauer am Leben erhalten, überleben auch Unbehagen und Verneinung, die Erinnerung und der Traum von dem, was verlorengegangen ist:

Alles vergeht

Das bißchen Himmel
wird auch immer kleiner.
Die Spatzen merken noch nichts.
Aber ich schaue nicht mehr
nach oben.
Alles vergeht.
Vielleicht überleben die Autos.
Oder der Stacheldraht.
Nein, die Saurier fehlen mir nicht.
obwohl ich manchmal
noch von Bäumen träume:
Große dunkle Wesen
aus Holz.

Mit dem Band „Von Leib und Seele" debütierte *Treichel* 1992 auch als Prosaist. Aus einzelnen, scheinbar zufällig ausgewählten Mosaiksteinchen setzt sich ein dunkel getöntes Lebensbild zusammen. Auffällig, wie schon früh alle Annäherungen an die andern, an die Heimat ins Leere laufen, Dialog- und Kontaktversuche scheitern, das soziale Umfeld antwortlos bleibt. Das Ich sieht sich in einer beziehungskranken, verhunzten Welt auf sich selbst zurückgeworfen, ohne allerdings in Selbstmitleid zu versinken. Trauer über eine Existenz in einer fremd werdenden Welt, aber auch Trotz, sich selbst treu zu bleiben, sich die Spontaneität und die Ungetrübtheit des eigenen Empfindens zu erhalten, und sei es um den Preis der Vereinsamung, verbinden sich zu einem Lebensentwurf skeptisch illusionsloser Distanz, zu einem Versuch, sich schreibend eine Welt vom Leib und von der Seele zu halten, die den einzelnen zeitlebens mit Verletzung bedroht. Die Skepsis angesichts liebloser Gegenwart mündet in die innere Emigration des Dichters, in die ebenso trotzige wie aufrüttelnde Verneinung im Namen des Menschen und der Menschlichkeit.

Zum Schluß

Am vorläufigen Endes eines Gangs durch die fast 250jährige Geschichte anerkannter und unbekannter, entdeckter und zu entdeckender westfälischer Literatur ist die Dialektik von Regional- und Nationalliteratur, sofern der literarische Anspruch den Maßstab bildet, unverkennbar. Regionalliteratur ohne Verbindung mit den übergreifenden geistigen Strömungen der Zeit muß notwendig provinziell bleiben, eine Nationalliteratur aber ohne ihre regionalen Facetten ist undenkbar. Beachtenswerte und beachtliche Autoren aus und in Westfalen sind Grenzgänger zwischen der Enge und der Weite, Provinzbewohner und Weltbürger zugleich. Loslösung ist für ihr Schaffen ebenso wichtig wie Bindung, der Rückblick nicht weniger wichtig als der Ausblick.

Hans-Ulrich Treichels Gedicht „Westfälische Himmelfahrt" gestaltet solches Bewußtsein bei aller kritischen Distanz beispielhaft. Es soll den Gang durch die Literatur Westfalens zunächst beschließen, ohne die die deutsche Literatur um eine Reihe charakteristischer Autoren und repräsentativer Werke ärmer wäre:

Westfälische Himmelfahrt

Steine und Flüche flogen
mir nach als ich himmelwärts
aufstieg mit Jubelgeschrei,
als ich zischend mit rauchenden
Füßen und brennendem Haar in
den Lüften verschwand, nur
den Würmern werde ich fehlen,
rief ich zum Abschied und zog
meine Kreise über kauendem
Vieh, über Wiesen und Gärten,
Fabriken und Villen, wer weiß
wann ich wieder auf schwitzende
Väter, auf schwatzende Mütter,
auf eure besonnten Terrassen
mich stürze, wer weiß.

Literaturhinweise

I. Autoren, Werke, Briefe (Auswahl)

Aloni, Jenny: Gesammelte Werke in Einzelausgaben. 5 Bde. Hrsg. v. Friedrich Kienecker u. Hartmut Steinecke. Paderborn 1990–92.
Altenbernd, Ludwig: Eine Auswahl aus seinen Dichtungen. Detmold 1919.
Althaus, Peter Paul: „Was weißt, oh Onkel Theo, Du . . . ". Emsdetten 1968.
Anneke, Mathilde Franziska: Die gebrochenen Ketten. Erzählungen, Reportagen und Reden 1801–1873. Hrsg. v. Maria Wagner. Stuttgart 1983.
Arens, Brigitta: Katzengold. Roman. München 1982.

Bachmann, Moritz: Bertrade. Eine Erzählung aus den Zeiten der Hexenverfolgung um Friedrich von Spee. Mit einem Nachwort hrsg. v. Winfried Freund. Paderborn 1991.
Bäumer, Gertrud: Der ritterliche Mensch, die Naumburger Stifterfiguren. Berlin 1941.
Berens-Totenohl, Josefa: Die Leute vom Femhof (Der Femhof, Frau Magdlene). Sonderausgabe. Düsseldorf-Köln o. J.
Brackel, Ferdinande von: Die Tochter des Kunstreiters. Roman. Köln 1875 u. ö.
Brackel, Ferdinande von: Mein Leben. Köln 1901.
Broxtermann, Theobald Wilhelm: Gedichte. Münster 1794.
Bulla, Hans Georg: Weitergehen. Gedichte. Frankfurt/M. 1980.
Bulla, Hans Georg: Der Schwimmer. Gedichte. Frankfurt/M. 1982.
Bulla, Hans Georg: Kindheit und Kreide. Gedichte. Frankfurt/M. 1986.

Daniel von Soest: Ein gemeine Bicht. Hrsg. u. erl. v. Franz Jostes. Paderborn 1888.
Droste-Hülshoff, Annette von: Sämtliche Werke 2 Bde. Hrsg. v. Günter Weydt und Winfried Woesler. München 1978.
Droste-Hülshoff, Annette von: Werke und Briefe. Historisch-kritische Ausgabe. Hrsg. v. Winfried Woesler. Tübingen 1978 ff.
Droste-Hülshoff, Annette von: Die Briefe. Gesamtausgabe. 2 Bde. Hrsg. v. Karl Schulte Kemminghausen. Jena 1944. (Nd. 1968)

Engelke, Gerrit: Rhythmus des neuen Europa. Gedichte. Jena 1921.

Freiligrath, Ferdinand: Werke 6 Tle. Hrsg. v. Julius Schwering. Berlin u.a.O. 1909.

Grabbe, Christian Dietrich: Werke und Briefe 6 Bde. Historisch-kritische Ausgabe. Hrsg. v. Alfred Bergmann. Emsdetten 1960–73.
Grimme, Friedrich Wilhelm: Ausgewählte Werke. Hrsg. v. Gisela Grimme-Welsch. Münster 1983.
Grisar, Erich: Zwischen den Zeiten. Ausgewählte Gedichte. Hamburg 1946.
von der Grün, Max: Irrlicht und Feuer. Darmstadt 1963.
von der Grün, Max: Vorstadtkrokodile. Kinderbuch. Darmstadt 1976.

Hädecke, Wolfgang: Leuchtspuren im Schnee. München 1963.

Hahn, Ulla: Herz über Kopf. Gedichte. Stuttgart 1981.

Hahn, Ulla: Ein Mann im Haus. Roman. Stuttgart 1991.

Hart, Heinrich: Gesammelte Werke 4 Bde. Hrsg. v. Julius Hart. Berlin 1907 ff.

Hart, Heinrich u. Julius: Kritische Waffengänge 6 Hefte. Leipzig 1882–84.

Hatzfeld, Adolf von: Melodie des Herzens. Gesammelte Gedichte. Hattingen 1951.

Hensel, Luise: Lieder. Paderborn 1869 u. ö.

Hensel, Luise: Lieder, Gedichte und Gebete. In: Winfried Freund: Müde bin ich geh' zur Ruh'. Leben und Werk der Luise Hensel. Rheda-Wiedenbrück 1984. S. 73–140.

Hensel, Luise u. Christoph Bernhard Schlüter: Briefe aus dem deutschen Biedermeier 1832–1876. Hrsg. v. Josefine Nettesheim. Münster 1962.

Hille, Peter: Gesammelte Werke. Hrsg. v. seinen Freunden. Eingel. v. Julius Hart. 3. Aufl. Berlin 1921.

Hille, Peter: Gesammelte Werke 6 Bde. Hrsg. v. Friedrich Kienecker. Essen 1984–86.

Immermann, Karl: Werke 5 Bde. Hrsg. v. Harry Maync. Leipzig 1906. Bd. 1: Münchhausen

Jägersberg, Otto: Weihrauch und Pumpernickel. Ein westphälisches Stittenbild. Zürich 1964 u. ö.

Jansen, Erich: Aus den Briefen eines Königs. Gedichte. Köln 1963.

Jansen, Erich: Die nie gezeigten Zimmer. Lyrik und Prosa. Aachen 1987.

Johannimloh, Norbert: Appelbaumchaussee. Geschichten vom Großundstarkwerden. Zürich 1983 u. ö.

Johannimloh, Norbert: Riete – Risse. Gedichte. Ausgew. und mit einem Nachwort von Jürgen Hein. Paderborn 1991.

Jung-Stilling, Johann Heinrich: Lebensgeschichte. Hrsg. v. Gustav Adolf Benrath. Darmstadt 1976.

Kämpchen, Heinrich: Aus Schacht und Hütte. Gedichte. Bochum 1899.

Kortum, Karl Arnold: Die Jobsiade. Ein komisches Heldengedicht. Hrsg. v. Fritz Bobertag. Stuttgart 1906.

Luhmann, Heinrich: Korn und Brot. Auswahl aus dem Werk. Iserlohn 1941.

Meister, Ernst: Ausgewählte Gedichte 1932-1979. Erw. Neuausgabe. Darmstadt-Neuwied 1979.

Meister, Ernst: Hommage, Überlegungen zum Werk, Texte aus dem Nachlaß. Hrsg. v. Helmut Arntzen u. Jürgen P. Wallmann. Münster 1985.

Möser, Justus: Sämtliche Werke. Historisch-kritische Ausgabe. Hrsg. v. W. Kohlschmidt u. a. Akademie der Wissenschaften zu Göttingen. Oldenburg/Hamburg 1944 ff.

Möser, Justus: Anwalt des Vaterlandes. Ausgew. Werke. Hrsg. v. Friedemann Berger. Leipzig u. Weimar 1978.

Möser, Justus: Briefe. Hrsg. v. E. Beins/W. Pleister. Veröffentlichungen der Hist. Kommission für Hannover 21 (1939).

Multhaupt, Hermann: Und mein Versprechen in deine Hand. Roman um einen Schutzengel. Paderborn 1988.

Petri, Julius: Pater peccavi. Roman. Stuttgart 1892.

Reding, Josef: Nennt mich nicht Nigger. Kurzgeschichten. Recklinghausen 1957.

Röttger, Karl: Ausgewählte Werke 2 Bde. Hrsg. v. Hella Röttger u. Hans Martin Elster. Emsdetten 1958.

Sack, Gustav: Gesammelte Werke 2 Bde. Hrsg. v. Paula Sack. Berlin 1920.
Schallück, Paul: Engelbert Reineke. Roman. Frankfurt/M. 1959.
Schallück, Paul: Zum Beispiel. Essays. Frankfurt/M. 1962.
Schlüter und die Droste: Dokumente einer Freundschaft. Briefe von Christoph Bernhard Schlüter an und über Annette von Droste-Hülshoff. Hrsg. v. Josefine Nettesheim. Münster 1956.
Schlüter, Heinrich (d.i. H. Schlütz): Der Kreuzträger. Roman aus dem Eggegebirge. Paderborn 1940.
Schücking, Levin: Ausgewählte Romane. Leipzig 1864.
Schücking, Levin u. Ferdinand Freiligrath: Das malerische und romantische Westphalen. 2. umgearb. Auflage. Paderborn 1872. (Nd. 1977)
Schwarze, Hans Dieter: Kurz vorm Finale. Prosa und Verse aus vierzig Jahren. Hrsg. v. Jürgen P. Wallmann. Emsdetten 1986.
Schwarze, Hans Dieter: Geh aus mein Herz. Erinnerungen an eine Jugend 1926–1945. Münster 1990.
Seiler, Josef: Aus alter Zeit. Sagen und Balladen. Mit einem Vor- und einem Nachwort hrsg. v. Walburga Freund-Spork. Paderborn 1991.
Sonnenberg, Franz von: Donatoa. Epopöie 2 Tle. Halle 1806/07.
Sonnenberg, Franz von: Gedichte. Rudolstadt 1808.
Spee, Friedrich: Cautio Criminalis oder Rechtliches Bedenken wegen der Hexenprozesse. Aus dem Lateinischen übertragen und eingel. v. Joachim-Friedrich Ritter. München 1982.
Sylvanus, Erwin: Korczak und die Kinder. Ein Stück. Hamburg 1957 u. ö.
Stach, Ilse von: Weh dem der keine Heimat hat. Roman. München 1921.
Stach, Ilse von: Wie Sturmwind fährt die Zeit. Gedichte aus drei Jahrzehnten. Eingel. v. Aloys Christof Wilsmann. Münster 1948.
Stramm, August: Dein Lächeln weint. Gesammelte Gedichte. Mit einer Einleitung von Inge Stramm. Wiesbaden 1956.
Stramm, August: Das Werk. Hrsg. v. René Radrizzani. Wiesbaden 1963.
Strauß und Torney, Lulu von: Reif steht die Saat. Gesamtausgabe der Balladen und Gedichte. Jena 1926.
Strauß und Torney, Lulu von: Vom Biedermeier zur Bismarckzeit. Aus dem Leben eines Neunzigjährigen. Jena 1933.
Strauß und Torney, Lulu von: Das verborgene Angesicht. Erinnerungen. Jena 1943.
Strauß und Torney, Lulu von: Der junge Heuss im Briefwechsel mit Lulu von Strauß und Torney. Düsseldorf-Köln 1965.

Temme, Jodokus: Erinnerungen. Hrsg. v. Stephan Born. Leipzig 1883.
Temme, Jodokus: Der tolle Graf. Eine Kriminal-Geschichte. Mit einer Einführung und einem Nachwort hrsg. v. Winfried Freund. Paderborn 1991.
Thenior, Ralf: Ja, mach nur einen Plan. München 1988.
Thiekötter, Friedel: Jeden Tag Schule. Würzburg 1981.
Trappe, Hertha: Was ich wandre dort und hier. Frankfurt/M. 1954.
Treichel, Hans-Ulrich: Liebe Not. Gedichte. Frankfurt/M. 1986.
Treichel, Hans-Ulrich: Seit Tagen kein Wunder. Gedichte. Frankfurt/M. 1990.
Treichel, Hans-Ulrich: Von Leib und Seele. Berichte. Frankfurt/M. 1992.
Tuch, Hannes: Gespräche mit Bäumen. Kassel 1951.
Tuch, Hannes: Chronos und der Waldläufer. Rheinhausen 1951.

Tuch, Hannes: Der Horst der großen Vögel. Stuttgart 1955.

Valentin, Thomas: Die Unberatenen. Roman. Hamburg 1963.
Valentin, Thomas: Grabbes letzter Sommer. Frankfurt/M. 1980.

Wagenfeld, Karl: Gesammelte Werke 3 Bde. Hrsg. v. Friedrich Castelle u. Anton Aulke. Münster 1954–83.
Warsinsky, Werner: Kimmerische Fahrt. Stuttgart 1953.
Weber, Friedrich Wilhelm: Gesammelte Dichtungen 3 Bde. Hrsg. v. Elisabeth Weber u. Friedrich Wilhelm Weber (Sohn). Paderborn 1922.
Weerth, Georg: Sämtliche Werke 5 Bde. Hrsg. v. Bruno Kaiser. Berlin 1956.
Wibbelt, Augustin: Gesammelte Werke 10 Bde. Hrsg. v. P. J. Tembrink. Münster 1953–60.
Wibbelt, Augustin: Gesammelte Werke. Hrsg. v. Hans Taubken. Rheda-Wiedenbrück 1985 ff.
Winckler, Josef: Gesammelte Werke. Hrsg. im Auftrag der Nyland-Stiftung. Emsdetten 1984 ff.
Windthorst, Margarete: Mit Leib und Leben. Mit Lust und Last. Zu Erb und Eigen. Romantrilogie. Kempen 1949.
Windthorst, Margarete: Erde und Menschen. Mit einer Monographie über Margarete Windthorst von Inge Meidinger-Geise. Emsdetten 1988.
Wohlgemuth, Otto: Aus der Tiefe. Gedichte eines Bergmanns. Münster 1959.

Zech, Paul: Das schwarze Revier. Gedichte. München 1922.
Zur Linde, Otto: Prosa, Gedichte, Briefe. Ausgew. v. Helmut Röttger. Wiesbaden 1974.

II. Sammlungen zur westfälischen Literatur

Anneke, Mathilde Franziska (Hg.): Producte der rothen Erde. Westpählisches Jahrbuch. Münster 1846.

Bachmann, Moritz (Hg.): Gunloda. Sommertaschenbuch für 1832. Paderborn 1842.
Bachmann, Moritz (Hg.): Gunloda. Westfälisches Taschenbuch für 1833. Paderborn 1833.
Bergenthal, Josef (Hg.): Westfälische Dichter. Deutung und Auslese. Münster 1953.
Bergenthal, Josef (Hg.): Sonderbares Land. Ein Lesebuch von westfälischer Art und Kunst. 4. Aufl. Münster 1967.

Folkerts, Liselotte (Hg.): Münster und das Münsterland im Gedicht. Emsdetten 1982.
Freund, Winfried (Hg.): Schöninghs kleine westfälische Bibliothek 6 Bde. Paderborn 1991. (Spee, Seiler, Temme, Droste-Hülshoff, Johannimloh, Bachmann)
Freund-Spork, Walburga/Winfried Freund (Hgg.): Im kleinen Schatten des Machandelbaums. Westfälische Lyrik aus zwei Jahrhunderten. Rheda-Wiedenbrück 1985.

Hartmann, Hermann (Hg.): Schatzkästlein westfälischer Dichtkunst in hoch- und plattdeutscher Sprache. Minden 1885.
Horstig, Karl Gottlieb/Christian Ulrich von Ulmenstein (Hgg.): Westphälisches Taschenbuch für das Jahr 1801. Minden 1801.
Hüttemann, Adolf (Hg.): Katholische Dichter des 19. Jahrhunderts. Hamm 1898.

Pöhler, Therese: Sagen und Legenden des Paderborner Landes. Paderborn o. J.

Pöhler, Therese/Aloys Vogedes (Hgg.): Bey us doheime. Auslese plattdeutscher Dichtung des alten Hochstiftes Paderborn. Paderborn 1952.

Raßmann, Friedrich (Hg.): Mimigardia. Poetisches Taschenbuch. 3 Jge. Münster 1810 f.
Raßmann, Friedrich (Hg.): Rheinisch-westfälischer Musen-Almanach auf das Jahr 1821. Hamm 1821.
Rost, Dietmar/Joseph Machalke (Hgg.): Paderborner Weihnachtsbuch. Geschichten und Gedichte aus Stadt und Land. Paderborn 1992.

Sauermann, Dieter (Hg.): Sagen aus Westfalen. Husum 1980.
Schulte Kemminghausen, Karl/Hans Thiekötter (Hgg.): Stimme Westfalens. Poesie und Prosa. Honnef/Rh. 1956.
Schröder, Ludwig (Hg.): Aus Westfalen. Bunte Bilder von der roten Erde. (1899). Frankfurt/M. 1978.

Uhlmann-Bixterheide, Wilhelm (Hg.): Das plattdeutsche Westfalen. Ein Buch mundartlicher Heimatdichtung. Dortmund 1921.
Uhlmann-Bixterheide, Wilhelm (Hg.): Westfalens Erzähler und Dichter. Des westfälischen Dichterbuches hochdeutscher Teil. Dortmund 1922.

Vincke, Gisbert von (Hg.): Sagen und Bilder aus Westfalen. Hamm 1856.

Wolf, Horst (Hg.): Lotblei. Junge Autoren. Emsdetten 1962.

III. Literatur zu einzelnen Autoren und ihrem Werk

Arnold, Heinz Ludwig (Hg.): Gruppe 61. Arbeiterliteratur – Literatur der Arbeitswelt? Stuttgart 1971.

Bergenthal, Josef: Westfälische Dichter der Gegenwart. In: Westfälische Dichter. Münster 1953. S. 11–78.
Bergmann, Alfred: Grabbe-Studien. Detmold 1977.
Binder, Franz: Luise Hensel. Ein Lebensbild. Freiburg/Br. 1885.
Birkelbach, Helmut (Hg.): Hille-Blätter. Ein Jahrbuch. Nieheim u.a.O. 1984 ff.
Brünink, Ann/Helga Grubitzsch (Hgg.): „Was für eine Frau!" Portraits aus Ostwestfalen-Lippe. Bielefeld 1992.
Buchner, Wilhelm: Ferdinand Freiligrath. Ein Dichterleben in Briefen 2 Bde. Lahr 1882.

Fleischhack, Ernst: Freiligraths Gedichte in Lied und Ton. Überblick und bibliographische Sammlung. Bielefeld 1990.
Fleischhack, Ernst: Bibliographie Ferdinand Freiligrath 1829–1990. Bielefeld 1993.
Freund, Winfried/Karl Alexander Hellfaier (Hgg.): Grabbe-Jahrbuch. 1982–86. Emsdetten.
Freund, Winfried: Müde bin ich geh' zur Ruh'. Leben und Werk der Luise Hensel. Rheda-Wiedenbrück 1984.
Freund, Winfried: Nachwort und Erläuterungen zu Annette von Droste-Hülshoff: „Die Judenbuche". 4. Aufl. München 1992. S. 56–126.
Freund, Winfried: Lulu von Strauß und Torney. Eine Meisterin der deutschen Ballade. In: Niedersachsen 1981,1. S. 1–11.
Freund, Winfried (Hg.): Grabbes Gegenentwürfe. Neue Interpretationen seiner Dramen. München 1986.

Freund, Winfried: Literatur Westfalens – eine Region wird literaturfähig. In: Gütersloher Beiträge 1989, 24,25. S. 485–494.

Freund, Winfried (Hg.): Friedrich Wilhelm Weber – Jahrbuch. Paderborn 1987.

Freund, Winfried: Friedrich Wilhelm Weber. Das literarische Profil einer Region. Paderborn 1989.

Freund, Winfried: Evokation gegen Reproduktion. Peter Hille und die neue Wirklichkeitsdeutung um 1890. In: Deutsche Dichtung um 1890. Hrsg. v. Robert Leroy und Eckart Pastor. Bern u.a.O. 1991. S. 15–30.

Freund-Spork, Walburga: Spiegelungen eines westfälischen Bewußtseins. Zu Norbert Johannimlohs „Appelbaumchaussee". In: Grabbe-Jahrbuch 1983. A.a.O. S. 118–128.

Freund-Spork, Walburga: Paul Schallück zum 10. Todestag – Erinnerung an einen westfälischen Dichter. In: Grabbe-Jahrbuch 1986. A.a.O. S. 102–108.

Gödden, Walter: Die andere Annette. Annette von Droste-Hülshoff als Briefschreiberin. Paderborn 1991.

Gödden, Walter/Iris Nölle-Hornkamp: Die westfälischen Dichter. In: Jahrbuch Westfalen 1991. Hrsg. v. Rainer A. Krewerth. Münster. S. 6–104.

Gödden, Walter/Iris Nölle-Hornkamp: Dichter, Stätten, Literatouren. Kulturlandschaft Westfalen Bd. 1. Münster 1992.

Gödden, Walter/Iris Nölle-Hornkamp: Westfälisches Autorenlexikon 1750 bis 1800. Paderborn 1993.

Gössmann, Wilhelm: Umbau – Land und Leute. Eine literarische Inspektion. Iserlohn 1978.

Hart, Heinrich: Peter Hille. Leipzig 1904. (= Die Dichtung XIV)

Heselhaus, Clemens: Annette von Droste-Hülshoff. Werk und Leben. Düsseldorf 1971.

Heselhaus, Clemens: Ernst Meisters negative Symbolik. In: C. H.: Deutsche Lyrik der Moderne. Düsseldorf 1961. S. 437–444.

Heselhaus, Clemens (Hg.): Jahrbuch der Droste-Gesellschaft. Westfälische Blätter für Dichtung und Geistesgeschichte. Münster 1947 ff.

Heselhaus, Clemens/Winfried Woesler (Hgg.): Droste-Jahrbuch 1. 1986/87. Münster 1986.

Heydebrand, Renate von: Literatur in der Provinz Westfalen 1815–1945. Münster 1983.

Hüffer, Hermann: Annette von Droste-Hülshoff und ihre Werke. Gotha 1887.

Jansen, Heinz: Der Westfale August Stramm als Hauptvertreter des dichterischen Frühexpressionismus. In: Westfälische Studien. Leipzig 1928. S. 63–89.

Käufer, Hugo Ernst/Walter Neumann: Sie schreiben zwischen Paderborn und Münster. Wuppertal 1977.

Kerckerinck, Engelbert von (Hg.): Volkstum und Heimat. Karl Waenfeld zum 60. Geburtstag. Münster 1929.

Kienecker, Friedrich (Hg.): Peter Hille. Dokumente und Zeugnisse zu Leben, Werk und Wirkung des Dichters. Paderborn 1986.

Kirchhof, Peter K. (Hg.): Literarische Porträts. 163 Autoren aus Nordrhein-Westfalen. Düsseldorf 1991.

Kittel, Erich (Hg.): Ferdinand Freiligrath als deutscher Achtundvierziger und westfälischer Dichter. Lemgo 1960.

Köhler, Oskar: Müde bin ich geh' zur Ruh'. Die hell-dunkle Lebensgeschichte Luise Hensels. Paderborn 1991.

Kohlleppel, Hellmut: Ein berühmter und unbekannter Dichter? Zum 75. Geburtstag Ernst Meisters. In: Westfalenspiegel 1986,10.

Krause, Jochen: Menschen der Heimat Teil 1. Olpe 1987.

328

Lasker-Schüler, Else: Das Peter-Hille-Buch. Stuttgart, Berlin 1906.

Lenhard, Albin (Hg.): Literatur einer Region. Dortmunder Autoren in Darstellungen und im Deutschunterricht. Paderborn 1981.

Meidinger-Geise, Inge: Margarete Windthorst und Westfalen. In: Erde und Menschen. Emsdetten 1988.

Rang, Bernhard: Westfälische Dichter und Dichtungen der Gegenwart. In: Der Ravensberger. Bielefeld 1953.

Raßmann, Ernst: Nachrichten von dem Leben und den Schriften Münsterländischer Schriftsteller des 18. und 19. Jahrhunderts. Münster 1866.

Raßmann, Ernst: Nachrichten von dem Leben und den Schriften Münsterländischer Schriftsteller. Neue Folge 1881. Münster 1881.

Ribbat, Ernst: Propheten der Unmittelbarkeit. Bemerkungen zu Heinrich und Julius Hart. In: Wissenschaft als Dialog. Hrsg. v. Renate von Heydebrand und Klaus Günther Just. Stuttgart 1969. S. 59–82.

Roselieb, Hans: Peter Hille. Eine Dichterseele. Dortmund 1920.

Rost, Dietmar: Sauerländer Schriftsteller. Dokumentation zur Landes- und Kulturgeschichte. Fredeburg 1990.

Sartori, Paul: Sprache und Dichtung. In: P. S.: Westfälische Volkskunde. Heidelberg 1922. S. 41–57. (Nd. 1980)

Schücking, Levin: Annette von Droste. Ein Lebensbild. 3. Aufl. Stuttgart 1942.

Schüppen, Franz: Friedrich Wilhelm Weber. Leben und Werk. Paderborn 1989.

Schulte, Wilhelm: Westfälische Köpfe. 3. erg. Aufl. Münster 1984.

Schulte Kemminghausen, Karl/Winfried Woesler: Annette von Droste-Hülshoff. München 1981.

Schulz-Fielbrandt, Hans: Literarische Heimatkunde des Ruhr-Wupper-Raumes. Hagen 1987.

Schwering, Julius: Friedrich Wilhelm Weber. Sein Leben und seine Werke. Paderborn 1900.

Schwering, Julius: Friedrich Wilhelm Weber, der Arzt und Dichter. Jena 1932.

Schwering, Julius: Die politische Dichtung in Westfalen während des 19. Jahrhunderts. In: Literarische Streifzüge und Lebensbilder. Universitas-Archiv 15,2. Münster 1930. S. 67–86.

Schwering, Julius: Friedrich Wilhelm Grimme, In: Universitas-Archiv 15,2. A.a.O. S. 297–306.

Sichelschmidt, Gustav: Allein mit meinem Zauberwort. Annette von Droste-Hülshoff. Eine Biographie. Düsseldorf 1990.

Taubken, Hans (Hg.): Wibbelt-Jahrbuch 1984/85 ff. Münster.

Trunz, Erich: Fürstenberg, Fürstin Gallitzin und ihr Kreis. Quellen und Forschungen. Münster 1955.

Vaßen, Florian: Georg Weerth. Ein politischer Dichter des Vormärz und der Revolution von 1848/49. Stuttgart 1971.

Vogedes, Aloys: Peter Hille. Ein Welt- und Gottestrunkener. Paderborn 1947.

Von der Osten, Ludwig: August von Haxthausen. Ein photographischer Versuch. Hannover 1868.

Woesler, Winfried (Hg.): Droste-Jahrbuch 2. 1988–1990. Paderborn 1990.

Wukadinović, Spiridion: Franz von Sonnenberg. Halle/Saale 1927.

Ziegler, Karl: Grabbe's Leben und Charakter. Hamburg 1855. (Nd. 1981)

Personenregister

(Den herausgehobenen, ausführlicher behandelten Autoren aus und in Westfalen sind die Lebensdaten jeweils beigefügt.)

Ortsregister

Schöninghs Kleine Westfälische Bibliothek

herausgegeben von Winfried Freund

Friedrich von Spee
Lyrik und Prosa
1991. 116 Seiten, geb., ISBN 3-506-74351-1
Der Barockdichter Friedrich von Spee lehrte an der Paderborner Jesutitenuniversität und schrieb dort als Beichtvater der „Hexen" seine „Cautio Criminalis", eine beißende Anklage gegen die zeitgenössische Inquisition. Der Auswahlband stellt Werk und Leben dieses bedeutenden Mannes vor.

Josef Seiler
Aus alter Zeit   Westfälische Sagen und Balladen
1991. 103 Seiten, geb., ISBN 3-506-74352-x
Josef Seiler, geb. 1823 in Lügde, gest. 1877 in Münster, ist heute vergessen, und doch zählt sein Werk zu dem schönsten, was Westfalen in dieser Literaturgattung hervorgebracht hat.

Jodokus Temme
Der tolle Graf   Eine Kriminal-Geschichte
1991. 112 Seiten, geb., ISBN 3-506-74353-8
Ein Schauergemälde aus der 48er Revolution – mit einem gräßlichen Grafen als Antihelden! Der Autor: Westfale aus Wiedenbrück, unbeugsamer Jurist, Demokrat in der Paulskirche, als Hochverräter angeklagt, freigesprochen, doch aus dem Amt gedrängt, zwischen Existenznot und schriftstellerischem Erfolg umgetrieben zwischen Zürich und Tilsit – Temmes Leben ist selbst eine Kriminalgeschichte.

Annette von Droste-Hülshoff
Westfälische Schilderungen und ihr Echo in Westfalen
1991. 112 Seiten, geb., ISBN 3-506-74354-6
Die anonym erschienene, brillante Satire auf den Volkscharakter der westfälischen Stämme – hier erstmals mit dem Wiederabdruck der empörten zeitgenössischen Erwiderungen.

Norbert Johannimloh
Riete – Risse   Gedichte
1992. 112 Seiten, geb., ISBN 3-506-74355-4
„Im westfälischen Plattdeutsch Anschluß an die lyrische Moderne" gefunden hat Johannimloh mit seinen Gedichten, so Jürgen P. Wallmann im „Tagesspiegel"/Berlin.

Moritz Bachmann
Bertrade
1991. 75 Seiten, geb., ISBN 3-506-74556-2
Eine Erzählung aus den Zeiten der Hexenverfolgung um Friedrich von Spee.
Eine westfälische „Héloise" – ein Liebesdrama, das im 17. Jh. in Geseke spielt. Der Autor, geb. 1783 in Paderborn und dort als Richter tätig, war zeitlebens ein engagierter Förderer westfälischer Literatur, zugleich aber auch ein ebenso engagierter Repräsentant des oppositionellen Vormärzes.

Schöningh
Verlag Ferdinand Schöningh GmbH